"十三五"国家重点图书出版规划项目
高海拔高寒地区高速公路建设关键技术

多年冻土公路隧道设计与施工

韩常领 夏才初 纳启财
著

上海科学技术出版社

图书在版编目(CIP)数据

多年冻土公路隧道设计与施工 / 韩常领,夏才初,
纳启财著. —上海:上海科学技术出版社,2019.7
（高海拔高寒地区高速公路建设关键技术）
ISBN 978-7-5478-4358-1

Ⅰ.①多⋯　Ⅱ.①韩⋯ ②夏⋯ ③纳⋯　Ⅲ.①多年冻
土—冻土区—公路隧道—设计②多年冻土—冻土区—公路
隧道—隧道施工　Ⅳ.①U459.2

中国版本图书馆 CIP 数据核字(2019)第 112136 号

多年冻土公路隧道设计与施工
韩常领　夏才初　纳启财　著

上海世纪出版(集团)有限公司
上海科学技术出版社　出版、发行
(上海钦州南路71号　邮政编码200235　www.sstp.cn)
浙江新华印刷技术有限公司印刷
开本787×1092　1/16　印张21.75　插页4
字数 480 千字
2019年7月第1版　2019年7月第1次印刷
ISBN 978-7-5478-4358-1/U·85
定价:170.00 元

本书如有缺页、错装或坏损等严重质量问题,请向工厂联系调换

内容提要

本书以多项国家和省部级科技项目成果为依托,围绕多年冻土区公路隧道温度场、冻胀力与围岩荷载、隔热保温与防排水、支护结构及洞口工程、长期服役性能等多个方面开展系统论述,并吸收了国内外在冻土隧道工程方面的先进思想和成果。

本书可供从事冻土隧道工程的科研、设计、施工、监理和管理等科技人员参考,也可作为隧道工程和岩土工程研究生的参考书。

高海拔高寒地区高速公路建设关键技术
学术顾问

程国栋　中国科学院院士

郑健龙　中国工程院院士

赖远明　中国科学院院士

郑皆连　中国工程院院士

杜彦良　中国工程院院士

王复明　中国工程院院士

王秉纲　浙江大学教授

王　玉　中国公路学会专家委员会委员

陈国靖　原交通部公路科学研究所所长

张鲁新　原青藏铁路专家组组长

高海拔高寒地区高速公路建设关键技术
编委会

编委会主任

汪双杰

编 委
（以姓氏笔画为序）

王 佐　刘 戈　刘建蓓　吴明先　陈建兵

纳启财　单永体　胡 林　夏才初　韩常领

总 序

多年冻土是高海拔高寒地区道路工程建设的"拦路虎"。自1954年青藏公路建成通车至今的60余年间，伴随着不同形式冻土工程病害的发生、发展，我国科技工作者对多年冻土物理、力学性质的认识逐渐深入，也对冻土工程的复杂性有了更系统的认知。2006年青藏铁路建成通车以来，全球气候变暖、冻土退化，也带来铁路路基沉陷、开裂等工程病害。几十年来国家重大冻土工程建设经验充分证明，冻土工程领域科学与技术进步将是一个螺旋式发展的长期过程。

我国科技工作者在多年冻土区道路工程建设技术探索的道路上一直没有停歇。20世纪70—90年代末，围绕着青藏公路的历次整治改建，摸索形成的冻土工程研究方法与测试技术，逐步奠定了我国冻土工程研究的基础，并创建了我国公路冻土工程病害机理分析、病害整治技术与理论体系。21世纪初，通过青藏铁路的工程实践和系统集成，冻土工程研究中进一步融入了"冷却路基"的理论探索与技术设计，取得了一大批具有国际先进水平的研究成果。2011年，国家为尽快启动玉树地震后的交通重建工作，决定建设青海省共和至玉树高速公路，再次掀起冻土工程研究的高潮。

相对青藏铁路、二级青藏公路而言，在多年冻土地基上建设大尺度、高标准、重荷载的高速公路面临着工程尺度效应、大断面厚重路面结构的封闭储热效应及黑色路面强吸热效应等问题，可能导致更大的工程风险。冻土区高速公路建设必须进行理论创新与技术突破。

令人欣喜的是，"高海拔高寒地区高速公路建设关键技术"丛书让我们看到我国冻土工程科研工作者挑战高海拔高寒地区高速公路建设关键技术的系列重要成果，其内容包含路基、路面、桥梁、隧道、环境保护、监测预警等专业方向，创立了公路冻土工程尺度效应理论及能量平衡设计方法，代表了我国乃至世界道路冻土工程研究最新成果。丛书的主编单位具有40余年多年冻土区公路工程科研与设计经验，拥有"高寒高海拔地区道路工程安全与健康国家重点实验室"这一高端研发平台。编者队伍中既有我国公路冻土工程领域的设计大师、知名专家，又有长期持续开展专项研究的青年才俊。他们深厚的技术积淀、理论功底和丰富的实践经验对保障丛书的学术和技术水平起到了重要的作用。

2013年9月，习近平总书记首次提出共同建设"丝绸之路经济带"的倡议以来，"一带一路"倡议已成为我国深化改革开放、践行中国梦、实现世界共同发展、共建人类命运共同体的国家战略，实现这些伟大战略构想的基础在交通运输。"陆上丝绸之路经济带"是实现亚欧非大陆互联互通的核心通道，由东向西跨越青藏高原、喀喇昆仑山脉、帕米尔高原、西伯利亚等高海拔高寒地区及北半球高纬度寒冷地区，涉及主要干线公路里程将达1.2万km。我相信丛书的出版将对保障穿越高海拔高寒地区的大规模道路工程建设，支撑交通行业抢抓"一带一路"发展机遇，助推我国"标准、技术走出去"发挥重要作用。

中国工程院院士

2019年2月10日

前 言

青藏高原是世界上最具代表性的高海拔多年冻土区，总面积约150万 km^2。多年冻土水热稳定性差，对气候和人类工程活动的响应十分剧烈，对外界温度、水分变化以及工程构筑物的尺度十分敏感。高原多年冻土区公路建设与其他地区的公路建设相比，最大差异在于工程坐落于多年冻土上（中），并以多年冻土作为构筑物的重要组成部分。特殊的气候和地质条件，使得高原多年冻土区大断面隧道工程建设一直被视为世界性难题。

我国在20世纪90年代建成了青海大坂山隧道，21世纪初建成了四川鹧鸪山隧道，随后又建成了青海河卡山、青砂山等季节性冻土区公路隧道，以及位于多年冻土区的青藏铁路的昆仑山隧道和风火山隧道。这些隧道的建成，为冻土区隧道建设积累了丰富的经验。然而，已建成的铁路和公路隧道或全程穿越低温稳定多年冻土地层，或穿越季节性冻土地层，尚未涉及高温不稳定多年冻土或依次穿越多年冻土、季节性冻土和非冻土区段，且铁路隧道断面小，可供借鉴的经验有限。面对多年冻土的多样性以及气候变暖、冻土退化趋势，进行工程走廊内大跨度、大断面的高速公路隧道建设和开展各种类型冻融灾害防控，仍然缺乏成熟经验。针对国家重大工程需求和多年冻土区工程建设难题，交通运输部和科学技术部先后立项开展了"青藏高寒多年冻土区隧道建设关键技术研究"（项目编号：20113184901070）和"多年冻土区大尺度桥隧构造物灾变风险与控制技术研究"（项目编号：2014BAG05B05），取得了多项国际领先的创新性成果，攻克了青藏高原多年冻土环境下大断面公路隧道建设的世界级技术难题，成果已在青海省共和至玉树（结古）公路等多个隧道工程中成功应用。

我国及周边国家多年冻土面积约1 200万 km^2，发育有高海拔多年冻土、高纬度多年冻土和高山多年冻土，堪称世界多年冻土地质博物馆。根据"一带一路"倡议，未来在我国及周边国家将有相当长的公路里程穿越冻土区。撰著本书的目的就是为了对已有的成果、经验教训进行系统梳理总结，以期对多年冻土区公路隧道工程建设有所借鉴和帮助。

本书以多项国家和省部级科技项目成果为依托，围绕多年冻土区公路隧道温度场、冻胀力与围岩荷载、隔热保温与防排水、支护结构及洞口工程、长期服役性能等多个方面开展系统论述，并吸收了国内外在冻土隧道工程方面的先进思想和成果。

中交第一公路勘察设计研究院有限公司赵永国、董长松、姚红志、王万平、张晓旭，同济大学黄继辉、吕志涛、范东方、黎岩、陆蒙，中国科学院西北生态环境资源研究院牛富俊、李双洋参与了本书部分章节的撰写工作，王岳嵩参与了书稿的校对工作，在此一并感谢。

限于我们的水平，书中不当之处在所难免，敬请读者批评指正。

作　者

目 录

第1章 绪论 / 1

1.1 多年冻土区隧道概述 / 2

1.2 高寒高海拔地区气候环境特征 / 4
1.2.1 气候特征 / 4
1.2.2 气象参数与海拔高度的关系 / 4

1.3 依托工程概况 / 6

1.4 主要创新成果 / 9

第2章 多年冻土区公路隧道温度场 / 11

2.1 多年冻土区公路隧道传热模型 / 12
2.1.1 衬砌和围岩温度场径向传热模型 / 12
2.1.2 洞内空气温度场纵向传热模型 / 20

2.2 多年冻土区公路隧道温度场分布规律 / 23
2.2.1 围岩热物性参数反演 / 23

2.2.2 姜路岭隧道与鄂拉山隧道温度场纵向分布规律 / 24
2.2.3 姜路岭隧道与鄂拉山隧道温度场径向分布规律 / 26

2.3 **多年冻土区公路隧道温度场影响因素** / 28
2.3.1 地理环境 / 28
2.3.2 洞口气象 / 30
2.3.3 洞内风速 / 31
2.3.4 埋深及冻土类型 / 32
2.3.5 围岩热物性参数 / 34

第3章 多年冻土区公路隧道冻胀力与围岩荷载 / 37

3.1 **多年冻土区公路隧道冻胀力** / 38
3.1.1 冻胀力形成机理及围岩冻胀性评估 / 38
3.1.2 考虑围岩不均匀冻胀的圆形隧道冻胀力解析 / 55
3.1.3 非圆形隧道冻胀力的数值计算 / 60
3.1.4 曲墙式衬砌冻胀力荷载的简化计算 / 64
3.1.5 隧道衬砌冻胀力计算实例 / 66

3.2 **多年冻土区公路隧道围岩荷载计算** / 67
3.2.1 围岩松散荷载计算 / 67
3.2.2 冻融条件下隧道围岩荷载计算 / 71
3.2.3 考虑冻融条件和冻胀力组合的围岩荷载计算 / 79

第4章 多年冻土区公路隧道隔热保温 / 83

4.1 **多年冻土区公路隧道保温层形式及材料** / 84
4.1.1 隧道穿越冻土区类型划分及不同冻土段中隔热保温层的作用 / 84
4.1.2 隧道保温层的铺设形式及效果 / 93

4.1.3 保温材料性能及优选 / 113

4.2 **多年冻土区公路隧道保温层厚度及长度** / 116
4.2.1 保温层铺设厚度的计算方法 / 116
4.2.2 保温层铺设长度的计算方法 / 132
4.2.3 保温层铺设厚度和长度计算实例 / 138

第5章 多年冻土区公路隧道防排水 / 147

5.1 **多年冻土区公路隧道衬砌防水设计** / 148
5.1.1 公路隧道常规防水系统设计 / 148
5.1.2 多年冻土区公路隧道新型维护型防水系统 / 150

5.2 **多年冻土区公路隧道排水系统分段设计与衔接** / 155
5.2.1 季节冻土段排水系统设计 / 155
5.2.2 多年冻土段排水系统设计 / 155
5.2.3 非冻土段排水系统设计 / 157
5.2.4 排水系统的相互衔接 / 168

5.3 **姜路岭隧道防排水系统设计** / 174
5.3.1 姜路岭隧道原防排水系统设计 / 174
5.3.2 姜路岭隧道防排水系统优化 / 177

第6章 多年冻土区公路隧道支护结构 / 181

6.1 **多年冻土区公路隧道衬砌结构设计方法** / 182
6.1.1 衬砌结构设计 / 183
6.1.2 衬砌结构计算及强度校核 / 186
6.1.3 跨越不同类型冻土衬砌结构分段与衔接 / 187

6.2 多年冻土区公路隧道初期支护 / 188

6.2.1 喷射混凝土 / 188

6.2.2 钢架支护 / 195

6.2.3 锚杆支护 / 197

6.2.4 一次模筑混凝土支护 / 203

6.3 多年冻土区隧道支护结构设计实例 / 206

第7章 多年冻土区公路隧道洞口边坡防热融坍塌 / 217

7.1 洞口段热融规律和隔热保温 / 218

7.1.1 计算模型和参数 / 218

7.1.2 洞口段热融规律 / 223

7.1.3 洞口段保温与支护措施 / 227

7.2 保温条件下洞口段边仰坡的稳定性 / 233

7.2.1 计算模型和参数 / 233

7.2.2 稳定性分析 / 234

7.3 热棒技术在洞口段边仰坡中的应用 / 236

7.3.1 热棒的工作原理 / 236

7.3.2 热棒群现场监测结果分析 / 237

7.3.3 热棒的气-管-土耦合传热模型 / 248

7.3.4 模型检验和修正 / 251

第8章 多年冻土区公路隧道长期服役性能 / 261

8.1 多年冻土区隧道冻害特征、机理及防治 / 262

8.1.1 冻害的类型、表现特征和成因 / 262

8.1.2 结构冻害的发展规律 / 266

8.1.3　冻害的防治措施 / 268

8.2　高寒冻融环境下结构服役性能 / 270
8.2.1　冻融循环作用下隧道衬砌混凝土的劣化规律 / 271
8.2.2　冻融循环作用下隧道衬砌服役性能的演化规律 / 288
8.2.3　改善多年冻土隧道衬砌长期服役性能的控制措施 / 317

附　录　多年冻土区隧道洞内空气及围岩温度场解析解 / 321

参考文献 / 329

第1章

绪 论

1.1 多年冻土区隧道概述

我国多年冻土分布广阔,主要分布在青藏高原、东北大(小)兴安岭和松嫩平原北部及西部高山等地,总面积约 215 万 km^2。其中,青藏高原是世界上最具代表性的多年冻土区,总面积约 150 万 km^2,约占我国国土总面积的 16%、多年冻土总面积的 70%。青藏高原平均海拔 4 500 m 以上,大气含氧量只有平原地区(海平面)的 50%,冰冻期长(一年中约有 8 个月),年平均气温低(-6~-2℃)。高原气候变化无常,紫外线强烈,被世人称为"地球第三极"。多年冻土水热稳定性差,对气候和人类工程活动的响应十分剧烈,对外界温度、水分变化以及工程构筑物的尺度十分敏感。高原多年冻土区公路建设与其他地区相比,最大差异在于工程坐落于多年冻土上(中),并以多年冻土作为构筑物的重要组成部分。

从我国已建公路和铁路隧道运营状况来看,由于对冻土区的隧道工程特性认识不足,在建设过程中出现了夏季刚竣工,冬季就发生冻害的问题(衬砌开裂、剥落、挂冰和路面冒水、结冰以及洞口处的热融滑塌等病害,见图 1-1),大大弱化了隧道的使用功能,严重威胁着行车安全,需要花费大量人力、物力、财力养护维修,给国家造成了巨大的经济损失。典型的如我国甘肃的七道梁公路隧道,每到冬季排水沟便会冻结,隧道排水不畅,衬砌背后的积水及含水围岩产生冻胀,导致衬砌混凝土开裂,造成隧道渗漏、路面结冰,严重影响行车安全。新疆 217 国道天山段的玉希莫勒盖隧道,长 1 007 m,建设投资 5 480 多万元,由于路面结冰、洞顶挂冰致使车辆无法通行,同时,隧道衬砌由于受到反复冻融破坏非常严重,目前该隧道内已经形成冰塞而只能报废。东北嫩林塔河—樟岭白卡尔隧道、西罗奇 2 号隧道、林碧支线上的翠岭 2 号隧道、牙林线岭预隧道、南疆线奎屯隧道等处于严寒或多年冻土区,在建成后普遍存在衬砌冻胀开裂、酥碎、剥落、挂冰、道床冒水、积水及结冰等病害,严重威胁行车安全。国外多年冻土隧道也面临诸多问题:日本的公路隧道中,北海道地区的 302 座大型公路隧道中发生严重冻害的就达 104 座;挪威多年冻土隧道也都出现了大范围的漏水、挂冰以及冰溜等灾害。

多年来,在交通运输部的带领下,我国各地曾就多年冻土区的工程地质、公路修筑成套技术、路面设计与施工、桥涵工程、公路养护与维修技术、公路病害和机理等开展了研究,但这些项目针对隧道工程的研究却非常少。在公路工程建设中,隧道作为交通工程结构的重要组成部分之一,既能缩短公路里程,保证最佳线形,提高技术标准,便利行车,又可有效防止山地陡坡的滚石、泥石流等自然灾害,提高行车的安全性,同时能较好地与当地环境相协调,保全自然景观。同时,随着我国交通事业的快速发展,特别是随着西部大开发和振兴东北经济政策的进一步落实,在西部高海拔和北部高纬度多年冻土区将会新建大量隧道。因此,针对多年冻土区隧道建设技术开展研究显得尤为迫切。

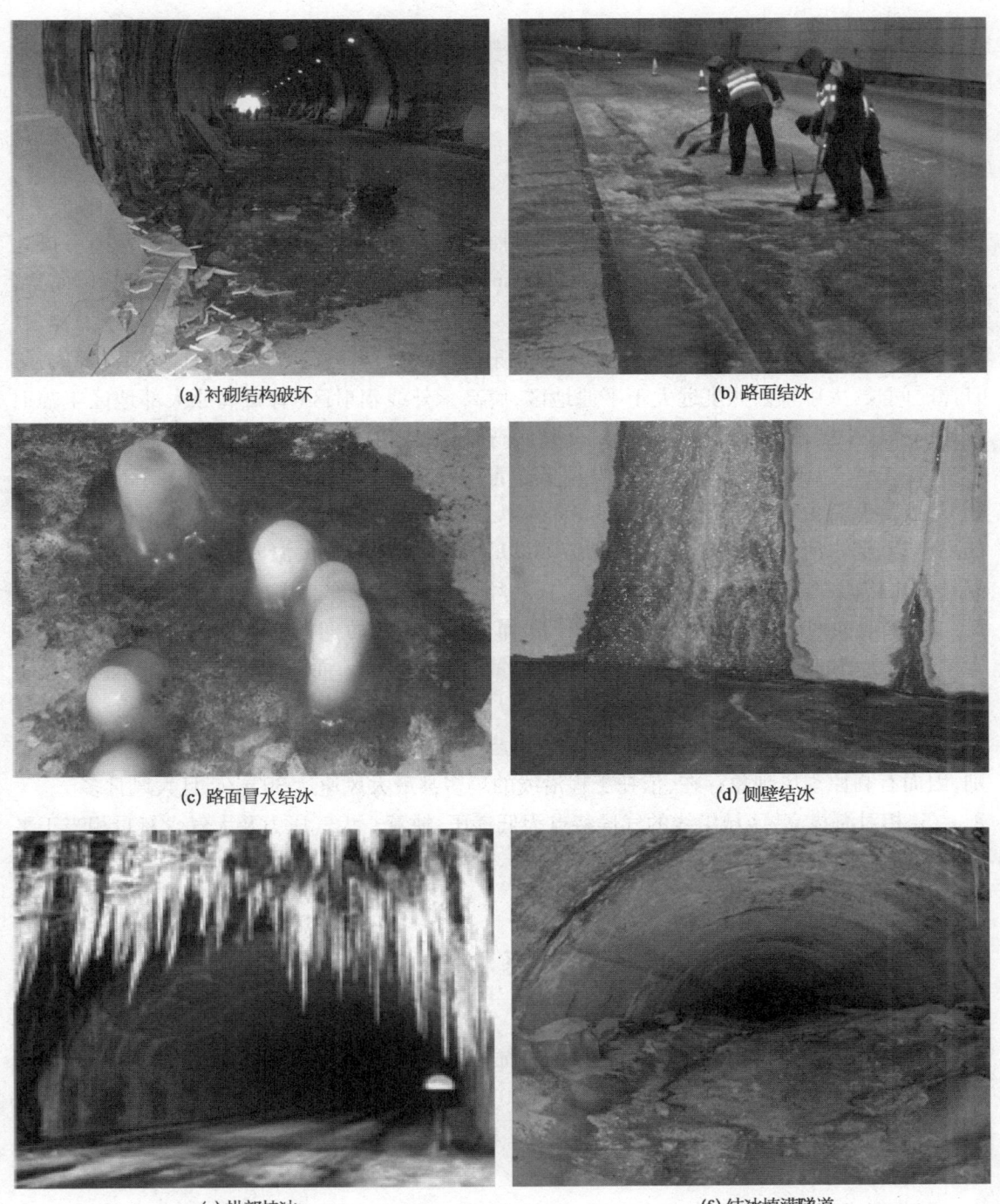

(a) 衬砌结构破坏　　　　　　　　　　　(b) 路面结冰

(c) 路面冒水结冰　　　　　　　　　　　(d) 侧壁结冰

(e) 拱部挂冰　　　　　　　　　　　　　(f) 结冰填满隧道

图 1-1　多年冻土隧道冻害

1.2 高寒高海拔地区气候环境特征

1.2.1 气候特征

高原气候一般有低压缺氧、寒冷干燥、日照时间长、太阳辐射强等特点。高寒高海拔地区工程建设位于青藏高原,平均高度在4 000 m以上,高原气候的特点更为突出。具体而言,隧道工程沿线区域的气候主要特征如下。

① 上空大气厚度小,水气等含量少,故辐射强度大,紫外线辐射强度增加。阳光辐射强,日照时间长,太阳辐射照度远大于平原地区,属高紫外线辐射区(青藏高原大部地区年辐射量比同纬度中国东部地区约大1倍)。同时,高原有效辐射大,故辐射差额小。

② 高原气温日变化显著、平均气温低。青藏高原年均气温0℃以下,极端高温为25~26℃,极端低温为-45~-36℃,海拔4 500 m以上区域夏季最高气温低于0℃(依托工程所在的玛多县、清水河、称多的年均气温均在0℃以下),一天中的最大温差达22℃。青藏高原气温日变化约比中国东部地区大1~2倍。在此环境下,青藏高原土壤温度较低、冻结时间长。

③ 高原面向海洋气流的边缘是多雨带,而高原内部与背向海洋气流边缘则雨量少。如青藏高原南麓的乞拉朋齐(印度)平均年降水量达11 429 mm,而高原腹地、西、北部降水量不到100 mm。

④ 由于地表气温年变化和周围同高度的自由大气不同,使冬、夏季的温度梯度方向有差别,因而有高原季风现象存在,依托工程沿线的玛多县最大风速达30 m/s,且大风日多。

⑤ 相对海拔高,区域沿线的气候特点为低气压、缺氧。大气压力及大气含氧量相当于平原的60%左右。

⑥ 空气相对湿度小,绝对湿度较小。

1.2.2 气象参数与海拔高度的关系

(1) 空气温度与海拔高度的关系

温度随高度的增加而降低是对流层的特征。同一地理纬度气温随着海拔高度的升高而降低,在自由大气中,平均海拔高度每升高100 m,气温约降低0.60℃。如海拔高度4 500 m以上的藏北草原,年平均气温下降到-21℃,极端最高气温仅22℃,最低气温可达-40℃以下。

随着海拔高度的增加,气温的年差小、日差大。气温的年差是指一年当中最热月的平均气温与最冷月的平均气温之差。气温的日差是指一日当中的最高气温与最低气温之差。海拔变化0~5 000 m,气温年差约为50℃。在高原地区早晚和中午的气温差可能会达到30℃

左右,而在平原地区一般在15℃之内;在一般情况下海拔高度每升高1 000米空气温度最高温度会降低5℃,平均温度也会降低5℃。

(2) 大气压与海拔高度的关系

高海拔地区隧道隧址设计气压,可依据下式确定:

$$P_H = P_0(1 - \alpha H/T_0)^{5.26} \quad (1-1)$$

式中　P_H——海拔高度为H时的气压(kPa);

　　　P_0——标准状态下的气压,即101.325 kPa;

　　　α——空气密度梯度,约为0.006 5℃/m;

　　　T_0——绝对温度273℃。

因此,只需查得隧址处的海拔高度,即可通过式1-1计算出隧址的设计气压,同时也说明影响大气压的主要因素是海拔高度。以3 000 m海拔为例,计算该高度下的大气压:

$$P_{3\,000} = 101.325 \times \left(1 - 0.006\,5 \times \frac{3\,000}{273}\right)^{5.26} = 68.62 \text{ kPa}$$

(3) 空气密度与海拔高度的关系

高海拔地区隧道空气密度可依据下式确定:

$$\delta_H = \delta_0(1 - \alpha H/T_0)^{4.26} \quad (1-2)$$

式中　δ_H——海拔高度为H时的空气密度(kg/m³);

　　　δ_0——标准状态下的空气密度,推荐值为1.29 kg/m³。

因此,只需查得隧址处的海拔高度,即可通过式1-2计算出此隧道的空气密度,同时也说明影响空气密度的主要因素是海拔高度。由公式验证4 000 m处的空气密度:

$$\delta_{4\,000} = 1.292\,0 \times \left(1 - 0.006\,5 \times \frac{4\,000}{273}\right)^{4.26} = 0.843\,5 \text{ kg/m}^3$$

将空气密度-海拔关系式与大气气压-海拔关系式两边相比,得:

$$\delta_H = 0.014\,1 P_H \quad (1-3)$$

由此,揭示了空气密度随着大气气压正比例变化的规律特性。

(4) 空气湿度与海拔的关系

空气湿度有如下经验公式:

$$S_H = S_0 \times 10^{-H/6\,300} \quad (1-4)$$

式中 S_H——海拔高度为 H 时的绝对湿度(g/m^3);

S_0——海平面的绝对湿度。

根据气压与海拔高度、空气密度与海拔高度基本公式及空气湿度与海拔高度的经验公式计算,可得出表 1-1 数据。

表 1-1 海拔高度与气压、空气密度、海空气湿度基本关系

项 目	0	1 000 m	2 000 m	2 500 m	3 000 m	4 000 m	5 000 m
相对大气压力	1	0.881	0.774	0.724	0.667	0.591	0.514
相对空气密度	1	0.903	0.813	0.77	0.73	0.653	0.538
绝对湿度(g/m^3)	11	7.64	5.30	4.42	3.68	2.54	1.77

注:标准状态下大气压力取 1,相对空气密度取 1,绝对湿度取 11 g/m^3。

由上表数据可得出:海拔高度每升高 1 000 m,相对大气压降低约 12%;空气密度降低约 10%;相对湿度随海拔高度升高而降低。

(5) 海拔升高对气候环境的其他影响

海拔高度升高对环境因素的其他影响(根据我国高原地区实际情况)还有:高纬度地区,空气绝对湿度较小;降水量较少;年大风日较多,风速变化快;由于气温降低,低温期增长,土壤温度较低,冻结期也长。在云贵高原地区,由于地面植被茂盛(有些是原始森林覆盖区),降雨量偏高,雨季云层极低,置身其间犹如身处云雾之中,因而空气湿度高,可以达到结露的饱和湿度,而在青藏地区气候变化急剧,温差幅度较大。

除喜马拉雅山南坡外,其余各地都有不同程度的霜冻现象,藏北高原最为严重,无霜期很短。喜马拉雅山北麓及丁青、索县等海拔 3 800~4 000 m 之间的地区次之,无霜期只有 100 天左右。

1.3 依托工程概况

青海省共和至玉树(结古)公路是连接青海省省会西宁至玉树州的唯一通道,更是通过青海省省会西宁市进入西藏和云南等边疆地区的重要国防道路。全线共设隧道 5 座,分别为鄂拉山隧道、姜路岭隧道、雁口山隧道、通天河隧道、河卡山隧道。其中,鄂拉山隧道和姜路岭隧道均穿越多年冻土地层,雁口山隧道、通天河隧道、河卡山隧道穿越季节性冻土地层。

本书内容以姜路岭隧道、鄂拉山隧道为依托工程。隧道所在的地区属典型的高原大陆性半干旱气候类型,冬季气候寒冷漫长,多风雪,易成雪灾;夏季气候凉爽短促,雨水较充足。昼

夜温差大,空气稀薄,气压低含氧量少,大气含氧量比平原低40%,缺氧严重,日照充足。中高山脉终年霜雪不断,无绝对无霜期,全年冰冻期长达7个月,年平均气温-4.2℃,年最高平均气温3.5℃,年最低平均气温-10.3℃,极端最高气温26.6℃,极端最低气温-48.1℃,多年平均降水量369.2 mm(实际降水量要大,多集中在6—9月),最大积雪深度16 cm,最大冻结深度277 mm。

姜路岭隧道、鄂拉山隧道均设计为双洞分离式隧道,中心桩相距40 m。姜路岭隧道左线里程桩号为ZK329+710~ZK332+635,隧道全长2 925 m;右线里程桩号为YK329+680~YK332+525,全长2 845 m,均属长隧道。隧址区属冰缘侵蚀中高山,隧道海拔高度在4 280 m以上,出露地层较单一,基岩岩性主要为青灰色、灰黑色泥粉质页岩与板岩互层,夹少量的石英岩、结晶灰岩、砂板岩,页岩与板岩为泥粉质结构,薄-极薄层理构造,泥钙质胶结差,属软质岩类,层理面极易开裂,遇水易软化,受风化作用严重,地层间褶皱及挤压小断裂发育,节理裂隙很发育,岩体较破碎,呈碎片状及板片状。覆盖层主要分布在隧道进出口及山体表面、沟谷和山前坡洪积扇,其成分为粉质黏土、泥质碎石土及块石土,厚度2.0~10.2 m,该地层均位于多年冻土层中,多年冻土区上限1.2~2.2 m,下限28~42 m;其中进口段3.5~7.2 m处冻土之间见有大量的冻结层状冰,厚约0.1~0.3 m,如图1-2所示。

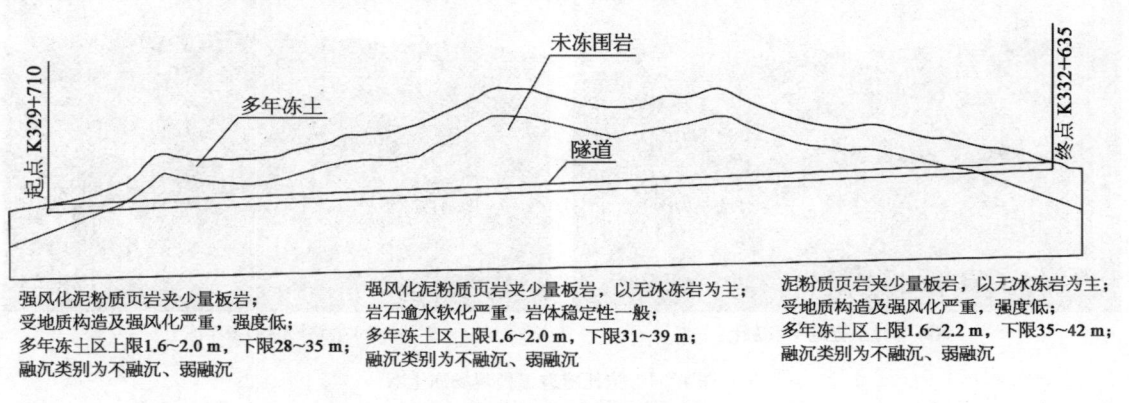

图1-2 姜路岭隧道纵断面

鄂拉山隧道左线里程桩号为ZK300+940~ZK305+635,隧道全长4 695 m;右线里程桩号为YK300+915~YK305+550,隧道全长4 635 m,均属特长隧道。隧址区属冰缘及构造侵蚀中高山,出露地层主要为三叠系上统(T_3^{cl})海相沉积碎屑岩、火山岩、火山碎屑岩组成,主要岩性为凝灰岩、安山岩、变砂岩,K300+040~K302+540以凝灰岩夹安山岩为主,K303+180~K304-950、K305+320~K305+620以安山岩夹凝灰岩及变砂岩为主,K305+620~K305-720以泥粉质板岩为主;第三系(N)为一套内陆湖相沉积砂砾岩夹泥岩层,分布在K304+180~K305-320段,红色碎屑岩沉积,成岩程度较差,红色砂砾岩夹泥质粉砂岩、泥岩,呈中厚层状构造;第四系中更新统冰水堆积地层(Q_2^{fgl})、全新统坡洪积地层(Q_4^{dl+pl}),全新统的坡积物(Q_4^{dl}),主要分布在隧道进出口。隧道穿越鄂拉山段,海拔介于4 299.3~4 488.65 m。鄂拉山南北坡进出口及山顶处分布有多年冻土,为连续多年冻土区,多年冻土区上限1.4~1.8 m,

下限35~56 m,如图1-3所示。

姜路岭隧道、鄂拉山隧道进出口穿越季节冻土段和多年冻土段,其中季节冻土段分布在明洞回填土段,洞身中部为非冻土段,如图1-2、图1-3所示。施工前隧道现场冻土情况见图1-4,隧道施工现场见图1-5。

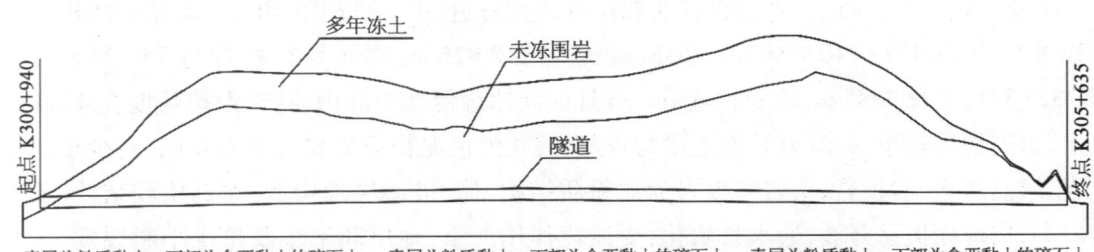

图1-3 鄂拉山隧道纵断面

(a) 鄂拉山隧道多年冻土

(b) 姜路岭隧道多年冻土

图1-4 依托隧道工程现场冻土

(a) 姜路岭隧道

(b) 鄂拉山隧道

图1-5 依托隧道工程施工现场

1.4 主要创新成果

依托工程综合运用设计计算、理论分析、室内试验、现场监测、数值模拟、依托工程试验段实施等手段,开展多年冻土区公路隧道温度场计算方法、防抗冻结构设计方法、隔热保温技术、防排水技术、洞口工程稳定性及隧道长期服役性能等方面的研究,并在依托工程鄂拉山隧道、姜路岭隧道中得到应用,取得了如下主要成果。

① 根据热传导理论,建立了隧道衬砌和围岩径向传热模型,利用温度场叠加和拉普拉斯变换相结合的方法,提出了多年冻土区隧道衬砌及围岩径向温度场计算方法。根据能量守恒定理,建立了隧道纵向洞内空气与洞壁的气-固耦合传热模型,结合径向温度场理论解,提出了多年冻土区隧道衬砌、围岩及洞内空气的三维温度场计算方法,该计算方法可考虑围岩、衬砌、保温层等多层传热介质及隧道沿洞轴线的不同埋深。

② 在考虑围岩不均匀冻胀的冻胀力解析计算公式基础上,结合有限元分析方法,分析多年冻土区各冻土段不同岩性围岩中冻胀力量值和分布规律,得到了考虑衬砌形状以及埋深影响的冻胀力荷载计算方法。

③ 考虑冻融条件以及冻胀力作用,给出了多年冻土区隧道在不同荷载组合情况下围岩荷载的计算方法,形成了一套严密的多年冻土区隧道荷载计算方法,定量评估了冻胀力控制措施的效果,并结合多年冻土围岩特点,给出了经济合理的衬砌结构设计方法。

④ 提出了不同铺设方式下保温层厚度的解析计算方法,并利用有限元数值计算对解析公式进行了修正。根据隧道围岩及衬砌纵向方向的温度场分布,提出了保温层铺设长度的初步计算方法。由于铺设保温层后洞内空气与围岩的对流换热发生变化,在初步计算结果的基础上推导了保温层铺设长度的修正系数。

⑤ 阐明了多年冻土区公路隧道排水系统的分段设计及衔接技术。多年冻土区公路隧道一般会穿越季节冻土、多年冻土、非冻土等不同类型的冻土段,为此分别针对洞口季节冻土段、多年冻土段、非冻土段,提出相对应的排水系统设计。由于各分段路基下方排水系统不同,各冻土段的排水系统应相互衔接,由此探讨了保温水沟和中心深埋水沟的衔接、保温水沟和防寒泄水洞的衔接、中心深埋水沟和防寒泄水洞的衔接三种方案,并提出结合隧道坡度情况进行合理选择的方法。发明了一种优化的排水洞,既改善了排水管的保温效果,又方便了对排水洞的检修。

⑥ 提出了针对不同冻土类型的隧道衬砌结构。多年冻土及全、强风化冻岩(软质岩类)地层应采用三层衬砌结构,即"一次喷锚支护+一次模筑衬砌+隔热防水保温层+二次模筑钢筋混凝土结构+隔热保温防火层"。此类地层中不宜采用系统径向锚杆。冻岩(硬质岩类及中风化、弱风化、微风化软质岩类)隧道可采用双层复合式衬砌结构,即"一次喷锚支护+隔热

防水保温层+二次模筑钢筋混凝土结构+隔热保温防火层"或"一次喷锚支护+隔热防水保温层+二次模筑钢筋混凝土结构"。

⑦ 发明了双层遮阳网护坡技术,提出了洞口边仰坡"遮阳网+保温层"和洞内"铺设3 cm以上厚度保温层"的洞口段防热融坍塌措施,并将热棒技术用于降低洞口段边仰坡冻土温度。这些措施在姜路岭、鄂拉山隧道现场运用,取得了良好的效果。

⑧ 进行混凝土室内快速冻融试验,得到混凝土试件在快速冻融条件下的劣化规律,并根据室内外冻融环境之间的区别与联系,得到现场冻融环境条件下衬砌混凝土力学性能随时间的劣化规律。

⑨ 基于衬砌混凝土在冻融循环作用下随时间的劣化规律,对隧道衬砌力学参数逐步进行折减,建立并考虑围岩等级、围岩融化圈和隧道埋深的隧道稳定性计算模型,计算衬砌劣化对其承载性能的影响与作用;根据现场施工实践,结合以往多年冻土隧道的施工经验,总结高海拔冻土段混凝土衬砌的性能控制技术。

第 2 章

多年冻土区公路隧道温度场

温度场是开展冻土隧道研究的基础。

结合我国冻土隧道建设的实际情况,学者们针对季节性冻土隧道和多年冻土隧道温度场分布规律开展了理论分析、数值仿真和现场监测等方面的研究工作。围绕大坂山隧道、风火山隧道和昆仑山隧道开展的研究最具有代表性。赖远明根据冻土区的实际情况对圆形隧道的热传导方程进行简化,应用无量纲量和摄动技术对简化方程进行求解,给出了圆形隧道温度场的近似解析解。Takumi Kawamura 利用叠加原理和能量守恒原理求得隧道洞内气体温度场,分析了隧道洞内气体的温度变化规律,但该解析解仅适用于双层介质,当考虑有隔热层、二衬、初衬和围岩等多层介质时,求解将会非常困难;该解析解也未考虑隧道埋深和年平均温度对围岩温度场的影响,在设计计算中需以洞内气体温度分布作为边界条件。

与青藏铁路多年冻土隧道相比,公路隧道的显著特征主要表现在大尺度(大跨度、大断面)、机械通风、车辆和照明等散热源等方面。青藏铁路已有研究成果主要围绕低温稳定多年冻土展开,缺少对高温多年冻土的研究,穿越不同冻土区段的局部多年冻土隧道与全多年冻土隧道相比温度场分布更加复杂。因此,有必要根据公路隧道自身特点及冻土的多样性,结合青藏铁路隧道已有研究成果,开展针对性的温度场分布规律研究,为多年冻土公路隧道修筑技术研究奠定基础。

2.1　多年冻土区公路隧道传热模型

2.1.1　衬砌和围岩温度场径向传热模型

隧道是一个复杂的结构体,为获得隧道衬砌和围岩温度场理论解,需做如下几点简化和假设。

① 实际的隧道断面形式为马蹄形,非常接近于圆形,为便于计算,将实际断面按圆形断面考虑。

② 保温层与二衬、二衬与初衬、衬砌与围岩之间的接触边界满足温度和热流量相等的连续条件,忽略接触边界的接触热阻。

③ 衬砌、围岩的热物性参数为常数,即导热系数、比热容和密度不随温度变化而发生变化。

④ 仅考虑隧道围岩在径向发生的热传导,隧道围岩传热按二维传热计算。

⑤ 隧道横断内任意位置处的空气温度均相等。

隧道开挖对一定范围内围岩的原始温度场产生影响(隧道温度场影响圈),影响圈内的围岩温度受洞内气温和地表气温双重作用,在影响圈以外的围岩温度场仅受地表气温作用,不受隧道开挖的影响。为便于理论计算,采用隧道围岩温度场影响半径 r_d 定量描述隧道温度场影响圈,隧道温度场影响圈厚度约为 6~10 m。图 2-1 为多年冻土隧道温度场计算简图。在图 2-1 中,隧道温度场影响边界处的温度与隧道温度场影响圈的埋深 d_R 和恒温层埋深 d_T(15~20 m)的位置有关。当隧道温度场影响圈的埋深小于恒温层埋深($d_R < d_T$)时,称为浅埋段,浅埋段的隧道温度场影响圈位于变温层中,影响圈外边界处的温度受大气温度影响,随时间变化发生变化;当隧道温度场影响圈的埋深不小于恒温层埋深($d_R \geq d_T$)时,称为深埋段,深埋段的隧道温度场影响圈位于恒温层中,影响圈外边界处的温度不受大气温度影响,不随时间变化发生变化,为恒定值。

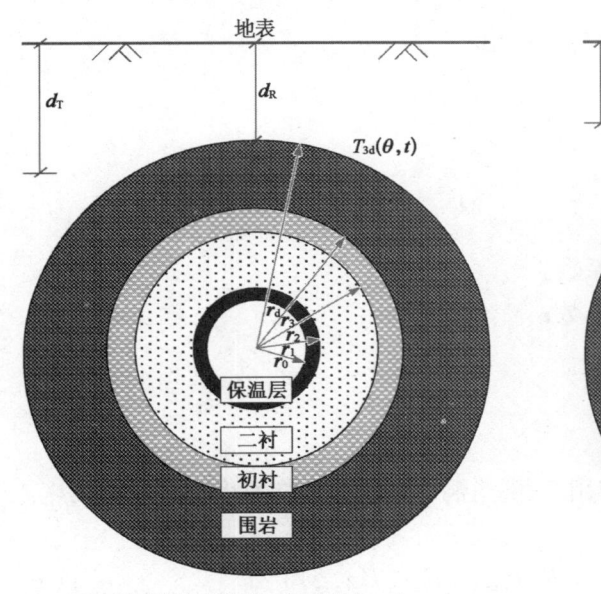

(a) 温度场影响圈位于变温层($d_R < d_T$)　　(b) 温度场影响圈位于恒温层($d_R \geq d_T$)

图 2-1　多年冻土区隧道温度场计算简图

1) 深埋段隧道

根据简化和假设条件确立的深埋段多年冻土区隧道衬砌和围岩温度场的计算简图如图 2-2 所示。

由图 2-2 可得,考虑衬砌和保温层的隧道围岩传热属于圆形多层介质热传导问题,根据圆形多层介质热传导理论,建立考虑衬砌和保温层的隧道热传导方程如下:

保温层传热方程:

$$\frac{\partial^2 T_1}{\partial r^2}(r,t) + \frac{1}{r}\frac{\partial T_1}{\partial r}(r,t) = \frac{1}{\alpha_1}\frac{\partial T_1}{\partial t}(r,t) \tag{2-1}$$

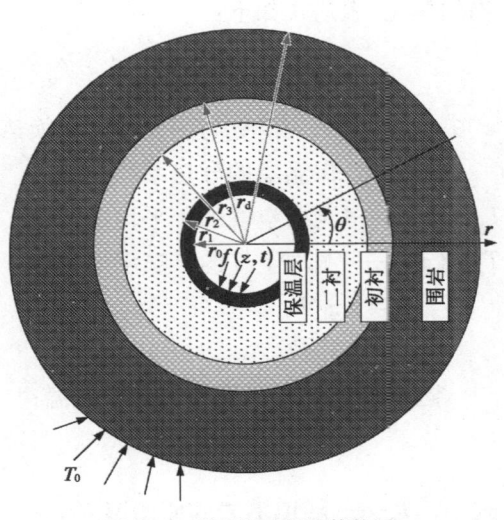

图 2-2　隧道温度场计算简图

二衬传热方程：$\dfrac{\partial^2 T_2}{\partial r^2}(r, t) + \dfrac{1}{r}\dfrac{\partial T_2}{\partial r}(r, t) = \dfrac{1}{\alpha_2}\dfrac{\partial T_2}{\partial t}(r, t)$ （2-2）

初衬传热方程：$\dfrac{\partial^2 T_3}{\partial r^2}(r, t) + \dfrac{1}{r}\dfrac{\partial T_3}{\partial r}(r, t) = \dfrac{1}{\alpha_3}\dfrac{\partial T_3}{\partial t}(r, t)$ （2-3）

围岩传热方程：$\dfrac{\partial^2 T_4}{\partial r^2}(r, t) + \dfrac{1}{r}\dfrac{\partial T_4}{\partial r}(r, t) = \dfrac{1}{\alpha_4}\dfrac{\partial T_4}{\partial t}(r, t)$ （2-4）

式中 T_1——保温层温度；

T_2——二衬温度；

T_3——初衬的温度；

T_4——围岩的温度；

α_1——保温层的热扩散系数；

α_2——二衬钢筋混凝土的热扩散系数；

α_3——初衬钢筋混凝土的热扩散系数；

α_4——围岩的热扩散系数；

r——极坐标；

t——时间。

在车流、隧道通风及自然气压差的作用下，隧道洞内空气与洞壁发生强迫对流换热：

$$-k_1\dfrac{\partial T_1}{\partial r}(r_0, t) = -h(T_1(r_0, t) - f(z, t)) \quad (2-5)$$

多条隧道洞内空气温度场现场监测数据表明，隧道洞内空气温度场 $f(z, t)$ 呈三角函数周期变化，表达式如下：

$$f(z, t) = T_{M, in}(z) + T_{A, in}(z)\cos(\omega t + \varphi) \quad (2-6)$$

式中 h——洞内空气与洞壁的对流换热系数；

k_1——保温层的导热系数；

$T_{M, in}(z)$——洞内空气的年平均温度；

$T_{A, in}(z)$——洞内空气的年温度振幅；

$\omega = 2\pi/T$；

φ——相位。

隧道温度场影响圈外边界为恒温边界：

$$T_4(r_4, t) = T_0 \quad (2-7)$$

式中 T_0——隧道围岩的原始温度。

围岩的原始温度与围岩的埋深 H 和地温增长梯度 K 有关,计算式如下:

$$T_0 = T_c + [H - (r_d - r_0) - d_T] \cdot K \quad (2-8)$$

式中　T_c——恒温层围岩的温度。

根据假设条件②,不考虑保温层与二衬、二衬与初衬、初衬与围岩之间的接触热阻,接触边界处满足温度和热流相等的连续条件如下。

保温层与二衬接触边界:

$$T_1(r_1, t) = T_2(r_1, t) \quad (2-9)$$

$$k_1 \frac{\partial T_1(r_1, t)}{\partial r} = k_2 \frac{\partial T_2(r_1, t)}{\partial r} \quad (2-10)$$

二衬与初衬接触边界:

$$T_2(r_2, t) = T_3(r_2, t) \quad (2-11)$$

$$k_2 \frac{\partial T_2(r_2, t)}{\partial r} = k_3 \frac{\partial T_3(r_2, t)}{\partial r} \quad (2-12)$$

初衬与围岩接触边界:

$$T_3(r_3, t) = T_4(r_3, t) \quad (2-13)$$

$$k_3 \frac{\partial T_3(r_3, t)}{\partial r} = k_4 \frac{\partial T_4(r_3, t)}{\partial r} \quad (2-14)$$

式中　k_1——保温层的导热系数;
　　　k_2——二衬钢筋混凝土的导热系数;
　　　k_3——初衬钢筋混凝土的导热系数;
　　　k_4——围岩的导热系数。

在隧道建设过程中,由于施工的影响,隧道围岩初始温度场被扰动。根据隧道原始围岩温度和隧道洞内空气的温度分布特征,以洞内空气年平均温度和隧道围岩原始地温确定的稳态温度场作为隧道的初始温度场 $f_i(r)$:

$$T_i(r, 0) = f_i(r) \quad (2-15)$$

利用叠加原理和拉普拉斯变化法求得的深埋段多年冻土区隧道衬砌和围岩的温度场理论解如下(求解过程见附录):

$$T_i(r, t) = \text{Re}[F(\omega i, r) \cdot T_{A,in}(z) \cdot e^{i(\omega t + \varphi)}] + \bar{F}(r) \cdot T_{M,in}(z) + \bar{G}(r) \cdot T_0 \quad (2-16)$$

式中,$F(\omega i, r)$ 由隧道结构的几何尺寸和热物性参数确定,隧道二衬、初衬和围岩等传热介质的 $F(\omega i, r)$ 由式(F-21)计算;$\bar{F}(r)$ 和 $\bar{G}(r)$ 同样由隧道结构的几何尺寸和热物性参数确定,隧道二衬、初衬和围岩等传热介质的 $\bar{F}(r)$ 和 $\bar{G}(r)$ 分别由式(F-37)和式(F-48)计算;$T_{A,in}(z)$ 和 $T_{M,in}(z)$ 为隧道洞内气体的年温度振幅和年平均温度,$T_{A,in}(z)$ 可由年温度振幅理论解式(F-46)和式(F-50)计算,也可通过现场试验测得,$T_{M,in}(z)$ 可由年平均温度理论解式(F-45)和式(F-47)计算,也可通过现场试验测得;T_0 由式(2-8)计算。

2）浅埋段隧道

浅埋段隧道围岩受地表气温和洞内气温双重作用,温度分布非常复杂,且影响圈以外围岩在冬季会发生冻结而需要考虑相变。由图 2-1 可知,为获得浅埋段隧道温度场,需先确定隧道影响圈外边界的温度,从而根据洞内气温和影响圈外边界温度计算隧道衬砌和围岩温度场。

（1）低温岩体的传热特性

低温岩体的导热系数由岩石骨架、水和冰的导热系数确定(Williams,1989),计算公式如下:

$$\lambda = \varepsilon S_w \lambda_w + \varepsilon S_i \lambda_i + (1-\varepsilon)\lambda_r \tag{2-17}$$

式中 ε——岩体孔隙率;
S_w——水的饱和度;
S_i——冰的饱和度;
λ_r、λ_w 和 λ_i——分别为岩石、水和冰的导热系数。

当地下水丰富,岩体始终处于饱和状态时:

$$S_w + S_i = 1 \tag{2-18}$$

$$\frac{\partial S_w}{\partial T} = -\frac{\partial S_i}{\partial T} \tag{2-19}$$

低温岩体热容量同样由岩石骨架、水和冰的热容确定,计算公式如下:

$$c_a = \varepsilon S_w \rho_w c_w + \varepsilon(1-S_w)\rho_i c_i + (1-\varepsilon)\rho_r c_r \tag{2-20}$$

式中 c_r、c_w 和 c_i——分别为岩石、水和冰的比热容;
ρ_r、ρ_w 和 ρ_i——分别为岩石、水和冰的密度。

岩体孔隙水的冻结在低于冰点的一定范围的温度内发生,岩体中的孔隙水冻结成冰后,逐渐开始形成晶体。当岩体中的大部分孔隙水冻结成冰后,仍有一小部分的孔隙水未冻结成冰,这部分孔隙水用水的残余饱和度 S_{wres} 来表示。岩体饱和孔隙水的冻结过程如图 2-3 所示。有

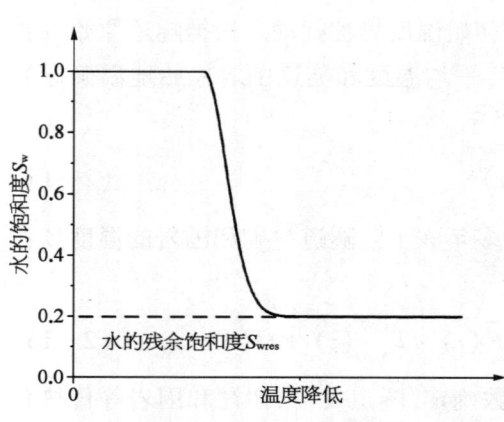

图 2-3 低温岩体水的饱和度随温度变化曲线

很多函数可以用来表征饱和岩体冻结过程,常用的冻结函数主要为直线型和指数型。

简化的直线型冻结函数如下:

$$S_w = \begin{cases} 1 & T > T_f \\ mT + 1 & T_m \leq T \leq T_f \\ S_{wres} & T < T_m \end{cases} \quad (2-21)$$

指数型冻结函数如下:$S_w = \begin{cases} 1 & T_f < T \\ (1 - S_{wres})\exp\left[-\left(\dfrac{T - T_0}{\omega}\right)^2\right] + S_{wres} & T_m \leq T \leq T_f \\ S_{wres} & T < T_m \end{cases} \quad (2-22)$

式中 m——线性冻结函数的斜率;

ω——指数型冻结函数的拟合参数。

(2)含相变岩体的温度场

当地表气温低于水的相变温度时,地表下方岩体的温度场由冻结区、混合区和未冻结区三个区域组成,如图 2-4 所示。

三个区域的温度场分布计算公式如下:

冻结区 $0 \leq z \leq Z_1(t)$:

$$T_{1d}(z, t) = (T_m - T_s)\dfrac{\mathrm{erf}(z/2\sqrt{\alpha_1 t})}{\mathrm{erf}(\psi)} + T_s \quad (2-23)$$

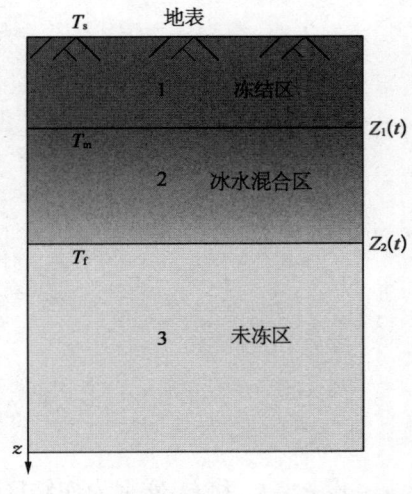

图 2-4 地表以下围岩温度场计算模型

混合区 $Z_1(t) < z \leq Z_2(t)$:

$$T_{2d}(z, t) = (T_m - T_f)\dfrac{\mathrm{erf}(z/2\sqrt{\alpha_4 t}) - \mathrm{erf}(\gamma)}{\mathrm{erf}(\gamma) - \mathrm{erf}(\psi\sqrt{\alpha_1/\alpha_4})} + T_f \quad (2-24)$$

未冻区 $z > Z_2(t)$: $\quad T_{3d}(z, t) = (T_f - T_0)\dfrac{\mathrm{erfc}(z/2\sqrt{\alpha_3 t})}{\mathrm{erfc}(\gamma\sqrt{\alpha_4/\alpha_3})} + T_0 \quad (2-25)$

式中 $T_{1d}(z, t)$——冻结区的温度;

$T_{2d}(z, t)$——混合区的温度;

$T_{3d}(z, t)$——未冻结区的温度;

$Z_1(t)$——冰水混合移动边界,$Z_1(t) = 2\psi\sqrt{\alpha_1 t}$;

$Z_2(t)$——冻结面,$Z_2(t) = 2\gamma\sqrt{\alpha_4 t}$;

T_s——地表最低月平均温度；

T_m——水完全转化为冰的温度；

T_f——产生相变的温度；

t——时间；

z——土层埋深。

参数 ψ 和 γ 由下列方程确定：

$$\frac{T_m - T_s}{T_m - T_f} e^{-\psi^2(1-\alpha_1/\alpha_4)} = \frac{k_2}{k_1}\sqrt{\frac{\alpha_1}{\alpha_4}} \frac{\mathrm{erf}(\psi)}{\mathrm{erf}(\gamma) - \mathrm{erf}(\psi\sqrt{\alpha_1/\alpha_4})} \qquad (2-26)$$

$$\frac{T_m - T_f}{T_0 - T_f}\frac{k_2}{k_3}\sqrt{\frac{\alpha_3}{\alpha_4}} e^{-\gamma^2(1-\alpha_1/\alpha_4)} = \frac{\mathrm{erf}(\gamma) - \mathrm{erf}(\psi\sqrt{\alpha_1/\alpha_4})}{\mathrm{erfc}(\gamma\sqrt{\alpha_4/\alpha_3})} \qquad (2-27)$$

$$\alpha_1 = \frac{k_1}{c_1} \qquad (2-28)$$

$$\alpha_3 = \frac{k_3}{c_3} \qquad (2-29)$$

$$\alpha_4 = \frac{k_2}{c_2 + (1-\varepsilon)\rho_r L_f \Delta\xi/(T_f - T_m)} \qquad (2-30)$$

$$\Delta\xi = \frac{\varepsilon\rho_w}{(1-\varepsilon)\rho_r} - \frac{\varepsilon S_{wres}\rho_w}{(1-\varepsilon)\rho_r} \qquad (2-31)$$

设 k_1、k_2 和 k_3 分别为冻结区、混合区和未冻区岩体的导热系数，定义式下：

$$k_1 = \varepsilon k_w S_{wres} + \varepsilon k_w(1 - S_{wres}) + (1-\varepsilon)k_w \qquad (2-32)$$

$$k_2 = \varepsilon k_w S_w + \varepsilon k_i(1 - S_w) + (1-\varepsilon)k_r \qquad (2-33)$$

$$k_3 = \varepsilon k_w + (1-\varepsilon)k_r \qquad (2-34)$$

设 c_1、c_2 和 c_3 分别为冻结区、混合区和未冻区岩体的比热容，定义式如下：

$$c_1 = \varepsilon\rho_w c_w S_{wres} + \varepsilon\rho_i c_i(1 - S_{wres}) + (1-\varepsilon)\rho_r c_r \qquad (2-35)$$

$$c_2 = \varepsilon\rho_w c_w S_w + \varepsilon\rho_i c_i(1 - S_w) + (1-\varepsilon)\rho_r c_r \qquad (2-36)$$

$$c_3 = \varepsilon\rho_w c_w + (1-\varepsilon)\rho_r c_r \qquad (2-37)$$

为减小地表气温对隧道衬砌温度场的影响，多年冻土区隧道上方围岩的厚度均大于隧址区的标准冻深，隧道结构位于图 2-4 中的未冻区内。

若隧道埋深和温度场影响半径已知,根据式(2-25)即可计算隧道温度场影响圈外边界处的温度场:

$$T_d(\theta, t) = (T_f - T_0) \frac{\text{erfc}(R/2\sqrt{\alpha_3 t})}{\text{erfc}(\gamma\sqrt{\alpha_4/\alpha_3})} + T_0 \qquad (2-38)$$

式中　$R = d_R + r_d[1 - \sin(\theta)]$。

(3) 浅埋段隧道衬砌和围岩温度场计算方法

确定了多年冻土区隧道影响圈外边界的温度后,复杂的多年冻土区隧道浅埋段传热问题可转化为圆形多层介质的传热问题(图2-5)。

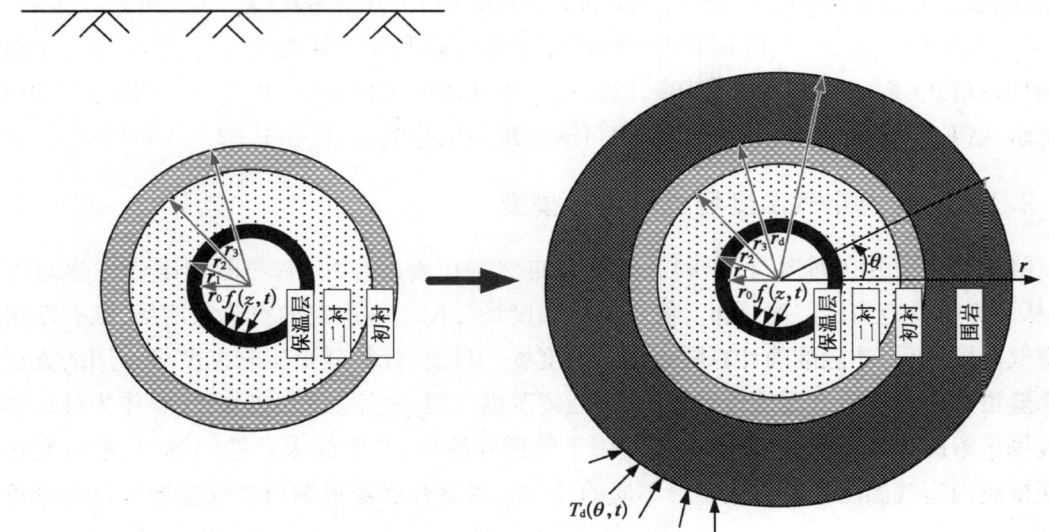

图2-5　多年冻土区隧道浅埋段二维传热计算简图

隧道浅埋段温度场的传热方程和内边界条件均与深埋段相同,唯一的区别在于传热模型的外边界条件不同。深埋段的外边界为恒温边界,而浅埋段的外边界的温度随时间发生变化,由式(2-38)计算。

根据隧道浅埋段的特征和温度分布规律可知:隧道横断面内拱顶位置处($\theta = \pi/2$)的围岩温度最低;当冻结峰面在最大冻深处$Z_2(t) = z_0$时的围岩温度为最低温度;为最大限度地满足隧道防冻保暖需要,并便于理论计算,根据最不利设计计算原则,可取$\theta = \pi/2$处,$Z_2(t) = z_0$时的温度作为隧道温度场影响层外边界温度,即:

$$T_d(\theta, t) = T_d = (T_f - T_0) \frac{\text{erfc}(d_R/2\sqrt{\alpha_3 t_0})}{\text{erfc}(\gamma\sqrt{\alpha_4/\alpha_3})} + T_0 \qquad (2-39)$$

式中　$t_0 = \dfrac{1}{4\alpha_4}\left(\dfrac{z_0}{\gamma}\right)^2$;

z_0——该地区土层的标准冻深。

隧道浅埋段传热计算模型的内边界为洞内空气与洞壁发生的对流热交换。确定了内、外边界条件后,浅埋段温度场的求解过程与深埋段相同。多年冻土区隧道浅埋段的温度场计算公式如下:

$$T_i(r, t) = \mathrm{Re}[F(\omega i, r) \cdot T_{A,\mathrm{in}}(z) \cdot e^{i(\omega t + \varphi)}] + \bar{F}(r) \cdot T_{M,\mathrm{in}}(z) + \bar{G}(r) \cdot T_d$$
(2-40)

式中,$F(\omega i, r)$ 由隧道结构的几何尺寸和热物性参数确定,隧道二衬、初衬和围岩等传热介质的 $F(\omega i, r)$ 由式(F-20)计算;$\bar{F}(r)$ 和 $\bar{G}(r)$ 同样由隧道结构的几何尺寸和热物性参数确定,隧道二衬、初衬和围岩等传热介质的 $\bar{F}(r)$ 和 $\bar{G}(r)$ 分别由式(F-37)和式(F-38)计算;$T_{A,\mathrm{in}}(z)$ 和 $T_{M,\mathrm{in}}(z)$ 为隧道洞内气体的年温度振幅和年平均温度,$T_{A,\mathrm{in}}(z)$ 可由年温度振幅理论解式(F-46)和式(F-50)计算,也可通过现场试验测得,$T_{M,\mathrm{in}}(z)$ 可由年平均温度理论解式(F-45)和式(F-47)计算,也可通过现场试验测得;T_d 由式(2-39)计算。

2.1.2 洞内空气温度场纵向传热模型

隧道洞内空气在通风、行车和进出洞口自然气压差的作用下,与隧道围岩发生对流换热,从而影响隧道围岩温度分布。隧道围岩温度场受控于隧道洞内空气温度场,唯有获得洞内空气温度场后,才能准确计算隧道围岩温度场。目前,计算隧道围岩温度场常用的方法需要在隧道洞内布置空气温度传感器,监测隧道洞内气温,利用监测的洞内气温作为隧道围岩温度场求解的边界条件;但该方法仅适用于隧道开挖后,对于尚未开挖的隧道,通过现场监测获得洞内空气温度场的方法是行不通的;因此,需要开展隧道洞内空气温度场计算理论的研究。

日本学者 Takumi 建立考虑洞壁和洞内空气对流换热的气-固耦合传热方程,并求得了该方程的解析解;但该温度场解析只适用于双层介质,不能计算包含有保温层、二衬、初衬和围岩等多层介质的隧道的纵向温度场计算。

本节根据能量守恒原理,建立洞内空气的传热微分方程,建立了求解考虑保温层、二衬、初衬和围岩等多层介质的隧道洞内空气温度场的计算理论。

隧道洞内空气受进出口温、洞内风速和风压等影响,隧道洞内空气的传热包括自身自由对流换热以及与洞壁发生的强迫对流换热,其传热过程非常复杂。为建立洞内空气温度场的计算理论,需做如下三点假设:

① 隧道内空气的风速为恒定值,将洞内行车和隧道通风对洞内空气风速的影响等效为平均速度;

② 隧道横截面内隧道内壁各点的空气温度相等,不考虑洞内空气自身的自由对流换热,只考虑与洞壁发生的强迫对流换热;

③ 忽略洞内空气沿隧道纵轴方向的热传导传递的热量。

根据以上假设,隧道洞内空气的纵向传热计算模型可由图 2-6 表示。取沿隧道纵轴线洞内空气的一个微小区间 dz 为研究对象,根据能量守恒原理,在微小区间 dz 内,洞内空气在时间 dt 内的内能增量等于洞内空气与洞壁的对流换热量与洞内空气动能增量之和。图 2-6 中 $T_{in}(t)$ 代表入口温度,$T_{out}(t)$ 代表出口温度,$T_1(r_0, t)$ 代表洞壁处的温度,$f(z, t)$ 代表洞内气温。

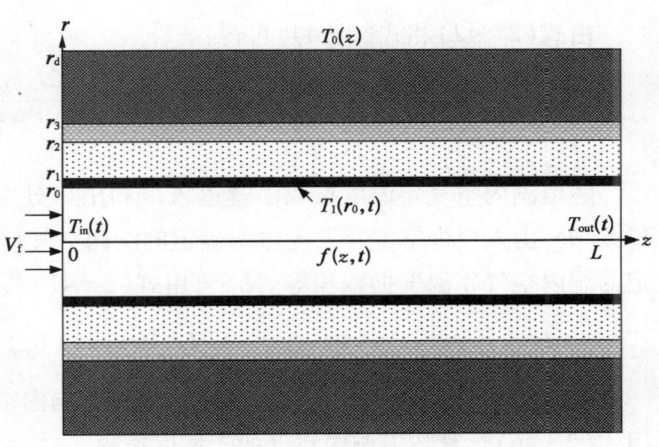

图 2-6 隧道洞内空气的传热计算模型

沿隧道纵轴线洞内 dz 微元体的能量守恒方程如下:

$$\frac{\partial f(z, t)}{\partial t} + V_f \frac{\partial f(z, t)}{\partial z} = \frac{ph}{\rho A c_p}(f(z, t) - T_1(r_0, t)) \quad (2-41)$$

式中 c_p——隧道内空气的比热容;
  V_f——洞内空气风速;
  A——隧道断面的截面积;
  p——隧道环向弧长;
  h——围岩与洞内空气的对流换热系数。

1) 年温度振幅理论解

将隧道洞内空气温度场表达式(2-6)代入式(2-41)所得的洞内空气年温度振幅微分方程如下:

$$V_f \frac{dT_A(z)}{dz} = \left[\frac{ph_f}{\rho A c_p}(F(\omega i, r_0) - 1) - \omega i\right] T_A(z) \quad (2-42)$$

$$T_A(0) = T_{in, A} \quad (2-43)$$

$$T_A(L) = T_{out, A} \quad (2-44)$$

式中 $T_{in, A}$——隧道入口处洞内空气的年温度振幅;
  $T_{out, A}$——隧道出口处洞内空气的年温度振幅。

由式(2-42)和式(2-43)可得:

$$T_{A1}(z) = \mathrm{Re}\left[T_{in, A} e^{-\left[\frac{2h(1-F(\omega i, r_0)) + \rho r_0 c_p \omega i}{\rho r_0 c_p V_f}\right] z}\right] \quad (2-45)$$

由式(2-42)和式(2-44)可得：

$$T_{A2}(z) = \mathrm{Re}\left[T_{\mathrm{out},A}\mathrm{e}^{-\left[\frac{2h(1-F(\omega i, r_0))+\rho r_0 c_p \omega i}{\rho r_0 c_p V_f}\right](L-z)}\right] \quad (2-46)$$

隧道洞内空气年温度振幅由隧道入口和出口处空气的年温度振幅决定，在距离隧道入口 L_A 处，由入口处空气年温度振幅确定的洞内空气年温度振幅与出口处空气年温度振幅确定的洞内空气年温度振幅相等。L_A 可由式(2-47)获得：

$$T_{A1}(L_A) - T_{A2}(L_A) = 0 \quad (2-47)$$

当 $0 \leq z \leq L_A$ 时，利用式(2-45)计算隧道洞内空气的年温度振幅；当 $L_A < z \leq L$ 时，利用式(2-46)计算隧道洞内空气的年温度振幅。

围岩处于恒温层中，与洞内气温相比，围岩地温的变化幅度非常小。洞内空气与围岩发生热交换，在冬季，洞内气温低于围岩的温度，围岩会持续不断地向洞内补给热量，距离洞口越远，则洞内气温越接近围岩地温，气温的温度振幅也越小。

2) 年平均温度理论解

将隧道洞内空气温度场表达式(2-6)代入式(2-41)所得的年平均温度微分方程如下：

$$V_f\frac{\mathrm{d}T_M(z)}{\mathrm{d}z} = -\frac{ph_f}{\rho A c_p}[T_M(z) - \overline{F}(r_0)T_M(z) - \overline{G}(r_0)T_0(z)] \quad (2-48)$$

$$T_M(0) = T_{\mathrm{in},M} \quad (2-49)$$

$$T_M(L) = T_{\mathrm{out},M} \quad (2-50)$$

式中 $T_{\mathrm{in},M}$——隧道入口处洞内空气的年平均温度；
$T_{\mathrm{out},M}$——隧道出口处洞内空气的年平均温度。

由式(2-48)和式(2-49)可得：

$$T_{M1}(z) = \mathrm{e}^{-Cz}[T_{\mathrm{in},M} - P_1(0) + P_1(z)] \quad (2-51)$$

$$P_1(z) = \int D T_{10}(z)\mathrm{e}^{Cz}\mathrm{d}z \quad (2-52)$$

$$T_{10}(z) = T_c + [H_1(z) - (r_d - r_0) - d_T] \cdot K \quad (2-53)$$

$$C = \frac{2h}{\rho r_0 c_p V_f}(1 - \overline{F}(r_0)) \quad (2-54)$$

$$D = \frac{2h}{\rho r_0 c_p V_f}\overline{G}(r_0) \quad (2-55)$$

由式(2-48)和式(2-50)可得：

$$T_{M2}(z) = e^{-C(L-z)}\left[T_{\text{out, M}} - P_2(0) + P_2(L-z)\right] \quad (2-56)$$

$$P_2(z) = \int DT_{20}(z) e^{Cz} dz \quad (2-57)$$

$$T_{20}(z) = T_c + \left[H_2(z) - (r_d - r_0) - d_T\right] \cdot K \quad (2-58)$$

式中,$H_1(z)$ 为隧道埋深随距洞口水平距离变化的数学表达式,可通过数据拟合获得。函数 $H_2(z)$ 满足下式:

$$H_2(L-z) = H_1(z) \quad (2-59)$$

隧道洞内空气年平均温度由入口和出口处的空气年平均温度和隧道埋深决定,在距离隧道入口 L_M 处,由入口处空气年平均温度确定的洞内空气年平均温度与出口处空气年平均温度确定的洞内空气年平均温度相等。L_M 可由下式获得:

$$T_{M1}(L_M) - T_{M2}(L_M) = 0 \quad (2-60)$$

当 $0 \leqslant z \leqslant L_M$ 时,利用式(2-51)计算隧道洞内空气年平均温度;当 $L_M < z \leqslant L$ 时,利用式(2-56)计算隧道洞内空气年平均温度。

在求得了隧道洞内空气的年平均温度和年温度振幅后,将年温度振幅理论解式(2-45)或式(2-46)和年平均温度的理论解式(2-51)或式(2-56)代入隧道温度场解析解式(2-16)和式(2-40)中,即可获得距离洞口任意距离 z 处、距洞壁任意深度 r 处和任意时刻 t 时的隧道保温层、衬砌和围岩的温度场。

2.2 多年冻土区公路隧道温度场分布规律

2.2.1 围岩热物性参数反演

围岩组成复杂,特别是岩体裂隙参数的取值受未知因素影响很大,室内试验及理论计算得到的热物性参数和实际值难免有偏差。反演法是通过现场测得的围岩温度响应结合传热模型推算出岩体的导热系数,直接反映围岩的热物理特性,是一种获得围岩热物性参数的更好的方法。

反演热物性参数的一般流程如图 2-7 所示,即根据传热方程计算围岩的温度响应并将其与实测温度值进行对比,调整输入参数,采用优化算法寻找使计算值与实测值平方差最小的参数值作为围岩的热物性参数。

实测断面 YK329+820 位于姜路岭隧道右线 V 级浅埋冻土段,现场取样测得围岩含水(冰)量约为 6.15%,假定围岩空隙内充满冰,换算成空隙率为 13.8%。取页岩岩石导热系数 $\lambda_r = 3.7 \text{ W/(m·K)}$,反演得到围岩的热物性参数如表 2-1 所示。

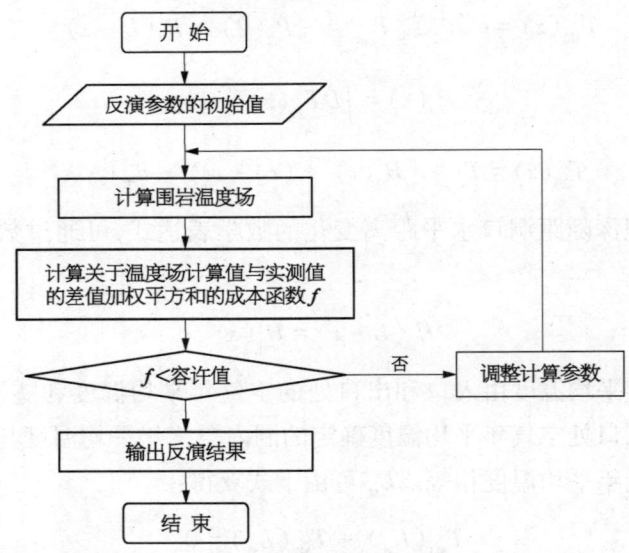

图 2-7 围岩热物性参数反演流程

表 2-1 材料热物理参数表

参 数	围岩(未冻结)	围岩(冻结)	混凝土	空气	隔热材料
导热系数[W/(m·℃)]	3.13	3.53	1.85	0.032	0.03
密度(kg/m³)	2 360	2 345	2 200	1.4	40
比热容(kg·℃)	1 285.41	971.91	970	1 000	1 210

2.2.2 姜路岭隧道与鄂拉山隧道温度场纵向分布规律

姜路岭、鄂拉山隧道进出口为季节冻土段和多年冻土段,其中季节冻土段分布在明洞回填土段,洞身中部为非冻土段,如图 2-8 所示。

依据设计资料,隧道当量半径取为 4.36 m;初衬取 25 cm,二衬取 50 cm,洞内风速取为 2 m/s,隧道进口年平均气温为-4.2℃,年温度振幅为 6.9℃。

采用隧道围岩温度场及洞内空气温度场计算方法求姜路岭隧道围岩及衬砌沿纵向温度分布,姜路岭隧道左线总长 2 925 m,进出口两端 220 m 的范围内为多年冻土段(由于季节冻土段位于明洞段,且长度较短,在计算时与多年冻土合并考虑),中间为非冻土段,计算结果如图 2-9 所示。鄂拉山隧道左线总长 4 695 m,进出口两端 220 m 的范围内为多年冻土段(由于季节冻土段位于明洞段,且长度较短,在计算时与多年冻土合并考虑),中间为非冻土段,计算结果如图 2-10 所示。

从图 2-9a 和图 2-10a 可以看出,在一年之中最冷日期,隧道衬砌及围岩温度呈"两端低,中间高"的特点,此时姜路岭隧道和鄂拉山隧道围岩表面最高温度分别为-4.56℃和-2.64℃,二衬表面最高温度分别为-7.57℃和-6.80℃;这是由于空气在前进的过程中不断

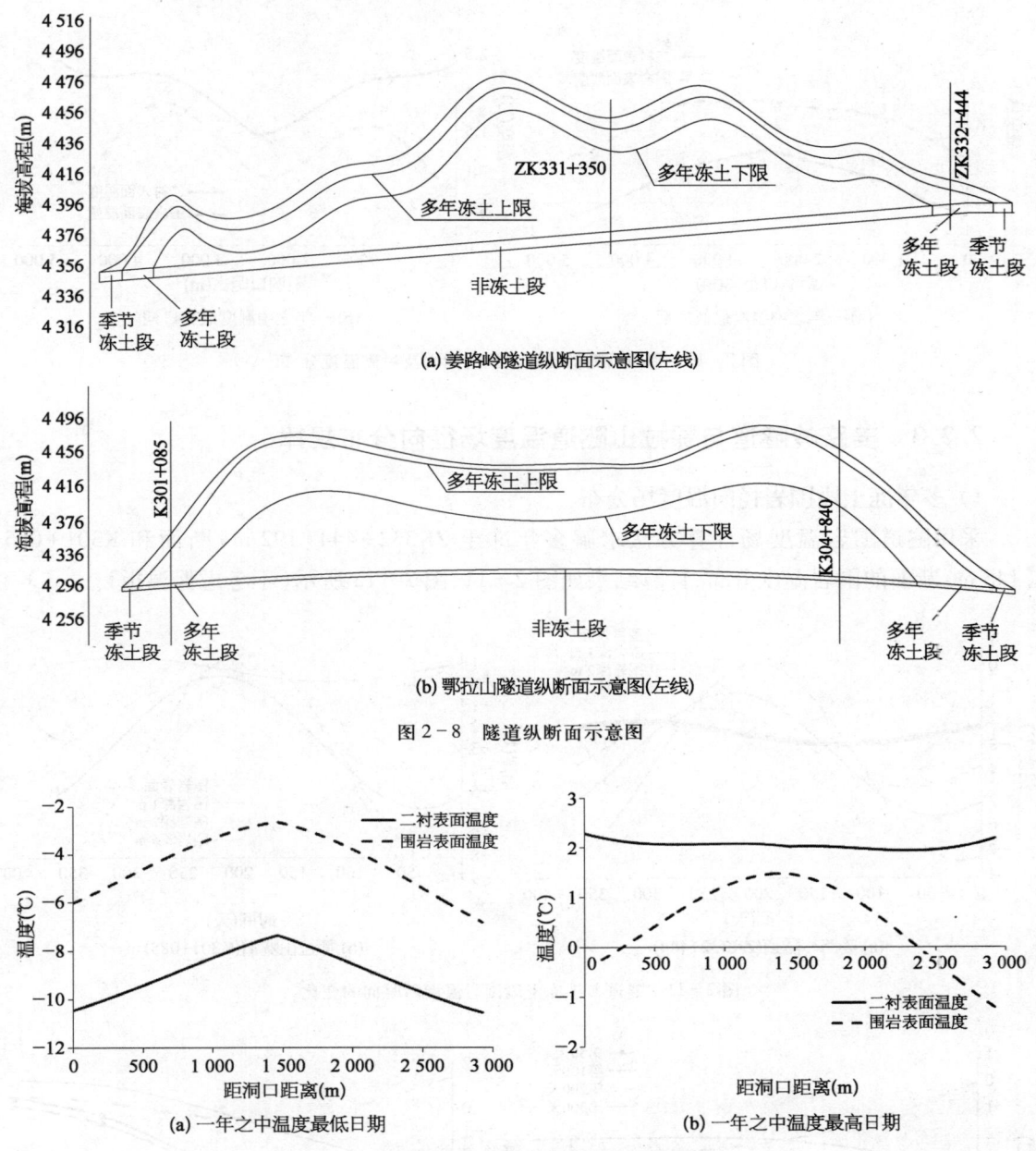

(a) 姜路岭隧道纵断面示意图(左线)

(b) 鄂拉山隧道纵断面示意图(左线)

图 2-8 隧道纵断面示意图

(a) 一年之中温度最低日期

(b) 一年之中温度最高日期

图 2-9 姜路岭隧道沿隧道纵向围岩及衬砌温度分布

与非冻土围岩产生热交换,吸收热量;由于衬砌的隔热作用,围岩表面温度总是高于二衬表面温度。从图 2-9b 和图 2-10b 可以看出,在一年之中最热日期,隧道衬砌温度呈"两端高,中间低"的特点,此时姜路岭隧道和鄂拉山隧道二衬表面最低温度分别为 1.92℃ 和 1.44℃。围岩表面温度呈倒 V 形或 M 形分布,这是由于隧道温度场受围岩初始地温的影响,此时姜路岭隧道和鄂拉山隧道围岩表面最低温度分别为 -1.22℃ 和 0.74℃。

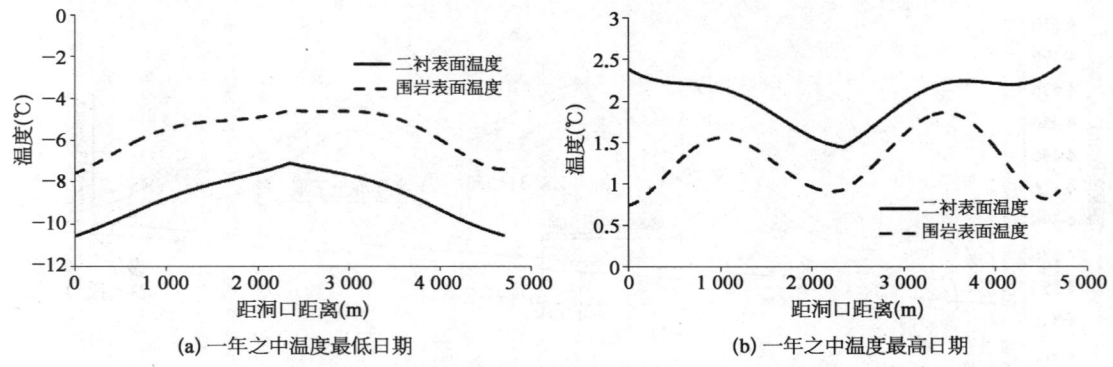

图 2-10　鄂拉山隧道沿隧道纵向围岩及衬砌温度分布

2.2.3　姜路岭隧道与鄂拉山隧道温度场径向分布规律

1) 多年冻土段围岩径向温度场分布

采用隧道围岩温度场计算方法求解多年冻土 ZK332+444(192 m) 断面和 K301+085 (145 m) 断面的围岩温度分布,计算结果如图 2-11、图 2-12 所示(不考虑保温板)。

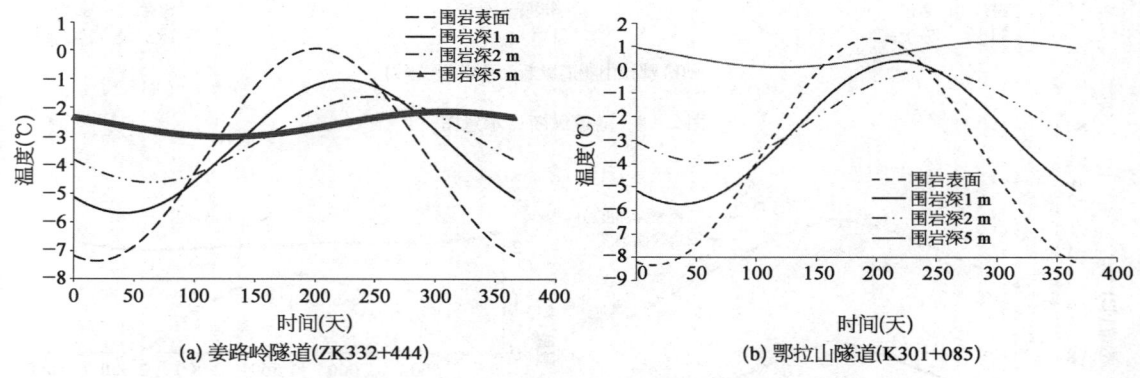

图 2-11　隧道多年冻土段围岩温度随时间的变化

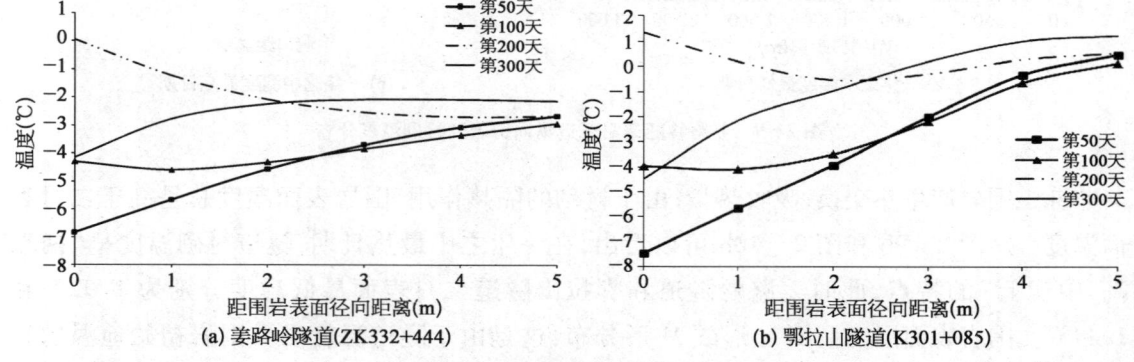

图 2-12　隧道多年冻土段围岩温度随深度的变化

从图 2-11 可以看出,多年冻土段围岩温度会随洞内气温的变化而产生波动,距离围岩表面越近,温度变化幅度越大;在距围岩表面 5 m 深处,温度振幅已减小到 0.5℃以下,说明洞内气温对多年冻土段围岩温度场的影响范围是有限的。同时也可以看出,离围岩表面越远,出现最低温度和最高温度的时间越迟,说明热量在向围岩深处传递的过程中有一定的滞后性。

从图 2-12 可以看出,在一年之中的不同时刻,多年冻土段围岩温度随围岩深度的变化规律并不相同:在第 50 天,即一年之中最冷的时刻,从围岩表面向围岩更深方向,温度是逐渐升高的;在第 100 天,围岩温度在径向方向呈现先下降后升高的趋势,原因是随着洞内气温的升高,围岩表面附近的温度也逐渐升高,但由于热量传热的滞后性,围岩更深处的温度升高幅度小于围岩表面处;而到了一年之中最热的时刻,即第 200 天,从围岩表面向围岩更深方向,温度是逐渐降低的;之后随着洞内气温的降低,围岩表面附近温度下降幅度大于更深位置处,从围岩表面向围岩更深方向的温度又呈逐渐升高的趋势。

2) 非冻土段围岩径向温度场分布

采用隧道围岩温度场计算方法求解非冻土段 ZK331+350(1 285 m)断面和 K304+840(3 900 m)断面的围岩温度分布,计算结果如图 2-13、图 2-14 所示(不考虑保温板)。

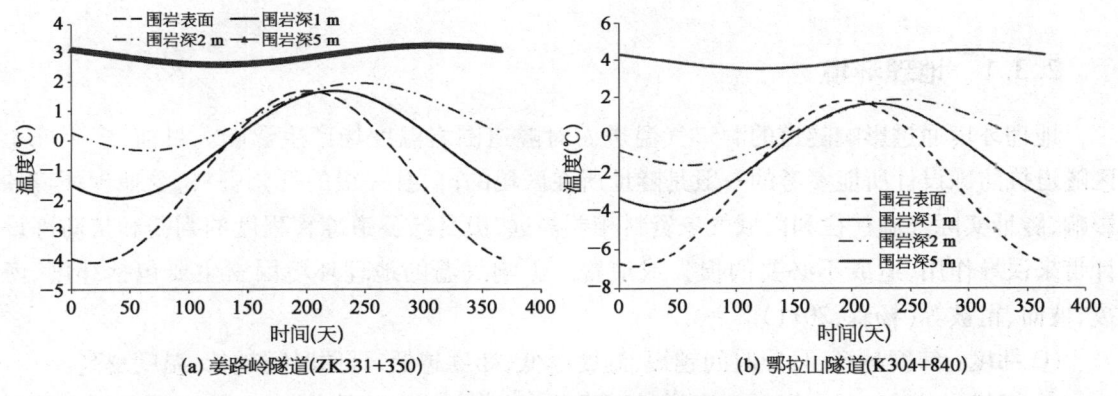

图 2-13 隧道非冻土段围岩温度随时间的变化

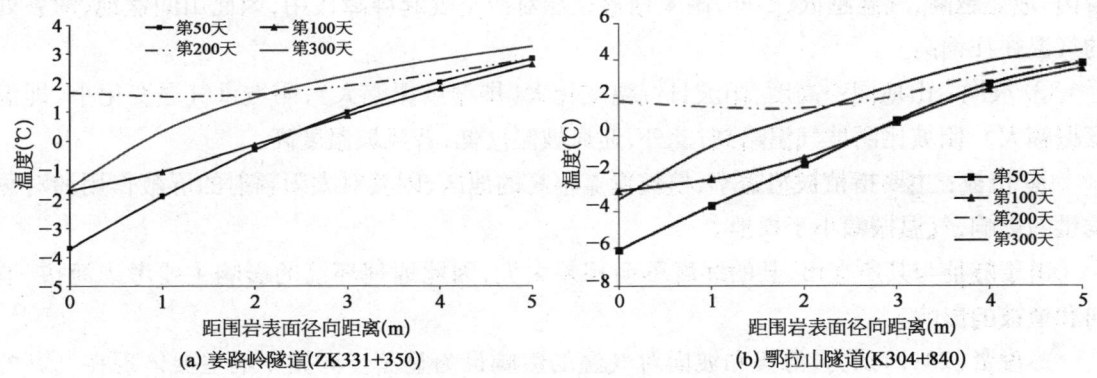

图 2-14 隧道非冻土段围岩温度随深度的变化

从图 2-13 可以看出，非冻土段围岩温度会随洞内气温的变化而产生波动，距离围岩表面越近，温度变化幅度越大；在距围岩表面 5 m 深处，温度幅度变得很小，围岩不会因洞内温度的变化而产生冻融，说明洞内气温对非冻土段围岩温度场的影响范围是有限的。同时也可以看出，和多年冻土段围岩一样，离围岩表面越远，出现最低温度和最高温度的时间越迟，说明热量在向围岩深处传递的过程中有一定的滞后性。

从图 2-14 可以看出，在一年之中的不同时刻，非冻土段围岩温度随围岩深度的变化规律也不相同：在第 50 天，即一年之中最冷的时刻，从围岩表面向围岩更深方向，温度是逐渐升高的；在第 200 天，即一年之中最热的时刻，围岩温度在径向方向呈现先下降后升高的趋势，原因是随着洞内气温的升高，围岩表面附近的温度也逐渐升高，但由于热量传热的滞后性，围岩更深处的温度升高幅度小于围岩表面处；之后随着洞内气温的降低，围岩表面附近温度下降幅度大于更深位置处，从围岩表面向围岩更深方向的温度又呈逐渐升高的趋势。

2.3　多年冻土区公路隧道温度场影响因素

2.3.1　地理环境

地理环境通过影响隧道的洞口气温进而对隧道围岩温度场产生影响。目前，多年冻土区隧道抗防冻设计所能参考的一般是隧址所在区域的市、县一级的气象资料，受地理环境的影响，隧址实际气温往往和区域气象资料相差甚远，极易给隧道冻害程度的判断和抗防冻设计带来误导作用，造成不必要的损失或浪费。影响气温的地理环境因素主要包括纬度、海拔、坡向、植被等（杨森，2011）。

① 纬度：纬度越高，日照时间越短，温度越低；纬度越低，日照时间越长，温度越高。

② 海拔：因对流层气温随高度增加而降低（每升高 100 m 下降约 0.6℃），因此同一热量带内，地势越高，气温越低；另外，高大地形往往对冷空气起屏障作用，因此山间盆地、河谷处的气温往往偏高。

③ 坡向：山地同一高度，阳坡日气温变化大（即温度振幅大），阴坡日气温变化小（即温度振幅大），阳坡比阴坡气温略高；此外，迎风坡温度低，背风坡温度高。

④ 植被：主要指植被覆盖率；植被覆盖率高的地区，因其对太阳辐射的屏蔽作用和对蒸发量的影响，气温振幅小于裸地。

由于隧址与其所在市、县的纬度不会相差太大，因此地理环境的影响主要考虑海拔、坡向和植被的影响。

彭俊贤（2011）认为，海拔和坡向对气温的影响最为显著。海拔影响主要体现在气温的垂直分布，一般是每升高 100 m 下降约 0.6℃（不同地区也会有所差异，如福建黄岗山为

0.432℃,安徽大别山为 0.447℃)。修正的方法可采用空间差值法(罗彦斌,2010),但计算过程较为复杂;更简便的方法是按每升高 100 m 下降约 0.6℃的梯度,根据区域气象资料以及隧址与区域市、县所在地的海拔高程差值进行换算,计算结果精度也可以满足工程需要。

隧道进出口坡向和植被不同造成洞口气温对日照强度和热量响应有差异,进而造成隧道进出口的年平均气温和温度振幅并不相同。目前尚未见到有关阳坡、阴坡之间气温差值的统计数据,所以要精确考虑坡向影响还存在一定困难。同样,植被对气温的影响也是如此。

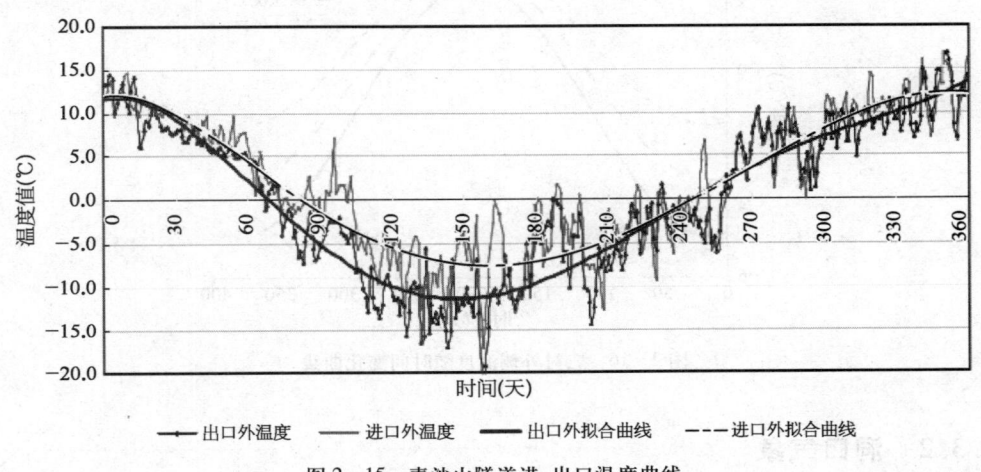

图 2-15　青沙山隧道进、出口温度曲线

赖金星(2008)现场测得青沙山隧道的进口(向阳)、出口(背阴)的洞外气温如图 2-15所示,隧道进口年平均温度 2.7℃,年温度振幅 9.9℃,隧道出口年平均温度 1.1℃,年温度振幅 12.5℃,进出口气温在最冷月有较大差值,最热月份差值则不大。隧道出口处海拔比隧道进口低了近 60 m,去除海拔对年平均温度的影响后,向阳坡(进口)的年平均气温比背阴坡(出口)高 1.96℃,向阳坡(进口)的年温度振幅比背阴坡(出口)低 2.6℃。

姜路岭隧道在设计时采用了玛多县(海拔 4 276 m)的气象资料,洞口年平均气温为 -4.2℃,年温度振幅为 6.9℃。姜路岭隧道进口(半阳坡)高程 4 280 m,出口(阳坡)高程 4 350 m,根据以上分析,取进口气温为-4.2℃,年温度振幅为 6.9℃,综合考虑坡向、植被、海拔对出口(阳坡)气温的影响,按表 2-2 选取不同的工况,计算分析地理环境对隧道围岩温度场的影响。

表 2-2　考虑地理环境因素的姜路岭隧道进出口气温　　　　　　(℃)

不同工况	隧道进口		隧道出口	
	年平均气温	年温度振幅	年平均气温	年温度振幅
工况一			-2.78	5.9
工况二	-4.2	6.9	-1.78	4.9
工况三			-0.78	3.9

选取非冻土段 ZK332+444 断面作为典型断面进行计算,断面尺寸、材料热物性参数和气象条件与 2.2 节所述相同。利用深埋段温度场理论计算隧道温度场,计算结果如图 2-16 所示。由图 2-16 可得:随着向阳坡面年平均气温的升高和年温度振幅的降低,二衬外侧温度同步升高,不产生温度响应延迟现象;同时,温度振幅逐渐减小。

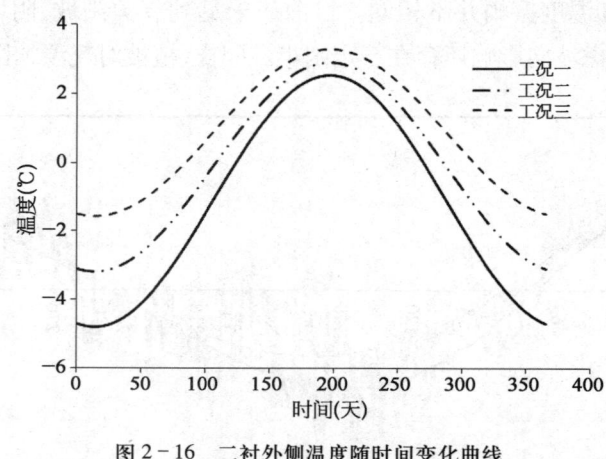

图 2-16 二衬外侧温度随时间变化曲线

2.3.2 洞口气象

气象条件包括温度、风速、风向、湿度等,其中,洞口气温对隧道围岩温度场的影响最大、最直接,因此本节仅考虑洞口气温对隧道围岩温度场的影响,风速、风向的影响在通风条件中讨论,湿度等其余气象因素由于其影响很小故可忽略不计。洞口气温可采用大气年平均温度和年温度振幅描述,洞口气温对围岩地温的影响即为大气年平均温度和年温度振幅对围岩地温的影响。

选取姜路岭隧道非冻土段 ZK331+350 断面作为典型断面进行计算,断面尺寸、材料热物性参数和气象条件与 2.2 节相同。年平均温度为:−4.2℃、−2.2℃和−0.2℃;年温度振幅分别为:6.9℃、11.9℃和 16.9℃。利用深埋段温度场理论计算隧道温度场,计算结果如图 2-17、图 2-18 所示。

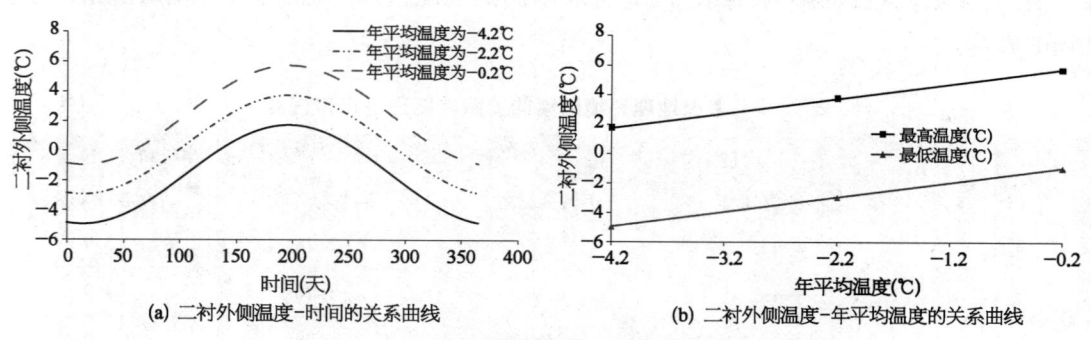

(a) 二衬外侧温度-时间的关系曲线　　(b) 二衬外侧温度-年平均温度的关系曲线

图 2-17 二衬外侧温度随时间和年平均温度的变化曲线

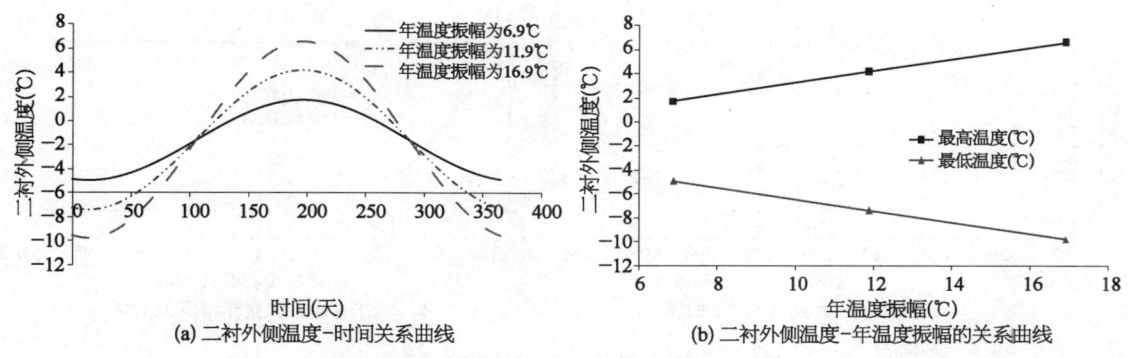

(a) 二衬外侧温度-时间关系曲线　　(b) 二衬外侧温度-年温度振幅的关系曲线

图2-18　二衬外侧温度随时间和年温度振幅的变化曲线

由图2-17a可得：隧道二衬外侧(初衬与二衬交界处)温度随时间呈三角正弦函数周期变化，二衬外侧温度随年平均温度的升高而呈整体同步提高，不产生温度响应延迟现象。由图2-17b可得：二衬外侧最低、最高温度随年平均温度的增加而线性增加，年平均温度每增加1℃，二衬外侧最低、最高气温同等增加1℃；即洞口处的年平均气温越高，洞内围岩的地温则越高，越有利于地温能的利用。建议多年冻土区隧道通风进洞口选择在向阳位置。

由图2-18a可得：隧道二衬外侧温度随时间呈三角正弦函数周期变化，二衬外侧温度的变化幅度随年温度振幅的增加而增大，年温度振幅越大，隧道二衬外侧温度变化幅度越大。由图2-18b可得：二衬外侧最高温度随年温度振幅的增加呈线性增加，而最低温度随年温度振幅的增加呈线性减小，年温度振幅每增加1℃，二衬外侧最高温度升高0.5℃，同时最低气温降低0.5℃；即洞口大气温度的年温度振幅越大，二衬外侧温度的年温度振幅也随之增大。

2.3.3　洞内风速

洞内空气与隧道二衬发生对流换热，不同洞内风速下的空气与衬砌的对流换热系数改变造成隧道二衬外侧温度不同。开展洞内风速对隧道围岩温度场的影响研究，以便合理选择隧道洞口位置，最大限度地利用隧道围岩地温能。

选取姜路岭隧道非冻土段ZK331+350断面作为典型断面进行计算，断面尺寸、材料热物性参数和气象条件与2.2节相同。根据《公路隧道通风照明设计规范》JTJ026.1—1999规定，单向交通的隧道设计风速不宜大于10 m/s，特殊情况可取12 m/s；双向交通的隧道设计风速不应大于8 m/s；人车混合通行的隧道设计风速不应大于7 m/s。因此选取以下几个风速分析隧道洞内风速对围岩温度场影响：0.5 m/s、1.5 m/s、2.5 m/s、7.5 m/s。利用深埋段温度场理论计算隧道温度场，计算结果如图2-19所示。

由图2-19a可得：隧道二衬外侧温度随时间呈三角正弦函数周期变化，随洞内风速的增加，隧道二衬外侧温度变化幅度呈增加趋势，隧道洞内风速越小，隧道二衬外侧温度变化幅度越小。

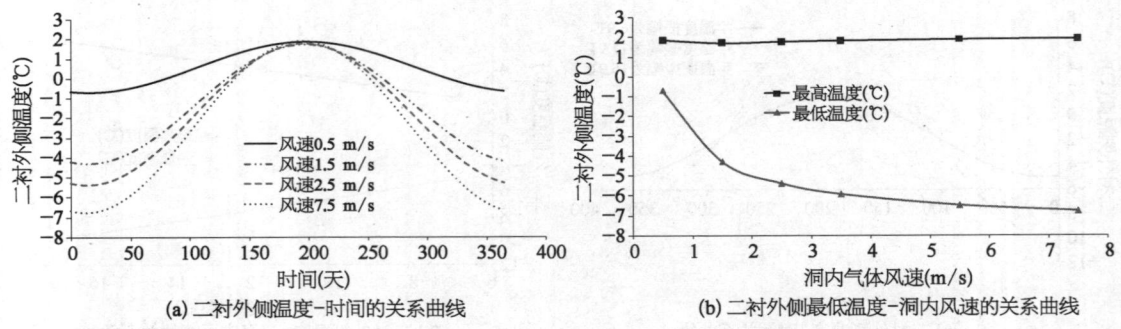

图 2-19 二衬外侧温度随时间和洞内风速的变化曲线

由图 2-19b 可得：洞内风速对二衬外侧温度有显著影响。整体趋势为：二衬外侧的最高温度随风速变化较为平缓，二衬外侧最低温度当风速小于 1.5 m/s 时，随着风速的增加而急剧下降；当风速大于 1.5 m/s 时，随着风速的增加而缓慢减小。

2.3.4 埋深及冻土类型

不同隧道埋深下围岩的初始地温不同，进而对隧道开挖后围岩温度响应产生影响。多年冻土区地温沿深度变化曲线的典型包络线如图 2-20 所示。

由图 2-20 可知，由浅至深各层地温的变化特点如下（丁靖康等，2011）：

① 从地表至多年冻土上限的活动层，直接吸收太阳短波辐射能量，地温变化剧烈。其温度场受地表短周期（日周期、月周期等）温度变化的影响；

② 从多年冻土上限至地温年变化带底部的多年冻土层，其温度常年为负值，顶部最高值为 0℃；该层地温变化幅度较小，从上限往下，地温年较差随深度的增大而减小，至地温年变化深度处变为零；

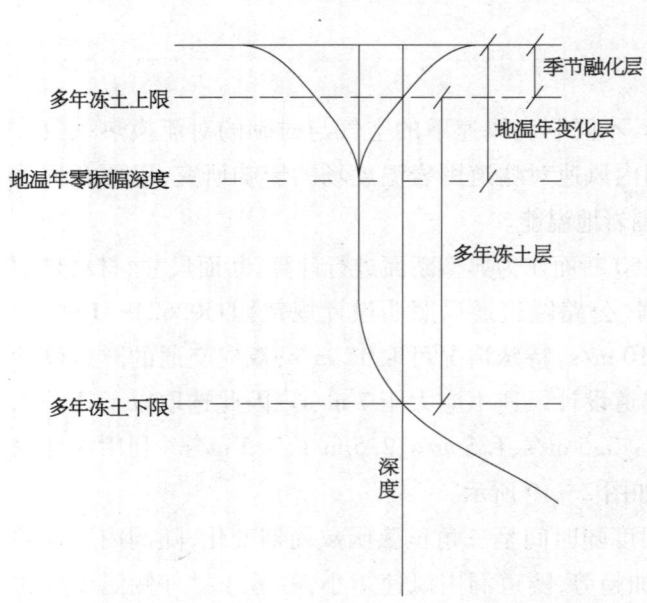

图 2-20 多年冻土地温沿深度变化曲线的典型包络线

③ 年变化深度以下的多年冻土层，其温度场仅受地表长周期（气温多年波动）温度变化的影响，表现出相对稳定状态；

④ 多年冻土下限以下的非冻土层，其温度受地表长周期温度变化和地热的综合作用，表现出相对稳定状态，自多年冻土下限（0℃）起，地温随深度增加而增大。

根据地勘资料，依托工程姜路岭隧道进出口分布有多年冻土区，多年冻土上限 1.6~2.2 m，下限 28~42 m，隧道最大埋深 160 m。在现场不同埋深的断面埋设围岩温度测孔,并在埋设后立即读取距围岩表面 4 m 深度处的围岩温度作为该深度的初始地温,测得不同深度围岩初始地温如表 2-3 所示。

表 2-3　姜路岭隧道不同深度围岩初始地温

深度(m)	初始地温(℃)	断面里程
9.7	−0.55	YK329+760
13.7	−0.7	YK329+820
41.5	0.07	YK329+925

由图 2-20 可见,在深度大于年地温变化深度的多年冻土区,随着深度增大,地温基本恒定不变,当深度接近多年冻土下限时地温开始逐渐升高。赵燕洲等(2008)测得青藏多年冻土区地温年变化深度在 12 m 左右,对于埋深小于 12 m 的地温变化情况,目前监测数据尚不充足;埋深大于 12 m 区域的地温相对稳定,对于 12~42 m 多年冻土下限区间内的地温,根据表 2-3,姜路岭隧道埋深 13.7 m 处的多年冻土围岩最低温度为 −0.7℃,因此该深度范围内地温在 −0.7℃左右;当深度大于 42 m 时,取 42 m 处地温为 0℃,地温梯度为 3×10^{-2}℃/m,即可得到不同深度处的初始地温,当埋深为 160 m 时,围岩的初始地温为 3.5℃。

根据以上分析,隧道埋深对围岩温度场的影响分两类情况进行讨论。

① 取隧道全线埋深为 20 m,即多年冻土隧道(取初始地温为 −0.7℃),分析洞内气温围岩温度场变化情况;计算结果如图 2-21 所示。

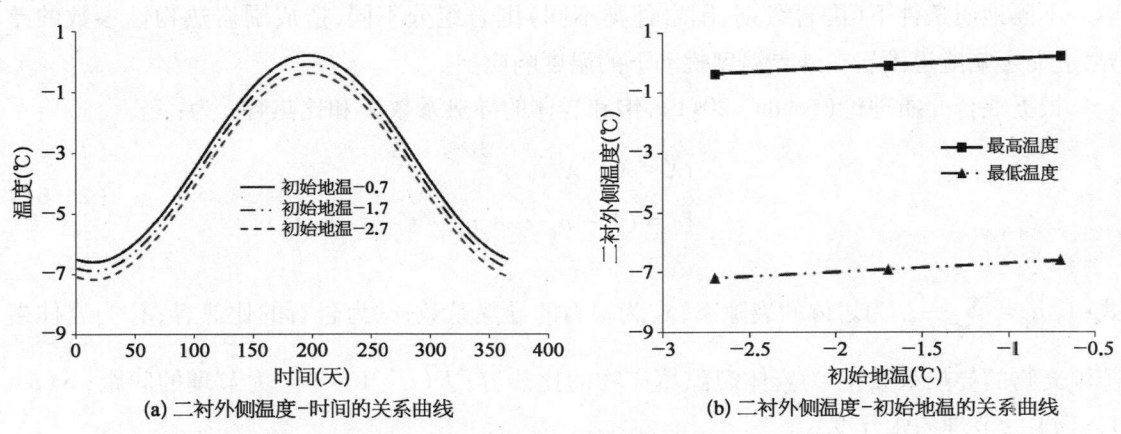

(a) 二衬外侧温度−时间的关系曲线　　(b) 二衬外侧温度−初始地温的关系曲线

图 2-21　姜路岭隧道二衬外侧温度随时间和初始地温的变化曲线

由图 2-21a 可得:在不同初始地温条件下,隧道二衬外侧(初衬与二衬交界处)温度随时间变化呈三角正弦函数周期变化,二衬外侧温度随初始地温的下降而呈整体同步降低,不产生温度响应延迟现象。由图 2-21b 可得:多年冻土隧道二衬外侧最低、最高温度随初始地温的增加而线性增加,初始地温每增加 1℃,二衬外侧最低、最高气温同等增加 0.3℃。

② 取隧道全线埋深为 50 m、100 m、150 m,即非多年冻土隧道,分析洞内气温围岩温度场变化情况;计算结果如图 2-22 所示。

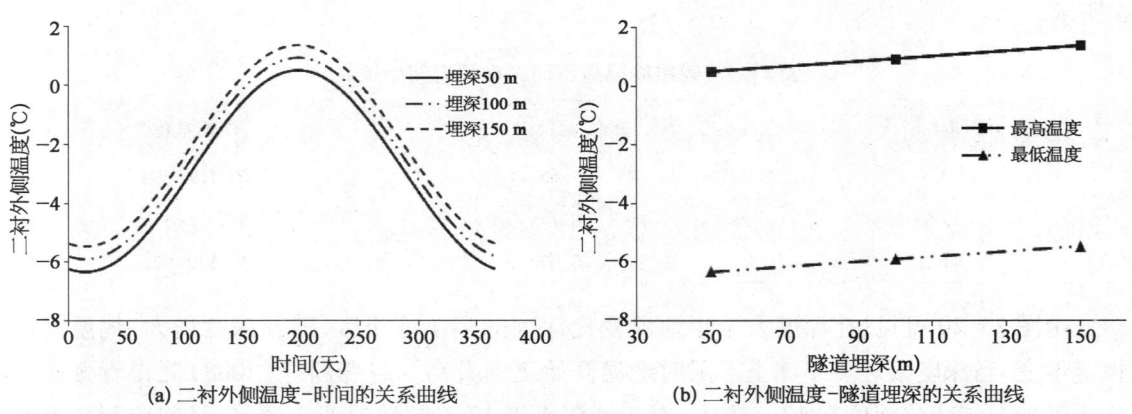

图 2-22 姜路岭隧道二衬外侧温度随时间和隧道埋深的变化曲线

由图 2-22a 可得:在不同隧道埋深下,隧道二衬外侧(初衬与二衬交界处)温度随时间呈三角正弦函数周期变化,二衬外侧温度随隧道埋深的升高而呈整体同步提高,不产生温度响应延迟现象。由图 2-22b 可得:非冻土段隧道二衬外侧最低、最高温度随隧道埋深的增加呈线性增加,埋深每增加 100 m,二衬外侧最低、最高气温同等增加 0.8℃。

2.3.5 围岩热物性参数

不同地质条件下(围岩级别、围岩种类不同)围岩组分不同,造成围岩热物性参数的差异,进而影响隧道围岩在外界温度扰动下的温度响应。

根据混合介质理论(Schön,2011),饱和岩体的导热系数 λ 和比热容 c 为:

$$\begin{cases} \lambda = \lambda_r^{1-n_f} \lambda_f^{n_f} \\ c = (1-n_f)c_r + n_f c_f \end{cases} \quad (2-61)$$

式中,$n_f = \sum_{1,n}^{i} \dfrac{e_i}{L_i}$,为岩体的裂隙率;$\lambda_r$ 为岩石的导热系数;c_r 为岩石的比热容;λ_f 为岩体裂隙填充物的导热系数;c_f 为岩体裂隙填充物的比热容;$L_i(i=1\sim n)$ 为节理的间距;$e_i(i=1\sim n)$ 为节理的张开度。

依托工程姜路岭隧道围岩主要为页岩和凝灰岩,两种岩石、水及冰的热物理参数见表 2-4。

表 2-4 岩石热物理参数

热物理参数	导热系数 $\lambda_r[\text{W}/(\text{m}\cdot\text{℃})]$	比热容 $c_r[\text{J}/(\text{kg}\cdot\text{℃})]$
页岩	3.7	774.6
凝灰岩	2.0	1 800

(续表)

热物理参数	导热系数 λ_r [W/(m·℃)]	比热容 c_r [J/(kg·℃)]
水	0.56	4 180
冰	2.2	2 090
空气	0.025	1 005

选取Ⅳ级、Ⅴ级的页岩和凝灰岩进行分析，根据《公路隧道设计规范》(JTG D70—2004)中不同级别围岩裂隙参数的取值范围，计算得到Ⅳ级、Ⅴ级围岩裂隙率范围为0.75%~9%，如表2-5所示。分别取裂隙率为3.00%和6.00%，由式(2-61)计算得到的围岩热物理参数如表2-6、表2-7所示，衬砌热物理参数取值如表2-8所示。选取姜路岭隧道非冻土段ZK331+350断面作为典型断面进行计算，断面尺寸和气象条件与2.2节相同，利用深埋段温度场理论计算隧道温度场，计算结果如图2-23所示。由图2-23可得：隧道二衬外侧温度随时间呈三角正弦函数周期变化，同种类岩石下的不同围岩级别对二衬外侧温度影响很小，不同种类围岩对二衬外侧温度影响显著，页岩的二衬外侧温度变化幅度显著大于凝灰岩。

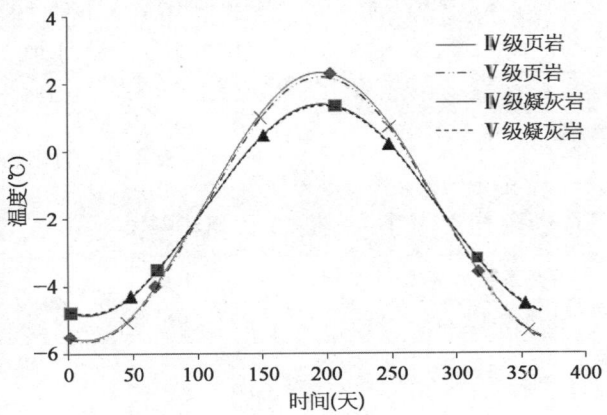

图2-23 二衬外侧温度随时间变化曲线

表2-5 不同级别围岩的裂隙参数范围及裂隙率范围

围岩级别	完整程度	公路隧道设计规范中的裂隙参数范围					不同级别围岩裂隙率极值及相应的裂隙参数				
		结构面发育程度		张开度(mm)			裂隙参数组合情况	组数	平均间距(m)	张开度(mm)	裂隙率 n_f (%)
		组数	平均间距(m)	闭合	微张	张开					
Ⅰ	完整	1~2	>1.0	<1	2	—	最小裂隙率	—	—	—	0.00
							最大裂隙率	2	1.0	2	0.40
Ⅱ	完整	1~2	>1.0	<1	2	—	最小裂隙率	1	1.0	1	0.10
	较完整	1~2	>1.0		2	>3	最大裂隙率	1	1.0	3	0.60
Ⅲ	较完整	2~3	1.0~0.4	<1	2	>3	最小裂隙率	2	1.0	1	0.20
	较破碎	2~3	1.0~0.4		2	>3	最大裂隙率	3	0.4	3	2.25
Ⅳ	较破碎	>3	0.4~0.2	<1	2	>3	最小裂隙率	3	0.4	1	0.75
	破碎	>3	0.4~0.2			>3	最大裂隙率	3	0.4	3	4.50
Ⅴ	破碎	>3	<0.2	—	2	>3	最小裂隙率	3	0.2	2	3.00
							最大裂隙率	3	0.1	3	9.00

表2-6 围岩(页岩)热物理参数

裂隙率(%)	干 燥		饱 水		饱 冰	
	导热系数 λ [W/(m·℃)]	比热容 c [J/(kg·℃)]	导热系数 λ [W/(m·℃)]	比热容 c [J/(kg·℃)]	导热系数 λ [W/(m·℃)]	比热容 c [J/(kg·℃)]
3.00	3.18	781.5	3.50	3.00	3.18	781.5
6.00	2.74	788.4	3.30	6.00	2.74	788.4

表2-7 围岩(凝灰岩)热物理参数

裂隙率(%)	干 燥		饱 水		饱 冰	
	导热系数 λ [W/(m·℃)]	比热容 c [J/(kg·℃)]	导热系数 λ [W/(m·℃)]	比热容 c [J/(kg·℃)]	导热系数 λ [W/(m·℃)]	比热容 c [J/(kg·℃)]
3.00	1.75	1 776.2	1.93	1 871.4	2.01	1 808.7
6.00	1.54	1 752.3	1.85	1 942.8	2.01	1 817.4

表2-8 衬砌热物理参数

衬砌材料	喷射混凝土	一次模筑混凝土	保温板	二次模筑混凝土
导热系数 λ[W/(m·℃)]	1.85	1.85	0.03	1.85
比热容 c[J/(kg·℃)]	970	970	1 210	970

第3章

多年冻土区公路隧道冻胀力与围岩荷载

我国在20世纪90年代建成了青海大坂山隧道,2003年建成了四川鹧鸪山隧道以及位于多年冻土区的青藏铁路的昆仑山隧道和风火山隧道,随后又建成了青海河卡山、青砂山等多年冻土区公路隧道,在东北和西北地区已建有数十座铁路及公路隧道。这些高海拔及高寒地区隧道的建成,为高寒地区隧道建设积累了丰富的经验。然而这些高寒隧道运营后有不少隧道出现了不同程度的冻害,影响了隧道的正常运营和隧道结构的安全,有些甚至造成了巨大的经济损失。围岩冻胀对衬砌产生冻胀力作用,这被认为是造成隧道冻害的主要原因。虽然现有隧道设计中采用了地下水排导和设置隔热层等措施,但并不能完全消除冻胀力,在隧道衬砌设计中应考虑冻胀力荷载。按穿越的冻土类型,多年冻土区隧道可分为全多年冻土隧道、局部多年冻土隧道、非多年冻土隧道。不同冻土区段的温度变化情况规律、围岩条件不同,隧道支护结构受力特点和规律也有所不同。然而,目前针对不同冻土区隧道冻胀力的研究较少,相应不同冻土区隧道结构设计缺乏系统的方法。

本章通过对不同冻土区不同围岩中,冻、融条件下隧道荷载的计算方法和隧道围岩冻胀力的计算方法的研究,提出考虑冻、融条件和冻胀力耦合作用的多年冻土区隧道荷载计算方法。

3.1　多年冻土区公路隧道冻胀力

3.1.1　冻胀力形成机理及围岩冻胀性评估

3.1.1.1　冻胀模型与不均匀冻胀

1) 围岩冻胀模型

含水围岩冬季结冰冻胀将对衬砌产生冻胀力作用。根据围岩中水体的分布情况以及发生冻胀的区域不同,冻胀力作用模型可分为三类,如图3-1及表3-1所示。

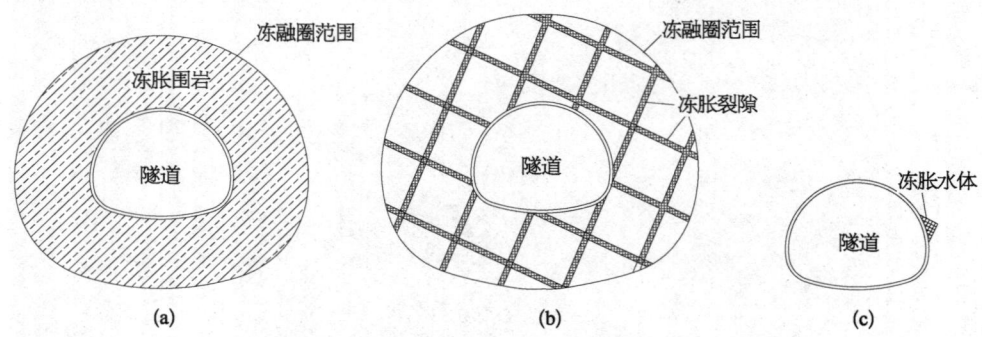

图3-1　多年冻土区隧道冻胀力计算模型示意图

(a) 冻融圈整体冻胀模型;(b) 岩体裂隙冻胀模型;(c) 衬砌背后积水冻胀模型

表 3-1 现有多年冻土区隧道冻胀力计算模型

模型名称	研究者(时间)	备注
冻融圈整体冻胀模型	赖远明(1999) 吴紫汪(2003) Gao G. Y. (2012) 张祉道,王联(2004)	含水风化层冻胀模型(张祉道,2004)可视为冻融圈整体冻胀模型的一个特例
裂隙岩体冻胀模型	孙兵(2009)	
衬砌背后积水冻胀模型	王建宇,胡元芳(2004) 邓刚(2010)	

冻融圈整体冻胀模型认为多年冻土区隧道周围围岩随季节变化形成周期冻融的冻融圈,冬季冻融圈围岩冻结膨胀,对衬砌产生冻胀力作用。目前冻融圈整体冻胀模型应用广泛,赖远明(1999)、吴紫汪(2003)、GAO G. Y. (2012)等研究者在此模型基础上推导了相应的冻胀力计算公式。含水风化层冻胀模型(张祉道,2004)可被视为冻融圈整体冻胀模型的一个特例,该模型认为拱顶位置围岩含水量小,不会发生冻胀,衬砌两侧围岩风化层含水量大,冬季发生冻胀。该模型的问题在于,岩石风化需要很长的时间,而多年冻土区隧道很多在修建不久后就发生了冻害。从结果看,风化层冻胀模型并不能很好地解释冻胀现象(邓刚,2010)。

裂隙岩体冻胀模型认为饱和岩体裂隙中的水冻结膨胀使得围岩表现出冻胀特性,并对衬砌产生冻胀力作用。孙兵(2009)通过建立有限元模型,分析了饱水裂隙冻胀对衬砌的冻胀力作用特性。由于裂隙中的水在冻结过程中会被挤出裂隙,使得裂隙不会发生冻胀,因此目前该模型的合理性还有待进一步研究。

王建宇(2004)提出了衬砌背后积水冻胀模型,该模型认为衬砌背后空洞内积水冻胀对衬砌产生了冻胀力作用。通过将衬砌及冻胀水体周围围岩简化为弹簧,并认为冻胀水体对各约束面产生的冻胀力相等,推导了冻胀力计算公式。邓刚(2010)进一步分析了冻胀水体的形变约束特征,给出了约束冻胀模型。由于围岩具有一定的渗透性,冻结过程中,存水空间中的未冻水受到挤压向外排出,存水空间的冻胀性降低甚至消失,相应冻胀力较小甚至没有冻胀力。此外,多年冻土区隧道修建时不允许衬砌背后留有空洞,施工中出现的衬砌背后空洞可通过注浆等措施消除,因此该类冻胀力在工程设计中可不考虑。

2) 围岩的不均匀冻胀

水热迁移作用下冰透镜总是沿温度梯度的方向生长,因此沿温度梯度方向的线冻胀率要大于垂直温度梯度方向(童长江,1985),围岩的冻胀具有不均匀特性,如图 3-2 所示。

夏才初等(2013)描述了围岩的不均匀冻胀特性:隧道围岩由衬砌向围岩方向冻结,围岩中形成垂直于隧道径向的冰透镜体,其厚度在水热迁移作用下不断增大,围岩发生冻胀,

(a) 土体(Taber,1930)　　　(b) 凝灰岩(Nakamura,2009)　　　(c) 砂岩(Nakamura,2009)

图3-2　水热迁移作用下岩土体的冻胀现象

如图3-3所示。此时,沿隧道径向的线冻胀率 $\alpha_r = \alpha_{//}$,沿隧道环向的线冻胀率 $\alpha_\theta = \alpha_\perp$。平行于冻结方向(沿隧道径向)的线冻胀率大于垂直于冻结方向(沿隧道环向)的线冻胀率。

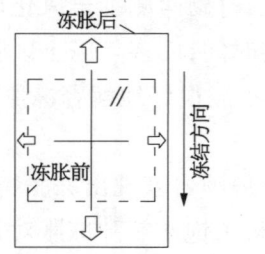 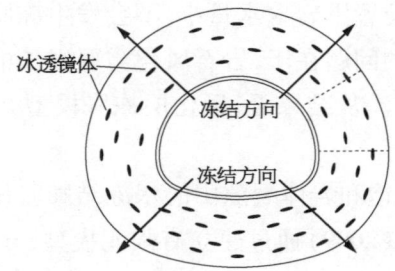 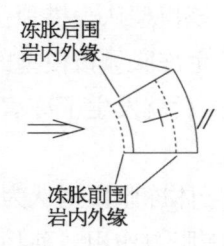

图3-3　围岩不均匀冻胀示意图

假定冻胀围岩在隧道轴线方向上的线冻胀率等于垂直于冻结方向的线冻胀率,则冻胀围岩体积冻胀率与各方向线冻胀率满足如下关系:

$$\eta = \alpha_r + 2\alpha_\theta \tag{3-1}$$

式中　η——围岩的体积冻胀率;

　　　α_r——垂直于冻结方向的围岩线冻胀率;

　　　α_θ——平行于冻结方向的围岩线冻胀率。

定义 $k = \alpha_r/\alpha_\theta$ 为冻胀围岩的不均匀系数,显然 $k \geq 1$。由式(3-1)可得:

$$\begin{cases} \alpha_r = \dfrac{k}{k+2}\eta \\ \alpha_\theta = \dfrac{1}{k+2}\eta \end{cases} \tag{3-2}$$

目前关于围岩不均匀冻胀引起冻胀力的相关研究很少,仅王正中等(1999)在分析作用于扩大墙基上的冻胀力时,考虑了土体冻胀的不均匀性,取竖直方向线冻胀率为水平方向线冻胀率的2.4倍,因此计算中冻胀不均匀系数 k 取 1~3。

3.1.1.2 不同冻土段围岩冻胀力形成机理

多年冻土区公路隧道依次穿过洞口季节冻土段、多年冻土段、非冻土段,如图3-4所示。

1) 洞口季节冻土段和非冻土段围岩冻胀力形成机理

洞口季节冻土段围岩冬季自地表发生冻结,隧道路基水平高度以上的季节冻土围岩均发生冻结。当洞内保温层效果不好或没有保温层时,隧道仰拱处将出现季节冻融层。围岩冻结膨胀,对衬砌产生冻胀力作用。由于洞口段隧道埋深很浅,地表隆起

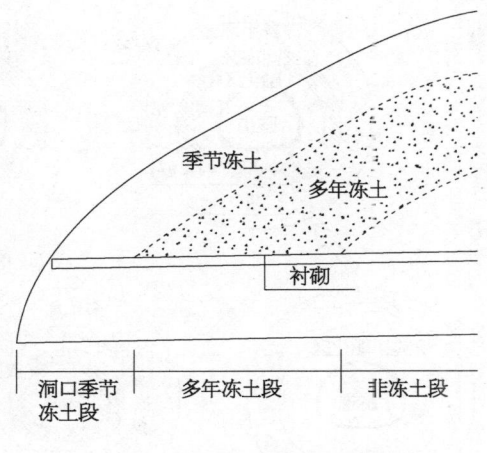

图3-4 多年冻土区隧道不同冻土段分布情况示意图

冻胀变形释放,即在竖直方向及垂直于平面方向上围岩的冻胀变形将得到释放,因此在进行冻胀力计算时,应按平面应力条件考虑。

对于非冻土段,若保温措施良好,围岩不会冻结,衬砌不会受到冻胀力作用。若保温层效果不好或没有保温层,在洞内冷空气作用下,隧道围岩会发生冻结膨胀,对衬砌产生冻胀力作用。

2) 多年冻土段隧道围岩冻胀力形成机理

多年冻土段隧道开挖前围岩常年冻结。在施工期间由于人为活动的影响在围岩中形成融化圈。隧道完工后,融化圈在周围多年冻土以及洞内冷空气作用下重新冻结。多年冻土段隧道周围冻融圈的发展模式包括如下几种情况。

① 隔热层效果好的情况下,洞内气温不会影响融化圈的冻结情况。在周围多年冻土的作用下,融化圈由外侧围岩向衬砌单向回冻,其特点是回冻缓慢,特别是多年冻土围岩温度较高时,施工时融化圈储存的热量使得融化圈可能在竣工后数年内继续扩大,然后才开始回冻,如图3-5a所示。

② 隔热层效果不好或没有隔热层的情况下,由于多年冻土区年平均气温低于0℃,因此,在隧道进风口一定范围的内,洞内年平均气温低于0℃。此时,围岩一年内放出的热量少于吸收的热量,围岩总体温度趋于重新降低到0℃以下。这种情况下,寒季时的融化圈围岩表现为双向回冻的趋势,最终大部分围岩融化圈重新冻结,而在隧道周围将形成年气温波动下的季节冻融圈,如图3-5b所示。

根据以上分析,多年冻土围岩中,施工期间融化围岩均将回冻,冻结范围相当于施工期间出现的最大融化深度。冻胀性围岩回冻时,将对衬砌产生冻胀力作用。在隧道运营中无外界水补给的情况下,由于地下水在施工中基本被排出,围岩不会发生明显的冻胀,围岩冻胀力可忽略不计。有外界水补给的情况下,随着围岩的回冻,整个融化圈范围围岩发生冻胀,此时可能产生较大的冻胀力。

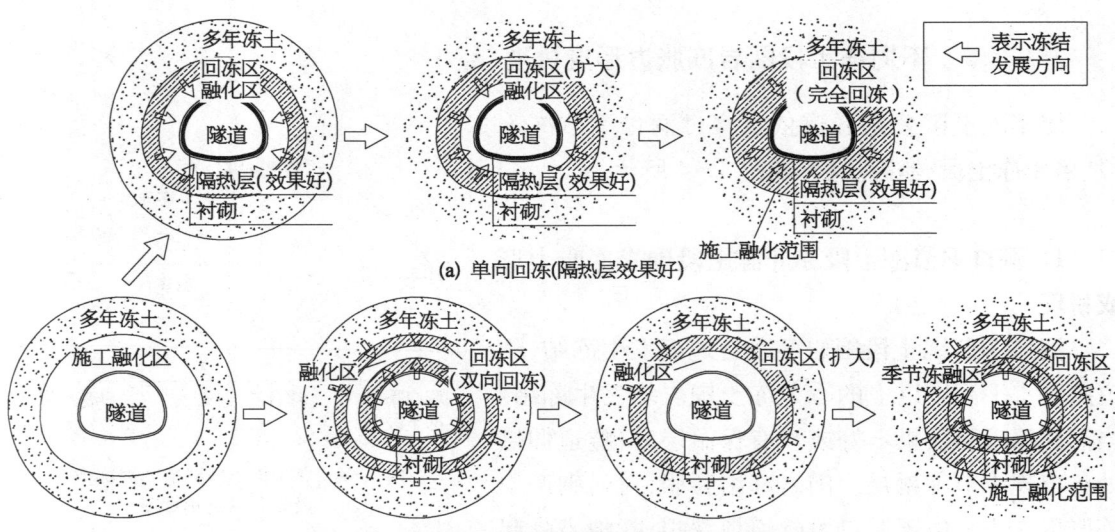

(a) 单向冻冻(隔热层效果好)

(b) 双向回冻(隔热层效果不好且洞内年平均气温低于0℃)

图 3-5 多年冻土段围岩冻结区的发展模式

3) 不同冻土段围岩冻胀模型

根据以上分析,总结得到不同冻土段围岩冻胀模型如图 3-6 所示,不同冻土段围岩冻融及冻胀状态如表 3-2 所示。

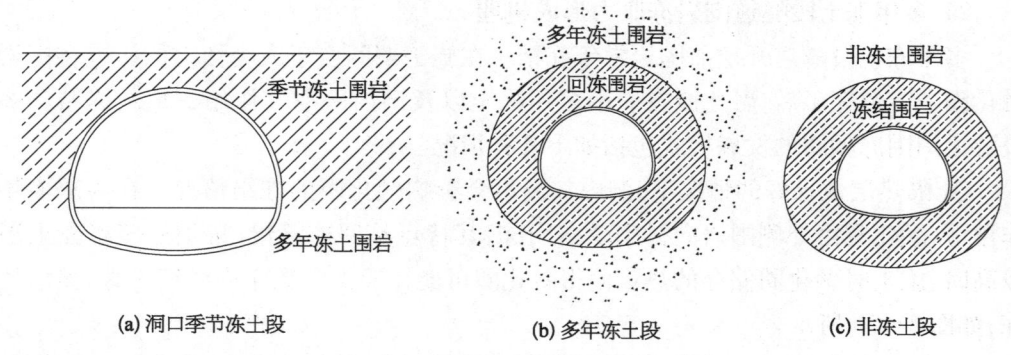

(a) 洞口季节冻土段 (b) 多年冻土段 (c) 非冻土段

图 3-6 不同冻土段围岩冻胀模型

表 3-2 不同冻土段围岩的冻融及冻胀状态

冻土段类型	围岩冻结类型	冻融状态	冻胀状态
洞口季节冻土段	季节冻土围岩	融→冻	冻胀
	多年冻土围岩	始终冻结	不冻胀
多年冻土段	回冻围岩	融→冻	冻胀
	多年冻土围岩	始终冻结	不冻胀
非冻土段	冻结围岩	融→冻	冻胀
	非冻土围岩	始终未冻胀	不冻胀

3.1.1.3 岩体冻胀性分级评估

1）岩石的冻胀

（1）岩石的冻胀敏感性

根据岩石中发生水热迁移的强度不同,岩石可分为冻胀敏感性岩石和非冻胀敏感性岩石。其中水热迁移是指水分从未冻区向冻结锋面迁移、积聚并冻结成冰后体积膨胀的过程,水热迁移作用下形成的冰体被称为分凝冰。冻结过程中,冻胀敏感性岩石中水热迁移作用较强,岩石中形成分凝冰并将岩石撑裂,随着分凝冰不断生长,岩石表现出明显的冻胀变形；非冻胀敏感性岩石中水热迁移作用基本可以忽略,岩石冻胀变形主要由孔隙中原位水冻结膨胀造成,冻胀变形不明显,不会出现肉眼可见的分凝冰。冻胀敏感性岩石的判别标准如表3-3所示。岩石的冻胀敏感性对其冻胀率的量值有很大影响。

表3-3 岩石冻胀敏感性的判别标准

判 别 标 准	标准出处
（1）新第三纪中~上部的软质且细粒的泥质岩和凝灰岩； （2）干燥比重小于2.0,吸水率大于20%的软质泥质岩以及细粒凝灰岩	星野,1973
（1）单轴抗压强度小于5 MPa； （2）干密度小于1.5 g/cm³,饱和密度小于2.0 g/cm³； （3）饱和含水率大于25%； （4）粉碎后,粉砂以下颗粒含量大于20%	北川修三,1986
（1）饱和比重小于2.1； （2）吸水率大于15%； （3）P波波速小于2 km/s	礒田卓也,1996
（1）湿表观密度小于1.9 g/cm³（试验采用砂浆试件模拟岩石）； （2）有效孔隙率大于40%； （3）P波波速小于2.7 km/s； （4）单轴抗压强度小于5 MPa	小野丘,2004

（2）饱和岩石冻胀率的计算方法

将岩石视为均匀冻胀介质,单位体积岩石冻胀的体积增量为体冻胀率 h_r,简称冻胀率,可用来定量描述岩石的冻胀性。Matsuoka(1990)对饱和岩石的冻结试验表明,孔隙水原位冻结时9%的体积膨胀、水热迁移作用以及岩石对冻胀的约束作用决定了岩石冻胀率的大小。

① 孔隙水原位冻结膨胀作用下的岩石冻胀率。

封闭条件下岩石孔隙水不与外界发生交换,水热迁移作用的影响可忽略不计,饱和岩石的冻胀率仅取决于孔隙水原位冻胀以及岩石自身对冻胀的约束作用。

水结冰体积膨胀9%,Mellor(1970)据此给出了封闭条件下饱和岩石冻胀率的计算公式：

$$\eta_r = 9\% n \tag{3-3}$$

式中 η_r——岩石的体积冻胀率；

n——岩石的孔隙率。

式(3-3)忽略了岩石自身对冻胀的约束作用,因此计算得到的冻胀率明显大于试验测得的岩石冻胀率,如图 3-7 所示。对试验测得冻胀率和岩石孔隙率的关系进行拟合,得到封闭条件下考虑岩石自身约束作用的饱和岩石冻胀率计算公式,即孔隙水原位冻结膨胀作用下饱和岩石冻胀率计算公式:

$$\eta_r = 2.17\% n \quad (3-4)$$

式中 η_r——岩石的体积冻胀率;
n——岩石的孔隙率。

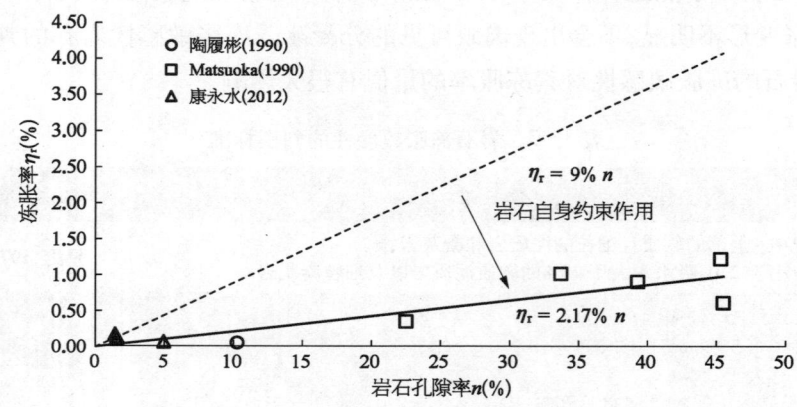

图 3-7 封闭条件下饱和岩石的冻胀率与孔隙率的关系

② 水热迁移作用对岩石冻胀率的影响。

开放条件下,由于外界水的补给,饱和岩石的冻胀率受水热迁移作用的影响而增大,增长幅度和岩石的冻胀敏感性有关。

Matsuoka(1990)分别测量了封闭和开放条件下饱和凝灰岩、安山岩、页岩的冻胀率,见表 3-4。

表 3-4 几种岩石的冻胀率(Matsuoka,1990) (%)

岩石冻胀敏感性	岩石名称	孔隙率 n	冻 胀 率		η_o/η_c
			封闭条件 η_c	开放条件 η_o	
冻胀敏感性岩石	凝灰岩-1	39.3	0.300	0.536	178.67%
	凝灰岩-2	45.5	0.203	0.327	161.08%
	凝灰岩-3	45.3	0.407	0.552	135.63%
非冻胀敏感性岩石	安山岩	22.5	0.116	0.125	107.76%
	页岩	33.7	0.338	0.326	96.45%

非冻胀敏感性岩石(安山岩、页岩)在开放条件下的冻胀率平均为封闭条件下的102.11%,水热迁移作用对岩石冻胀率的影响可忽略不计;受水热迁移作用的影响,冻胀敏

感性岩石(凝灰岩)在开放条件下的冻胀率平均为封闭条件下的158.46%。

考虑水热迁移作用对式(3-3)进行修正,可得开放条件下饱和岩石冻胀率的计算公式:

$$\eta_r = 2.17\% \zeta n \tag{3-5}$$

式中,ζ为水热迁移影响系数,对于冻胀敏感性岩石取158%,对于非冻胀敏感性岩石取100%。

2) 饱和岩体裂隙的冻胀

(1) 饱和裂隙的冻胀情况

岩体的冻胀是岩石与裂隙二者冻胀的综合表现见图3-8。不冻胀的岩石在破碎情况下也会表现出冻胀性,因此裂隙对岩体冻胀性的影响不可忽视。

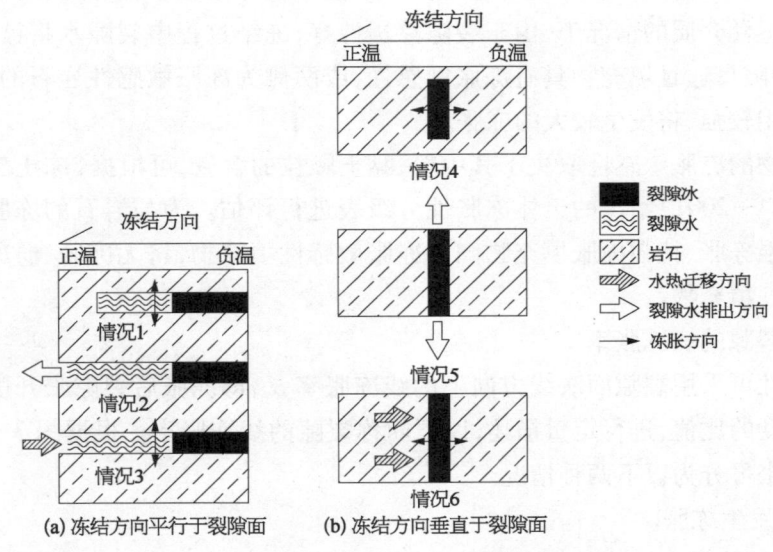

图3-8 岩体中裂隙的冻结与冻胀作用

冻结过程中,裂隙中可能发生裂隙水原位冻胀、裂隙水排出(无冻胀)以及水热迁移作用下裂隙冰生长冻胀三种情况。进一步考虑冻结方向,裂隙冻结时可能发生的冻胀情况可分成6种,见表3-5。

表3-5 岩体中裂隙的冻结与冻胀作用情况

情况编号	冻结方向	裂隙特征描述	冻胀情况	线冻胀率
1	平行于裂隙面	(1) 裂隙两端闭合	裂隙水原位冻胀	3%
2	平行于裂隙面	(1) 裂隙贯通; (2) 裂隙内无填充物,或填充物为非冻胀敏感性介质	裂隙水排出,不发生冻胀	0%
3		(1) 裂隙贯通; (2) 裂隙中有冻胀敏感性填充物	裂隙在水热迁移作用下发生冻胀	3%

(续表)

情况编号	冻结方向	裂隙特征描述	冻胀情况	线冻胀率
4	垂直于裂隙面	（1）裂隙两端闭合	裂隙水原位冻胀	3%
5		（1）裂隙贯通； （2）裂隙内无填充物，或填充物为非冻胀敏感性介质	裂隙水排出，不发生冻胀	0%
6		（1）裂隙贯通，为原生裂隙或冻胀过程中形成的新生（冻融）风化裂隙； （2）裂隙周围岩石为冻胀敏感性岩石	裂隙在水热迁移作用下发生冻胀	3%

裂隙闭合的情况下，裂隙中的水无法排出，发生原位冻结膨胀；裂隙贯通且无填充物或填充非冻胀敏感性介质的情况下，由于裂隙渗透性好，冻结过程中裂隙水将被排出，裂隙不会发生冻胀；裂隙贯通且填充物具有冻胀敏感性，或两侧为冻胀敏感性岩石的情况下，冻结时水热迁移作用较强，将发生较大的冻胀。

裂隙填充物的冻胀敏感性取决于其中粉、黏土颗粒的含量，可根据《冻土工程地质勘察规范》（GB50324—2001）给出的土体冻胀性分级表进行评估。为与岩石的冻胀敏感性分类统一，将冻胀、强冻胀、特强冻胀填充物归为冻胀敏感性填充物，将无冻胀、弱冻胀填充物归为非冻胀敏感性填充物。

（2）饱和裂隙的线冻胀率

裂隙冻胀性可采用裂隙面法线方向上的线冻胀率 α_f，即冻胀后裂隙张开度的增量与冻胀前裂隙张开度的比值，进行定量描述，以下简称裂隙的线冻胀率。根据图3-8和表3-5饱和裂隙的冻胀可分为以下两种情况。

① 裂隙水发生冻胀。

图3-8中的情况1和情况4，裂隙水发生原位冻胀；情况3和情况6裂隙在水热迁移作用下发生冻胀：当裂隙填充物具有冻胀敏感性或周围岩石为冻胀敏感性岩石时，冻结过程中裂隙冰在水热迁移作用下不断长大，裂隙表现出明显的冻胀性。

目前关于岩体裂隙冻胀的试验研究为空白，由于水结冰体积膨胀9%，而裂隙仅在其法线方向上发生冻胀，因此对裂隙发生冻胀的情况，其线冻胀率 α_f 可取3%。

② 裂隙水在冻结过程中被排出。

对于图3-8中的情况2和情况5，冻结过程中，裂隙水结冰体积增大，使得未冻结的裂隙水水压升高，由于节理贯通，未冻结的裂隙水将被排出，裂隙不发生冻胀。该情况下，裂隙的线冻胀率 α_f 可取0。

3）饱和岩体冻胀率的计算方法

岩体由结构体（岩石）和结构面（裂隙）组成，其冻胀性是岩石与裂隙二者冻胀的综合表现。如图3-9所示，以宽 b、高 h、厚 c 含有一组平行裂隙的饱和岩体为例，其中裂隙宽度为

e,裂隙间距为 L,裂隙法线方向为(ϕ, θ)。岩体冻结膨胀,设岩石为均匀冻胀材料,各方向的线冻胀率 α_r 为其体积冻胀率 η_r 的三分之一,裂隙在其法线方向上的线冻胀率为 α_f。

将裂隙间距 L,宽度 e 以及裂隙法线方向上的线冻胀率 α_f 沿坐标轴方向分解,分别得到以下公式。

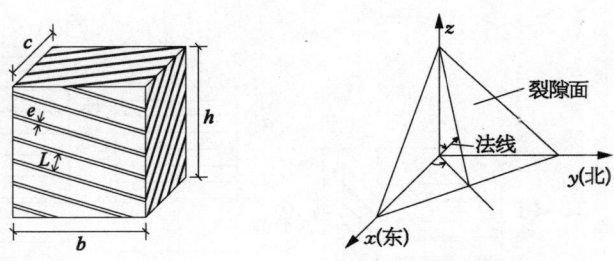

图 3-9　含一组平行裂隙的岩体模型

裂隙间距 L 在各坐标轴方向上的分量 L_x^f、L_y^f、L_z^f 为:

$$\begin{cases} L_x^f = L\sin\theta\cos\phi \\ L_y^f = L\sin\theta\sin\phi \\ L_z^f = L\cos\theta \end{cases} \quad (3-6)$$

裂隙宽度 e 在各坐标轴方向上的分量 e_x^f、e_y^f、e_z^f 为:

$$\begin{cases} e_x^f = e\sin\theta\cos\phi \\ e_y^f = e\sin\theta\sin\phi \\ e_z^f = e\cos\theta \end{cases} \quad (3-7)$$

6 裂隙线冻胀率 α_f 在各坐标轴方向上的分量 α_x^f、α_y^f、α_z^f 为:

$$\begin{cases} \alpha_x^f = \alpha_f\sin\theta\cos\phi \\ \alpha_y^f = \alpha_f\sin\theta\sin\phi \\ \alpha_z^f = \alpha_f\cos\theta \end{cases} \quad (3-8)$$

如图 3-10 所示,在 z 方向上,岩体冻胀前后的高度分别为 h、h'。将岩体的冻胀分为岩石和裂隙两个部分的组合,则有:

$$h' = (1 + \alpha_r)\frac{h}{L_z^f}(L_z^f - e_z^f) + (1 + \alpha_z^f)\frac{h}{L_z^f}e_z^f \quad (3-9)$$

岩体在 z 方向上的线冻胀率 α_z 为:

$$\alpha_z = \frac{h' - h}{h} = \alpha_r + (\alpha_z^f - \alpha_r)\frac{e}{L} \quad (3-10)$$

同理可得岩体在 x、y 方向上的线冻胀率。

对于含有 n 组不同走向节理的裂隙岩体,节理的间距为 L_1, L_2, …, L_n,开度为 e_1,

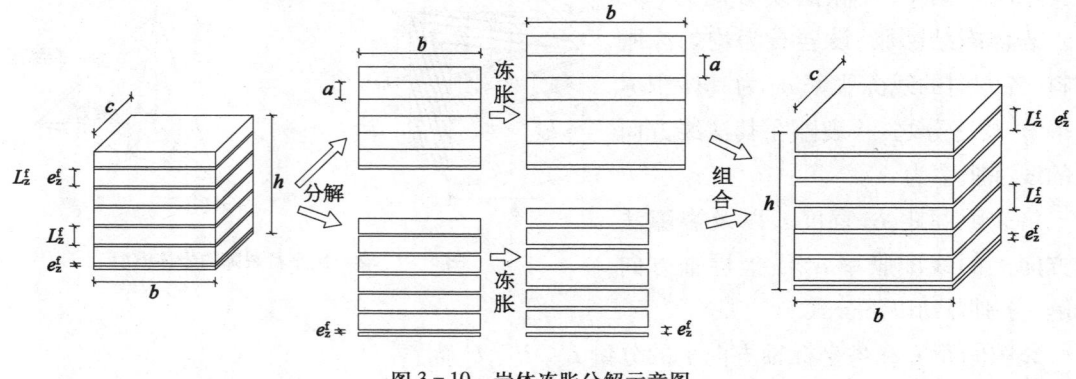

图 3-10 岩体冻胀分解示意图

$e_2, \cdots, e_n$,方向为 $(\phi_1, \theta_1), (\phi_2, \theta_2), \cdots, (\phi_n, \theta_n)$,裂隙法线方向线冻胀率为 α_f,则岩体沿坐标轴各方向的线冻胀率为:

$$\begin{cases} \alpha_x = \alpha_r + \sum_{i=1}^{n} (\alpha_{x\_i}^f - \alpha_r) \dfrac{e_i}{L_i} \\ \alpha_y = \alpha_r + \sum_{i=1}^{n} (\alpha_{y\_i}^f - \alpha_r) \dfrac{e_i}{L_i} \\ \alpha_z = \alpha_r + \sum_{i=1}^{n} (\alpha_{z\_i}^f - \alpha_r) \dfrac{e_i}{L_i} \end{cases} \tag{3-11}$$

式中 α_x、α_y、α_z——岩体沿各坐标轴方向的线冻胀率;

α_r——岩体中岩石的线冻胀率;

L_i——第 i 组裂隙间距;

e_i——第 i 组裂隙宽度;

$\alpha_{x\_i}^f$、$\alpha_{y\_i}^f$、$\alpha_{z\_i}^f$——第 i 组裂隙线冻胀率 α_f 在各坐标轴方向上的分量,按式(3-8)计算。

根据式(3-11),岩体的冻胀率 η 为:

$$\eta = \alpha_x + \alpha_y + \alpha_z \tag{3-12}$$

令岩体中 n 组裂隙的间距均为 L,开度均为 e,将式(3-8)、(3-9)带入式(3-12)化简可得岩体的冻胀率 η 为:

$$\eta = \left(3 - 3n\dfrac{e}{L}\right)\alpha_r + n\dfrac{e}{L}\alpha_f(\sin\theta\cos\phi + \sin\theta\sin\phi + \cos\theta) \tag{3-13}$$

当 $\theta = \arctan(1)$,$\phi = \arctan(\sqrt{2})$ 时,$\sin\theta\cos\phi + \sin\theta\sin\phi + \cos\phi$ 取最大值,为 $\sqrt{3}$。此时岩体的冻胀率最大,为:

$$\eta_{\max} = (3 - 3n_f)\alpha_r + \sqrt{3}n_f\alpha_f \tag{3-14}$$

式中　n_f——岩体的裂隙率，$n_f = n\dfrac{e}{L}$；

　　　α_f——裂隙线冻胀率；

　　　α_r——岩石裂隙线冻胀率。

4) 不同岩性中不同级别岩体的冻胀率

选择常见岩石，根据式(3-5)计算岩石的冻胀率，根据《公路隧道设计规范》(JTG D70—2004)选取不同级别围岩的裂隙参数如表3-6所示，最后根据式(3-14)计算得到不同岩性不同级别围岩冻胀率范围，如表3-7所示，表中"不同级别岩体冻胀率"一栏中"—"表示该种岩石不会出现在相应级别的围岩中，其中"无"表示"无冻胀"；"弱"表示"弱冻胀"；"中"表示"冻胀"；"强"表示"强冻胀"；"特强"表示"特强冻胀"。

表3-6　不同级别岩体的裂隙参数

围岩级别	完整程度	公路隧道设计规范中的裂隙参数范围					不同级别围岩裂隙率极值及相应的裂隙参数				
		结构面发育程度		张开度(mm)			裂隙参数组合情况	组数	平均间距(m)	张开度(mm)	裂隙率 n_f (%)
		组数	平均间距(m)	闭合	微张	张开					
Ⅰ	完整	1~2	>1.0	<1	2	—	最小裂隙率	—	—	—	0.00
							最大裂隙率	2	1.0	2	0.40
Ⅱ	完整	1~2	>1.0	<1	2	—	最小裂隙率	1	1.0	2	0.10
	较完整	1~2	>1.0	—	2	>3	最大裂隙率	2	1.0	3	0.60
Ⅲ	较完整	2~3	1.0~0.4	<1	2	>3	最小裂隙率	2	0.4	1	0.20
	较破碎	2~3	1.0~0.4	—	2	>3	最大裂隙率	3	0.4	3	2.25
Ⅳ	较破碎	>3	0.4~0.2	<1	2	>3	最小裂隙率	3	0.4	1	0.75
	破碎	>3	0.4~0.2	—	2	>3	最大裂隙率	3	0.2	3	4.50
Ⅴ	破碎	>3	<0.2	—	2	>3	最小裂隙率	3	0.2	3	3.00
							最大裂隙率	3	0.1	3	9.00

表3-7　开放条件下不同岩性不同级别岩体的冻胀率 η 及冻胀性　　　　(%)

岩石的冻胀敏感性	岩石名称	岩石风化程度	岩石孔隙率(%)	岩石冻胀率 η_r(%)	不同级别岩体的冻胀率 η(%)				
					Ⅰ	Ⅱ	Ⅲ	Ⅳ	Ⅴ
冻胀敏感性岩石	泥灰岩(常士骠，2004)	—	16.0~52.0	0.55~1.79	—	—	—	0.59~1.94 中~特强	0.69~2.09 中~特强
	凝灰岩(常士骠，2004)	—	12.5~40.0	0.43~1.38	—	—	—	0.47~1.55 中~强	0.57~1.72 中~特强

（续表）

岩石的冻胀敏感性	岩石名称	岩石风化程度	岩石孔隙率(%)	岩石冻胀率 η_r(%)	不同级别岩体的冻胀率 η(%)				
					I	II	III	IV	V
非冻胀敏感性岩石	页岩 （常士骠,2004）	—	0.70~1.87	0.02~0.04	—	—	—	0.05~0.27 无~弱	0.17~0.50 弱~中
	花岗岩 （Tuğrul,2004）	未风化	1.05~1.95	0.04~0.07	0.04~0.06 无	0.03~0.07 无	0.03~0.16 无~弱	0.06~0.27 无~弱	—
		微~中风化	1.37~4.94	0.05~0.17	—	0.03~0.14 无~弱	0.04~0.22 无~弱	0.07~0.34 无~弱	0.18~0.57 弱~中
		强~全风化	2.71~17.68	0.09~0.61	—	—	—	0.10~0.60 无~中	0.21~0.82 弱~强
	砂岩 （Ceryan,2012）	未风化	1.51~7.92	0.05~0.27	0.05~0.19 无~弱	0.04~0.20 无~弱	0.04~0.28 无~弱	0.07~0.40 无~弱	—
		微~中风化	6.44~12.55	0.22~0.43	—	0.14~0.30 弱	0.15~0.38 弱	0.18~0.49 弱~中	0.29~0.72 弱~中
		强~全风化	9.16~14.89	0.31~0.51	—	—	—	0.24~0.54 弱~中	0.35~0.76 弱~中
	玄武岩 （Ceryan,2012）	未风化	0.39~3.49	0.01~0.12	0.03~0.10 无	0.01~0.11 无	0.02~0.19 无~弱	0.05~0.31 无~弱	—
		微~中风化	0.62~16.90	0.02~0.58	—	0.02~0.40 无~弱	0.02~0.48 无~中	0.05~0.58 无~弱	0.17~0.80 弱~强
		强~全风化	4.26~48.06	0.15~1.65	—	—	—	0.13~1.23 弱~强	0.25~1.42 弱~强
	石灰岩 （Ceryan,2012）	未风化	0.75~1.88	0.03~0.06	0.04~0.06 无	0.02~0.07 无	0.03~0.16 无~弱	0.06~0.27 无~弱	—
		微~中风化	1.38~3.36	0.05~0.12	—	0.04~0.10 无	0.04~0.19 无~弱	0.07~0.30 无~弱	0.18~0.53 弱~中
		强~全风化	3.75~4.37	0.13~0.15	—	—	—	0.12~0.32 无~弱	0.23~0.55 弱~中
	花岗闪长岩 （Ceryan,2012）	未风化	5.36~5.78	0.18~0.2	0.14~0.15 弱	0.12~0.16 弱	0.13~0.24 弱	0.15~0.35 弱	—
		微~中风化	5.60~11.56	0.19~0.4	—	0.13~0.28 弱	0.13~0.36 弱	0.16~0.47 弱~中	0.27~0.70 弱~中
		强~全风化	6.30~16.57	0.22~0.57	—	—	—	0.17~0.58 弱~中	0.29~0.79 弱~中
	石英岩 （Gupta,1998）	未风化	0.05~0.10	0	0.02~0.02 无	0.01~0.03 无	0.01~0.12 无	0.04~0.24 无~弱	—
		微~中风化	0.54~5.90	0.02~0.2	—	0.02~0.16 无~弱	0.02~0.24 无~弱	0.05~0.36 无~弱	0.17~0.58 弱~中
		强~全风化	3.10~15.4	0.11~0.53	—	—	—	0.11~0.55 无~中	0.22~0.77 弱~中

(续表)

岩石的冻胀敏感性	岩石名称	岩石风化程度	岩石孔隙率(%)	岩石冻胀率 η_r(%)	不同级别岩体的冻胀率 η(%)				
					I	II	III	IV	V
非冻胀敏感性岩石	片麻岩 (常士骠, 2004)	—	0.30~2.40	0.01~0.08	0.03~0.07 无	0.01~0.08 无	0.02~0.17 无~弱	0.05~0.28 无~弱	0.16~0.52 弱~中
	片岩 (常士骠, 2004)	—	0.02~1.85	0~0.06	0.02~0.06 无	0.01~0.07 无	0.01~0.16 无~弱	0.04~0.27 无~弱	0.16~0.50 弱~中
	辉长岩 (常士骠, 2004)	—	0.29~1.13	0.01~0.04	0.03~0.05 无	0.01~0.06 无	0.02~0.14 无~弱	0.05~0.26 无~弱	0.16~0.49 弱~中
	安山岩 (蔡美峰等, 2002)	—	1.1~4.5	0.04~0.15	0.04~0.12 无	0.03~0.13 无~弱	0.03~0.21 无~弱	0.06~0.33 无~弱	0.18~0.56 弱~中
	大理岩 (常士骠, 2004)	—	0.10~0.60	0~0.02	0.02~0.03 无	0.01~0.04 无	0.01~0.13 无~弱	0.04~0.25 无~弱	0.16~0.48 弱~中

表3-7中相同围岩级别下冻胀率的最小值对应表3-6中取最小裂隙率的情况,冻胀率的最大值对应于表3-6中取最大裂隙率的情况。由表3-7可见,岩体的冻胀率有以下特点:

① 岩体孔隙/裂隙率越大,冻胀率越大;
② 随着围岩级别增大,裂隙发育,岩体的冻胀率随之增大;
③ 随着风化程度增大,岩体的冻胀率随之增大。

根据表3-7可得不同级别岩体的冻胀率范围如表3-8所示。

表3-8 不同级别岩体的冻胀率范围

围岩级别	I	II	III	IV	V
冻胀率 η(%)	0.00~0.19	0.01~0.40	0.01~0.48	0.04~1.94	0.17~2.09

5) 岩体的冻胀性分级

(1) 围岩地下水补给条件

围岩的冻胀实质为其中地下水的冻结膨胀,因此充足的地下水是冻胀的必要条件。根据地下水补给条件,围岩可分为"开放系统"和"封闭系统",其中"开放系统"是指围岩中的地下水受外界水源的补给,"封闭系统"是指围岩中的地下水无外界水源的补给。季节冻土区隧道沿线围岩可能出现的地下水补给条件如表3-9所示。

表 3-9　围岩可能出现的地下水补给条件（吴紫汪，2003）

补给源	地下水渗入隧道情况	地下水补给条件
地表水渗入	开挖和运行过程均有地下水涌入	开放系统
围岩中封闭的含水层	开挖过程中有渗涌水现象，随时间而减小直至消失	封闭系统
破碎含水带、风化过渡带的垂直补给、水平方向地下水补给	开挖和运行过程均有地下水涌入	开放系统
无	开挖和运行基本不存在渗漏水问题	围岩干燥

对于含有较多地下水的"封闭系统"围岩，隧道施工期间在寒季低温冻结作用下，围岩可能发生冻胀，但随着暖季围岩融化地下水排出，在之后的运营期间即使围岩再度冻结也不会发生明显的冻胀作用。"开放系统"围岩中由于有外界水源的持续补充，围岩含水量大，隧道施工、运营期间在低温冻结作用下均可能发生冻胀作用。

季节冻土区由于受大气降水、地表水流的直接补给，因此一般为开放系统，当非冻土段围岩有水平方向地下水补给，或隧道穿过破碎含水带，两种基岩相接触的风化过渡带，使得围岩具有垂直方向地下水补给时，隧道开挖和运行过程中始终有地下水涌入，此时围岩为开放系统。

(2) 不同冻胀等级岩体的冻胀率范围

根据冻胀对工程安全的危害程度，《冻土工程地质勘察规范》(GB 50324—2001) 中不同冻胀等级下土体的冻胀率范围如表 3-10 所示。朱元林（1982）试验测得 -5℃ 下冻土的弹性模量为 $0.14 \sim 0.59$ GPa，徐光苗（2006）试验测得 $-5 \sim -20$℃ 下冻岩的弹性模量为 $4.45 \sim 10.12$ GPa，对比可见冻岩的弹性模量是冻土的 $7.5 \sim 72.3$ 倍。根据弹性力学，弹性模量越大，产生相同变形量所需的力越大。因此，发生相同冻胀率下，冻岩产生的冻胀力要大于冻土。将不同冻胀等级的土体冻胀率范围除以 7.5，得到不同冻胀等级岩体的冻胀率范围如表 3-10 所示。

表 3-10　不同冻胀等级下土体及岩体的冻胀率 η　　（%）

冻胀率范围	冻胀性				
	无冻胀	弱冻胀	冻胀	强冻胀	特强冻胀
土体	$\eta \leq 1$	$1 < \eta \leq 3.5$	$3.5 < \eta \leq 6$	$6 < \eta \leq 12$	$12 < \eta$
岩体	$\eta \leq 0.13$	$0.13 < \eta \leq 0.47$	$0.47 < \eta \leq 0.80$	$0.80 < \eta \leq 1.6$	$1.6 < \eta$

(3) 岩体的冻胀性分级

岩体冻胀性的影响因素主要包括其中岩石的冻胀敏感性及裂隙的冻胀性、围岩级别、岩石的孔隙率以及地下水补给条件，根据前面推导的冻胀率计算方法以及表 3-10 岩体冻胀等级标准，对岩体的冻胀性进行分级，如表 3-11 所示。

表 3-11　开放条件下岩体的冻胀性分级　　　　　　　　　　（%）

岩体的冻胀敏感性		围岩级别	孔隙率范围	冻胀率范围	冻胀性
岩石	裂隙				
非冻胀敏感性	非冻胀敏感性	Ⅰ~Ⅴ	<6	<0.13	无
			6~21.5	0.13~0.47	弱
			21.5~37	0.47~0.80	冻胀
			>37	0.80~1.60	强冻胀
非冻胀敏感性	冻胀敏感性	Ⅳ	<11.5	0.13~0.47	弱
			11.5~27.5	0.47~0.80	冻胀
			27.5~66.0	0.80~1.60	强冻胀
			>66.0	>1.6	特强冻胀
		Ⅴ	<17	0.47~0.80	冻胀
			17~57.5	0.80~1.60	强冻胀
			>57.5	>1.6	特强冻胀
冻胀敏感性	冻胀敏感性	Ⅳ	<7	0.13~0.47	弱
			7~17	0.47~0.80	冻胀
			17~41.5	0.80~1.60	强冻胀
			>41.5	>1.6	特强冻胀
		Ⅴ	<10.5	0.47~0.80	冻胀
			10.5~36	0.80~1.60	强冻胀
			>36	>1.60	特强冻胀

注：对于岩石为冻胀敏感性的岩体，裂隙也在水热迁移作用下冻胀，不会出现裂隙不冻胀的情况。

岩体冻胀性的评估流程为：首先确定岩石和裂隙填充物的冻胀敏感性，在隧道施工中观察掌子面、确定围岩级别并确定地下水的补给条件，然后通过测试现场采集岩样的孔隙率，最后确定岩体的冻胀性及相应的冻胀率范围。

3.1.1.4　隧道围岩的冻胀性评估实例

由表 3-12 及表 3-13 可见，姜路岭隧道处于开放条件下的Ⅵ级碎石土具有中等冻胀性、Ⅴ级强风化泥粉质页岩具有弱~中冻胀性，Ⅳ级弱风化泥粉质页岩具有弱冻胀性，其余围岩段无冻胀性；鄂拉山隧道处于开放条件下的Ⅵ级碎石土具有中等冻胀性、Ⅴ级强风化安山岩具有弱~中冻胀性，Ⅴ级强风化凝灰岩具有中~特强冻胀性、Ⅴ级强风化安山岩具有中等冻胀性，其余围岩段无冻胀性。隧道衬砌结构设计中，应根据冻胀性围岩的冻胀率计算冻胀力荷载，并考虑冻胀力荷载对衬砌结构支护参数进行验算。

表 3-12 姜路岭隧道围岩的冻胀性评估　　　　　　　　　　　　　　　　　　　(%)

冻 土 段	围岩级别	岩 性	地下水补给条件	冻胀性(冻胀率 η)
洞口季节冻土段	Ⅵ	含亚黏土的碎石土	开放（洞口）	冻胀性 (3.5~6)
多年冻土段	Ⅵ	含亚黏土的碎石土	开放	冻胀性 (3.5~6)
多年冻土段	Ⅴ	强风化泥粉质页岩夹少量板岩	封闭	无 (0)
非冻土段	Ⅳ	弱风化泥粉质页岩夹少量板岩	封闭	无 (0)
非冻土段	Ⅳ	弱风化泥粉质页岩夹少量板岩	开放	无~弱 (0.05~0.27)
非冻土段	Ⅴ	强风化泥粉质页岩夹少量板岩	开放	弱~中 (0.17~0.50)
多年冻土段	Ⅴ	强风化泥粉质页岩夹少量板岩	开放	弱~中 (0.17~0.50)
洞口季节冻土段	Ⅴ	强风化泥粉质页岩夹少量板岩	开放（洞口）	弱~中 (0.17~0.50)

表 3-13 鄂拉山隧道围岩冻胀性评估　　　　　　　　　　　　　　　　　　　(%)

冻 土 段	围岩级别	岩 性	地下水补给条件	冻胀性(冻胀率 η)
洞口季节冻土段	Ⅵ	含亚黏土的碎石土	开放（洞口）	冻胀性 (3.5~6)
多年冻土段	Ⅵ	含亚黏土的碎石土	开放	冻胀性 (3.5~6)
多年冻土段	Ⅴ	强风化的凝灰岩	封闭	无 (0)
非冻土段	Ⅳ	弱风化的凝灰岩	封闭	无 (0)
非冻土段	Ⅴ	强风化的凝灰岩	封闭	无 (0)
非冻土段	Ⅴ	强风化的凝灰岩	开放	中~特强 (0.57~1.72)
非冻土段	Ⅴ	强风化的安山岩	封闭	无 (0)
非冻土段	Ⅴ	强风化的安山岩	开放	弱~中 (0.18~0.56)
非冻土段	Ⅳ	弱风化安山岩	封闭	无 (0)

(续表)

冻 土 段	围岩级别	岩 性	地下水补给条件	冻胀性(冻胀率 η)
非冻土段	V	强风化泥质砂砾岩	封闭	无 (0)
		强风化安山岩	封闭	无 (0)
		断层角砾岩及碎裂岩	封闭	无 (0)
	V	强风化安山岩	开放	弱~中 (0.18~0.56)
多年冻土段	V	强风化安山岩	开放	弱~中 (0.18~0.56)
洞口季节冻土段	V	强风化安山岩	开放 (洞口)	弱~中 (0.18~0.56)

3.1.2 考虑围岩不均匀冻胀的圆形隧道冻胀力解析

围岩在冻结过程中具有不均匀冻胀的特性，而目前的冻胀力计算模型均未考虑这一特性。因此，本书将隧道等效为圆形，推导围岩不均匀冻胀时的冻胀力解析解，并与已有冻胀力解析解进行对比，分析不均匀冻胀特性对多年冻土区隧道冻胀力的影响。

1) 基本假定

冻融圈整体冻胀模型如图 3-11 所示。其中 II 区冻胀围岩的厚度为 h_f，围岩冻胀对衬砌产生的冻胀力为 P_b，对外侧未冻胀围岩产生的冻胀力为 P_c。

为分析围岩不均匀冻胀对隧道衬砌的冻胀力作用，采用图 3-1a 所示冻融圈整体冻胀模型，并按如下假设简化问题：

① 隧道截面为圆形，忽略衬砌、围岩自重及初始地应力作用；

② 围岩为均质、各向同性的弹性介质；

③ 简化为平面应变问题；

④ 围岩的冻胀是不均匀的，其不均匀冻胀性用式(3-2)描述；

⑤ 冻胀围岩的变形量由冻胀变形与弹性变形两部分组成，其中围岩的冻胀变形是其固有冻胀特性的表现，与围岩所受的约束条件无关。

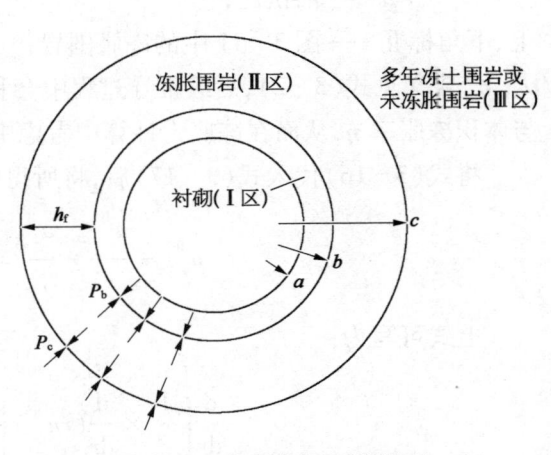

图 3-11 隧道冻胀力计算模型

2) 围岩不均匀冻胀引起的冻胀变形

根据弹性力学,极坐标下Ⅱ区冻胀围岩的平衡方程为:

$$\frac{\mathrm{d}\sigma_r}{\mathrm{d}r} + \frac{\sigma_r - \sigma_\theta}{r} = 0 \tag{3-15}$$

$$\varepsilon_r = \frac{\mathrm{d}u_r}{\mathrm{d}r}, \quad \varepsilon_\theta = \frac{u_r}{r} \tag{3-16}$$

式中 σ_θ、ε_r ——分别为围岩的环向、径向应力;
  ε_θ、ε_r ——分别为岩体的环向、径向应变;
  u_r ——围岩的径向变形;
  r ——半径。

平面应变条件下,Ⅱ区围岩冻胀时的物理方程为:

$$\begin{cases} \varepsilon_r^{\mathrm{II}} = \dfrac{1-\mu_{\mathrm{II}}^2}{E_{\mathrm{II}}}\left(\sigma_r^{\mathrm{II}} - \dfrac{\mu_{\mathrm{II}}}{1-\mu_{\mathrm{II}}}\sigma_\theta^{\mathrm{II}}\right) + (\alpha_r + \mu_{\mathrm{II}}\alpha_\theta) \\ \varepsilon_\theta^{\mathrm{II}} = \dfrac{1-\mu_{\mathrm{II}}^2}{E_{\mathrm{II}}}\left(\sigma_\theta^{\mathrm{II}} - \dfrac{\mu_{\mathrm{II}}}{1-\mu_{\mathrm{II}}}\sigma_r^{\mathrm{II}}\right) + (\alpha_\theta + \mu_{\mathrm{II}}\alpha_\theta) \end{cases} \tag{3-17}$$

其逆关系为:

$$\begin{cases} \sigma_r^{\mathrm{II}} = \dfrac{E_{\mathrm{II}}}{1+\mu_{\mathrm{II}}}\left[\dfrac{\mu_{\mathrm{II}}}{1-2\mu_{\mathrm{II}}}(\varepsilon_r^{\mathrm{II}} + \varepsilon_\theta^{\mathrm{II}}) + \varepsilon_r^{\mathrm{II}}\right] - \dfrac{E_{\mathrm{II}}[(1-\mu_{\mathrm{II}})\alpha_r + 2\mu_{\mathrm{II}}\alpha_\theta]}{(1-2\mu_{\mathrm{II}})(1+\mu_{\mathrm{II}})} \\ \sigma_\theta^{\mathrm{II}} = \dfrac{E_{\mathrm{II}}}{1+\mu_{\mathrm{II}}}\left[\dfrac{\mu_{\mathrm{II}}}{1-2\mu_{\mathrm{II}}}(\varepsilon_r^{\mathrm{II}} + \varepsilon_\theta^{\mathrm{II}}) + \varepsilon_\theta^{\mathrm{II}}\right] - \dfrac{E_{\mathrm{II}}(\mu_{\mathrm{II}}\alpha_r + \alpha_\theta)}{(1-2\mu_{\mathrm{II}})(1+\mu_{\mathrm{II}})} \end{cases} \tag{3-18}$$

式中 E ——弹性模量;
  μ ——泊松比;
上、下角标Ⅱ——图3-11中的冻胀围岩;
α_r,α_θ含义见式(3-2),后续推导过程中会利用式(3-2)将α_r,α_θ代换成不均匀冻胀系数k与体积冻胀率η,从而在冻胀力计算中考虑围岩的不均匀冻胀性。

将式(3-16)代入式(3-17)后,将所得结果代入式(3-15)有:

$$u_r^{\mathrm{II}''} + \frac{u_r^{\mathrm{II}'}}{r} - \frac{u_r^{\mathrm{II}}}{r^2} = \frac{\alpha_r - \alpha_\theta}{r} \times \frac{1-2\mu_{\mathrm{II}}}{1-\mu_{\mathrm{II}}} \tag{3-19}$$

上式可写为:

$$\frac{\mathrm{d}}{\mathrm{d}r}\left[\frac{1}{r} \times \frac{\mathrm{d}}{\mathrm{d}r}(ru_r^{\mathrm{II}})\right] = \frac{\alpha_r - \alpha_\theta}{r} \times \frac{1-2\mu_{\mathrm{II}}}{1-\mu_{\mathrm{II}}} \tag{3-20}$$

二次积分得到：

$$u_r^{II} = \frac{(1-2\mu_{II})(\alpha_r - \alpha_\theta)}{1-\mu_{II}} \frac{r}{2}\left[\ln(r) - \frac{1}{2}\right] + \frac{C_1}{2}r + \frac{C_2}{r} \quad (3-21)$$

将式(3-21)代入式(3-16)得：

$$\begin{cases}\varepsilon_r^{II} = \dfrac{(1-2\mu_{II})(\alpha_r - \alpha_\theta)}{1-\mu_{II}} \dfrac{1}{2}\left[\ln(r) + \dfrac{1}{2}\right] + \dfrac{C_1}{2} - \dfrac{C_2}{r^2} \\ \varepsilon_\theta^{II} = \dfrac{(1-2\mu_{II})(\alpha_r - \alpha_\theta)}{1-\mu_{II}} \dfrac{1}{2}\left[\ln(r) - \dfrac{1}{2}\right] + \dfrac{C_1}{2} + \dfrac{C_2}{r^2}\end{cases} \quad (3-22)$$

将式(3-22)代入式(3-18)得：

$$\sigma_r^{II} = \frac{E_{II}}{1+\mu_{II}}\left[\frac{\mu_{II}}{1-2\mu_{II}}\left(\frac{(1-2\mu_{II})(\alpha_r-\alpha_\theta)}{1+\mu_{II}}\ln(r) + C_1\right)\right.$$
$$\left. + \frac{(1-2\mu_{II})(\alpha_r-\alpha_\theta)}{1+\mu_{II}}\frac{1}{2}\left(\ln(r)+\frac{1}{2}\right) + \frac{C_1}{2} - \frac{C_2}{r^2}\right]$$
$$- \frac{E_{II}[(1-\mu_{II})\alpha_r + 2\mu_{II}\alpha_\theta]}{(1-2\mu_{II})(1+\mu_{II})} \quad (3-23)$$

围岩冻胀并产生冻胀力时，冻胀围岩的变形量为冻胀变形与弹性变形之和，当围岩发生自由冻胀时，弹性变形为零，围岩总变形等于冻胀变形，此时：

$$\begin{cases}\sigma_r^{II}|_{r=b} = 0 \\ \sigma_r^{II}|_{r=c} = 0\end{cases} \quad (3-24)$$

将式(3-23)代入式(3-24)，解得：

$$C_1 = \frac{\eta}{k+2}\left[\frac{(k-1)(1-2\mu_{II})[c^2\ln(c) - b^2\ln(b)]}{(b^2-c^2)(1-\mu_{II})} + \frac{(3-4\mu_{II})k + (1+4\mu_{II}-4\mu_{II}^2)}{2(1-\mu_{II})}\right] \quad (3-25)$$

$$C_2 = \frac{b^2c^2[\ln(b) - \ln(c)](k-1)\eta}{2(c^2-b^2)(1-\mu_{II})(k+2)} \quad (3-26)$$

则由式(3-21)、式(3-25)、式(3-26)可得II区围岩内外缘的径向冻胀变形为：

$$\Delta_b = \frac{b(1-2\mu_{II})(k-1)\eta}{2(1-\mu_{II})(k+2)}\left[\ln(b) - \frac{1}{2}\right] + \frac{C_1}{2}b + \frac{C_2}{b} \quad (3-27a)$$

$$\Delta_c = \frac{c(1-2\mu_{II})(k-1)\eta}{2(1-\mu_{II})(k+2)}\left[\ln(c) - \frac{1}{2}\right] + \frac{C_1}{2}c + \frac{C_2}{c} \quad (3-27b)$$

式中 Δ_b 为Ⅱ区冻胀围岩内缘（$r=b$）的径向冻胀位移；
Δ_c 为Ⅱ区冻胀围岩外缘（$r=c$）的径向冻胀位移。

3) 围岩不均匀冻胀时的冻胀力

根据弹性力学，各区域的弹性位移为：

$$u_r^{\text{I}} = -\frac{r(1+\mu_{\text{I}})}{E_{\text{I}}}\frac{(1-2\mu_{\text{I}})b^2r^2 + b^2a^2}{r^2(b^2-a^2)}P_b \tag{3-28a}$$

$$u_r^{\text{II}} = -\frac{r(1+\mu_{\text{II}})}{E_{\text{II}}}\left[(1-2\mu_{\text{II}})\frac{P_c c^2 - P_b b^2}{(c^2-b^2)} - \frac{b^2 c^2 (P_b - P_c)}{r^2(c^2-b^2)}\right] \tag{3-28b}$$

$$u_r^{\text{III}} = \frac{r(1+\mu_{\text{III}})}{E_{\text{III}}}\frac{c^2}{r^2}P_c \tag{3-28c}$$

式中，上、下角标Ⅰ、Ⅱ、Ⅲ分别对应图 3-11 中的衬砌支护、冻结围岩和多年冻土区围岩或未冻结围岩。

冻胀时，Ⅰ、Ⅱ、Ⅲ区交界处位移满足如下连续条件：

$$\begin{cases} u_r^{\text{II}}|_{r=b} - u_r^{\text{I}}|_{r=b} = \Delta_b \\ u_r^{\text{III}}|_{r=c} - u_r^{\text{II}}|_{r=c} = \Delta_c \end{cases} \tag{3-29}$$

由式(3-26)~式(3-28)可得衬砌所受的冻胀力：

$$P_b = \frac{2D_1(1-\mu_{\text{II}})\dfrac{\Delta_c}{c} - D_4\dfrac{\Delta_b}{b}}{\left(\dfrac{a^2 + b^2(1-2\mu_{\text{I}})}{(b^2-a^2)}\dfrac{(1+\mu_{\text{I}})}{E_{\text{I}}} + 2(D_1 + D_2(1-2\mu_{\text{II}}))\dfrac{(1+\mu_{\text{II}})}{E_{\text{II}}}\right)D_4 - \dfrac{8D_1 D_2(1-\mu_{\text{II}})^2(1+\mu_{\text{II}})}{E_{\text{II}}}} \tag{3-30}$$

式中，$D_1 = \dfrac{c^2}{2(c^2-b^2)}$；$D_2 = \dfrac{b^2}{2(c^2-b^2)}$；$D_3 = \dfrac{E^{\text{II}}(1+\mu^{\text{III}})}{2E^{\text{III}}(1+\mu^{\text{II}})}$；$D_4 = D_3 + D_2 + D_1(1-2\mu_{\text{II}})$。

$k=1$ 时，即为围岩均匀冻胀时的解（赖远明，2000）。

4) 算例分析

(1) 工程概况及计算参数

大坂山隧道位于青海省，海拔 3 750 m。隧址区年均气温 -3.2℃，年最低气温 -15.3℃。将衬砌等代为开挖半径 5.45 m，厚 0.9 m 的圆形隧道衬砌（$a=4.55$ m，$b=5.45$ m）。衬砌弹性模量 $E_{\text{I}} = 28\,300$ MPa，泊松比 $\mu_{\text{I}} = 0.18$。现场测得断面 K105+785 处冻结深度 1.4 m，冻

胀力为 0.8 MPa(已扣除冻胀前围岩压力),断面 K106+440 处冻结深度 2.1 m,冻胀力为 1.03 MPa(已扣除冻胀前围岩压力)。

大坂山隧道两个断面的围岩力学参数如表 3-14 所示,地勘中未给出冻结围岩的弹性模量。围岩不均匀冻胀系数 k 值的合理取值范围可定为 1~3。

表 3-14 大坂山隧道围岩力学参数(吴紫汪,2003)

断面位置	围岩级别	$\eta(\%)$	未冻结围岩	
			E_{III}(MPa)	μ_{III}
K105+785	III	0.45	25 000	0.37
K106+440	V	1.35	3 300	0.25

(2) 不同解析解计算结果对比分析

在合理的冻结围岩弹性模量和不均匀冻胀系数取值范围内($E_{\mathrm{II}}/E_{\mathrm{III}}=1\sim2$;$k=1\sim3$),采用式(3-30)进行分析。

表 3-15 不同冻胀力解析解计算结果与实测值对比

断面位置	冻胀力解析解	参数取值*	冻胀力 P_b(MPa)	
			计算值	实测值
K105+785	王建宇(2004)	—	4.82	0.80
	张祉道(2004)	—	4.57	
	Gao et al (2012)	$E_{\mathrm{II}}/E_{\mathrm{III}}=1$	4.40	
		$E_{\mathrm{II}}/E_{\mathrm{III}}=2$	4.24	
	本文	$k=1.0$;$E_{\mathrm{II}}/E_{\mathrm{III}}=1.0$	0.00	
		$k=1.5$;$E_{\mathrm{II}}/E_{\mathrm{III}}=1.0$	0.62	
		$k=2.0$;$E_{\mathrm{II}}/E_{\mathrm{III}}=1.5$	0.20	
		$k=3.0$;$E_{\mathrm{II}}/E_{\mathrm{III}}=2.0$	0.40	
		$k=3.0$;$E_{\mathrm{II}}/E_{\mathrm{III}}=1.0$	1.72	
K106+440	王建宇(2004)	—	6.81	1.03
	张祉道(2004)	—	7.34	
	Gao et al (2012)	$E_{\mathrm{II}}/E_{\mathrm{III}}=1$	8.17	
		$E_{\mathrm{II}}/E_{\mathrm{III}}=2$	9.32	
	本文	$k=1.0$;$E_{\mathrm{II}}/E_{\mathrm{III}}=1.0$	0.00	
		$k=1.5$;$E_{\mathrm{II}}/E_{\mathrm{III}}=1.0$	1.12	
		$k=2.0$;$E_{\mathrm{II}}/E_{\mathrm{III}}=1.5$	0.92	
		$k=3.0$;$E_{\mathrm{II}}/E_{\mathrm{III}}=2.0$	1.68	
		$k=3.0$;$E_{\mathrm{II}}/E_{\mathrm{III}}=1.0$	3.13	

注:* 表示冻结围岩弹性模量和不均匀冻胀系数变化对王建宇(2004)、张祉道(2004)的计算结果没有影响,故该栏为"—"。

由表 3-15 可见,断面 K105+785 冻胀力的实测值为 0.8 MPa,公式(3-30)的计算结果为 0.00~1.72 MPa;断面 K106+440 冻胀力的实测值为 1.03 MPa,公式(3-30)的计算结果为 0.00~3.13 MPa。当 $k=1.5$,$E_{II}/E_{III}=1.0$ 时,公式(3-30)的计算结果分别为 0.62 MPa 和 1.12 MPa,与实测值吻合较好。当 $k=1$ 时,两个断面的冻胀力为零,说明均匀冻胀假设下围岩不产生冻胀力,只有考虑围岩不均匀冻胀的真实情况下才能计算出与实际情况更接近的结果。

3.1.3 非圆形隧道冻胀力的数值计算

根据围岩的冻融特点,多年冻土区隧道可划分为洞口季节冻土段、多年冻土段、非冻土段,如图 3-12 所示。因洞口季节冻土段进深仅数米(隧址地表季节活动层),不展开研究。

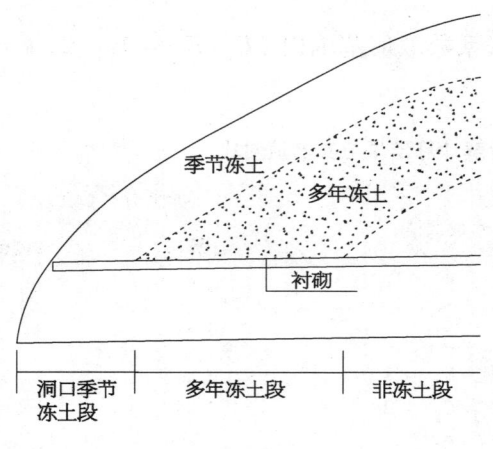

图 3-12 多年冻土区隧道冻土段划分示意图

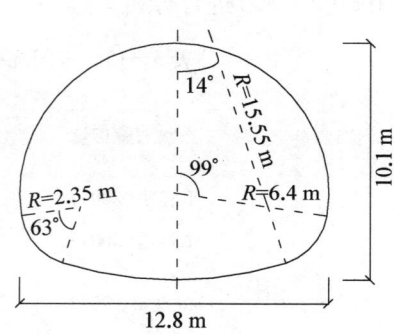

图 3-13 双车道多年冻土区公路隧道开挖断面尺寸示意图

3.1.3.1 考虑围岩不均匀冻胀的冻胀力数值计算

将冻胀围岩体等效为热膨胀材料,基本假定与解析解相同,采用大型有限元软件 ANSYS 作为冻胀力的计算分析工具,有限元计算原理不再赘述。

计算典型的双车道曲墙整体式衬砌隧道,其开挖断面如图 3-13 所示。根据隧道断面形状及不同冻土段围岩冻融特点,采用大型有限元软件 ANSYS 进行隧道衬砌冻胀力的建模计算,如图 3-14a 所示。

由于不同冻土段隧道围岩均沿衬砌径向冻结,冻胀围岩在隧道径向上的线冻胀率最大,此时沿隧道径向的线冻胀率 $\alpha_r = \alpha_{//}$,沿隧道环向的线冻胀率 $\alpha_\theta = \alpha_\perp$。为模拟围岩的不均匀冻胀特性,将冻胀围岩体等效为各向异性热膨胀材料;根据温度梯度方向,采用 LOCAL 及 EMODIF 命令定义冻胀围岩单元的局部坐标,使冻胀围岩单元线冻胀率的第一主方向沿隧道径向(温度梯度方向),如图 3-14b 所示。

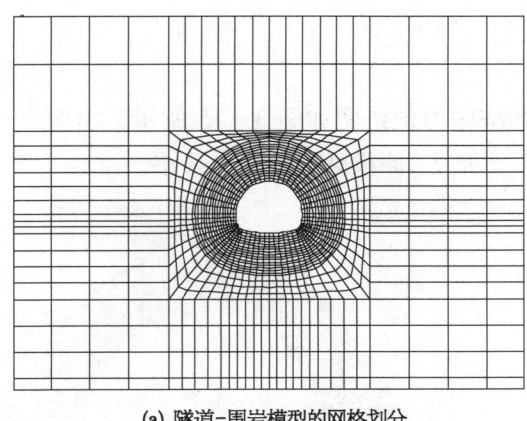
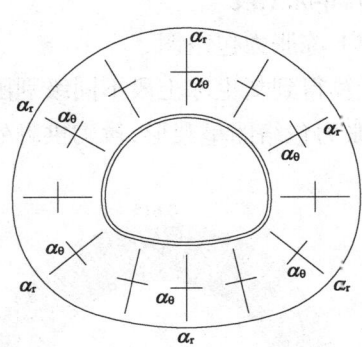

(a) 隧道-围岩模型的网格划分　　　　(b) 冻胀围岩单元局部坐标方向

图 3-14　隧道冻胀力的数值计算模型

考虑到隧道二衬外侧铺设了防水板，不能传递剪应力，因此衬砌和围岩之间应采用仅传递压力的接触单元（CONTACT PAIR）连接。

3.1.3.2　不同冻土段不同级别围岩时曲墙衬砌冻胀力分析

取衬砌厚 0.5 m 的 C30 钢筋混凝土，弹性模量 31 000 MPa，泊松比 0.2，取岩质围岩 $\eta = 0.47\%$，$k = 1.7$；土质围岩 $\eta = 3.5\%$，$k = 2.3$ 的情况，计算不同冻土段冻胀性围岩中隧道所受冻胀力。

隧道贯通后，非冻土段隧道围岩冻结范围可达 36.5 m，隧道开挖对围岩的扰动可基本忽略，因此围岩的弹性模量应考虑冻融条件的影响。冻结围岩弹性模量可按《公路隧道设计规范》JTG D70—2014 中非冻结围岩的 1.9 倍取值。

多年冻土段隧道围岩融化后完全回冻，回冻围岩与外侧原状多年冻土均处于冻结状态，围岩计算参数如表 3-16 及表 3-17 所示。

表 3-16　非冻土段围岩弹性参数

围岩级别	新生冻土围岩		未冻围岩	
	弹性模量 E_{II} (MPa)	泊松比 μ_{II}	弹性模量 E_{III} (MPa)	泊松比 μ_{III}
IV	3 800	0.3	2 000	0.3
V	1 900	0.35	1 000	0.35

表 3-17　多年冻土段围岩弹性参数

围岩级别	回冻围岩		多年冻土围岩	
	弹性模量 E_{II} (MPa)	泊松比 μ_{II}	弹性模量 E_{III} (MPa)	泊松比 μ_{III}
IV	3 800	0.3	3 800	0.3
V	1 900	0.35	1 900	0.35

1) 非冻土段

(1) 冻胀力包络图

计算得到新生冻土段不同级别围岩中的冻胀力包络图如图 3-15 所示。由图 3-15 可见,冻胀力包络图呈梨形,衬砌拱脚处的冻胀力最大,仰拱处的冻胀力最小。

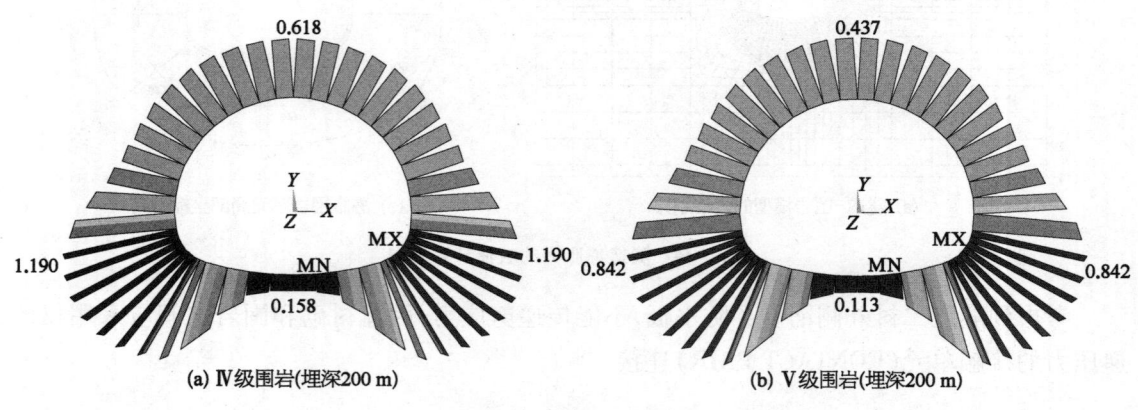

图 3-15 新生冻土段冻胀力计算结果(MPa)

(2) 埋深的影响

考虑冻胀范围(设计寿命期间最大冻结深度)为 36.5 m 的情况下,计算得到不同埋深下衬砌所受冻胀力如图 3-16 所示。可见,当埋深小于 100 m 时,衬砌所受冻胀力随埋深增大而增大,当埋深大于 100 m 时,衬砌所受冻胀力随埋深增大基本保持不变。

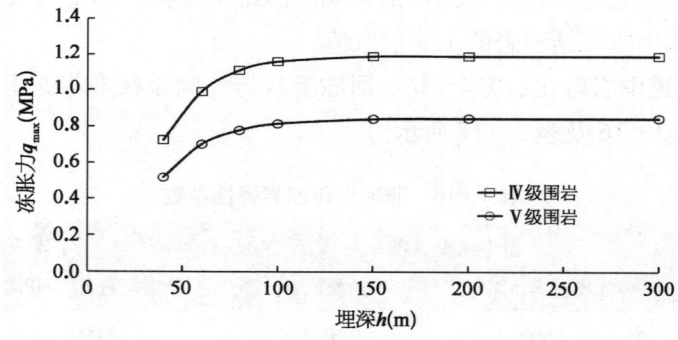

图 3-16 新生冻土段隧道埋深对冻胀力的影响

(3) 衬砌形状的影响

隧道可等代为开挖半径 6.4 m 的圆形隧道,采用相同参数前述推导的解析公式计算冻胀力 P_b。为抵消埋深的影响,将其与埋深 300 m 情况下衬砌所受冻胀力最大值进行对比。相同级别围岩中,曲墙式衬砌和圆形衬砌所受冻胀力的比值基本不变。因此,埋深较大时曲墙式衬砌所受冻胀力最大值 q_{max} 可根据其等代圆形隧道所受冻胀力 P_b 计算得到。见表 3-18 所示。

表 3-18　新生冻土段不同形状衬砌上冻胀力值

围岩级别	体积冻胀率 $\eta(\%)$	曲墙式衬砌上冻胀力最大值 q_{max}(MPa)	圆形衬砌上冻胀力值 P_b(MPa)	$\dfrac{q_{max}}{P_b}$	$\overline{\dfrac{q_{max}}{P_b}}$
Ⅳ	0.13	0.33	0.35	0.94	0.95
	0.20	0.51	0.53	0.96	
	0.30	0.76	0.80	0.95	
	0.47	1.19	1.25	0.95	
Ⅴ	0.13	0.23	0.21	1.10	1.10
	0.20	0.36	0.32	1.10	
	0.30	0.54	0.49	1.10	
	0.47	0.84	0.76	1.10	

2）多年冻土段

（1）冻胀力包络图

计算得到多年冻土段不同级别围岩中的冻胀力包络图如图 3-17 所示。

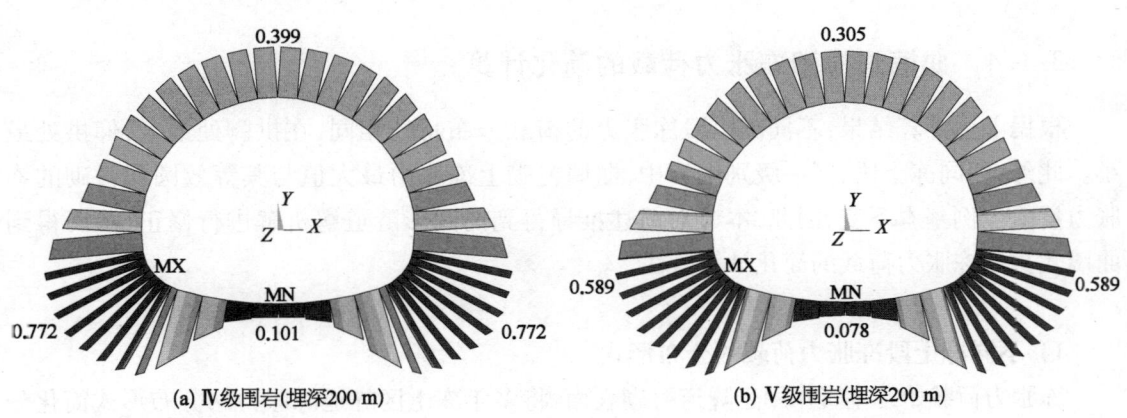

图 3-17　多年冻土段冻胀力计算结果（MPa）

（2）埋深的影响

考虑冻胀范围（最大融化深度）为 6 m 的情况下，计算得到不同埋深下衬砌所受冻胀力如图 3-18 所示。由图 3-18 可见，当埋深小于 50 m 时，衬砌所受冻胀力随埋深增大而增大，当埋深大于 50 m 时，衬砌所受冻胀力随埋深增大基本保持不变。

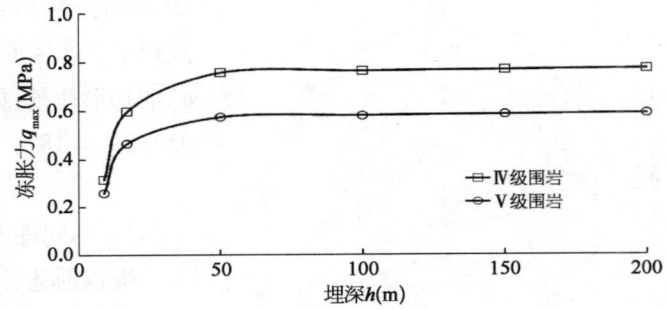

图 3-18　多年冻土段隧道埋深对冻胀力量值的影响

(3) 衬砌形状的影响

隧道可等代为开挖半径 6.4 m 的圆形隧道,采用相同参数按前述推导的解析公式计算冻胀力 P_b。为抵消埋深的影响,将其与埋深 200 m 情况下衬砌所受冻胀力最大值进行对比。相同级别围岩中,曲墙式衬砌和圆形衬砌所受冻胀力的比值基本不变。因此,埋深较大时曲墙式衬砌所受冻胀力最大值 q_{max} 可根据其等代圆形隧道所受冻胀力 P_b 计算得到。见表 3-19 所示。

表 3-19 多年冻土段不同形状衬砌上的冻胀力值

围岩级别	体积冻胀率 η(%)	曲墙式衬砌上冻胀力最大值 q_{max}(MPa)	圆形衬砌上冻胀力值 P_b(MPa)	$\dfrac{q_{max}}{P_b}$	$\overline{\dfrac{q_{max}}{P_b}}$
Ⅳ	0.13	0.21	0.23	0.91	0.93
	0.20	0.33	0.35	0.94	
	0.30	0.49	0.52	0.94	
	0.47	0.77	0.82	0.94	
Ⅴ	0.13	0.16	0.15	1.07	1.09
	0.20	0.25	0.23	1.09	
	0.30	0.38	0.35	1.09	
	0.47	0.59	0.54	1.09	

3.1.4 曲墙式衬砌冻胀力荷载的简化计算

根据上述计算结果,不同冻土段冻胀力的荷载分布特征相同,在拱脚处最大,仰拱处最小。此外,相同冻土段,同一级别围岩中,曲墙衬砌上冻胀力最大值与其等效圆形衬砌的冻胀力量值比例基本不变,因此,本节对前述推导得到的圆形隧道解析解进行修正,从而得到曲墙式衬砌冻胀力荷载的简化计算方法。

1) 不同冻土段冻胀力荷载的分布形式

冻胀力荷载始终垂直作用于隧道衬砌表面,将多年冻土区隧道冻胀力的分布形式简化分解为:① 均匀作用于衬砌拱顶至边墙的压力荷载 q_1;② 均匀作用于拱脚的压力荷载 q_{max};③ 边墙附近,q_1 过渡到 q_{max} 的梯形荷载;④ 拱脚至仰拱中心,q_{max} 过渡到 q_2 的梯形荷载,如图 3-19 所示,图中 $\theta_1 = 58°$,$\theta_2 = 95°$,$\theta_3 = 18°$。

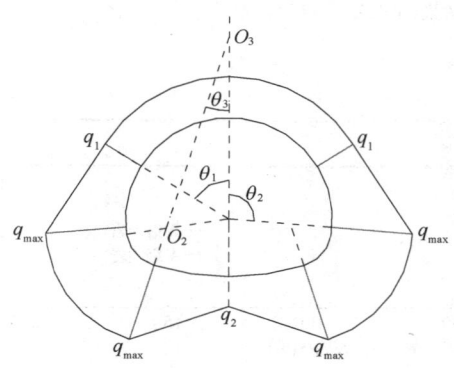

图 3-19 多年冻土区隧道冻胀力荷载分布形式示意图

2) 不同冻土段冻胀力荷载的简化计算方法

根据前述计算分析结果,曲墙式隧道冻胀力荷载的量值可通过修正圆形隧道冻胀力荷载的解析解得到,如下式所示:

$$\begin{cases} q_1 = B_1 q_{max} \\ q_2 = B_2 q_{max} \\ q_{max} = B_3(1 - B_4^h)P_b \end{cases} \quad (3-31)$$

式中　$B_1 \sim B_4$——冻胀力量值特征参数,见表 3-20;

　　　P_b——隧道等代圆形隧道上的冻胀力;

　　　h——隧道埋深。

表 3-20　多年冻土区曲墙式隧道冻胀力荷载修正计算参数值

冻土段	围岩级别	B_1	B_2	B_3	B_4
非冻土段	IV	0.52	0.13	0.95	0.972 5
	V	0.52	0.13	1.10	0.972 6
多年土段	IV	0.52	0.13	0.93	0.930 3
	V	0.52	0.13	1.09	0.926 1

3) 算例验证

青沙山隧道位于青藏高原东部中~深度季节冻土区,海拔高程 3 044~3 398 m。隧址区属高原半干旱大陆性气候,年平均气温 5.9℃,最大冻深 1.48 m。隧道全长 3 355 m,为单洞双车道隧道。隧道采用曲墙整体式衬砌,隧道内轮廓等代圆半径为 5.2 m。现场测得断面 ZK30+727 处冻胀力最大值为 0.80 MPa,断面 ZK33+970 处冻胀力最大值为 0.15 MPa,各断面围岩级别、埋深及相应力学参数如表 3-21 所示。衬砌为 C25 钢筋混凝土,弹性模量 28 500 MPa,泊松比 0.2。

表 3-21　青沙山隧道冻胀力计算参数(赖金星,2008)

断面位置	围岩级别	埋深(m)	冻深(m)	围岩 弹性模量(MPa)	围岩 泊松比	衬砌厚度(m)
ZK30+727	VI	17	1.00	960	0.36	0.50
ZK33+970	V	38	1.22	1500	0.40	0.45

围岩均按冻胀性围岩进行考虑,计算得到冻胀力采用上述方法计算得到各断面冻胀力并与实测值进行对比。

表 3-22　青沙山隧道冻胀力计算值与实测值对比

断面位置	冻胀参数 冻胀率(%)	冻胀参数 不均匀冻胀系数	冻胀力最大值 计算值(MPa)	冻胀力最大值 实测值(MPa)	偏差
ZK30+727	3.50	2.3	0.93	0.80	16%
ZK33+970	0.47	1.7	0.10	0.15	33%

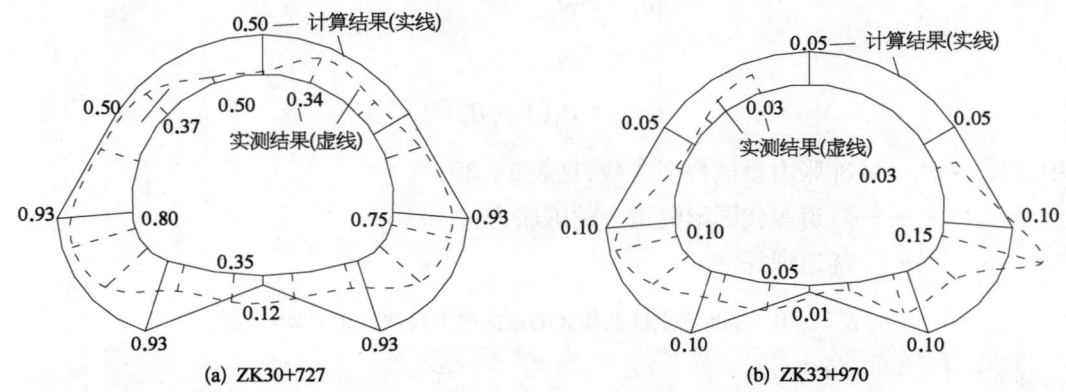

图 3-20 青沙山隧道冻胀力的计算值与实测值(MPa)

由表 3-22 可见,对比计算结果与实测冻胀力最大值的偏差为 16%~33%。由图 3-20 可见,计算冻胀力包络曲线与实测值在量值和分布特征上均吻合良好。计算结果冻胀力荷载的分布大致呈上小下大的钟形,在拱脚位置最大。

3.1.5 隧道衬砌冻胀力计算实例

1) 工程概况及计算参数

姜路岭隧道主洞采用三心圆曲边墙拱形衬砌,隧道内轮廓最大宽度 11.7 m,高 9.9 m,根据断面尺寸建立冻胀力的有限元计算模型,其中洞口季节冻土段、多年冻土段边界范围取 3~4 倍开挖洞径(左右边界距衬砌 56 m,下边界距衬砌 40 m),非冻土段边界范围取冻结圈半径的 3~4 倍(左右边界距衬砌 165 m,下边界距衬砌 146 m)。上边界取至地表。

隧道衬砌采用 C30 混凝土,弹性模量 31 000 MPa,泊松比 0.2,围岩的计算参数如表 3-23 所示。根据现场实测资料及以往工程经验,多年冻土段围岩冻胀范围取最大融化深度 8 m,非冻土段围岩冻胀范围取最大冻结深度 36.5 m。

表 3-23 姜路岭隧道不同冻土段围岩冻胀力计算参数

冻土段	围岩级别	冻胀围岩 弹性模量 E_{II}(MPa)	冻胀围岩 泊松比 μ_{II}	未冻胀围岩 弹性模量 E_{III}(MPa)	未冻胀围岩 泊松比 μ_{III}	不均匀冻胀系数 k
多年冻土段	V	1 500	0.35	1 500	0.35	1.5
	VI	60	0.40	60	0.40	2.3
非冻土段	IV	3 800	0.30	2 000	0.30	1.5
	V	1 900	0.35	1 000	0.35	1.5

2) 冻胀力荷载的计算结果分析

由表 3-24、表 3-25 可见,姜路岭隧道多年冻土段冻胀力为 0.27~0.71 MPa,非冻土段冻胀力为 0.20~0.30 MPa；鄂拉山隧道多年冻土段冻胀力为 0.31~0.79 MPa，非冻土段冻胀力为 0.44~1.36 MPa。

表 3-24 姜路岭隧道围岩冻胀力计算结果

冻土段	围岩级别	岩 性	冻胀率 η (%)	埋深 (m)	冻胀力荷载 q_{max} (MPa)		偏差 (%)
					数值计算结果	简化公式计算结果	
多年冻土段	V	强风化泥粉质页岩	0.50	12.82	0.28	0.27	3.70
				32.04	0.42	0.46	8.70
				37.00	0.42	0.46	8.70
	VI	含亚黏土的碎石土	6.00	8.50	0.69	0.71	2.82
非冻土段	IV	弱风化泥粉质页岩	0.27	160.00	0.31	0.30	3.33
	V	强风化泥粉质页岩	0.50	46.00	0.24	0.20	20.00

表 3-25 鄂拉山隧道围岩冻胀力计算结果

冻土段	围岩级别	岩 性	冻胀率 η (%)	埋深 (m)	冻胀力荷载 q_{max} (MPa)		偏差 (%)
					数值计算结果	简化公式计算结果	
多年冻土段	V	强风化安山岩	0.56	12.82	0.31	0.31	0.00
				24.00	0.48	0.43	10.42
	VI	含亚黏土的碎石土	6.00	17.00	0.79	0.77	2.53
非冻土段	V	强风化的安山岩	0.56	105.00	0.44	0.41	6.82
		强风化的凝灰岩	1.72	108.00	1.36	1.26	7.35

冻胀力荷载的数值法计算和简化计算方法结果平均偏差为 5.13%，最大误差为 20%。由于简化计算方法仅适用于双车道衬砌，当隧道尺寸或形状有较大变化时，隧道所受冻胀力荷载应采用数值方法进行计算。

3.2 多年冻土区公路隧道围岩荷载计算

3.2.1 围岩松散荷载计算

根据《公路隧道设计规范》(JTG D70—2004)（本节以下简称《规范》），隧道松散荷载具体分浅埋和深埋的情况计算。深埋与浅埋隧道的判定按荷载等效高度并结合地质条件，施工方法等因素综合判定。按荷载等效高度的判定公式为：

$$H_p = (2 \sim 2.5)h_q \tag{3-32}$$

$$h_q = 0.45 \times 2^{s-1} \times [1 + i(B - 5)] \tag{3-33}$$

式中 H_p——浅埋隧道分界深度；

h_q——等效荷载高度；

s——围岩级别；

B——隧道宽度；

i——B 每增减 1 m 时的围岩压力增减率，以 $B = 5$ m 的围岩垂直均布压力为准，当 $B < 5$ m 时，取 $i = 0.2$；$B > 5$ m 时，取 $i = 0.1$。

1) 浅埋隧道

根据《规范》，对于埋深小于等于 h_q 的浅埋隧道，采用全土柱理论进行计算，竖向荷载 q 视为均布压力：

$$q = \gamma H \tag{3-34}$$

式中 q——垂直均布压力(kN/m^2)；

γ——围岩重度(kN/m^3)；

H——隧道埋深，指坑顶至地面的距离(m)。

水平方向侧压力 e 按均布考虑，其值为：

$$e = \gamma\left(H + \frac{H_t}{2}\right)\tan^2\left(45 - \frac{\varphi_c}{2}\right) \tag{3-35}$$

式中 e——侧向均布压力(kN/m^2)；

H_t——隧道高度(m)；

φ_c——围岩计算摩擦角(°)。

对于埋深大于 h_q 小于等于 H_p 的浅埋隧道，采用谢家杰理论进行计算。考虑两侧三棱柱滑落时的受力平衡，并考虑了岩柱与三棱柱、三棱柱与外侧围岩之间不同滑移程度的摩擦力，如图 3-21 所示。假定土体中形成的破裂面是一条与水平成 β 角的斜直线，岩土体 IJKL 下沉，带动两侧三棱土体(IDB 和 JCA)下沉，整个土体 ABDC 下沉时，又受未扰动岩土体的阻力；斜直线 AC 或 BD 是假定破裂面，分析时考虑内聚力 c，并采用计算摩擦角 φ_c；另一滑动面 IL 或 JK 则并非破裂面，因此，滑面阻力要小于破裂面的阻力，若该滑面的摩擦角为 θ，则 θ 值应小于 φ_c 值。

根据《规范》，隧道上覆岩体 IJKL 重力为 G，两侧三棱岩体 IDB 或 JCA 的重力为 W_1，未扰动岩体整个滑动土体的阻力为 F，当 IJKL 下沉，两侧受到阻力 T，作用于 KL 面上的垂直压力总值 Q 为：

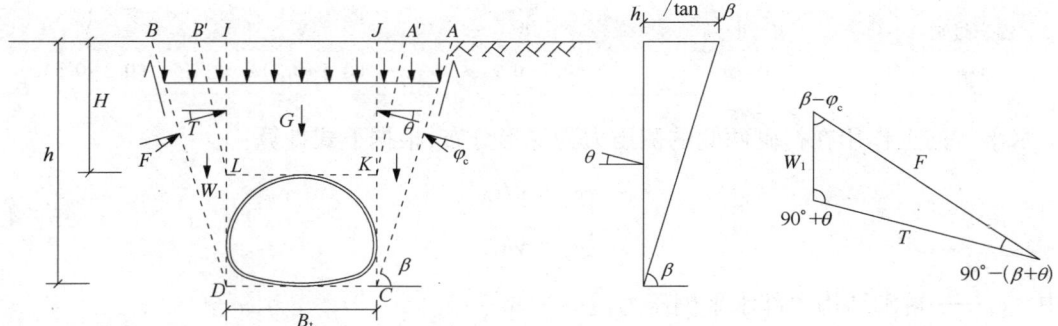

图 3-21 浅埋隧道围岩压力计算图

$$Q = G - 2T\sin\theta \tag{3-36}$$

三棱体自重为:

$$W_1 = \frac{1}{2}\gamma h \frac{h}{\tan\beta} \tag{3-37}$$

式中　h——坑道底部到地面的距离(m);

　　　β——破裂面与水平面的夹角(°)。

根据图 3-21,由正弦定理和式(3-37)可得:

$$T = \frac{1}{2}\gamma h^2 \frac{\lambda}{\cos\theta} \tag{3-38}$$

$$\lambda = \frac{\tan\beta - \tan\varphi_c}{\tan\beta[1 + \tan\beta(\tan\varphi_c - \tan\theta) + \tan\varphi_c\tan\theta]} \tag{3-39}$$

$$\tan\beta = \tan\varphi_c + \sqrt{\frac{(\tan^2\varphi_c + 1)\tan\varphi_c}{\tan\varphi_c - \tan\theta}} \tag{3-40}$$

由于 LD、KC 与 IJ、JK 相比往往较小,且衬砌与土之间的摩擦角也不同,前面分析时均按 θ 计,当中间土块下滑时,由 IL、JK 面传递,考虑压力稍大些对设计的结构也偏于安全,因此,摩擦力不计隧道部分而只计洞顶部分,既在计算中用 H 代替 h,则竖直方向上作用在衬砌上的均布荷载 q 为:

$$q = \gamma H\left(1 - \frac{H}{B_t}\lambda\tan\theta\right) \tag{3-41}$$

式中,θ 可按表 3-26 确定。

表 3-26　各级围岩的 θ 值

围岩级别	Ⅰ、Ⅱ、Ⅲ	Ⅳ	Ⅴ	Ⅵ
θ 值	$0.9\varphi_c$	$(0.7\sim 0.9)\varphi_c$	$(0.5\sim 0.7)\varphi_c$	$(0.3\sim 0.5)\varphi_c$

水平方向上作用在衬砌两侧的侧压力为梯形分布，根据下式计算：

$$\begin{cases} e_1 = \gamma H \lambda \\ e_2 = \gamma h \lambda \end{cases} \tag{3-42}$$

式中　e_1——衬砌结构顶部水平侧压力值（kN/m^2）；

　　　e_2——衬砌结构底部水平侧压力值（kN/m^2）。

侧压力视为均布压力时，

$$e = (e_1 + e_2)/2 \tag{3-43}$$

2）深埋隧道

普氏压力拱理论在深埋隧道荷载计算中也有广泛的应用，该理论认为，隧道开挖后，顶部岩体失稳坍塌，形成自然拱，如图 3-22 所示。

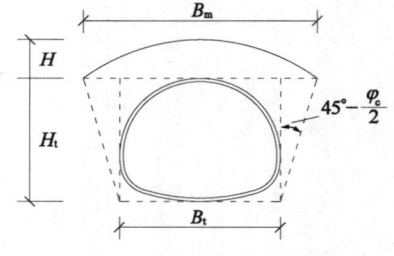

图 3-22　普氏压力拱计算图

拱以内的岩石自重即为作用在隧洞支护上的围岩压力。假定压力拱形式为二次抛物线形，压力拱高 H 可由下式计算（王毅才，2010）：

$$H = \frac{B_t + 2H_t \tan\left(45° - \dfrac{\varphi_c}{2}\right)}{2f} \tag{3-44}$$

式中　f——围岩坚固性系数，又称普氏系数；

　　　φ_c——围岩计算摩擦角（°）。

其余符号意义见图 3-22 所示。

竖直方向上衬砌所受围岩松散荷载 q 为：

$$q = \gamma H \tag{3-45}$$

式中　γ——围岩重度（kN/m^3）；

　　　H——压力拱高度（m）。

当侧壁不稳定时（$f_{kp} \leq 3\sim 4$）需考虑梯形分布的水平方向侧压力，根据下式计算：

$$\begin{cases} e = q\tan^2\left(45° - \dfrac{\varphi_c}{2}\right) \\ e' = (q + \gamma H_t)\tan^2\left(45° - \dfrac{\varphi_c}{2}\right) \end{cases} \tag{3-46}$$

式中 e——衬砌结构顶部水平侧压力值(kN/m^2);

e'——衬砌结构底部水平侧压力值(kN/m^2)。

根据塌落拱理论以及我国隧道施工塌方资料的统计分析,《规范》中给出了深埋隧道荷载的经验计算公式,其中竖直方向松散荷载 q 为:

$$q = \gamma h \tag{3-47}$$

$$h = 0.45 \times 2^{s-1} w \tag{3-48}$$

$$w = 1 + i(B - 5) \tag{3-49}$$

式中 w 为宽度影响系数;其余符号见上文;深埋隧道所受水平方向的均布压力 e 按表 3-27 确定。

表 3-27 围岩水平均布压力

围岩级别	Ⅰ、Ⅱ	Ⅲ	Ⅳ	Ⅴ	Ⅵ
水平均布压力 e	0	$<0.15q$	$(0.15\sim0.3)q$	$(0.3\sim0.5)q$	$(0.5\sim1.0)q$

和普通隧道相比,多年冻土区隧道周围围岩存在周期性冻融的冻融圈,冬季围岩冻结时,围岩中的水发生冻结,使得围岩内部颗粒、微裂纹及节理之间的黏结作用增强,围岩的整体强度提高,此时围岩的力学指标要高于未冻结时,围岩冻、融状态的变化将影响隧道所受的松散荷载,因此有必要对多年冻土区隧道围岩松散荷载的计算方法进行研究。

3.2.2 冻融条件下隧道围岩荷载计算

在多年冻土区隧道设计时,应分别考虑融化条件下围岩(松散)压力作用和冻结条件下围岩(松散)压力与冻胀力组合作用这两种情况进行衬砌结构验算。本节分析冻融条件下围岩(松散)压力的计算方法。

3.2.2.1 新生冻土段的围岩压力计算

新生冻土段隧道围岩原本处于融化状态,其围岩冻结范围虽大(可达近 40 m),但由于冻结速度慢,隧道运营初期围岩冻结范围有限。对于季节新生冻土段,围岩的冻结范围小(在 5 m 以内),且冻结温度高,围岩的力学性能不会出现明显提升。因此,对于新生冻土段围岩,虽然冻结条件一定程度提高了围岩承载力的安全储备,但不会明显降低隧道荷载。出于安全考虑,新生冻土段的围岩压力不考虑冻、融条件的影响,可直接用《规范》方法进行计算。

3.2.2.2 多年冻土段的围岩压力计算

1) 冻结条件下的围岩力学指标

围岩物理力学指标是计算围岩压力的基础。《公路隧道设计细则》(JTG D70—2010)给出了不同级别围岩的物理力学指标标准值见表3-28。冻结条件下,围岩中水的冻结提高了围岩的整体强度,围岩的力学指标高于未冻结条件下的围岩。

表3-28 未冻结围岩的物理力学指标标准值

围岩级别	重度 γ (kN/m^3)	内摩擦角 φ (°)	黏聚力 c (MPa)	计算摩擦角 φ_c(°)	坚固性系数 f
Ⅰ	26~28	>60	>2.1	>78	15~20
Ⅱ	25~27	50~60	1.5~2.1	70~78	8~15
Ⅲ	23~25	39~50	0.7~1.5	60~70	3~8
Ⅳ	20~23	27~39	0.2~0.7	50~60	1~3
Ⅴ	17~20	20~27	0.05~0.2	40~50	0.8~1.5
Ⅵ	15~17	<20	<0.2	30~40	0.3~1.0

岩体的力学特性和其中岩石的力学特性呈正比:国家标准《建筑边坡工程技术规范》(GB 50330—2002)规定岩体内摩擦角 φ 可根据岩块内摩擦角标准值 φ_{rock} 按岩体裂隙发育程度取岩石内摩擦角的 0.75~0.95 倍。根据水利水电系统及其他部门经验的归纳分析,岩体黏聚力可根据岩体裂隙发育程度取岩石黏聚力的 0.2~0.3 倍(郑颖人,2002)。岩质围岩的坚固性系数 f 按岩石单轴抗压强度 R_c(MPa)的 1/10 取值(范文田,1964)。在缺乏现场实测资料的情况下,可根据岩石冻融前后的力学指标变化情况推测冻结岩体的物理力学指标:

$$\begin{cases} \varphi' = \xi_1 \varphi \\ c' = \xi_2 c \\ f' = \xi_3 f \end{cases} \tag{3-50}$$

式中 $\xi_1 = \dfrac{\varphi'_{rock}}{\varphi_{rock}}$; $\xi_2 = \dfrac{c'_{rock}}{c_{rock}}$; $\xi_3 = \dfrac{R'_c}{R_c}$;

φ'、φ——分别为冻结、融化条件下岩体的内摩擦角(°);

c'、c——分别为冻结、融化条件下岩体的黏聚力(MPa);

f'、f——分别为冻结、融化条件下岩体的坚固性系数;

R'_c、R_c——分别为冻结、融化条件下岩石的单轴抗压强度(MPa);

ξ_1、ξ_2、ξ_3——岩石冻结强度增长系数,根据徐光苗等(2006)对江西红砂岩和湖北页岩进行的冻结岩石强度试验,$\xi_1 = 104\%$, $\xi_2 = 110\%$, $\xi_3 = 124\%$。

冻结条件下围岩的计算摩擦角 φ'_c:

$$\varphi'_c = \arctan\left(\tan\varphi' + \dfrac{2c'}{\gamma h \cos\theta'}\right) \tag{3-51}$$

式中 θ'——冻结状态下岩体破裂角,$\theta' = 45° + \dfrac{\varphi'}{2}$;

γ——围岩重度(kN/m^3);

h——隧道埋深,按 100 m 考虑(m)。

计算得到冻结条件下岩体物理力学指标标准值如表 3-29 所示。

表 3-29 冻结围岩的物理力学指标标准值

围岩级别	重度 γ' (kN/m^3)	内摩擦角 φ' (°)	黏聚力 c' (MPa)	计算摩擦角 φ'_c (°)	坚固性系数 f'
Ⅰ	26~28	>62.4	>2.31	>79.6	18.6~24.8
Ⅱ	25~27	52.0~62.4	1.65~2.31	71.7~79.9	9.92~18.6
Ⅲ	23~25	40.6~52.0	0.77~1.65	61.9~72.2	3.72~9.92
Ⅳ	20~23	28.1~40.6	0.22~0.77	52.0~62.4	1.24~3.72
Ⅴ	17~20	20.8~28.1	0.055~0.22	42.1~52.6	0.99~1.86
Ⅵ	15~17	<20.8	<0.22	32.1~42.8	0.37~1.24

由于受节理影响,冻结岩体融化后强度下降幅度远大于冻结岩石的下降幅度,因此采用该方法推算得到的冻结岩体物理力学指标是偏保守的。

2) 冻结条件下的围岩压力

多年冻土段围岩回冻后,隧道周围围岩处于冻结状态,围岩力学指标提高。对于浅埋隧道,围岩荷载可采用冻结条件下的围岩力学指标标准值,按照《规范》进行计算。对于深埋隧道,《规范》的方法无法考虑冻结条件的影响,此时可根据普氏理论(王毅才,2010),将冻结条件下围岩的计算摩擦角 φ'_c 和坚固性系数 f' 带入式(3-44)、式(3-45)计算垂直和水平方向的围岩压力,并与《规范》方法的计算结果对比,取二者中最不利情况进行设计。

$$H = \frac{B_t + 2H_t \tan\left(45° - \frac{\varphi'_c}{2}\right)}{2f'} \quad (3-52)$$

$$q = \gamma H \quad (3-53)$$

$$\begin{cases} e = q\tan^2\left(45° - \dfrac{\varphi'_c}{2}\right) \\ e' = (q + \gamma H_t)\tan^2\left(45° - \dfrac{\varphi'_c}{2}\right) \end{cases} \quad (3-54)$$

式中 f'——冻结围岩的坚固性系数,又称普氏系数;

φ'_c——冻结围岩的计算摩擦角(°);

H_t、B_t——分别为隧道的开挖高度和宽度(m);

q——竖直方向上的围岩压力(MPa);

γ——围岩重度(kN/m^3);

H——压力拱高度(m);

e——衬砌结构顶部水平侧压力值(kN/m^2);

e'——衬砌结构底部水平侧压力值(kN/m^2)。

3) 融化条件下的围岩压力

(1) 浅埋隧道

对于埋深小于 h_q 的浅埋多年冻土隧道,直接按融化状态考虑,根据《规范》方法计算围岩压力:

$$H_p = (2 \sim 2.5)h_q \tag{3-55}$$

$$h_q = 0.45 \times 2^{s-1} \times [1 + i(B-5)] \tag{3-56}$$

式中 H_p——浅埋隧道分界深度;

h_q——等效荷载高度;

s——围岩级别;

B——隧道宽度;

i——B 每增减 1 m 时的围岩压力增减率,以 $B = 5$ m 的围岩垂直均布压力为准,当 $B < 5$ m 时,取 $i = 0.2$;$B > 5$ m 时,取 $i = 0.1$。

对于埋深大于 h_q 小于等于 H_q 的浅埋多年冻土隧道,将地表融化层简化为上覆荷载 q_1,隧道所受围岩压力可视为 q_1 作用下,多年冻土围岩以及隧道周围融化圈围岩在重力作用下产生荷载的依次传递叠加。

多年冻土围岩产生的荷载可根据《规范》附录 E 的方法推导,如图 3-23 所示。作用于 KL 面上的垂直压力总值 Q'为:

$$Q' = G + q_1 B'_t - 2T\sin\theta \tag{3-57}$$

三棱体自重为:

$$W'_1 = \frac{1}{2}\gamma h' \frac{h'}{\tan\beta} \tag{3-58}$$

式中 $q_1 = \gamma h_1$;

γ——围岩重度(kN/m^3);

h_1——地表融化层厚度(m);

h'——坑道底部到多年冻土上限的距离(m);

β'——破裂面与水平面的夹角(°)。

可得:

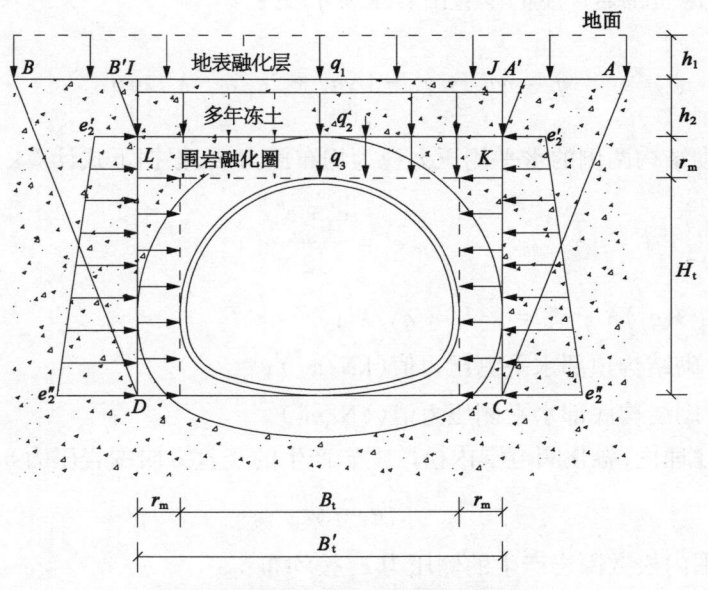

(a) 融化作用下浅埋多年冻土隧道荷载计算模型

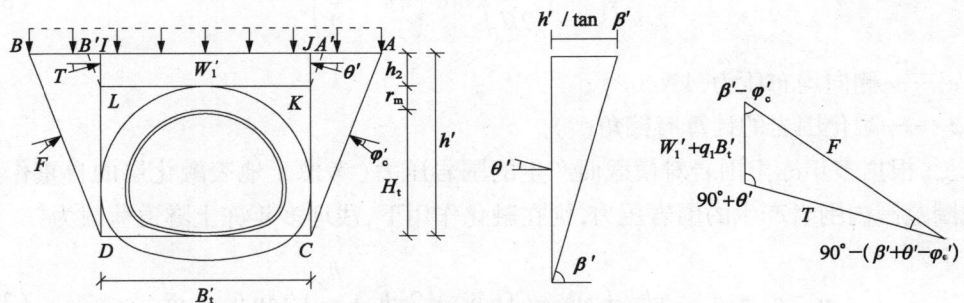

(b) 多年冻土围岩荷载计算示意图

图 3-23　融化作用下浅埋多年冻土隧道荷载计算示意图

$$\frac{T}{\sin(\beta' - \varphi'_c)} = \frac{W'_1 + q_1 \dfrac{h_2}{\tan \beta'}}{\sin[90° - (\beta' - \varphi'_c + \theta')]} \quad (3-59)$$

$$T = \left(\frac{1}{2}\gamma h_2 + q_1\right)\frac{\lambda' h_2}{\cos \theta'} \quad (3-60)$$

$$\lambda' = \frac{\tan \beta' - \tan \varphi'_c}{\tan \beta'[1 + \tan \beta'(\tan \varphi'_c - \tan \theta') + \tan \varphi'_c \tan \theta']} \quad (3-61)$$

$$\tan \beta' = \tan \varphi'_c + \sqrt{\frac{(\tan^2 \varphi'_c + 1)\tan \varphi'_c}{\tan \varphi'_c - \tan \theta'}} \quad (3-62)$$

综上,多年冻土围岩产生的垂直围岩压力 q_2 为:

$$q_2 = \gamma h_2 + q_1 - (\gamma h_2 + 2q_1)\frac{h_2}{B'_t}\lambda'\tan\theta' \tag{3-63}$$

作用在衬砌结构两侧的水平侧压力视为均布压力 e_2,根据下式计算:

$$e_2 = \frac{e'_2 + e''_2}{2} \tag{3-64}$$

式中 $e'_2 = (\gamma h_2 + q_1)\lambda'$;$e''_2 = (\gamma h' + q_1)\lambda'$;
e'_2——衬砌结构顶部水平侧压力值(kN/m^2);
e''_2——衬砌结构底部水平侧压力值(kN/m^2)。

根据全土柱理论,融化圈范围内松散围岩产生的竖直方向围岩压力 q_3 为:

$$q_3 = \gamma r_m \tag{3-65}$$

融化圈范围内松散围岩产生的侧压力 e_3 按均布:

$$e_3 = \gamma\left(r_m + \frac{1}{2H_t}\right)\tan^2\left(45 - \frac{\varphi_c}{2}\right) \tag{3-66}$$

式中 e_3——侧向均布压力(kN/m^2);
φ_c——融化围岩的计算摩擦角(°)。

综上,根据多年冻土围岩对横截面产生的围岩压力(考虑了地表融化层的自重作用)以及融化圈范围内围岩产生的围岩压力,则在融化作用下,浅埋多年冻土隧道荷载为:

$$q = q_2 + q_3 = \gamma h_2 + \gamma h_1 - (\gamma h_2 + 2\gamma h_1)\frac{h_2}{B'_t}\lambda'\tan\theta' + \gamma r_m \tag{3-67}$$

$$e = e_2 + e_3 \tag{3-68}$$

(2) 深埋隧道

如图 3-24 所示,完全融化的围岩仍具有一定的自稳能力,融化条件下多年冻土围岩塌落拱高度 h 介于 h_f(围岩完全融化)和 h_m(围岩完全冻结)之间。其中,h_f、h_m 可根据普氏理论,分别将冻结、融化状态下围岩的坚固性系数以及计算摩擦角代入式(3-44)得到。

当融化深度 r_m 小于等于 h_m 时,由于融化围岩的自承能力比冻结围岩小,h 随 r_m 增大而增大;当 r_m 大于 h_m 时,塌落拱以外的融化围岩能够维持自身的稳定,随着 r_m 进一步增大,塌落拱高度 h 不会发生明显的变化。因此,塌落拱高度 h 和融化深度 r_m 的关系可表达为:

$$\begin{cases} h = h_f + (h_m - h_f)\dfrac{r_m}{h_m} & r_m \leqslant h_m \\ h = h_m & r_m > h_m \end{cases} \tag{3-69}$$

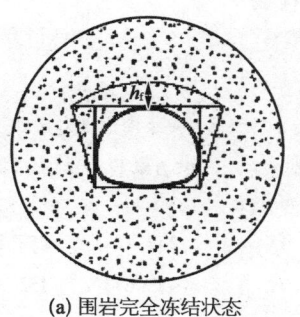 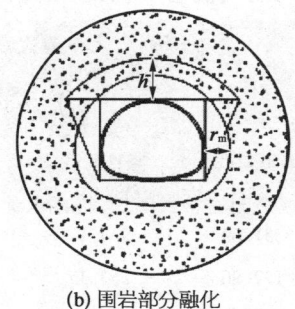 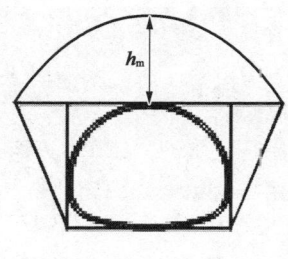

(a) 围岩完全冻结状态　　　　(b) 围岩部分融化　　　　(c) 围岩完全融化状态

图 3-24　不同融化范围下多年冻土区隧道荷载等效高度示意图

则融化作用下多年冻土区深埋隧道竖直方向围岩压力 q 为：

$$q = \gamma h \tag{3-70}$$

当侧壁不稳定时（$f_{kp} \leqslant 3 \sim 4$），水平方向均布围岩压力按下式计算：

$$e = \frac{e' + e''}{2} \tag{3-71}$$

$$e' = q\tan^2\left(45° - \frac{\varphi_c}{2}\right)\,;\ e'' = (q + \gamma H_t)\tan^2\left(45° - \frac{\varphi_c}{2}\right) \tag{3-72}$$

式中　e——衬砌结构顶部水平侧压力值（kN/m^2）；

e'——衬砌结构底部水平侧压力值（kN/m^2）；

φ_c'——融化围岩的计算摩擦角（°）。

《规范》中深埋隧道荷载是基于统计的经验公式，无法考虑围岩部分融化的情况。设计中，荷载应采用本节的方法和《规范》方法分别进行计算，取二者中最不利情况。

4）冻融条件下多年冻土段围岩压力分析

以姜路岭隧道为例，隧道高度 11 m，宽度 12.8 m。根据设计资料，多年冻土段隧道埋深以及不同级别围岩中深浅埋界限如表 3-30 所示。隧址区多年冻土上限为 1.4~1.8 m，取 $h_1 = 2$ m，取融化圈范围 $r_m = 8$ m，根据本节方法计算姜路岭隧道不同埋深下的隧道荷载，如表 3-31 所示。

表 3-30　姜路岭隧道多年冻土段依托工程隧道埋深情况

围岩级别	埋深范围 h（m）	深浅埋界限	
		h_q（m）	H_q（m）
V	3~37	12.82	32.04
VI	3~8.5	25.63	64.08

表 3-31　姜路岭隧道多年冻土段围岩松散荷载

围岩级别	埋深 (m)	隧道荷载					
		冻结条件		融化条件（融化深度 8 m）		规范法（不考虑冻融条件）	
		竖直荷载 $q(kN/m^2)$	水平荷载 $e(kN/m^2)$	竖直荷载 $q(kN/m^2)$	水平荷载 $e(kN/m^2)$	竖直荷载 $q(kN/m^2)$	水平荷载 $e(kN/m^2)$
Ⅴ	12.82	237.17	51.65	237.17	58.15	237.17	58.15
	32.04	433.49	137.80	553.17	271.78	423.67	155.32
	>32.04（深埋）	138.84	36.67	170.26	46.67	237.10	94.84
Ⅵ	8.50	136.00	54.60	136.00	60.70	136.00	60.70

由表 3-31 可知以下内容。

(1) 当埋深 $h < h_q$ 时

冻、融条件下隧道的竖向荷载一致，Ⅴ级围岩为 237.16 kN/m²，Ⅵ级围岩中为 272.00 kN/m²。冻结条件下隧道的横向荷载：Ⅴ级围岩为 51.56 kN/m²，Ⅵ级围岩为 87.74 kN/m²，略小于融化条件下隧道的横向荷载：Ⅴ级围岩为 58.15 kN/m²，Ⅵ级围岩为 97.56 kN/m²。

(2) 当埋深 $h_q < h < H_q$ 时

对于竖直方向荷载，融化深度 8 m>冻结条件>完全融化（《规范》方法）。这是由于：

① 当围岩中出现 8 m 厚的融化圈时，一方面隧道顶部融化圈围岩有塌落趋势，另一方面，隧道两侧围岩融化相当于增大了隧道的跨度，因此，当多年冻土围岩中出现一定范围融化圈时，隧道所受荷载最大；

② 冻结条件下虽然围岩力学特性提高，但隧道两侧围岩破裂角 β 增大，造成阻止上覆围岩向下滑动的滑动面积减小，因此，冻结条件下的竖向荷载反而大于围岩完全融化（《规范》方法）的情况。

对于水平方向荷载，融化深度 8 m>完全融化（《规范》方法）>冻结条件。这是由于：
① 融化深度 8 m 时荷载最大的原因同上段分析；

② 由于冻结条件下围岩力学特性提高，因此冻结条件下的水平荷载小于围岩完全融化（《规范》方法）的情况。

根据以上分析，对于多年冻土段浅埋隧道：融化条件下建议采用式(3-67)，根据融化深度计算融化条件下的围岩荷载；冻结条件下，采用《规范》方法代入冻结条件下围岩的力学参数计算冻结条件下的围岩压力，并与冻胀力组合后对衬砌进行结构验算。

(3) 当埋深 $H_q < h$ 时

基于普氏理论计算得到的隧道荷载，融化深度 8 m>冻结条件。不考虑冻融条件，采用《规范》方法计算得到的隧道荷载大于以上二者，普氏理论较不安全。因此，出于安全考虑，多年冻土段深埋隧道不考虑冻融条件的影响,应采用《规范》方法进行计算。

3.2.3 考虑冻融条件和冻胀力组合的围岩荷载计算

1) 冻、融条件下隧道荷载和冻胀力荷载的组合计算模式

多年冻土区隧道周围围岩存在冬冻夏融的冻融圈,设计时应分别考虑夏季围岩融化时的围岩松散荷载以及冬季围岩冻结时围岩松散荷载与冻胀力组合的情况,并按最不利情况进行设计。

组合一:融化条件下围岩的松散荷载;

组合二:冻结条件下围岩的松散荷载与冻胀力荷载组合作用。

见图 3-25 及图 3-26 所示。

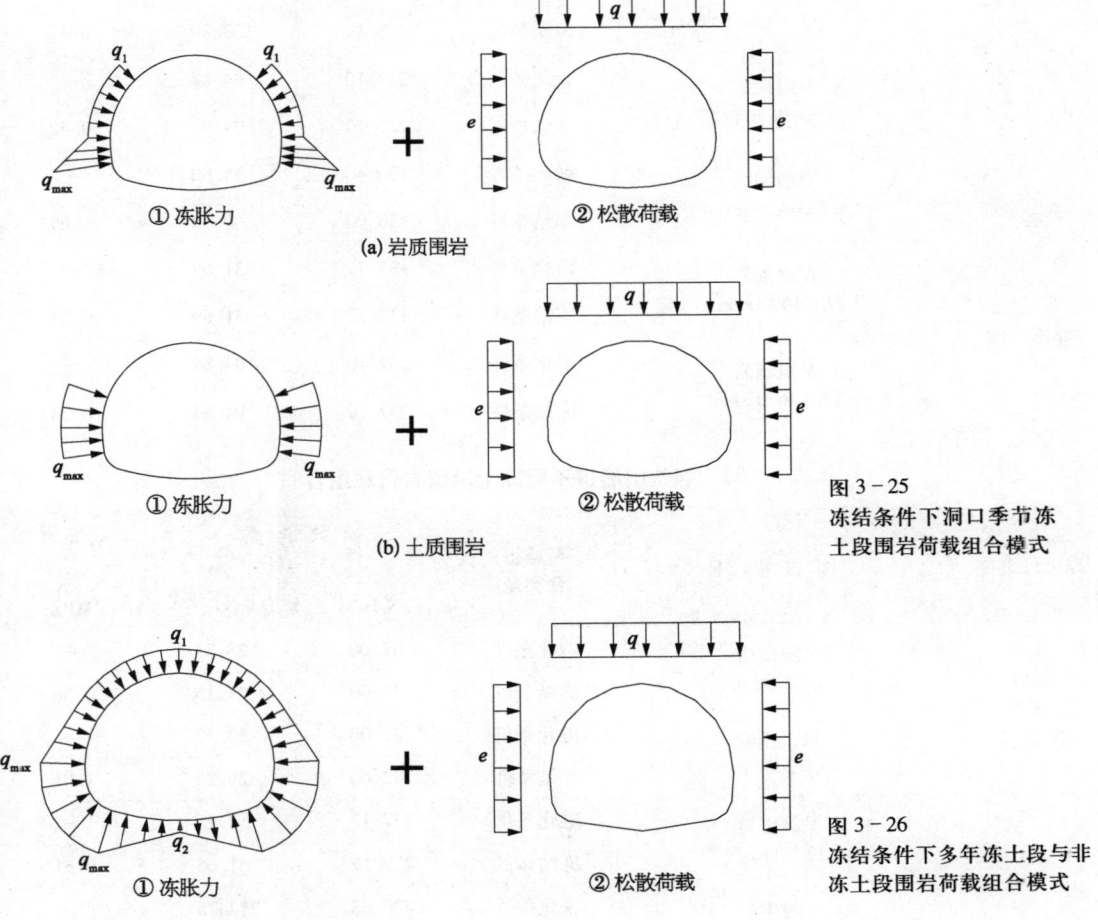

图 3-25 冻结条件下洞口季节冻土段围岩荷载组合模式

图 3-26 冻结条件下多年冻土段与非冻土段围岩荷载组合模式

2) 多年冻土隧道围岩荷载组合计算实例

将不同冻土段隧道荷载和冻胀力荷载计算结果进行组合,如表 3-32、表 3-33 所示。

表 3-32　姜路岭隧道不同冻土段围岩荷载组合

冻土段类型	围岩级别	荷载组合类型	松散荷载 q (kN/m²)	松散荷载 e (kN/m²)	冻胀力 q_{max} (MPa)
洞口季节冻土段	Ⅴ级围岩 (h=2.00 m)	融化条件	37.00	23.81	—
		冻结条件	37.00	21.15	0.34
	Ⅵ级围岩 (h=2.00 m)	融化条件	32.00	32.52	—
		冻结条件	32.00	29.25	1.01
多年冻土段	Ⅴ级围岩 (h=12.82 m 浅埋)	融化条件	237.17	58.15	—
		冻结条件	237.17	51.65	0.28
	Ⅴ级围岩 (h=32.04 m 浅埋)	融化条件	553.17	271.78	—
		冻结条件	433.49	137.80	0.42
	Ⅴ级围岩 (h=37.00 m 深埋)	融化条件	237.10	94.84	—
		冻结条件	237.10	94.84	0.42
	Ⅵ级围岩 (h=8.5 m)	融化条件	136.00	54.60	—
		冻结条件	136.00	60.70	0.69
非冻土段	Ⅳ级围岩 (h=160.00 m)	融化条件	137.77	31.69	—
		冻结条件	137.77	31.69	0.31
	Ⅴ级围岩 (h=46.00 m)	融化条件	237.10	94.84	—
		冻结条件	237.10	94.84	0.24

表 3-33　鄂拉山隧道不同冻土段围岩荷载组合

冻土段类型	围岩级别	荷载组合类型	松散荷载 q (kN/m²)	松散荷载 e (kN/m²)	冻胀力 q_{max} (MPa)
洞口季节冻土段	Ⅴ级围岩 (h=2.00 m)	融化条件	37.00	23.81	—
		冻结条件	37.00	21.15	0.38
	Ⅵ级围岩 (h=2.00 m)	融化条件	32.00	32.52	—
		冻结条件	32.00	29.25	1.01
多年冻土段	Ⅴ级围岩 (h=12.82 m 浅埋)	融化条件	237.17	58.15	—
		冻结条件	237.17	51.65	0.31
	Ⅴ级围岩 (h=24.00 m 浅埋)	融化条件	426.63	212.75	—
		冻结条件	354.65	108.29	0.43
	Ⅵ级围岩 (h=17.00 m 浅埋)	融化条件	272.00	97.56	—
		冻结条件	272.00	87.74	0.77

（续表）

冻土段类型	围岩级别	荷载组合类型	松散荷载		冻胀力
			q (kN/m^2)	e (kN/m^2)	q_{max} (MPa)
非冻土段	V级围岩 (h = 105 m)	融化条件	237.10	94.84	—
		冻结条件	237.10	94.84	0.41
	V级围岩 (h = 108 m)	融化条件	237.10	94.84	—
		冻结条件	237.10	94.84	1.26

第4章

多年冻土区公路隧道隔热保温

多年冻土区隧道的修建会对隧址围岩的原始温度场产生扰动,若隧址围岩为多年冻土,则隧道洞内施工活动以及隧道贯通后暖季较高的洞内气温会使多年冻土产生融化,围岩强度降低,寒季又会使融土冻结,产生冻胀力;若隧址围岩为季节冻土或非冻土,则隧道贯通后随时间波动的洞内气温会使季节冻土或非冻土经受冻融循环,产生冻胀力反复作用于衬砌上,影响衬砌结构的安全。国内已建成以及正在修建的多年冻土区隧道广泛采用在隧道衬砌结构上铺设隔热保温层的方式来减小隧道施工或隧道贯通后外界气温对围岩原始温度场的扰动,减轻围岩冻融循环对衬砌结构的不利影响。如昆仑山、风火山铁路隧道在初衬与二衬之间铺设了隔热保温层,大阪山公路隧道在二衬表面铺设了隔热保温层。日本、挪威等国家的一些隧道也采用铺设隔热保温层的方式进行保温,实践证明,这是一种实用、经济的隧道冻害预防手段。

在进行多年冻土区隧道抗防冻设计时,保温层厚度的合理取值十分重要,厚度过小起不到防止围岩冻融的作用,厚度过大又会增加不必要的工程投资;保温层长度的取值同样如此,长度过短,有些地段的围岩会因无保温层而产生冻融循环,长度过长又会造成材料的浪费。从工程实践看,国内新建的多年冻土区隧道大多是通过工程类比法来确定保温层的铺设厚度和长度,然而不同隧道的气象条件、围岩热物理性质等均不相同,其他类似工程的设计成果不一定适用于当前工程,而一旦保温层的厚度或长度设计不当,则极有可能使隧道遭受冻害,不仅会增加维护费用,还有可能严重影响隧道的正常使用。此外,多年冻土区公路隧道一般会穿越不同类型的冻土段,每一段围岩的初始温度场不相同,阻止围岩冻融所需的保温层厚度也不相同,这就使得在确定保温层厚度时需分段考虑。因此,对多年冻土区公路隧道不同类型冻土段保温层的合理铺设厚度和长度进行研究是十分必要的。

4.1 多年冻土区公路隧道保温层形式及材料

4.1.1 隧道穿越冻土区类型划分及不同冻土段中隔热保温层的作用

4.1.1.1 隧道穿越冻土区类型划分

根据《冻土工程地质勘查规范》(GB 50324—2014),寒冷地区的冻土可以分为两类,一类为多年冻土,一类为季节冻土。多年冻土是指持续冻结时间在2年或2年以上的土(岩),季节冻土是指地壳表层冬季冻结而在夏季又全部融化的土(岩),这层土体也叫季节活动层。除了这两类冻土外,寒冷地区的隧道还会穿越大片的非冻土区,由于地温的存在,这类土(岩)体温度为正温,隧道运行后,洞身周围原本的非冻土会随洞内温度波动而产生季节性冻融的新生冻土,为了与规范相统一,本文所指的季节冻土是指地表下几米范围内冬季完全冻结、夏季完全融化的土层(多位于隧道洞口段)。多年冻土形成的必要条件是当地地面年平均温度小于0℃,季节冻土形成的必要条件是当地最冷月地面平均温度小于0℃。寒冷地区土体分布如图4-1所示。

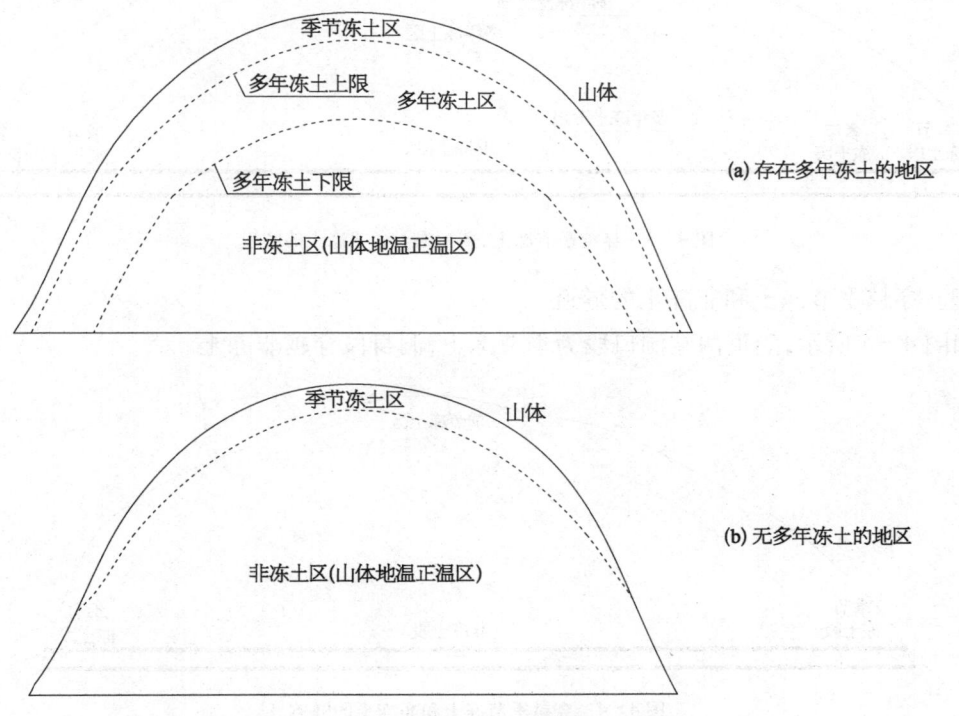

图4-1　高海拔寒冷地区山体中冻土分布图

从图4-1可以看出,隧道埋深不同,其所穿越的冻土类型也不同,据此可以把寒冷地区常见的隧道类型分为以下三种:

(1) 穿越季节冻土和多年冻土的隧道

如图4-2所示,隧道两端洞口段为季节冻土(季节活动层),洞身段为多年冻土;此外,在其些地区也存在洞口两端无季节冻土(季节活动层)的情况,此时,隧道全长穿越多年冻土。

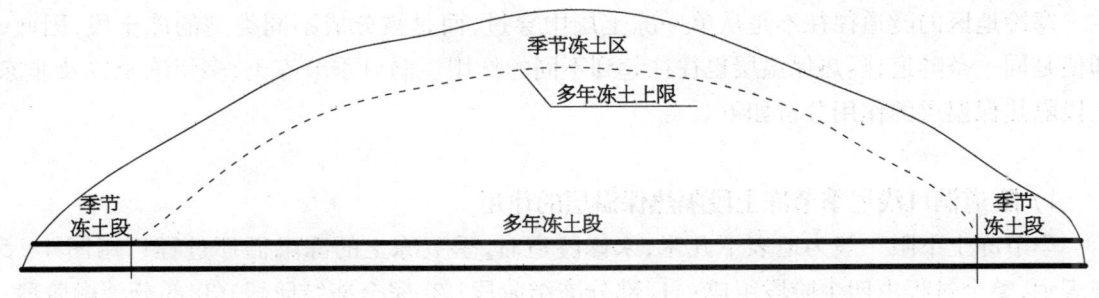

图4-2　穿越季节冻土和多年冻土的隧道

(2) 穿越季节冻土、多年冻土和非冻土的隧道

如图4-3所示,隧道两端洞口段为季节冻土,洞身段穿越多年冻土和非冻土。

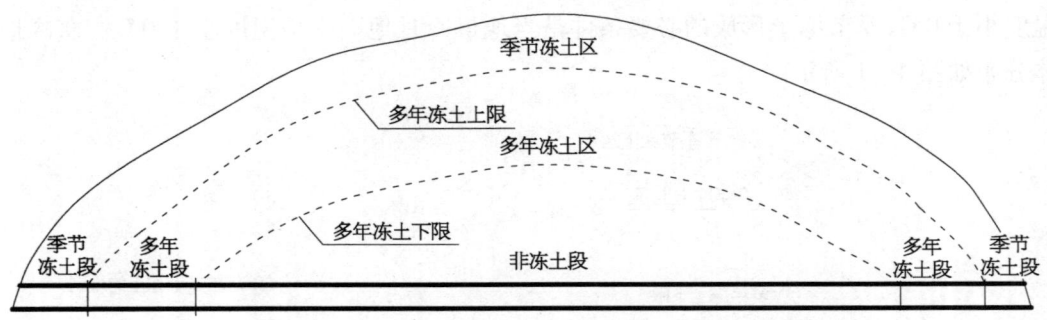

图 4-3 穿越季节冻土、多年冻土和非冻土的隧道

(3) 穿越季节冻土和非冻土的隧道

如图 4-4 所示,隧道两端洞口段为季节冻土,洞身段穿越非冻土。

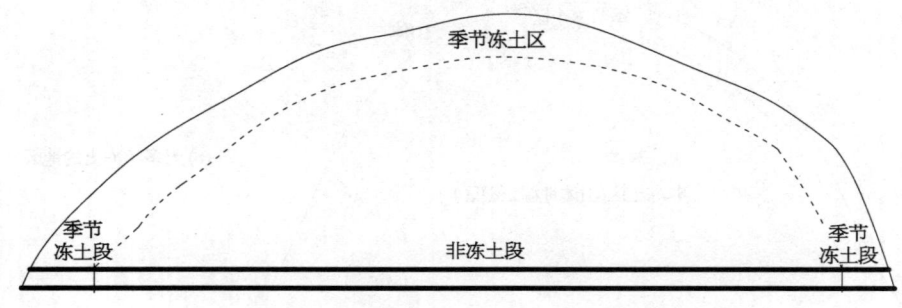

图 4-4 穿越季节冻土和非冻土的隧道

此外,从图 4-1 可以看出,隧道穿越山体时还有一种极端情况,即隧道整体从季节冻土中穿过,但季节冻土下限一般为地表下几米,若隧道整体从季节冻土中穿过,则隧道最大埋深也只有几米,这种情况在实际工程中显然不可能出现,因此在进行隔热保温层的作用分析时对这种情况不做考虑。

4.1.1.2 不同类型冻土中隔热保温层的作用

寒冷地区的隧道往往不是从单一冻土层中穿过,而是被分成不同类型的冻土段,因此,即使是同一条隧道,隔热保温层也往往起到不同的作用。洞口季节冻土、多年冻土以及非冻土段隔热保温层的作用分析如下。

1) 隧道洞口浅埋季节冻土段隔热保温层的作用

季节冻土下限一般为地表下几米,未修隧道时,季节冻土的冻融循环过程可用图 4-5 来表示,整个过程由四个阶段组成:① 部分冻结阶段;② 完全冻结阶段;③ 部分消融阶段;④ 完全消融阶段。秋、冬季外界气温低,土体热量向地表散失,土体逐渐冻结,并最终达到完全冻结状态;随着时间的推移,外界气温逐渐升高,冻结的土体从外界吸收热量,逐渐融化,夏季时达到完全融化状态,如此形成周期性的冻融循环。

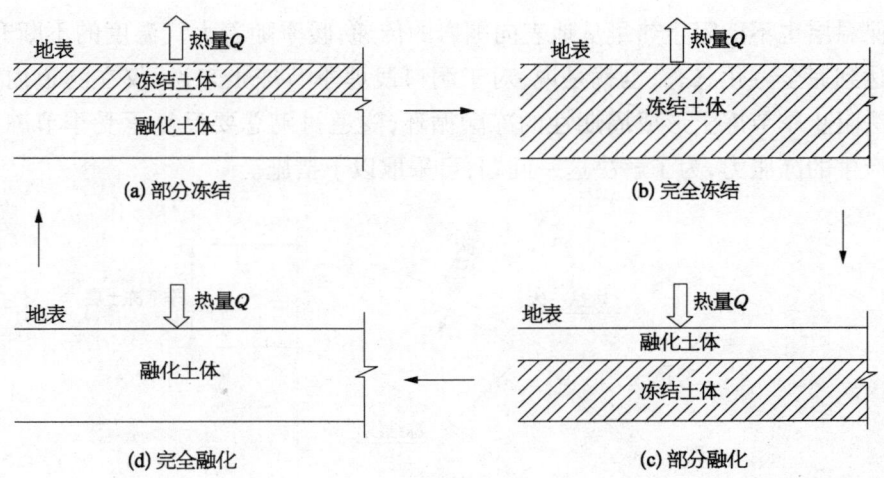

图4-5 未修隧道时季节冻土的冻融过程

隧道开挖后,季节冻土与外界大气的接触面从一个变成两个,季节冻土的冻融循环过程见图4-6。

寒季,地表及洞内气温逐渐降低,土体中的热量向地表及洞内散失,原本完全融化的土体沿"地表向洞内"以及"洞内向地表"两个方向冻结,如图4-6a所示;暖季,地表及洞内气温逐渐升高,原本完全冻结的土体沿"地表向洞内"以及"洞内向地表"两个方向开始融化,如此形成周期性的冻融循环,如图4-6b所示。在此过程中,隧道衬砌要反复承受季节冻土冻融循环过程中产生的冻胀力。

隧道二衬表面铺设了隔热保温层后,季节冻土围岩的冻结过程如图4-7所示,从图4-7可以看出,隔热保温层虽然可以阻挡热量从围岩向洞内方向的散失,但却无法阻挡热量从围岩向地表的散失,寒季随着大气温度的不断降低,季节冻土仍会达到完全冻结状态;同理,洞

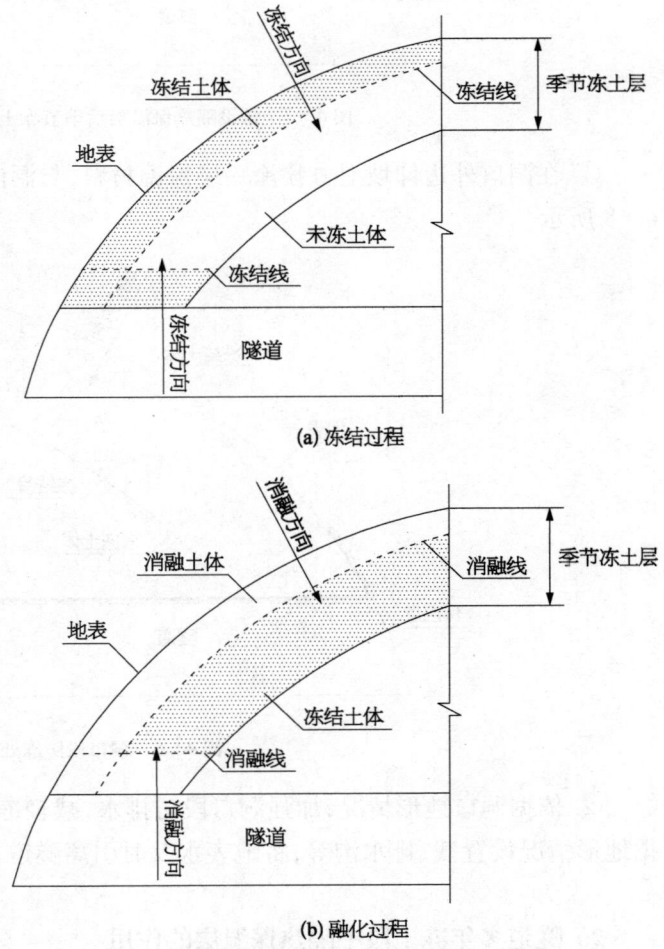

图4-6 隧道季节冻土段围岩的冻融过程

内的隔热保温层也不能阻止热量从地表向围岩的传递,暖季随着大气温度的不断升高,季节冻土仍会达到完全融化状态,也就是说,对于洞口浅埋季节冻土来说,仅在隧道内铺设隔热保温层无法阻止季节冻土形成周期性的冻融循环,隧道衬砌总要反复承受季节冻土冻融循环过程中产生的冻胀力,为了解决这一问题,可采取以下措施。

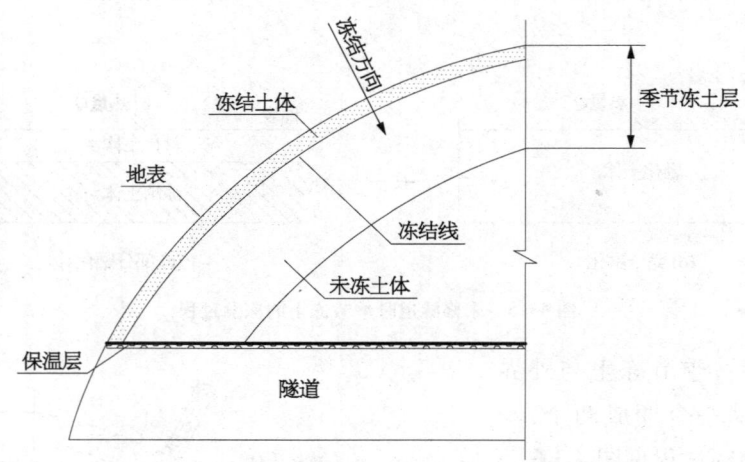

图4-7　铺设隔热保温层后季节冻土围岩的冻结过程

① 在洞口外边仰坡上方喷涂一层保温材料,与洞内保温层一起维持洞口段不受冻,如图4-8所示。

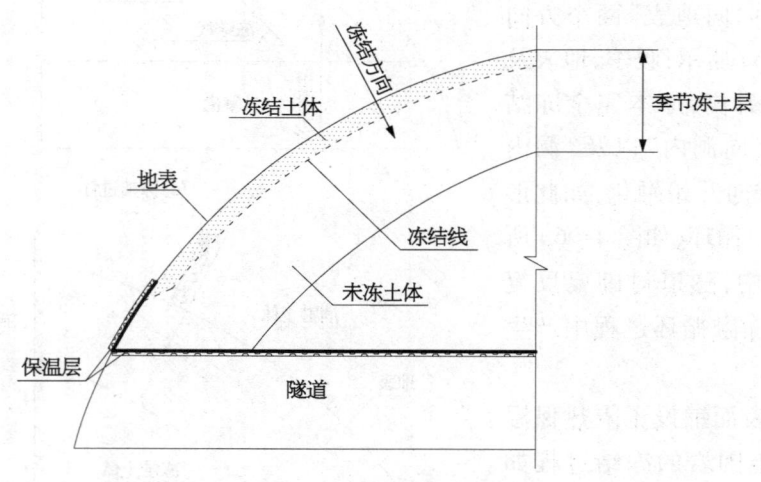

图4-8　洞口段防冻处理

② 依据洞口地形情况,加强洞口段防排水,减轻冻胀力的影响,例如可在洞口段地表根据地形情况设置截、排水沟等,将地表水及时引离隧道,防止地表水下渗。

2) 隧道多年冻土段中隔热保温层的作用

多年冻土在隧道未开挖前一直处于完全冻结状态,且不受外界气温的影响,隧道贯通后,当洞内温度高于围岩温度时,热量向围岩传递,隧道洞身一定范围内的多年冻土会发生融化,而当洞内温度低于围岩温度时,融化围岩中的热量向洞内散失,围岩又逐渐冻结,若不铺设隔热层,这部分冻土会随隧道内温度的变化反复冻结或融化,如图4-9a所示(采用有限元计算所得)。

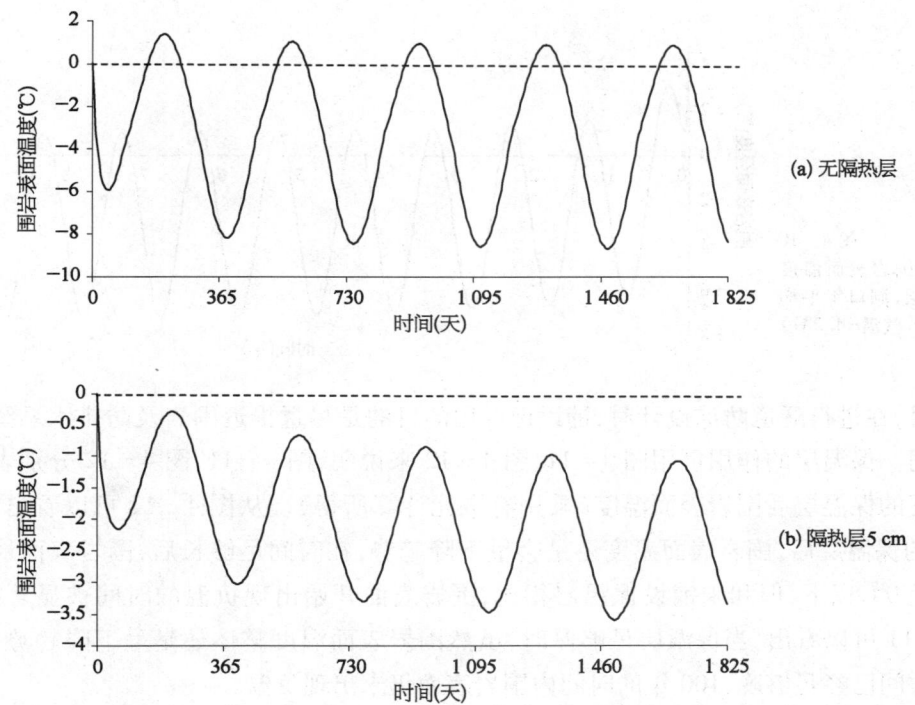

图4-9 隧道多年冻土围岩表面温度随时间的变化曲线

当冻土段围岩融化时,其强度将受到破坏,承载力降低,影响围岩的稳定性;当融化的冻土冻结时,土或围岩裂隙中的自由水变成冰时将产生约9%的体积膨胀,当膨胀受到衬砌的约束时会产生冻胀力,作用于衬砌之上,影响衬砌结构的安全。因此对于多年冻土隧道而言,应最大限度地维持多年冻土的原始状态,隔热层的作用就是尽可能阻止洞内热量向围岩的传导,保证多年冻土在一年之中温度最高时也不融化,如图4-9b所示(在初衬与二衬之间铺设5 cm厚的隔热层),这样,在一年当中多年冻土会始终处于冻结状态,避免了冻土冻融循环对隧道衬砌结构的不利影响。

综上所述,多年冻土段隔热层主要起到阻挡热量侵入围岩的作用,即隔热作用。

3) 隧道非冻土段隔热保温层的作用

隧道非冻土段,有隧道洞口外年平均气温大于0℃以及小于0℃两种可能,分别讨论如下。

(1) 洞口年平均气温小于0℃

由于山体地温的存在,非冻土围岩本身处于正温状态,其温度在一年当中的大部分时间都高于洞内气温,这使得非冻土围岩在一年之中热量的散失大于热量的补给,在经历了足够长的时间后,隧道洞身周围的非冻土最终会形成一定范围的永久冻结圈,在这个过程中,非冻土围岩以及防排水系统会产生周期性的冻融循环,如图 4-10 所示(采用有限元计算所得),从中可以看出围岩表面温度整体呈下降趋势,当时间足够长时,一定范围内的围岩将完全冻结。

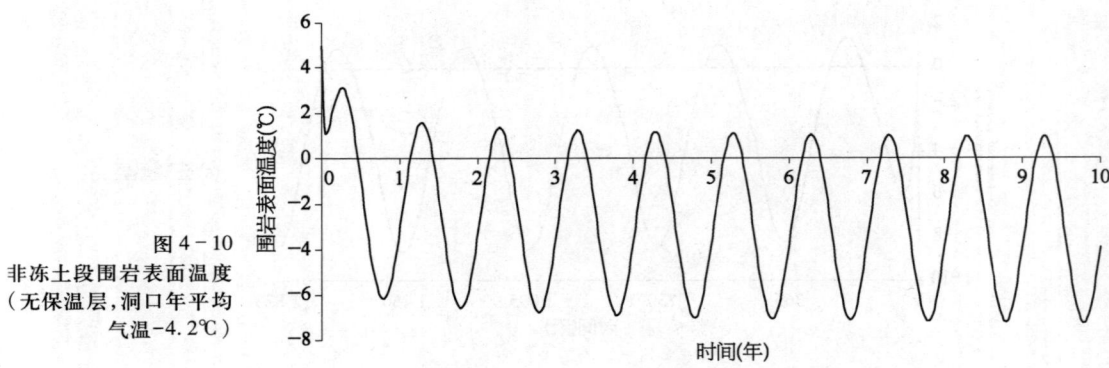

图 4-10 非冻土段围岩表面温度(无保温层,洞口年平均气温-4.2℃)

此时,在进行隧道防冻设计时,铺设保温层的目的是尽量推迟围岩及防排水系统出现冻结的时间。保温层的作用可用图 4-11、图 4-12 来说明,图 4-11、图 4-12 分别表示铺设不同厚度的保温层后围岩表面温度(采用有限元计算所得)。从图 4-11 可以看出,铺设了 5 cm 厚的保温层后,围岩表面温度还是会呈下降趋势,在时间足够长后,围岩表面最高温度仍会降至 0℃ 以下,但和未铺设保温层相比,围岩表面开始出现负温的时间被显著推迟了。从图 4-11 可以看出,当保温层足够厚时,虽然围岩表面温度整体还是呈下降趋势,但出现负温的时间已经足够晚,100 年的时间内围岩表面仍未出现负温。

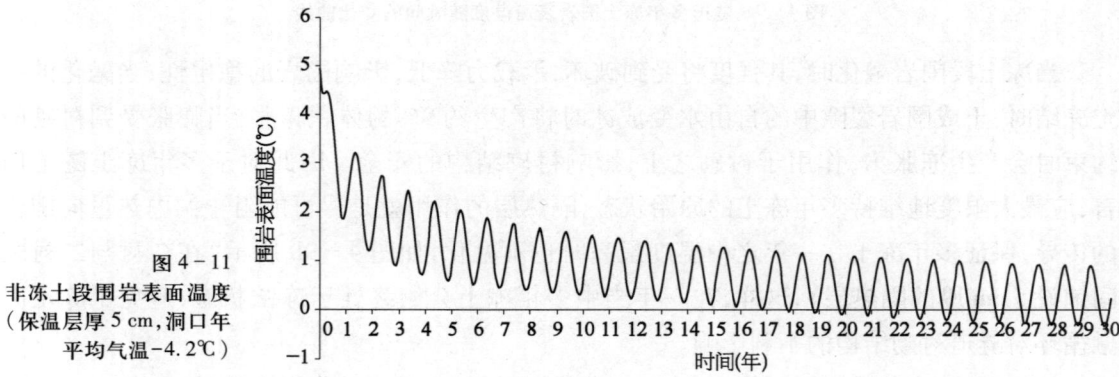

图 4-11 非冻土段围岩表面温度(保温层厚 5 cm,洞口年平均气温-4.2℃)

综上所述,对于洞口年平均气温小于 0℃ 的非冻土段,铺设保温层可以推迟围岩和防排水系统冻融循环的起始时间,在确定保温层的厚度时,可以以隧道设计使用年限为控制标准,保证围岩和防排水系统在设计年限内不发生冻融循环。

(2)洞口年平均气温大于 0℃

这种情况下,首先要判断隧道是否需要铺设保温层,在需要铺设保温层时,才能对保温

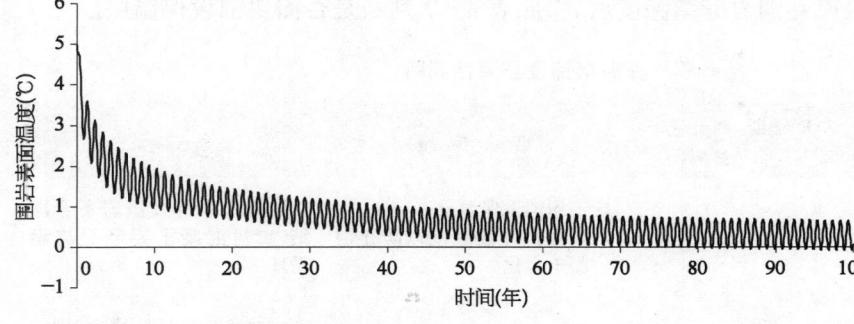

图 4-12 非冻土段围岩表面温度（保温层厚 30 cm，洞口年平均气温-4.2℃）

层的作用进行分析。判断保温层铺设的必要性时可从以下几个方面考虑。

① 不铺保温层时冬季冻害是否危及衬砌层的稳定性（衬砌层受冻胀而被破坏）。

② 不铺保温层时，是否可达到排除洞内积水的目的（不冻或仅局部冻结而不危害正常排水和通行）。

③ 不铺保温层时，衬砌混凝土强度能否满足耐久性要求。

多年冻土区隧道冻害的严重程度主要受围岩冻结深度和地下水发育情况的影响，因此在判断隧道是否需要铺设保温层时可以从这两方面入手，具体判断方法如下：

① 首先根据最冷月平均气温大致确定围岩冻结深度。

围岩冻结深度与最冷月平均气温的关系可用式(4-1)表示：

$$H = \frac{(aT+b)\lambda_1}{\lambda_2} \qquad (4-1)$$

式中 H——围岩冻结深度(m)；

a, b——系数，对于天然土层，$a = -0.11 \text{ m/℃}$，$b = 0.16 \text{ m}$（罗彦斌，2010）；

T——最冷月平均气温(℃)；

λ_1——围岩的导热系数[W/(m·℃)]；

λ_2——地表土壤的导热系数[W/(m·℃)]。

当无最冷月平均气温资料时，也可根据隧址区年平均气温资料进行大致判断，如表 4-1 所示，但得到的围岩冻结深度较为粗略，只可作为参考。

表 4-1 多年冻土区隧道隧址年平均气温与围岩冻结深度的关系

冻结深度 H(m)	冻结天数（天）	年平均气温（年较差）(℃)	
		青藏高原地区	内蒙古、东北地区
0.8~1.8	90	6.0~2.0 (20~26)	10.5~3.5 (32~50)
1.8~3.0	90~180	2.0~-2.0 (20~26)	3.5~-0.5 (32~50)
2.5~4.0	>180	<-2.0 (20~26)	<-0.5 (32~50)

② 根据计算或查表得到围岩冻结深度后,参照表4-2判断是否需要铺设保温层。

表4-2 保温层铺设必要性判断

冻结深度	地下水分布情况	冻结期(气温低于0℃的持续时间)	建议措施	备注
$H<$二衬厚度			① 不用铺设保温层; ② 采用抗冻混凝土以防止混凝土劣化	防排水系统及围岩不会冻结,二衬混凝土要经受冻融循环
二衬厚度 $<H<1.8\mathrm{m}$	干燥或少量水,且无补给		① 不用铺设保温层; ② 采用抗冻混凝土以防止混凝土劣化	冻结线已越过防排水系统,但隧道干燥或含少量水且无补给时,可认为不危害正常排水和通行
	含水,有补给	小于3个月	① 不用铺设保温层; ② 采用抗冻混凝土以防止混凝土劣化	冻结线已越过防排水系统,但冻结期<3个月时可认为是短期冻结而不危害正常排水和通行
		大于3个月	铺设保温层	冻结线已越过防排水系统,冻结期>3个月时可认为是长期冻结,需铺设保温层防止防排水系统冻结
$H>1.8\mathrm{m}$	含水,有补给		铺设保温层	当冻结深度>1.8 m时,衬砌受冻胀破坏比较严重,此时需铺设保温层以防止围岩冻融

依据上述方法可以初步判断多年冻土区隧道是否需要铺设保温层,当需要铺设保温层时,也就意味着如果不采取保温措施,隧道围岩及排水系统会因一年之中洞内温度波动而遭受冻害。当洞口年平均气温大于0℃时,围岩在一年之中吸收的热量整体上大于散失的热量,因此随着时间的推移,围岩会反复冻融但不会形成稳定的永久冻结圈,如图4-13a所示;此时保温层的作用是阻止冬季围岩热量向洞内的散失,防止围岩和防排水系统在冬季冻结,保证其一年四季都处于非冻状态,如图4-13b所示。

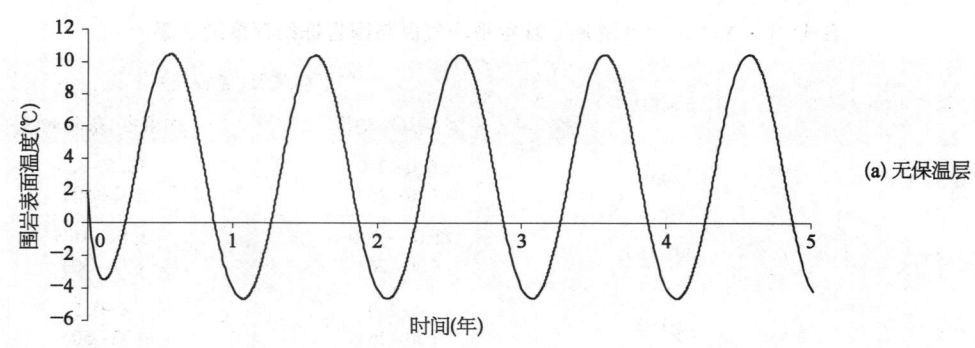

(a) 无保温层

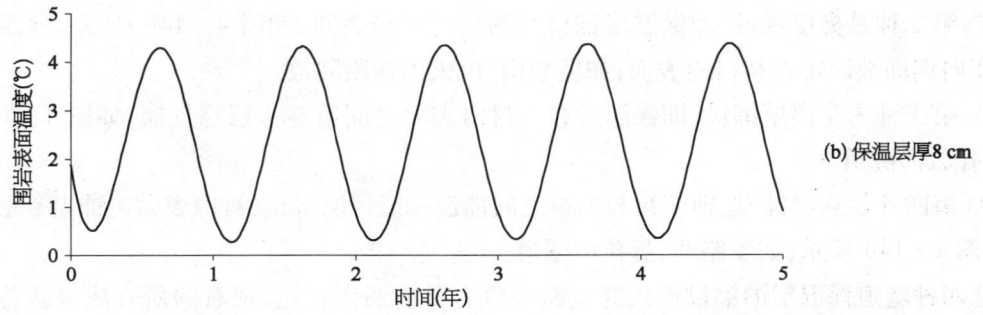

(b) 保温层厚 8 cm

图 4-13　非冻土段围岩表面温度随时间变化曲线（洞口年平均气温 3℃）

综上所述，隧道非冻土段保温层主要起到防止排水系统及围岩冻结的作用，即保温作用。

由于只有在隧道多年冻土段隔热保温层才起隔热作用，在季节冻土段和非冻土段主要还是起保温作用，因此，在以后的论述中将隔热保温层统称为保温层，只有在隧道多年冻土段时才称为隔热层。

4.1.2　隧道保温层的铺设形式及效果

隧道保温层的铺设形式主要有四种。

① 第一种是表面铺设，即保温层铺设在二衬内表面，如图 4-14a 所示：通过膨胀螺栓、龙骨、U 形构件等将保温材料固定在二衬内表面上，同时出于防火考虑，保温材料表面再增设一层防火材料或防火涂料；如大阪山公路隧道。

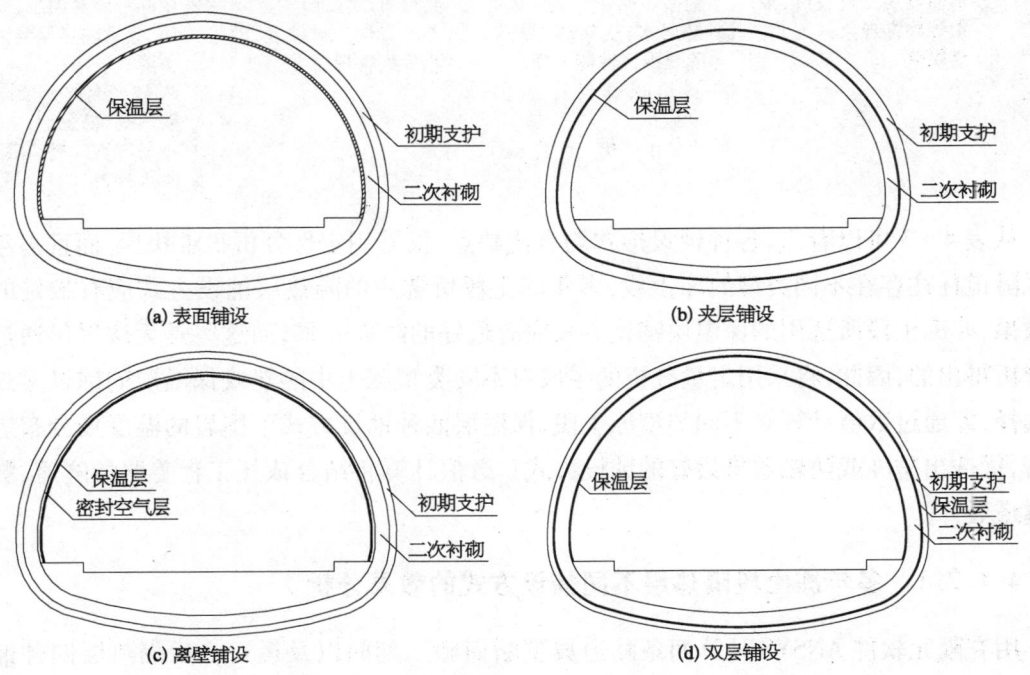

图 4-14　隧道保温层四种铺设形式

② 第二种是夹层铺设,即保温层铺设在初衬与二衬之间,如图 4-14b 所示;保温材料通过环向钢筋被固定在初衬内表面;如昆仑山、风火山铁路隧道。

③ 第三种为是离壁铺设,即保温层和二衬内表面之间留有一层空气层,如图 4-14c 所示;如扎敦河隧道。

④ 第四种是双层铺设,即初衬与二衬之间铺设一层保温层,二衬内表面再铺设一层保温层,如图 4-14d 所示;如姜路岭、鄂拉山隧道。

这四种隧道保温层的铺设形式究竟孰好孰劣目前还无定论,现有的研究成果多是从使用耐久性、对衬砌结构受力影响、防火性能等方面进行定性分析,各种铺设方式的优缺点比较见表 4-3 所示。

表 4-3 隧道保温层四种铺设形式的优缺点比较

	表面铺设	夹层铺设	离壁铺设	双层铺设
优点	① 能保证二衬混凝土不受冻; ② 易于维护、更换; ③ 保温层不受力,隔热保温效果易于保证; ④ 对衬砌结构受力无影响	可以起到缓冲层作用,缓解作用在二衬上的力	① 能保证二衬混凝土不受冻; ② 易于维护、更换; ③ 保温层不受力,隔热保温效果易于保证; ④ 对衬砌结构受力无影响; ⑤ 密闭的空气层增加了隔热保温效果	① 增强了隔热保温效果,中间一层可以起到缓冲层作用,缓解作用在二衬上的力; ② 能保证二衬混凝土不受冻
缺点	① 防火要求高; ② 不易发现二衬裂缝、渗水等病害现象; ③ 易脱落	① 二衬混凝土要经受冻融循环; ② 易遇水、受挤压,导致隔热保温性能下降; ③ 隧道顶部易存积水空隙; ④ 不便于维护	① 施工复杂,空气层的密封性难以保证; ② 不易发现二衬裂缝、渗水等病害现象	① 造价高; ② 中间一层易遇水、受挤压,导致隔热保温性能下降; ③ 二衬表面的一层防火要求高、易脱落; ④ 不易发现二衬裂缝、渗水等病害

从表 4-3 可以看出,各种铺设形式均有优缺点,仅采用定性分析很难抉择,而且多年冻土区隧道往往存在不同类型的冻土段,多年冻土段所选用的隔热层铺设方式应有最好的防融效果,非冻土段所选用的保温层铺设方式应有最好的防冻效果,而这些是无法仅仅通过定性分析得出的,因此,将采用定量分析的手段对不同类型冻土中隔热或保温层的铺设形式进行选择,即通过数值计算对不同类型冻土段、保温层四种铺设方式下围岩的温度场分布进行分析,优选出防冻或防融效果最好的铺设方式。数值计算将结合依托工程姜路岭隧道、鄂拉山隧道展开。

4.1.2.1 多年冻土段隔热层不同铺设方式的效果分析

用有限元软件 ANSYS 计算两条隧道典型断面施工期间以及运行之后隔热层四种铺设方式下多年冻土段的温度场变化情况。

1) 计算原理

有限元计算传热问题时,分为稳态传热和瞬态传热两种类型。如果系统的净热流率为零,即流入系统的热量加上系统自身产生的热量等于流出系统的热量,则系统处于热稳态。在热稳态分析中,任一节点的温度不随时间变化。稳态热分析的能量平衡方程为(以矩阵形式表示):

$$[K]\{T\} = \{Q\} \tag{4-2}$$

式中 $[K]$——传导矩阵,包含导热系数、对流系数及辐射率和形状系数;
   $\{T\}$——节点温度向量;
   $\{Q\}$——节点热流率向量,包含热生成。

ANSYS 利用模型的几何参数、材料热物理参数以及所施加的边界条件生成 $[K]$、$\{T\}$以及$\{Q\}$。

瞬态传热过程是指一个系统的加热或冷却过程。在这个过程中,系统的温度、热流率、热边界条件以及系统内能随时间都有明显变化。根据能量守恒原理,瞬态热平衡方程为(以矩阵形式表示):

$$[C]\{\dot{T}\} + [K]\{T\} = \{Q\} \tag{4-3}$$

式中 $[C]$——比热矩阵,考虑系统内能的增加;
   $\{\dot{T}\}$——温度对时间的导数。

瞬态热分析用于计算一个系统的随时间变化的温度场及其他热参数,在实际热分析中,一般是先利用稳态传热计算初始温度场,再利用瞬态传热模拟计算系统的加热或冷却过程,得到系统温度场及相关热参数随时间的变化情况。

隧道开挖后由于洞内气温与围岩温度不同,两者之间将有热量传递,随着时间的延续,温差逐渐减小,施作喷射混凝土及模筑混凝土后,水泥水化反应热释放,热量向围岩和空气中传递,浅层围岩温度升高,继而向深层围岩传递。因此,在隧道开挖的施工过程中,热传导过程既与空间密切相关,又与时间有关,属于有内热源的非稳态传热。

为方便计算,忽略隧道轴线方向围岩的热量传递,将围岩温度场视为二维非稳态温度场,其热传导方程为:

$$\rho c \frac{\partial T}{\partial t} = \frac{\partial}{\partial x}\left(k_x \frac{\partial T}{\partial x}\right) + \frac{\partial}{\partial y}\left(k_y \frac{\partial T}{\partial y}\right) + q(t) \tag{4-4}$$

式中 T——任意点的温度(℃);
   k——导热系数[W/(m·℃)];
   c——比热容[J/(kg·℃)];
   ρ——密度(kg/m³);
   $q(t)$——混凝土水化热生热率[J/(m³·s)]。

具体计算步骤如下:

① 采用 PLANE55(4 节点的四边形单元,每个节点仅有一个自由度,即为温度,单元的输出数据包括节点温度和单元数据,例如热梯度和热流量)作为计算单元,并输入相关材料的热物理参数;

② 建立有限元计算模型,赋予各材料对应的热物理参数;

③ 划分网格,划分时采用三角形网格,便于适应不太规则的几何边界;

④ 在计算模型中加载内外温度边界条件;

⑤ 根据围岩温度实测值,设定瞬态温度分析的初始温度场;

⑥ 瞬态传热计算,根据施工工况设定合适的时间步及时间子步步长,加载变化的热荷载(例如温度边界或热流量),开启时间积分(timint,on)进行计算;

⑦ 导出传热计算结果并进行相应分析。

为使计算结果更接近工程实际,计算时将施工温度作为洞内温度边界条件,同时将衬砌混凝土水化热作为温度荷载施加在计算模型上。由于多年冻土段隔热层应尽可能防止冻土融化或者减小融化范围,减小冻胀力对衬砌结构的不利影响,因此,计算结果分析中将以多年冻土融化深度为比较标准,选择融化深度最小、对衬砌结构安全影响最小的铺设方式为最佳铺设方式。

2) 计算模型

选取姜路岭隧道左幅 ZK332+444 断面为计算断面,经试算,外界因素对围岩的温度场影响范围不超过 20 m,为减小模型边界效应对结果的影响,计算中模型外边界取为距边墙 30 m 的矩形;计算模型如图 4-15 所示。隔热层四种铺设方式的局部示意图如图 4-16 所示。

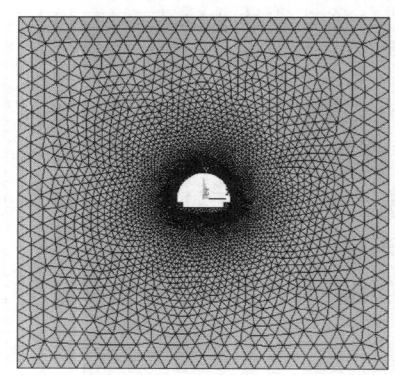

图 4-15 多年冻土段隧道计算模型

3) 边界条件及计算参数

(1) 围岩初始温度

姜路岭、鄂拉山隧道多年冻土段初始地温为 -1.0 ~ -0.1℃ 之间,围岩温度实测资料显示,开挖 1 天后,距围岩表面 2 m 深处围岩温度稳定在 -0.7℃,开挖 2 天后,距围岩表面 2.5 m 深处围岩温度稳定在 -0.7℃,因此可以推断,多年冻土围岩初始温度约 -0.7℃,计算时模型范围内围岩初始均布温度取为 -0.7℃。

(2) 温度边界条件

施工期间洞内温度根据实测值取为 5℃。由于隧道尚未贯通,暂时无法获得运行阶段洞内温度分布,因此计算时隧道运行后的洞内温度荷载按洞外气温曲线加载,如式(4-5)所示,空气与隧道内壁对流换热系数取 15 W/(m^2 · K):

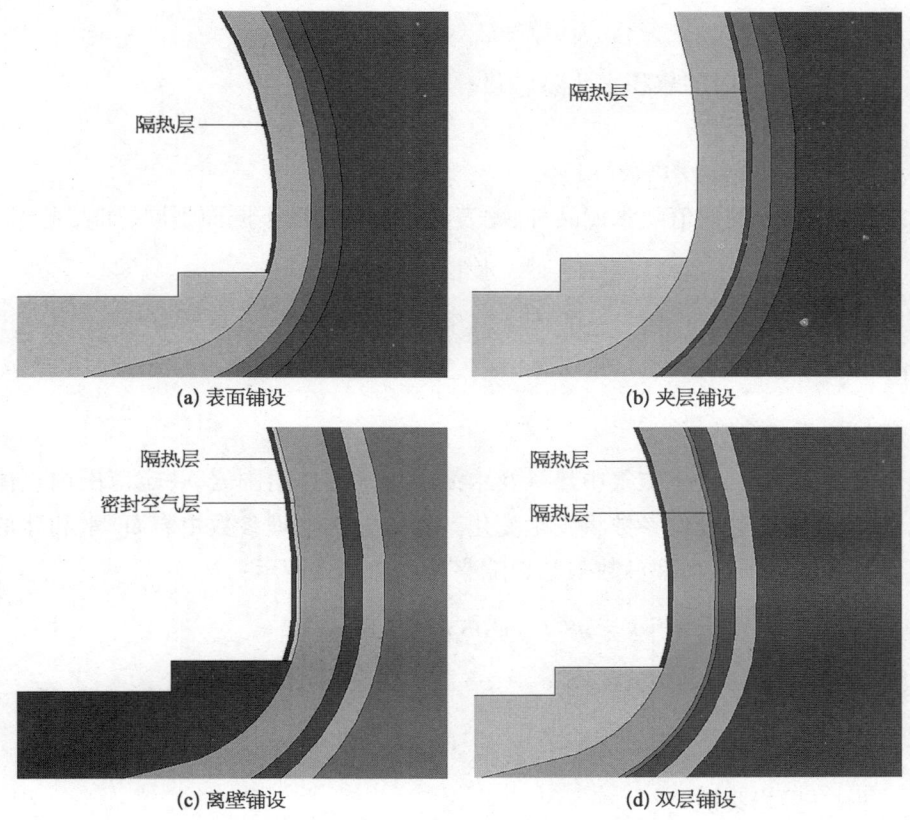

图 4-16 隔热层四种铺设方式计算模型示意图

$$T = -3.1 + 14.4\sin\left(\frac{2\pi t}{365} + \frac{3\pi}{2}\right) \quad (4-5)$$

(3) 对比条件

四种铺设方式以"等厚度"为比较基准,即隔热层总厚度均为 5 cm,其中离壁铺设时,隔热层厚度为 5 cm,密封空气层厚度为 5 cm;双层铺设时,每层隔热层厚度均为 2.5 cm。初衬厚度为 45 cm(包括 25 cm 厚的喷射混凝土和 20 cm 厚的一次模筑混凝土),二衬厚度为 50 cm。

根据姜路岭隧道实际施工情况,四种铺设方式均按"初喷混凝土——一次模筑混凝土——二次模筑混凝土"的顺序进行温度场的计算,其中初喷混凝土与一次模筑混凝土的时间间隔为 20 天,一次模筑与二次模筑混凝土的时间间隔为 30 天。夹层铺设和双层铺设时,初衬与二衬之间的隔热层均在一次模筑 30 天后施作,表面铺设、离壁铺设以及双层铺设时,二衬表面的隔热层均在二衬完成 30 天后施作。

(4) 水泥水化热荷载

衬砌水泥水化热对隧道多年冻土段温度场的扰动非常大,计算时按"初喷混凝土——一次模筑混凝土——二次模筑混凝土"的施工顺序施加水泥水化热荷载。水泥水化热的数学模型采用指数型表达式:

$$Q(t) = Q_0(1 - e^{-mt}) \tag{4-6}$$

式中 $Q(t)$——龄期 t 时的累积水化热(kJ);

t——龄期(天);

Q_0——累积最终发热量(kJ)。

m 为水化系数,m 的取值随水泥品种、比表面及浇注温度不同而不同,如表 4-4 所示。

表 4-4 水化系数 m 取值

浇筑温度(℃)	5	10	15	20	25
m	0.295	0.318	0.340	0.362	0.384

(5) 材料热物理参数

在隧道多年冻土段,由于空气中热量及水泥水化热传递给围岩,一定范围内岩体中的冰将融化成水,岩体的热物理性参数将发生变化。岩体的热物理参数由岩石、水和冰的热物理参数决定。岩体的各项热物理参数与其裂隙率关系如下式所示:

$$\begin{cases} k = \varepsilon S_w k_w + \varepsilon S_i k_i + (1-\varepsilon) k_r \\ c = \varepsilon S_w c_w + \varepsilon S_i c_i + (1-\varepsilon) c_r \\ \rho = \varepsilon S_w \rho_w + \varepsilon S_i \rho_i + (1-\varepsilon) \rho_r \end{cases} \tag{4-7}$$

式中 ε——围岩裂隙率;

S_w、S_i——水和冰的饱和度;

k、k_w、k_i、k_r——岩体、水、冰及岩石的导热系数[W/(m·℃)];

c、c_w、c_i、c_r——岩体、水、冰及岩石的比热容[J/(kg·℃)];

ρ、ρ_w、ρ_i、ρ_r——岩体、水、冰及岩石的密度(kg/m³)。

岩体的裂隙率与其级别有关,《公路隧道设计规范》(JTG D70—2004)给出了不同级别围岩裂隙参数的取值范围,据此可得到不同级别围岩裂隙率范围,如表 2-5 所示。不同级别岩体的热物性参数可根据岩石的热物性参数及表 2-5 中的裂隙率计算得到。

计算断面 ZK332+444 处围岩为 V 级页岩,在现场取土样测得其含水量约为 6.15%,假定空隙内充满水,换算成裂隙率为 9%,按式(4-7)计算可得到围岩热物理参数,各材料的热物理参数如表 4-5 所示。

表 4-5 材料热物理参数

热物理参数	围 岩		衬砌混凝土	空气	隔热材料
	未冻结	冻结			
导热系数[W/(m·℃)]	3.29	3.52	2.56	0.023	0.03
密度(kg/m³)	2 360	2 345	2 200	1.4	40
比热容[J/(kg·℃)]	1 285.41	971.91	970	1 000	1 210

4) 施工阶段计算结果及分析

施工期分为喷射混凝土、一次模筑混凝土和二次模筑混凝土三个阶段。四种铺设方式下隧道围岩的初始温度场云图以及二衬完成 30 天后围岩的温度场云图如图 4-17 及图 4-18 所示。

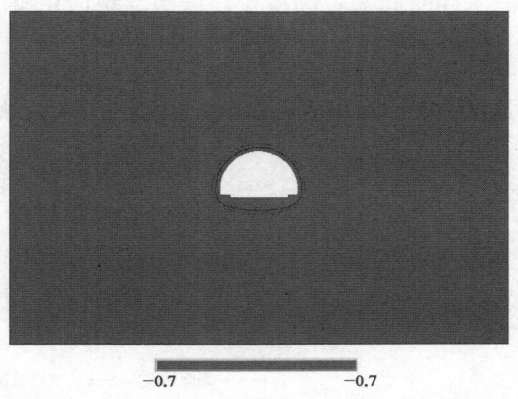

图 4-17 多年冻土段隧道围岩的初始温度场云图

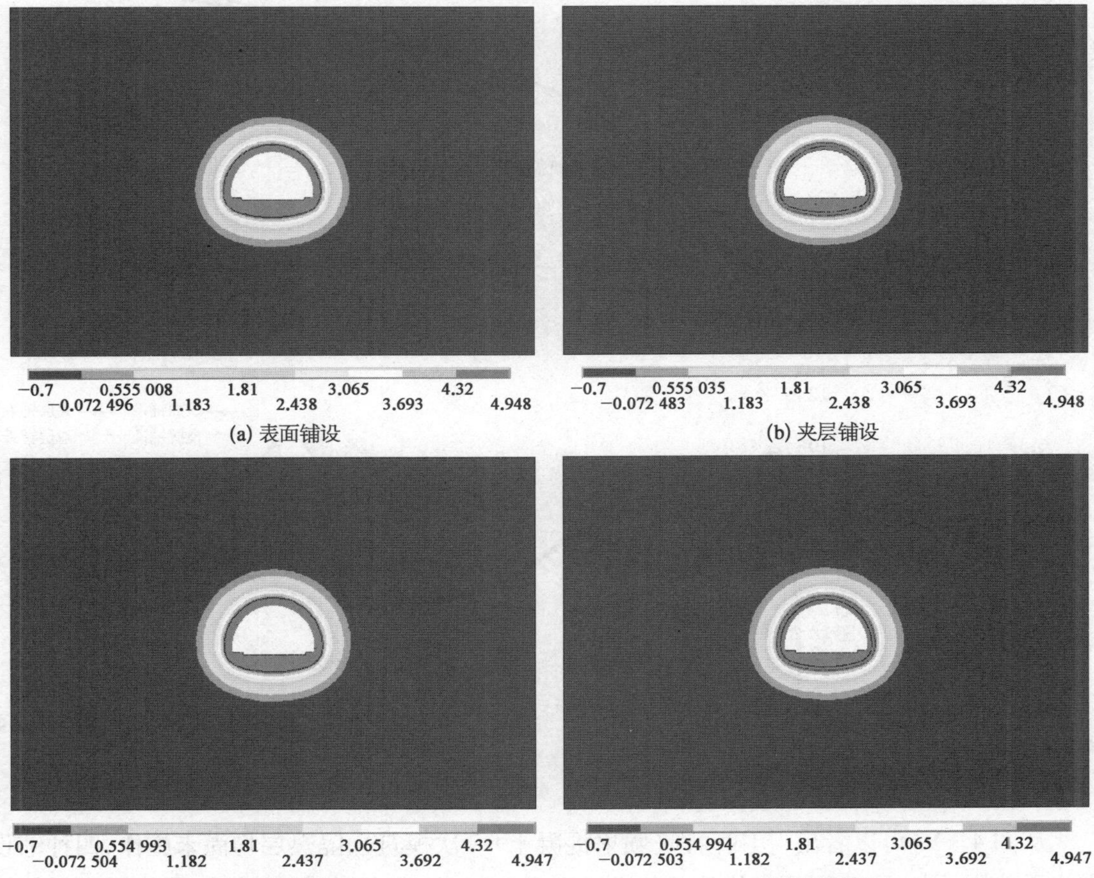

(a) 表面铺设

(b) 夹层铺设

(c) 离壁铺设

(d) 双层铺设

图 4-18 二衬完成 30 天后多年冻土段隧道围岩的温度场云图

图4-17为多年冻土段隧道围岩的初始温度场分布云图,此时多年冻土还未受到施工扰动,初始温度均为-0.7℃。图4-18为二衬施作完成30天后多年冻土段的温度场分布云图,从图中可以看出,四种铺设方式下,隧道洞身一定范围均出现了明显的融化圈。将从施工开始到二衬完成30天后不同时间节点的融化深度数据提取出来,如表4-6及图4-19所示。多年冻土段隧道围岩表面温度如图4-20所示。

表4-6　施工阶段不同时间节点多年冻土段隧道围岩的融化圈深度　　　　（m）

时间	表面铺设	夹层铺设	离壁铺设	双层铺设
喷射混凝土完成后20天	2.70	2.70	2.70	2.70
一衬完成后30天	3.95	3.96	3.98	3.95
二衬完成后30天	4.95	4.74	4.98	4.78

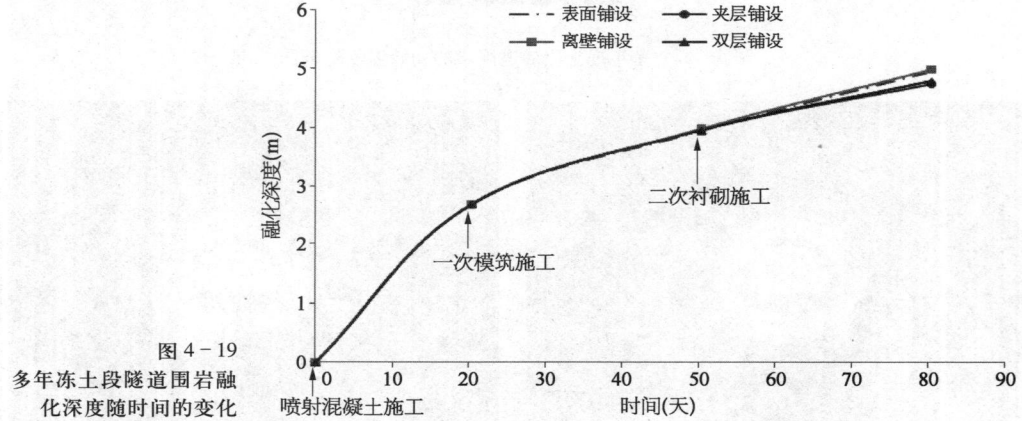

图4-19 多年冻土段隧道围岩融化深度随时间的变化

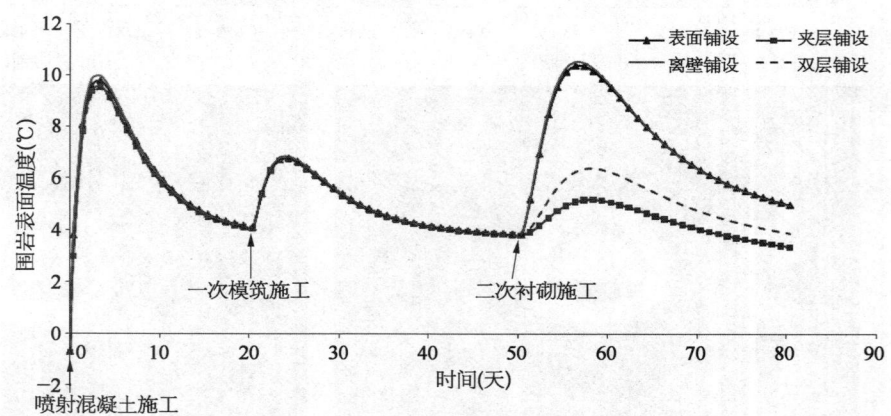

图4-20 多年冻土段隧道围岩表面温度随时间的变化

从图4-19可以看出,初衬阶段(喷射混凝土+一次模筑),隔热层均尚未施作,四种铺设方式无差别,围岩融化圈深度均从0 m增加到3.98 m左右;施作完二衬后,隔热层夹层铺设和双层铺设时围岩的融化圈深度小于表面铺设和离壁铺设,两者差值约为24 cm,这说明在初衬与二衬之间铺设隔热层可以起到减小多年冻土融化圈的作用。从图 4-20 也可以看出：喷射混凝土和一次模筑混凝土施工使多年冻土段围岩温度产生了两次明显的突升；二衬阶段，夹层铺设时，多年冻土围岩表面温度最高突升至 5.2℃，双层铺设时，多年冻土围岩表面温度最高突升至 7.1℃，而对于表面铺设和离壁铺设，因为此阶段还没有铺设隔热层，多年冻土围岩表面温度最高突升至 10.5℃，这说明隔热层明显地阻挡了二衬混凝土水化热向围岩的传递，进而起到了减小多年冻土融化圈的作用。

5) 运行阶段计算结果及分析

隧道贯通运行后，在如式(4-5)所示的洞内气温作用下，隔热层四种铺设方式下的围岩表面温度变化如图 4-21a 所示；不铺设隔热层时，则围岩表面温度变化如图 4-21b 所示。

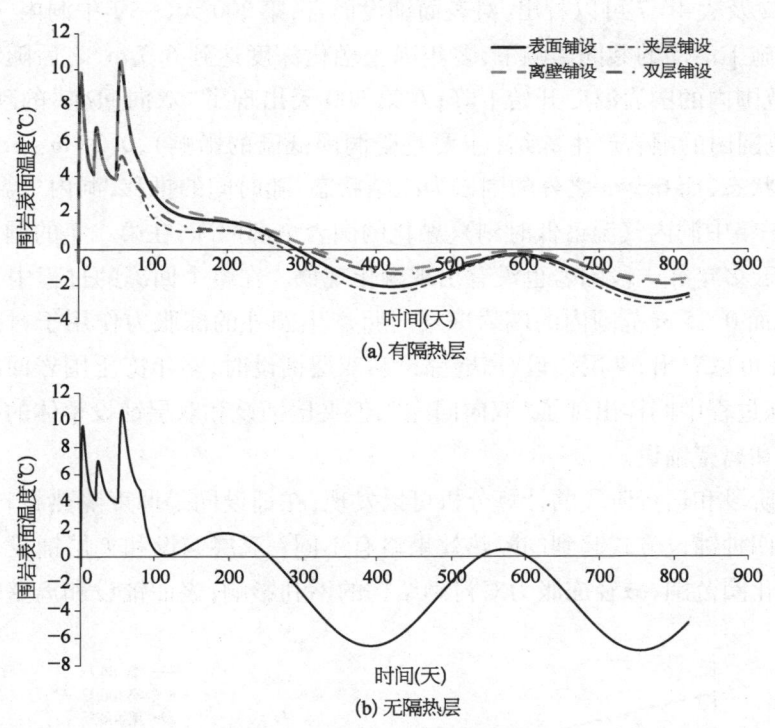

图 4-21　隧道运行后多年冻土段围岩表面温度随时间的变化

从图 4-21a 可以看出，四种隔热层铺设方式下，多年冻土段围岩在经历了施工期间的融化后，随着时间的推移逐渐呈现回冻趋势，四种铺设方式都可以使多年冻土围岩完全回冻；从图 4-21b 可以看出，如果不铺设隔热层，则多年冻土段围岩会在暖季融化、寒季冻结，形成冻融循环，产生冻胀力，这说明在隧道多年冻土段铺设隔热层是很有必要的，可以有效防止回冻的多年冻土在暖季再次融化。

为了进一步分析隔热层四种铺设方式的差异，将运行阶段四种铺设方式下多年冻土围岩的融化圈深度以及距围岩表面不同深度处的温度数据提取出来，如表 4-7 及图 4-22 所示。

表4-7 多年冻土段隧道不同运行时间时围岩的融化圈深度 （m）

时间	表面铺设	夹层铺设	离壁铺设	双层铺设
200 天	6.7	5.55	6.85	6.0
300 天	6.9 0.25*	5.3 1.1*	7.1	5.9 0.6*
400 天	0	0	6.4 2.95*	0
550 天	0	0	0	0

注：*所示数据表示"从浅层围岩向深层围岩"方向的冻结深度，其他均是"从深层围岩向浅层围岩"方向的冻结深度。

从图4-22及表4-7可以看出，对表面铺设而言，第200天（一年中洞内气温最高时刻）在洞内气温和施工活动的共同影响下，多年冻土融化深度达到6.7 m，之后随着洞内气温的下降，融化圈范围内的围岩温度开始下降；在第300天出现了"双向回冻"的现象，即距围岩表面0.25 m范围内的围岩产生冻结（主要是受洞内低温的影响），0.25 m~6.9 m范围内的围岩处于融化状态，而6.9 m之外的围岩为冻结状态；随时间的推移，洞内气温进一步下降，在第400天（一年中洞内气温最低时刻），融化的围岩全部回冻；在第二年的洞内气温最高时刻，即第550天，多年冻土段围岩也没有出现融化现象。在整个回冻的过程中，出现"双向回冻"时，围岩表面0.25 m范围内的围岩冻结时将产生额外的冻胀力作用于衬砌结构上。从图4-22b、c、d可以看出，夹层铺设、离壁铺设和双层铺设时，多年冻土围岩回冻规律与表面铺设类似，回冻过程中同样出现了"双向回冻"，但夹层铺设和双层铺设整体的融化圈深度要小于表面铺设和离壁铺设。

结合施工阶段和运行阶段的计算分析可以发现，在铺设同等厚度隔热材料的前提下，隧道多年冻土段四种铺设方式起到的隔热效果略有不同：双层铺设和夹层铺设可以有效减小多年冻土的融化圈范围，减轻冻胀力对衬砌结构的不利影响；表面铺设和离壁铺设时多年冻

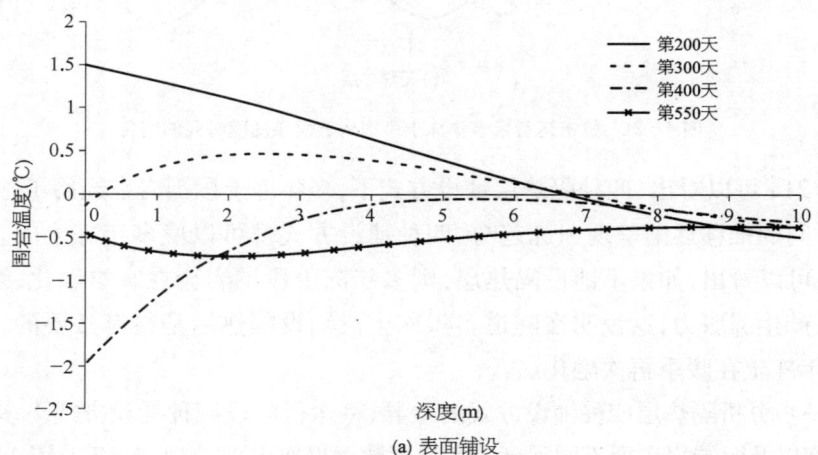

(a) 表面铺设

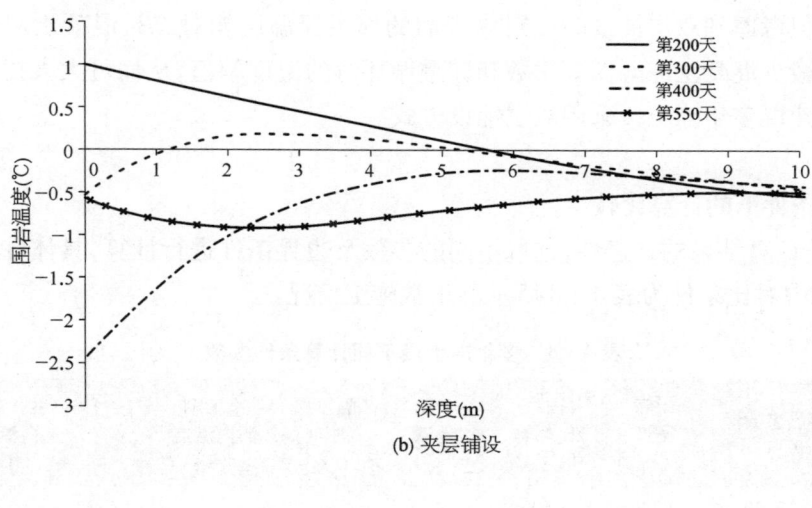
(b) 夹层铺设

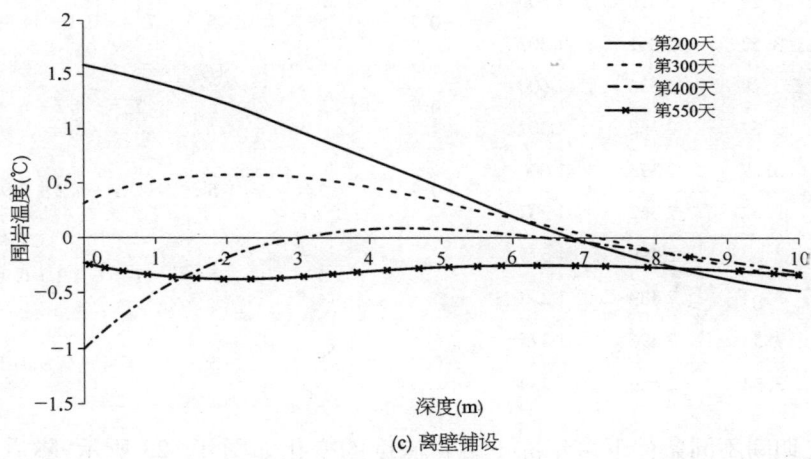
(c) 离壁铺设

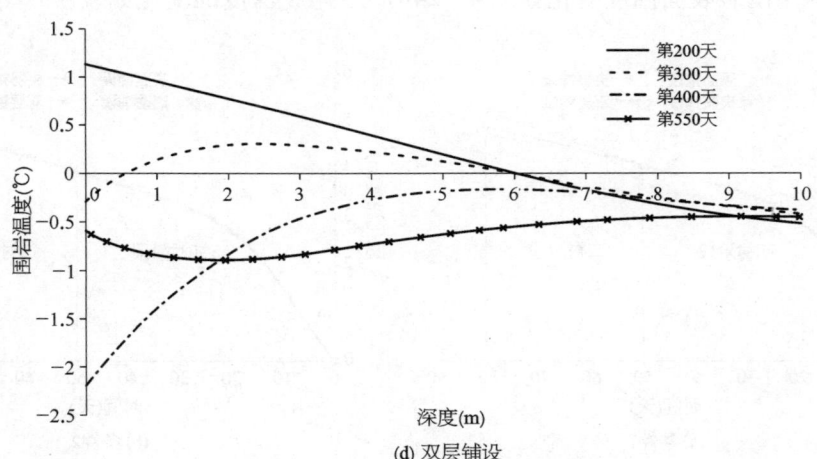
(d) 双层铺设

图 4-22 距围岩表面不同深度处温度随时间的变化

土段的融化圈范围较大。因此,对于多年冻土段,可以从夹层铺设和双层铺设中选择隔热层的铺设方式,但考虑到双层铺设时二衬内表面的那层保温层能对二衬混凝土起到明显的保温作用,可以减少混凝土冻融循环次数和冻融循环时的温度幅值,从而可大大提高二衬混凝土的耐久性,建议多年冻土段采用双层铺设方式。

6) 不同条件下的计算比较

为了验证计算结果的普遍性,选取不同的参数及边界条件进行计算,具体计算条件如表4-8所示,其中对比条件为表4-8所示的正常施工情况。

表4-8 多年冻土段不同计算条件参数

条件		围岩导热系数 [W/(m·℃)]	围岩密度 (kg/m³)	围岩比热容 (kg·℃)	初始地温 (℃)	隔热层厚度 (cm)	施工期洞内温度 (℃)	运行后洞内温度 (℃)
对比条件	未冻结	3.29	2 376	1 600	-0.7	5	5	$T=-3.1+14.4\sin\left(\dfrac{2\pi t}{365}+\dfrac{3\pi}{2}\right)$
	冻结	3.52	2 362	1 307				
条件1	未冻结	3.29	2 376	1 600	-0.7	5	2	$T=-4.2+6.9\sin\left(\dfrac{2\pi t}{365}+\dfrac{3\pi}{2}\right)$
	冻结	3.52	2 362	1 307				
条件2	未冻结	3.29	2 376	1 600	-0.7	2	5	$T=-4.2+6.9\sin\left(\dfrac{2\pi t}{365}+\dfrac{3\pi}{2}\right)$
	冻结	3.52	2 362	1 307				
条件3	未冻结	3.53	2 496	1 375	-2	5	5	$T=-4.2+6.9\sin\left(\dfrac{2\pi t}{365}+\dfrac{3\pi}{2}\right)$
	冻结	3.64	2 489	1 239				
条件4	未冻结	3.53	2 496	1 375	-0.7	5	5	$T=-6+10\sin\left(\dfrac{2\pi t}{365}+\dfrac{3\pi}{2}\right)$
	冻结	3.64	2 489	1 239				

隧道施工期间不同条件下多年冻土融化深度的变化如图4-23所示;隧道运行后不同条件下多年冻土围岩表面温度变化如图4-24所示;融化深度的变化如表4-9所示。

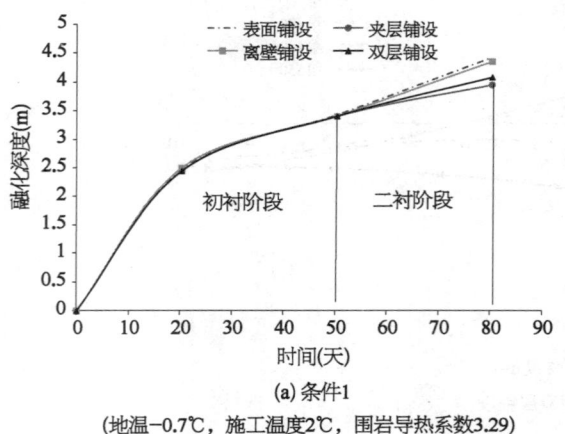

(a) 条件1
(地温-0.7℃,施工温度2℃,围岩导热系数3.29)

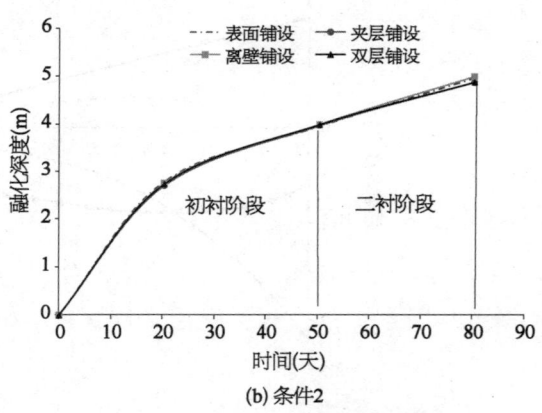

(b) 条件2
(地温-0.7℃,隔热层2 cm,围岩导热系数3.29)

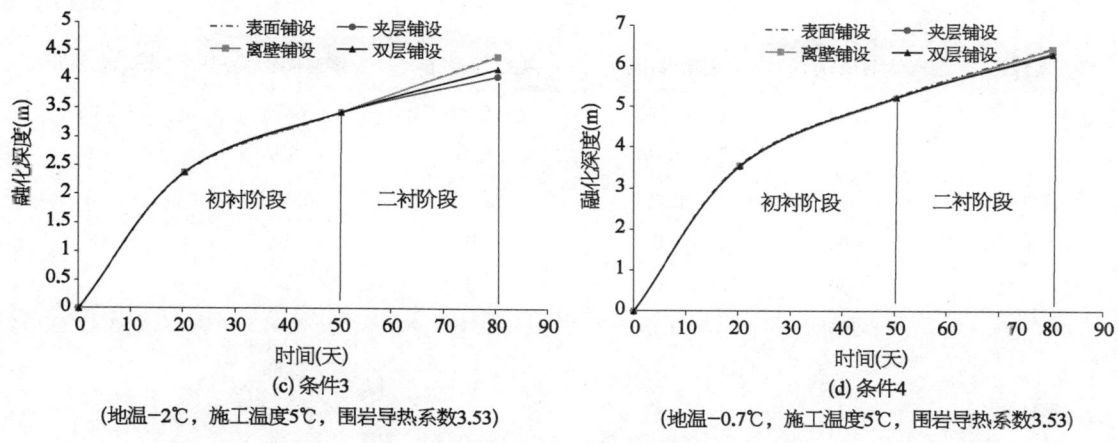

(c) 条件3
(地温-2℃,施工温度5℃,围岩导热系数3.53)

(d) 条件4
(地温-0.7℃,施工温度5℃,围岩导热系数3.53)

图 4-23 施工期间多年冻土段隧道围岩融化深度随时间的变化

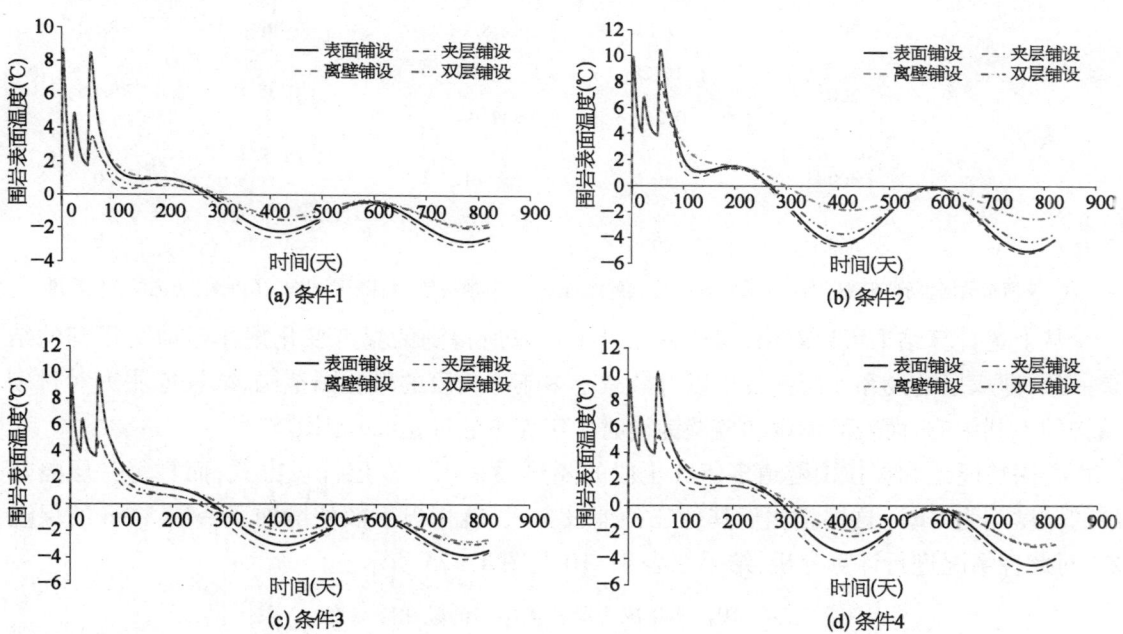

图 4-24 运行后多年冻土段隧道围岩表面温度随时间的变化

表 4-9 多年冻土段隧道运行阶段不同条件下围岩的融化深度

条件	时间(天)	表面铺设(m)	夹层铺设(m)	离壁铺设(m)	双层铺设(m)
条件1	200	5.32	3.72	5.46	4.33
	300	5.10 0.84*	0	5.28	3.65 1.67*
	400	0	0	0	0
	550	0	0	0	0

(续表)

条件	时间(天)	表面铺设(m)	夹层铺设(m)	离壁铺设(m)	双层铺设(m)
条件 2	200	6.32	5.82	6.72	6.05
	300	6.36 / 1.72*	5.76 / 2.1*	6.9 / 0.12*	6.0 / 1.40*
	400	0	0	0	0
	550	0	0	0	0
条件 3	200	4.84	2.78	5.04	3.15
	300	0	0	2.88 / 0.96*	0
	400	0	0	0	0
	550	0	0	0	0
条件 4	200	9.22	8.28	9.36	8.52
	300	10.20 / 0.24*	8.70 / 1.48*	10.38	9.06
	400	0	0	10.5 / 4.14*	0
	550	0	0	0	0

注：*所示数据表示"从浅层围岩向深层围岩"方向的冻结深度。其他均是"从深层围岩向浅层围岩"方向的冻结深度。

从上述计算结果可以看出，这四种条件下计算所得到的温度变化规律与前文得到的结果一致，即双层铺设和夹层铺设可以有效减小多年冻土段的融化圈范围，减轻冻胀力对衬砌结构的不利影响，而表面铺设和离壁铺设时多年冻土的融化圈范围则较大。

姜路岭隧道和鄂拉山隧道多年冻土段的隔热层采用了双层铺设方式，而且每一层隔热层的厚度均为 5 cm，这样相比于其他三种铺设方式，就相当于额外增加了一层 5 cm 的保温层，对此种情况进行计算分析，结果如表 4-10 及图 4-25 所示。

表 4-10　多年冻土段隧道围岩的融化圈深度

时间(天)	表面铺设(隔热层5 cm)(m)	夹层铺设(隔热层5 cm)(m)	离壁铺设(隔热层5 cm)(m)	双层铺设(每层5 cm)(m)
200	6.7	5.55	6.85	5.45
300	6.9 / 0.25*	5.3 / 1.1*	7.1	5.2
400	0	0	6.4 / 2.95*	0
550	0	0	0	0

注：多年冻土回冻过程中会出现"从浅层围岩向深层围岩"以及"从深层围岩向浅层围岩"两个方向的冻结，*所示数据表示"从浅层围岩向深层围岩"方向的冻结深度。

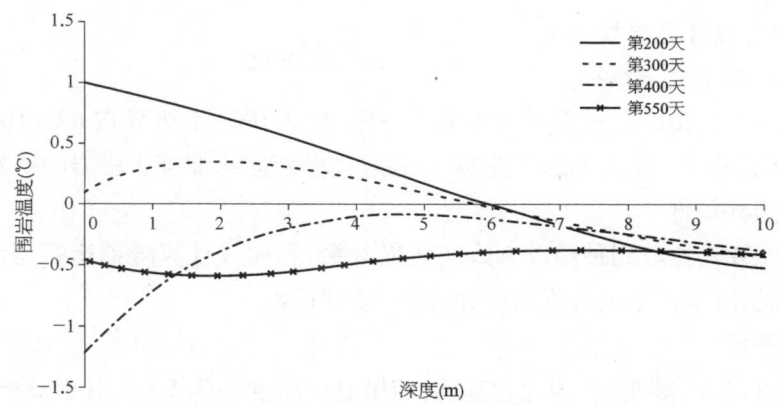

图 4-25 距围岩表面不同深度处温度随时间的变化(双层铺设)

从表 4-11 和图 4-25 可以看出,依托工程采用的双层铺设 5 cm 隔热层,不仅可以使多年冻土融化圈范围最小,而且在回冻过程中没有"双向回冻"的出现,施工期间融化的多年冻土从深处向围岩表面逐渐单向回冻,回冻过程中浅层围岩不会首先冻结,没有额外的冻胀力作用于衬砌结构上,对衬砌结构安全是有利的。

4.1.2.2 隧道非冻土段保温层不同铺设方式的效果分析

隧道非冻土段保温层的作用是要保证隧道围岩在一年四季都处于非冻状态,防止围岩产生冻融循环,同时保证隧道衬砌背后的防排水系统不受冻,防排水系统一般布置在初衬与二衬之间,因此分别对二衬表面(拱顶处)、初衬与二衬之间(拱顶和拱脚)、围岩表面(拱顶处)等位置处的温度变化进行分析,选出保温效果最好的铺设方式。由于季节冻土段的保温层虽然不能阻止围岩的冻融循环,但可以保证排水系统在围岩从地表向洞内方向冻结的过程中不会受冻,因此在选择季节冻土段的保温层铺设方式时同样可以以防排水设施的保温效果为判断标准,这和非冻土段的选择标准是一样的,因此本节将主要对非冻土段的保温层铺设方式进行选择,选择结果可同样应用于季节冻土段。

1) 计算模型

选取姜路岭隧道左幅 ZK331+350 断面为计算断面,经试算,外界因素对围岩的温度场影响范围不超过 20 m,为减小模型边界效应对结果的影响,下边界距离隧道底部取为 30 m,左右边界距隧道边墙各 30 m。ZK331+350 断面埋深为 115 m,为便于施加温度边界条件,上边界取为多年冻土下限(地表下 40 m),距离隧道顶部 75 m,如图 4-26 所示。

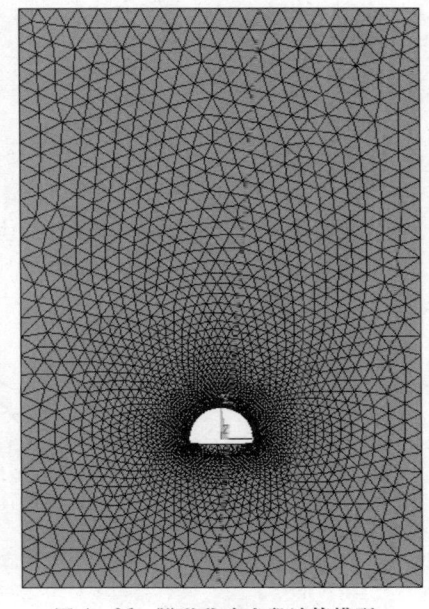

图 4-26 隧道非冻土段计算模型

2) 边界条件及计算参数

（1）围岩初始温度

非冻土段计算模型的上边界为多年冻土下限，取为0℃，下边界按6℃/100 m的地温增长梯度计算得到温度荷载，左右边界绝热，通过稳态分析求得非冻土围岩的初始温度分布。

（2）温度边界条件

非冻土段主要是比较四种铺设方式的防冻效果，因此仅计算隧道运行后洞内气温作用下的围岩温度场，施加的洞内温度荷载如式(4-5)所示。

（3）对比条件

四种铺设方式以"等厚度"为比较基准，即保温层厚度均为5 cm，其中离壁铺设时，保温层厚度为5 cm，密封空气层厚度为5 cm；双层铺设时，保温层总厚度5 cm（每层保温层厚度均为2.5 cm）。初衬厚度为26 cm，二衬厚度为45 cm。

（4）材料热物理参数

非冻土段各材料的热物理参数与多年冻土段相同。

3) 计算结果及分析

在初始温度场的基础上，采用瞬态分析进行温度场的计算，计算总时长为730天，子步长为1天。四种铺设方式下，隧道各位置处的温度变化如图4-27~图4-29所示。

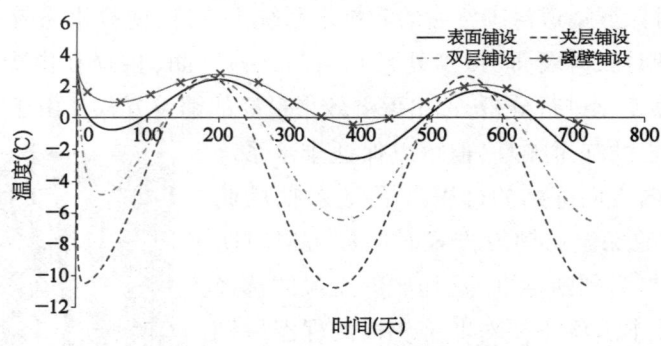

图4-27 隧道二衬表面温度随时间的变化（拱顶处）

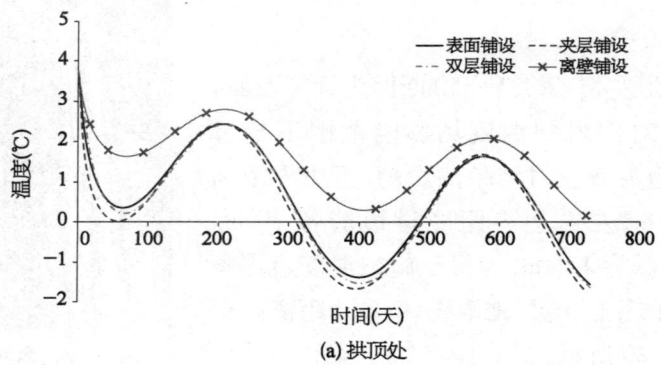

(a) 拱顶处

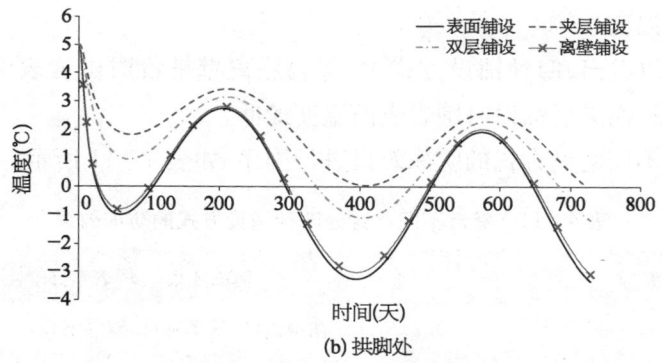

(b) 拱脚处

图 4-28　隧道初衬与二衬之间温度随时间的变化

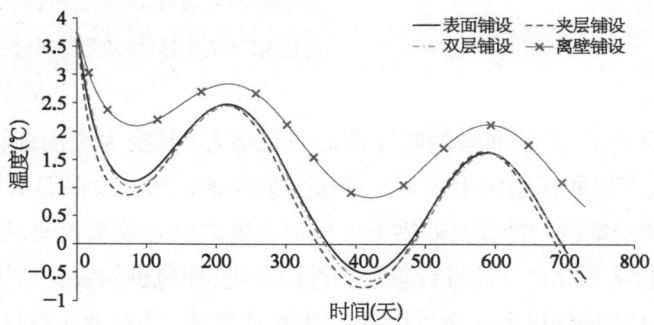

图 4-29　隧道围岩表面温度随时间的变化（拱顶处）

计算结果分析如下。

(1) 二衬表面温度

从图 4-27 可以看出，当保温层夹层铺设时，二衬表面（拱顶处）最低温度为 -10.7℃，最高温度为 2.6℃，二衬混凝土会随着洞内气温的变化而反复冻融。其余三种铺设方式则可以对二衬起到一定的保温作用，其中离壁铺设方式的保温效果好于表面铺设和双层铺设。

(2) 初衬与二衬之间（拱顶处）

从图 4-28a 可以看出，保温层离壁铺设时，初衬与二衬之间（拱顶处）的温度一直为正值；而其余三种铺设方式下，初衬与二衬之间（拱顶处）的温度会出现负值，说明保温层离壁铺设对于该处防排水系统的保温效果好于其余三种铺设方式。

(3) 初衬与二衬之间（拱脚处）

从图 4-28b 可以看出，保温层表面铺设时，拱脚处最低温度为 -3.25℃，离壁铺设时，拱脚处最低温度为 -3.0℃，均远低于同一时刻拱顶处的温度（表面铺设时为 -1.37℃、离壁铺设时为 0.31℃），这是由于采用这两种铺设方式时，保温层只能向下铺设至边墙底部，而纵向排水系统所处的拱脚处则无法覆盖到，拱脚与仰拱相连，与外界冷空气对流换热，从而造成拱脚处温度偏低，极易引起纵向排水管的冻结。保温层夹层铺设时，拱脚处温度处于正温状态，双层铺设时，拱脚处温度也明显高于表面铺设和离壁铺设方式，这是因为夹层铺设和双层铺设均沿隧道环向整圈夹层铺设了保温层，拱脚位置也得到了覆盖，从而使该处温度较高。

(4) 围岩表面温度

从图 4-29 可以看出,四种铺设方式中,保温层离壁铺设时围岩表面(拱顶处)温度最高,其次为表面铺设,而夹层铺设时围岩表面温度最低。

将四个位置处不同铺设方式的防冻效果进行排序,如表 4-11 所示。

表 4-11　隧道不同位置处四种铺设方式的防冻效果

位　　置	防冻效果(">"表示好于)
二衬	离壁铺设>表面铺设>双层铺设>夹层铺设
拱顶(初衬与二衬之间)	离壁铺设>表面铺设>双层铺设>夹层铺设
拱脚(初衬与二衬之间)	夹层铺设>双层铺设>离壁铺设>表面铺设
围岩	离壁铺设>表面铺设>双层铺设>夹层铺设

从表 4-11 可以看出,离壁铺设的防冻保温效果最好(其次为表面铺设),其对二衬、拱顶(初衬与二衬之间)、围岩的保温作用较明显;因此,在选择非冻土段保温层铺设方式时,应优先选用离壁铺设。但离壁铺设对拱脚及仰拱下方排水系统的保温效果较差,考虑到多年冻土区隧道排水系统的重要性,应对这些部位进行单独的保温处理,如包裹保温材料等。当无法采用离壁铺设时,也可优先采用表面铺设方式,但同样需对拱脚及仰拱下方排水系统进行单独保温处理。

4)不同条件下的计算比较

为了验证计算结果的普遍性,选取不同的参数及边界条件进行计算。具体计算条件如表 4-12 所示;计算结果如图 4-30~图 4-33 所示。

表 4-12　非冻土段不同条件参数表

条件		围岩导热系数 [W/(m·℃)]	围岩密度 (kg/m³)	围岩比热容 [J/(kg·℃)]	地温梯度 (℃/100 m)	保温层厚度 (cm)	运行后洞内温度(℃)
对比条件	未冻结	3.29	2 376	1 600	6	5	$T = -4.2 + 6.9\sin\left(\dfrac{2\pi t}{365} + \dfrac{3\pi}{2}\right)$
	冻结	3.52	2 362	1 307			
条件 1	未冻结	3.29	2 424	1 510	3	5	$T = -4.2 + 6.9\sin\left(\dfrac{2\pi t}{365} + \dfrac{3\pi}{2}\right)$
	冻结	3.57	2 413	1 280			
条件 2	未冻结	3.29	2 424	1 510	6	5	$T = -4.2 + 8.9\sin\left(\dfrac{2\pi t}{365} + \dfrac{3\pi}{2}\right)$
	冻结	3.57	2 413	1 280			
条件 3	未冻结	3.53	2 496	1 375	6	2	$T = -4.2 + 6.9\sin\left(\dfrac{2\pi t}{365} + \dfrac{3\pi}{2}\right)$
	冻结	3.64	2 489	1 239			
条件 4	未冻结	3.53	2 496	1 375	3	5	$T = 2 + 20\sin\left(\dfrac{2\pi t}{365} + \dfrac{3\pi}{2}\right)$
	冻结	3.64	2 489	1 239			

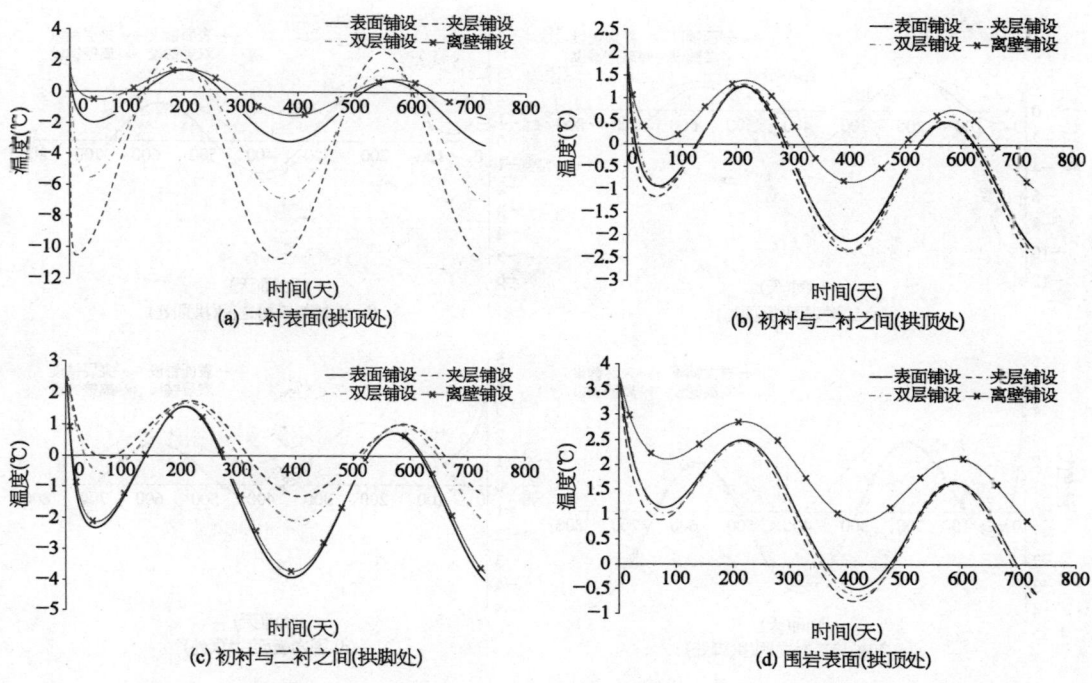

图 4-30 隧道不同位置处温度变化
条件 1：年平均温度 -4.2℃，地温梯度 3℃/100 m，围岩导热系数 3.29 W/(m·℃)

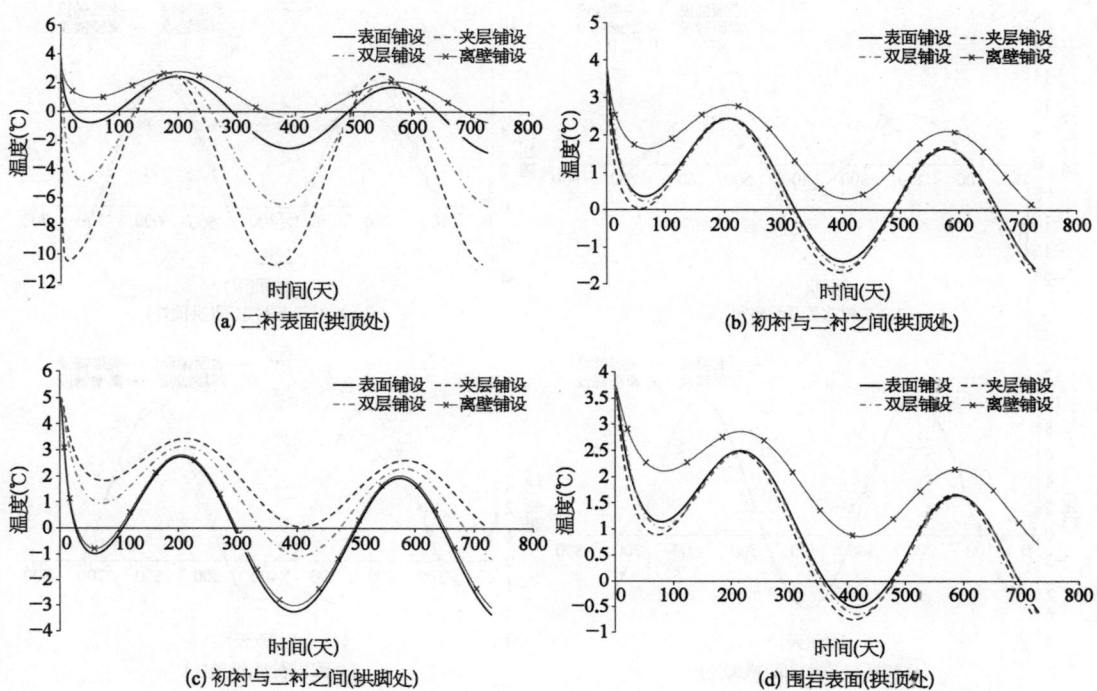

图 4-31 隧道不同位置处温度变化
条件 2：年平均温度 -4.2℃，地温梯度 6℃/100 m，围岩导热系数 3.29 W/(m·℃)

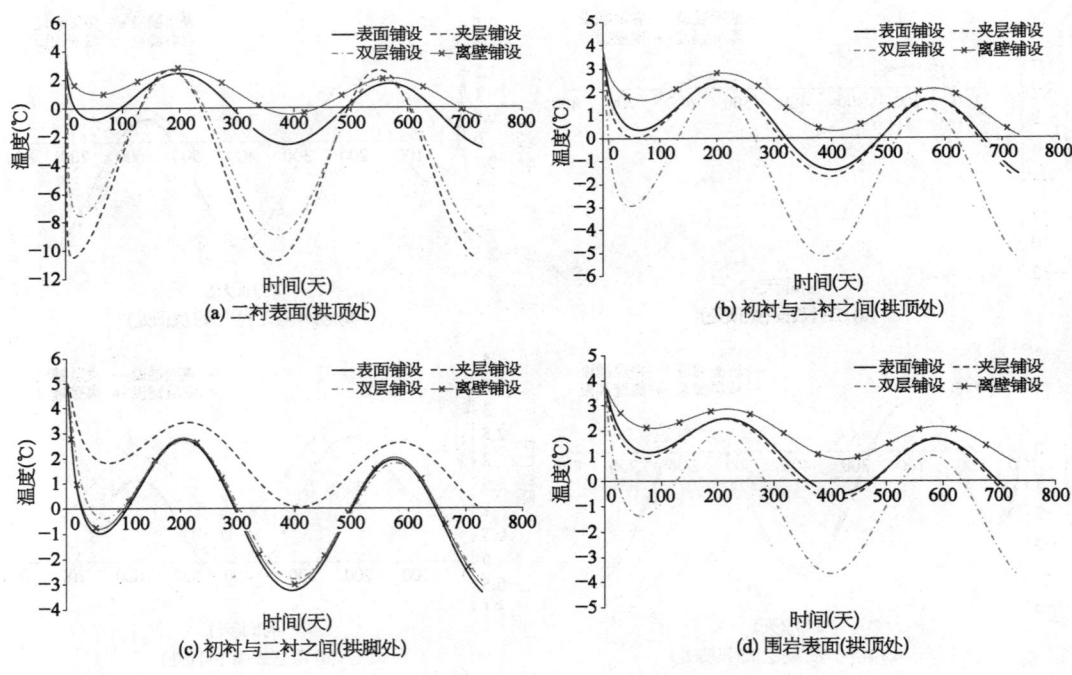

图 4-32　隧道不同位置处温度变化

条件 3：年平均温度 -4.2℃，地温梯度 6℃/100 m，围岩导热系数 3.53 W/(m·℃)

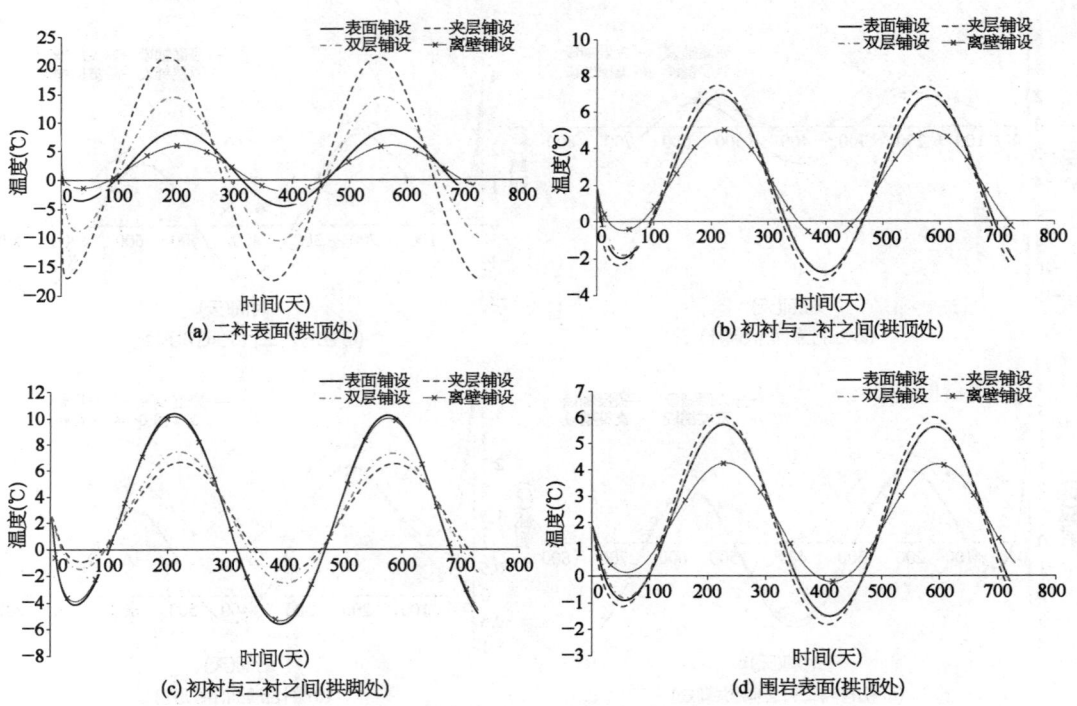

图 4-33　隧道不同位置处温度变化

条件 4：年平均温度 2℃，地温梯度 3℃/100 m，围岩导热系数 3.53 W/(m·℃)

从图 4-30~图 4-33 的计算结果可以看出，这四种条件下计算所得到的温度变化规律与前文得到的结果一致，即离壁铺设的防冻保温效果最好，其次为表面铺设，因此，在选择非冻土段保温层铺设方式时，应优先选用离壁铺设。但是，应该对拱脚及仰拱下方排水系统进行单独的保温处理，如包裹保温材料等。当无法采用离壁铺设时，也可优先采用表面铺设方式，但同样需对拱脚及仰拱下方排水系统进行单独保温处理。

姜路岭隧道和鄂拉山隧道非冻土段的保温层为表面铺设，对围岩、衬砌及排水设施的保温效果要略差于离壁铺设，建议在施工中对拱脚处的纵向排水管、仰拱下横向排水管等进行单独保温处理（如包裹保温材料等），避免排水系统冻结。同时建议在隧道内设置温度长期监测仪器，在隧道建成运行后及时监测围岩温度，出现冻结现象时应及时处理。姜路岭隧道和鄂拉山隧道均预留了补强空间，一旦出现保温层厚度不够的情况可以及时增加保温层厚度，这样也可以有效避免冻害的产生。

4.1.3 保温材料性能及优选

保温材料种类繁多，性能各异，各性能指标之间往往存在着相互影响、相互制约的关系。应用在多年冻土区隧道工程中的保温材料既要有较小的导热系数，又要有一定的抗压强度，同时还要考虑阻燃性和吸水率等因素，即使是同一个性能指标，在不同的铺设方式下，其重要性也不相同，因此，在选择保温材料时，很难用单一的性能指标作为选择的依据，而要同时考虑多种性能指标，并结合保温层的铺设方式进行综合选择。对于这种总体优劣受多种因素影响的事物，模糊综合评判法是一种较好的评判方法，下文将采用模糊综合评判法，结合保温层的铺设方式，对多年冻土区隧道工程中常见的几种保温材料进行评判，选出适合依托工程的保温材料。

1）保温材料的种类及性能

保温材料是指对热交换具有显著阻抗性的材料或材料复合体。保温材料按材质分类，可分为无机材料、有机材料和金属材料三大类；按形态分类，可分为纤维状、微孔状、气泡状、和层状等（张亚兴，2009）；见表 4-13、表 4-14。

表 4-13 保温材料按材质的分类

按材质分类		品　　种
无机材料	天然	石棉纤维，硅藻土
	人造	矿物纤维（矿渣棉、岩棉、玻璃棉、硅酸铝棉等），硅酸钙，碳酸镁等；膨胀珍珠岩，膨胀蛭石，火山灰微珠，加气混凝土，泡沫玻璃，泡沫硅玻璃，泡沫黏土等
有机材料	天然	炭化木材，软木，草纤维，稻草纤维，棉麻纤维等
	人造	软质纤维板类（稻壳板、蔗渣板、木纤维板、草纤维板等）；泡沫聚氨酯塑料，泡沫聚苯乙烯塑料，泡沫酚醛树脂，泡沫脲醛树脂，泡沫橡胶，钙塑绝热板等
金属		铝箔、锡箔等

表 4-14 保温材料按形态的分类

按形态分类	材料名称	制品形状
气泡状	聚苯乙烯泡沫塑料	板、块、筒
	聚氯乙烯泡沫塑料	板、块、筒
	聚氨酯泡沫塑料	板、块、筒
	酚醛树脂泡沫塑料	板、块、筒
	脲醛树脂泡沫塑料	板、块、筒
	泡沫玻璃	板、块、筒
	硅酸钙	板、块
	泡沫橡胶	板、块、筒
	硅化软木	板、块
纤维状	石棉和岩棉	毡、筒、带、板
	玻璃棉	毡、筒、带、板
	矿渣棉	毡、筒、带、板
	陶瓷纤维	毡、筒、带、板
微孔状	硅藻土	粉类状、块
	至石粉	粉类状、块
	珍珠岩	粉类状、块
层状	金属箔	夹层、蜂窝状
	金属镀膜	多层状

下面介绍几种多年冻土区隧道工程中常用的保温材料。

(1) 酚醛泡沫塑料

与聚氨酯、聚苯乙烯、橡塑泡沫等有机泡沫塑料比较,酚醛泡沫具有密度低、吸水率小、导热系数小、难燃、自熄、低烟雾、耐火焰穿透、遇火即炭化无滴落、火焰蔓延速率小、耐高温、安全、环境友好等特性,其强度随密度增加而增大,有吸收冲击载荷的能力,它是新型隔热保温材料,在有机隔热保温材料中,燃烧性能等级较高。

(2) 聚氨酯泡沫塑料

聚氨酯泡沫塑料分为软质、半硬质和硬质聚氨酯泡沫塑料几种。用于绝热材料的主要是硬质聚氨酯泡沫塑料,该材料高效节能,填充后无缝隙,固化后防水防潮不开裂、不腐化、不脱落,导热系数小。

(3) 聚苯乙烯泡沫塑料

聚苯乙烯泡沫塑料是以聚苯乙烯树脂为主体,加入发泡剂等辅助材料,经加热发泡而成的轻质材料。聚苯乙烯泡沫塑料具有质轻、导热系数小、吸水率低、抗水性好、耐水、耐老化、耐腐蚀、温度适应性强、加工性好、价廉质优等优点。聚苯乙烯泡沫塑料根据生产工艺的不同,有膨胀型(EPS)与挤塑型(XPS)两类。

(4) 高压聚乙烯

高压聚乙烯又名 PEF 保温材料,是以高压聚乙烯、阻燃剂、发泡剂、交联剂等多种原料共混,经过密炼、开炼把聚烯烃通过化学架桥的高信率发泡,而成为网状高分子结构的均衡气泡产品。其特点为密度小、绝热效果好、施工简易、使用寿命长、耐性好、无毒性、缓冲性强等。

(5) 岩棉

岩棉、矿渣棉及其制品是矿物棉的一种。岩棉是以天然岩石及矿物等原料制成的蓬松状短细纤维,主要品种有岩棉板、岩棉玻璃布缝毡、岩棉保温条等。岩棉制品具有质轻、导热系数小、不燃、无毒、经久耐用、不易风化、对金属不腐蚀等优点,而且,其原材料丰富、成本低。但是,在施工时对施工人员的皮肤有刺痒反应,安装条件较差。

将上述保温材料的一些主要性能指标统计成表格,并与岩石、空气、混凝土等材料进行对比,如表 4-15 所示。

表 4-15 保温材料性能指标

性能	材料品种						
	硬质聚氨酯材料	膨胀性聚苯乙烯泡沫塑料	福利凯保温板	酚醛泡沫塑料	硬质聚氯乙烯泡沫塑料	岩棉系列	干法硅酸铝纤维材料
密度(kg/m³)	60	40	50	50	130	61~200	188
导热系数[W/(m·K)]	0.018~0.024	0.041	0.026~0.033	0.03	0.04	≤0.044	0.037
吸水率(%)(V/V)	≤3	≤4	≤7	≤3.7	≤4	≤5	吸水率低
使用温度范围(℃)	-60~120	-80~75	-196~300	-180~150	-30~400	≤600	≤1 000
抗冻性	低温不脆化、不收缩	耐低温	无变形、开裂、发脆现象	—	无裂缝、无剥离		无变形、开裂、发脆现象
抗压强度(MPa)	≥0.2	≥0.06	≥0.2	≥0.25	0.15	0.107	0.5
燃烧性能	B2 级阻燃	使用温度不能高于 75℃	A 级不燃	A 级不燃	不易燃烧	不易燃烧	A 级不燃
市场价格(元/m³)	1 300	820	1 500	1 700	1 250	750	392

2) 模糊综合评判结果

从国内多年冻土区隧道保温材料的使用情况看,考虑主要影响因素有:导热系数、市场价格、燃烧性能、密度、吸水率、抗压强度。

当保温材料铺设在二衬表面或离壁铺设时,福利凯保温板的得分最高(0.872 6 分),其次为酚醛泡沫塑料(0.869 7 分),应优先选用福利凯保温板。

当保温材料夹层铺设时,硬质聚氨酯泡沫塑料材料的得分最高(0.853 5 分),其次为酚醛泡沫塑料材料(0.851 5 分),应优先选用硬质聚氨酯泡沫塑料材料。

4.2 多年冻土区公路隧道保温层厚度及长度

4.2.1 保温层铺设厚度的计算方法

保温层厚度的计算方法可分为有限元计算法和解析计算法两类。有限元计算法是利用有限元软件计算铺设不同厚度的保温层后围岩的温度分布,直至围岩温度满足防冻或防融要求。有限元计算法可以按隧道断面形状建立计算模型,可以考虑介质相变等因素,计算结果较为精确,但有限元计算法较难掌握,不便于工程应用;因此,在计算保温层的厚度时,可优先考虑解析计算法,必要时通过有限元计算法进行验证或修正。

赖远明等(2001)根据多年冻土区隧道的实际情况给出了圆形隧道温度场的近似解析解;张耀等(2009)求得了洞内气温已知时有保温层的圆形隧道温度场解析解;利用上述温度场解析解,通过计算铺设保温层后指定位置处的温度即可确定保温层的厚度,但上述温度场解析解计算公式较为复杂,所需计算参数较多,陈建勋等(2004,2007)以多层圆筒壁热传导方程为基础,根据铺设保温层前后隧道径向热流量相等的条件推导出了铺设在初衬和二衬之间以及铺设在二衬表面时保温层厚度的解析计算公式,此种方法计算过程简单,便于工程应用;但在公式推导过程中没有考虑空气与围岩的对流换热,且没有考虑多年冻土区隧道不同冻土段的区别,计算公式还有待进一步完善。此外,解析计算公式对隧道断面形状进行了简化,且无法考虑介质相变、围岩初始地温等因素。因此,本书将首先推导隧道不同冻土段、不同铺设方式下保温层铺设厚度的解析计算公式,并对在不同冻土段中的适用性及误差进行分析,并给出相应的解决方法,使不同冻土段中保温层铺设厚度的计算方法更具合理性。

4.2.1.1 多年冻土段隔热层铺设厚度的计算方法

隧道多年冻土段隔热层的作用是当洞内温度高于围岩温度时,尽可能阻止洞内热量向围岩的传递,保证多年冻土不融化。因此,在确定隔热层厚度时,为了防止多年冻土融化,将围岩与初衬交界面的温度 $T \leq 0$℃ 作为计算所要达到的控制目标。下面分别对隔热层铺设在初衬与二衬之间、隔热层铺设在二衬表面以及离壁铺设等情况下的隔热层厚度计算方法进行讨论。

1) 隔热层铺设在初衬与二衬之间

图 4-34 为隔热层铺设在初衬与二衬之间时,多年冻土中隔热层厚度计算模型。

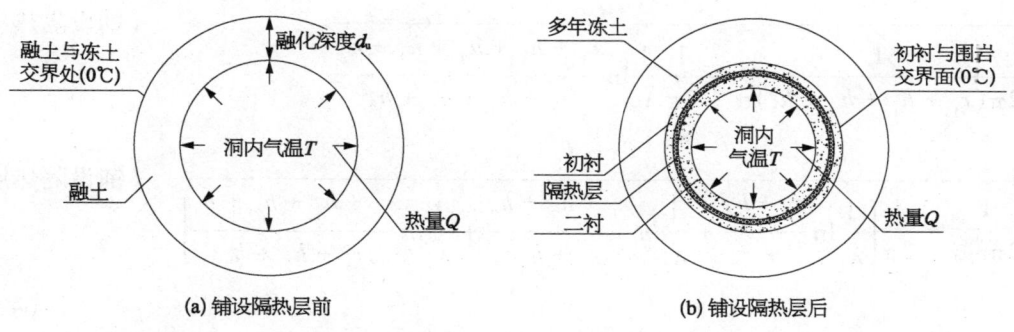

(a) 铺设隔热层前　　　　(b) 铺设隔热层后

图 4-34　隔热层夹层铺设时厚度计算模型

假设隧道内存在一热流量 Q，传递方向为图 4-34 中箭头所指方向。在未铺设隔热层时，由于热流量 Q 的存在，多年冻土产生一定的融化深度，融土与冻土的交界面处温度取为 0℃。而铺设隔热层后，隧道内存在同样的热流量 Q，但应达到的效果是使多年冻土不融化，即初衬与围岩交界处温度 $T \leq 0℃$，在实际计算时，取此处温度为 0℃。此外，为方便计算，需作如下假设：

① 隧道横断面为圆形；

② 对于隧道某一断面的热传导问题，近似认为温度只沿径向变化，沿隧道轴线方向取为单位长度。

这样即变成了带有对流边界条件的一维圆筒壁的稳态热传导问题。根据传热学基本方程，单位长度下多层圆筒壁热流量公式为：

$$Q = \frac{\Delta T}{\frac{1}{2\pi r_1 \alpha} + \frac{1}{2\pi}\sum_{i=1}^{n}\frac{1}{\lambda_i}\ln\frac{r_{i+1}}{r_i}} \quad (4-8)$$

式中　Q——热流量/W；

ΔT——圆筒壁内外两侧温差（℃）；

λ_i——圆筒壁材料导热系数[W/(m·℃)]；

r_i——圆筒中心至每层材料的距离（m）；

α——空气与圆筒壁内侧的对流换热系数[W/(m²·K)]。

多层圆筒壁热流量计算示意图如图 4-35 所示。

根据公式（4-8），可以得出图 4-35 所示的隧道内热流量公式：

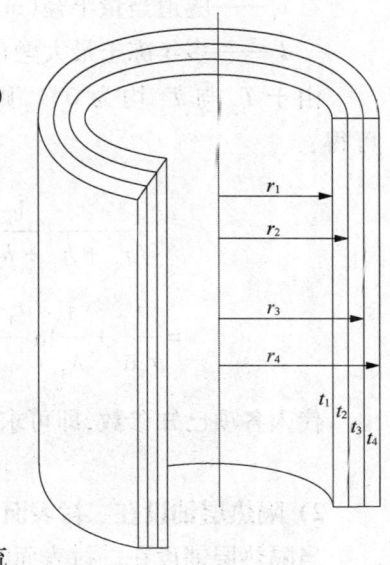

图 4-35　多层圆筒壁热流量计算示意图

$$Q = \begin{cases} \dfrac{T_1 - T_2}{\dfrac{1}{2\pi(r_1+h_1+h_2+h_3)\alpha} + \dfrac{1}{2\pi}\dfrac{1}{\lambda_3}\ln\dfrac{r_1+h_1+h_2+h_3+d_u}{r_1+h_1+h_2+h_3}} & (\text{铺设隔热层前}) \\[2ex] \dfrac{T_1 - T_3}{\dfrac{1}{2\pi r_1\alpha} + \dfrac{1}{2\pi}\left[\dfrac{1}{\lambda_1}\ln\dfrac{r_1+h_3}{r_1} + \dfrac{1}{\lambda_2}\ln\dfrac{r_1+h_3+h_2}{r_1+h_3} + \dfrac{1}{\lambda_1}\ln\dfrac{r_1+h_1+h_2+h_3}{r_1+h_2+h_3}\right]} & (\text{铺设隔热层后}) \end{cases}$$

(4-9)

式中 T_1——隧道洞内温度(℃);
T_2——多年冻土最大融化深度处温度(融土与冻土交界处,取为0℃);
T_3——初衬与多年冻土交界处温度(为防止多年冻土融化,取为0℃);
λ_1——混凝土导热系数[W/(m·℃)];
λ_2——隔热层导热系数[W/(m·℃)];
λ_3——围岩(多年冻土)导热系数[W/(m·℃)];
h_1——初衬厚度(m);
h_2——隔热层厚度(m);
h_3——二衬厚度(m);
α——空气与二衬内侧的对流换热系数[W/(m²·K)];
r_1——隧道当量半径(m);
d_u——多年冻土最大融化深度(m)。

由于 T_2 与 T_3 均为0℃,则 $T_2 = T_3$,令式(4-9)中两种情况下的热流量 Q 相等,可得:

$$\dfrac{1}{(r_1+h_1+h_2+h_3)\alpha} + \dfrac{1}{\lambda_3}\ln\dfrac{r_1+h_1+h_2+h_3+d_u}{r_1+h_1+h_2+h_3} \quad (4-10)$$

$$= \dfrac{1}{r_1\alpha} + \dfrac{1}{\lambda_1}\ln\dfrac{r_1+h_3}{r_1} + \dfrac{1}{\lambda_2}\ln\dfrac{r_1+h_3+h_2}{r_1+h_3} + \dfrac{1}{\lambda_1}\ln\dfrac{r_1+h_1+h_2+h_3}{r_1+h_2+h_3}$$

代入各项已知参数,即可求得铺设在初衬和二衬之间的隔热层厚度 h_2。

2) 隔热层铺设在二衬表面(或离壁铺设、双层铺设)

当隔热层铺设在二衬表面时,同样以初期支护与围岩交界处温度 $T \leq 0$℃ 为计算所需达到的控制目标,计算模型如图4-36所示。

与夹层铺设相比,此种情况仅是隔热层的位置发生了变换,隧道内热流量公式如式(4-11)所示:

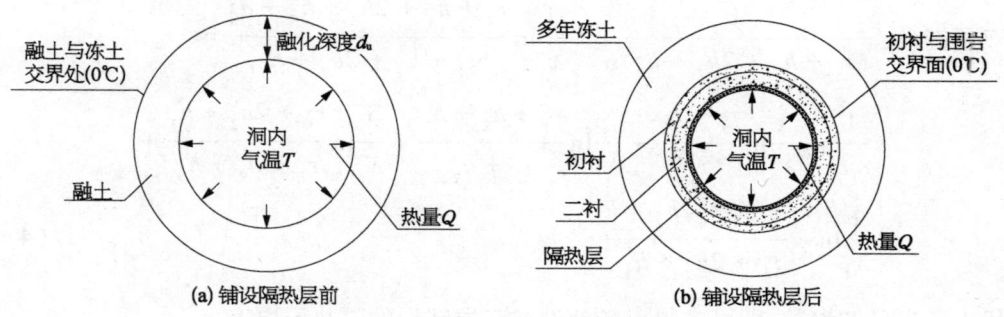

图 4-36 隔热层表面铺设时厚度计算模型

$$Q = \begin{cases} \dfrac{T_1 - T_2}{\dfrac{1}{2\pi(r_1+h_1+h_2+h_3)\alpha} + \dfrac{1}{2\pi}\dfrac{1}{\lambda_3}\ln\dfrac{r_1+h_1+h_2+h_3+d_u}{r_1+h_1+h_2+h_3}} & \text{(无衬砌及隔热层时)} \\[2ex] \dfrac{T_1 - T_3}{\dfrac{1}{2\pi r_1\alpha} + \dfrac{1}{2\pi}\dfrac{1}{\lambda_2}\ln\dfrac{r_1+h_2}{r_1} + \dfrac{1}{2\pi}\dfrac{1}{\lambda_1}\ln\dfrac{r_1+h_1+h_2+h_3}{r_1+h_2}} & \text{(有衬砌及隔热层时)} \end{cases}$$

(4-11)

式(4-11)中各参数含义与式(4-9)中参数含义一致,由于 T_2 与 T_3 均为0℃,则 $T_2 = T_3$,令式(4-11)中两种情况下的热流量 Q 相等,可得式(4-12):

$$\dfrac{1}{(r_1+h_1+h_2+h_3)\alpha} + \dfrac{1}{\lambda_3}\ln\dfrac{r_1+h_1+h_2+h_3+d_u}{r_1+h_1+h_2+h_3} = \dfrac{1}{r_1\alpha} + \dfrac{1}{\lambda_2}\ln\dfrac{r_1+h_2}{r_1} + \dfrac{1}{\lambda_1}\ln\dfrac{r_1+h_1+h_2+h_3}{r_1+h_2}$$

(4-12)

代入各项已知参数到式(4-12)中,即可求得铺设在二衬表面的隔热层厚度 h_2。

当隔热层离壁铺设或双层铺设时,仍可按上述方法计算隔热层厚度 h_2。

离壁铺设:
$$\dfrac{1}{(r_1+h_1+h_2+h_3+h_4)\alpha} + \dfrac{1}{\lambda_3}\ln\dfrac{r_1+h_1+h_2+h_3+h_4+d_u}{r_1+h_1+h_2+h_3+h_4} =$$
$$\dfrac{1}{r_1\alpha} + \dfrac{1}{\lambda_2}\ln\dfrac{r_1+h_2}{r_1} + \dfrac{1}{\lambda_4}\ln\dfrac{r_1+h_2+h_4}{r_1+h_2} + \dfrac{1}{\lambda_1}\ln\dfrac{r_1+h_1+h_2-h_3+h_4}{r_1+h_2+h_4}$$

(4-13)

式中 h_4——密封空气层厚度;

λ_4——密封空气导热系数;

其余参数含义与式(4-9)中参数含义一致。

双层铺设：$\dfrac{1}{(r_1+h_1+2h_2+h_3)\alpha} + \dfrac{1}{\lambda_3}\ln\dfrac{r_1+h_1+2h_2+h_3+d_u}{r_1+h_1+2h_2+h_3} =$

$\dfrac{1}{r_1\alpha} + \dfrac{1}{\lambda_2}\ln\dfrac{r_1+h_2}{r_1} + \dfrac{1}{\lambda_1}\ln\dfrac{r_1+h_2+h_3}{r_1+h_2} + \dfrac{1}{\lambda_2}\ln\dfrac{r_1+2h_2+h_3}{r_1+h_2+h_3} +$

$\dfrac{1}{\lambda_1}\ln\dfrac{r_1+h_1+2h_2+h_3}{r_1+2h_2+h_3}$ \hfill (4-14)

代入各项已知参数，即可求得离壁铺设或双层铺设的隔热层厚度 h_2。

3) 隧道多年冻土段最大融化深度的确定

隧道多年冻土段隔热层厚度计算的关键参数是多年冻土的最大融化深度 d_u，最大融化深度不同，所需的隔热层厚度也不同，例如，令初衬为 0.45 m、二衬厚度为 0.5 m、围岩导热系数为 3.29 W/(m·℃)、隔热保温层导热系数为 0.03 W/(m·℃)、对流换热系数为 15 W/(m²·K)，取不同的最大融化深度（1 m、2 m、3 m、4 m、5 m），根据式（4-10）计算得到防止多年冻土融化所需的隔热层厚度如图 4-37 所示。

从图 4-37 可以看出，多年冻土最大融化深度对隔热层厚度计算结果有很大影响，首先要确定多年冻土的最大融化深度，之后才能计算出合理的隔热层厚度。

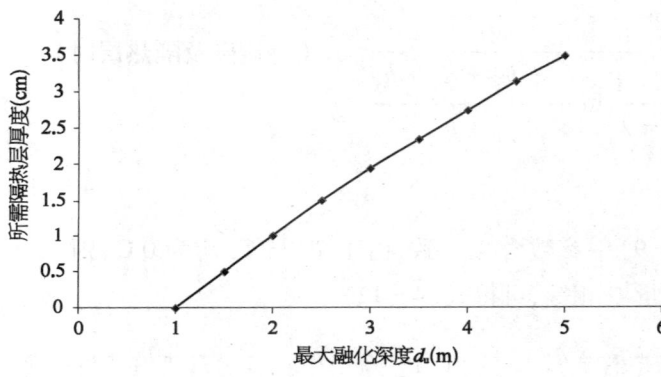

图 4-37 多年冻土隧道围岩不同最大融化深度下所需的隔热层厚度

多年冻土最大融化深度 d_u 可由斯蒂芬近似解析公式确定（王澄海等，2009），即：

$$d_u = \sqrt{\dfrac{\pm 2\lambda_u \sum T_u}{Q_u}} \tag{4-15}$$

式中　λ_u——已融土的导热系数[W/(m·℃)]；

T_u——融化指数，也叫围岩的正积温[℃·天]；

Q_u——单位体积土融化时的相变潜能(J·m^{-3})。

Q_u 可根据下列公式求得：

$$Q_u = L\rho_d(W - W_i) \tag{4-16}$$

式中　L——水结冰潜热，一般取为 333.56 kJ/kg；

ρ_d——土体的干密度(kg/m^3);

W——冻土中总含水量(m^3);

W_i——冻土中的含冰量(m^3)。

张耀等(2009)根据洞内气温条件推导了围岩的融化指数 T_μ,它是指多年冻土区隧道内气温在一年中的变化规律曲线(如图4-38所示)中的阴影部分面积,可根据积分求得,进而得出了围岩的融化深度计算公式:

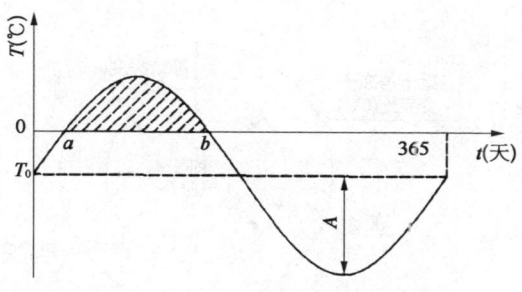

图4-38 多年冻土区隧道内气温在一年中的变化曲线

$$d_u = \sqrt{\frac{2\lambda_u\left\{T_0\left[\frac{365}{2} - \frac{365}{\pi}\arcsin\left(-\frac{T_0}{A}\right)\right] + \frac{365}{\pi}\sqrt{A^2 - T_0^2}\right\}}{L\rho_d(W - W_i)}} \quad (4-17)$$

式中 T_0——洞内年平均气温(℃);

A——年温度振幅(℃)。

在求得多年冻土最大融化深度后,即可代入式(4-10)或(4-12)~式(4-14)求解不同铺设方式下的隔热层厚度。

4.2.1.2 非冻土段保温层铺设厚度的计算方法

穿越非冻土段的隧道存在洞口年平均气温大于0℃和洞口年平均气温小于0℃两种情况。下面分别对这两种情况下保温层厚度的计算方法进行讨论。

1)洞口年平均气温大于0℃

这种情况下保温层的作用是在冬季减少围岩热量向洞内的散失,防止围岩在冬季冻结,保证围岩一年四季都处于非冻状态。下面分别对保温层铺设在初衬与二衬之间以及保温层铺设在二衬表面以及离壁铺设、双层铺设等情况下保温层厚度的计算方法进行讨论。

(1)保温层铺设在初衬与二衬之间

假设隧道内存在一热流量 Q,传递方向为图4-39中箭头所指方向。在未铺设保温时,非冻土围岩热量散失,逐渐冻结,非冻土与冻土的交界面处温度取为0℃。铺设保温层后,隧道内存在同样的热流量 Q,但应达到的效果是使非冻土不冻结,同时为了防止埋设在初衬与二衬之间的排水系统不被冻结,选择初衬之间的温度 $T \geq 0℃$ 作为计算所要达到的控制目标,这个位置处的温度大于0℃,其背后围岩的温度也会大于0℃。计算模型如图4-39所示。

根据公式(4-9),可以得出图4-39所示的隧道内热流量公式:

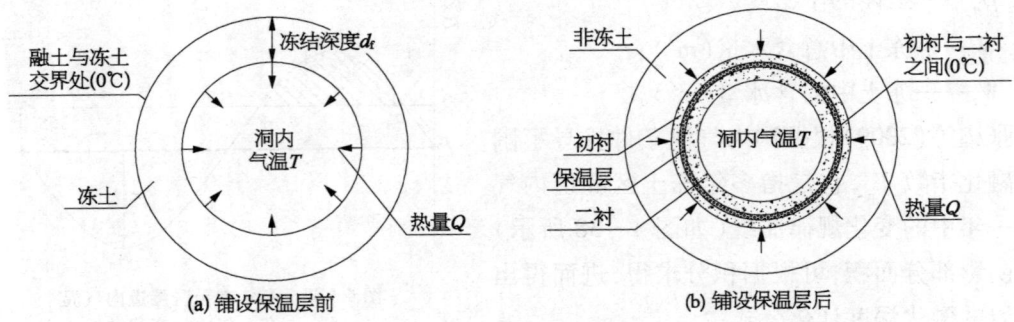

图 4-39 保温层夹层铺设时厚度计算模型

$$Q = \begin{cases} \dfrac{T_1 - T_2}{\dfrac{1}{2\pi(r_1+h_1+h_2+h_3)\alpha} + \dfrac{1}{2\pi}\dfrac{1}{\lambda_3}\ln\dfrac{r_1+h_1+h_2+h_3+d_f}{r_1+h_1+h_2+h_3}} & (\text{铺设保温层前}) \\[2ex] \dfrac{T_1 - T_3}{\dfrac{1}{2\pi r_1\alpha} + \dfrac{1}{2\pi}\left[\dfrac{1}{\lambda_1}\ln\dfrac{r_1+h_3}{r_1} + \dfrac{1}{\lambda_2}\ln\dfrac{r_1+h_2+h_3}{r_1+h_3}\right]} & (\text{铺设保温层后}) \end{cases}$$

(4-18)

式中 T_1——隧道洞内温度(℃);

T_2——非冻土最大冻结深度处温度(冻土与融土交界处,取为0℃);

T_3——初衬与二衬之间温度(为防止排水系统冻结,取为0℃);

λ_1——混凝土导热系数[W/(m·℃)];

λ_2——保温材料导热系数[W/(m·℃)];

λ_3——围岩(非冻土)导热系数[W/(m·℃)];

h_1——初衬厚度(m);

h_2——保温层厚度(m);

h_3——二衬厚度(m);

α——空气与二衬内侧的对流换热系数[W/(m²·K)];

r_1——隧道当量半径(m);

d_f——非冻土最大冻结深度(m)。

由于 T_2 与 T_3 均为0℃,则 $T_2 = T_3$,令式(4-18)中两种情况下的热流量 Q 相等,可得:

$$\dfrac{1}{(r_1+h_1+h_2+h_3)\alpha} + \dfrac{1}{\lambda_3}\ln\dfrac{r_1+h_1+h_2+h_3+d_f}{r_1+h_1+h_2+h_3} = \dfrac{1}{r_1\alpha} + \dfrac{1}{\lambda_1}\ln\dfrac{r_1+h_3}{r_1} + \dfrac{1}{\lambda_2}\ln\dfrac{r_1+h_2+h_3}{r_1+h_3}$$

(4-19)

代入各项已知参数,即可求得铺设在初衬与二衬之间的保温层厚度 h_2。

(2) 保温层铺设在二衬表面(或离壁铺设、双层铺设)

此种情况下,选择二衬表面温度 $T \geqslant 0℃$ 作为计算所需达到的控制目标,这样既可以保证二衬不受冻,同时也能保证初衬与二衬之间的防排水系统不受冻,计算模型如图 4-40 所示。

根据公式(4-9),可以得出图 4-40 所示的隧道内热流量公式:

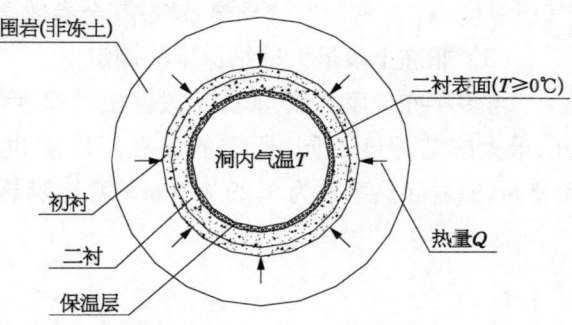

图 4-40　保温层铺设在二衬表面时厚度计算模型

$$Q = \begin{cases} \dfrac{T_1 - T_2}{\dfrac{1}{2\pi(r_1+h_1+h_2+h_3)\alpha} + \dfrac{1}{2\pi}\dfrac{1}{\lambda_3}\ln\dfrac{r_1+h_1+h_2+h_3+d_f}{r_1+h_1+h_2+h_3}} & \text{(铺设保温层前)} \\[2ex] \dfrac{T_1 - T_3}{\dfrac{1}{2\pi r_1 \alpha} + \dfrac{1}{2\pi}\dfrac{1}{\lambda_2}\ln\dfrac{r_1+h_2}{r_1}} & \text{(铺设保温层后)} \end{cases}$$

(4-20)

式中各参数含义同式(4-18),由于 T_2 与 T_3 均为 0℃,则 $T_2 = T_3$,令式(4-20)中两种情况下的热流量 Q 相等,可得:

$$\frac{1}{(r_1+h_1+h_2+h_3)\alpha} + \frac{1}{\lambda_3}\ln\frac{r_1+h_1+h_2+h_3+d_f}{r_1+h_1+h_2+h_3} = \frac{1}{r_1\alpha} + \frac{1}{\lambda_2}\ln\frac{r_1+h_2}{r_1} \quad (4-21)$$

代入各已知参数,即可求得铺设在二衬表面的保温层厚度 h_2。

当保温层离壁式铺设或双层铺设时,仍可按上述方法计算保温层厚度 h_2。

离壁铺设:

$$\frac{1}{(r_1+h_1+h_2+h_3+h_4)\alpha} + \frac{1}{\lambda_3}\ln\frac{r_1+h_1+h_2+h_3+h_4+d_f}{r_1+h_1+h_2+h_3+h_4} = \frac{1}{r_1\alpha} + \frac{1}{\lambda_2}\ln\frac{r_1+h_2}{r_1} + \frac{1}{\lambda_4}\ln\frac{r_1+h_2+h_4}{r_1+h_2}$$

(4-22)

双层铺设:

$$\frac{1}{(r_1+h_1+2h_2+h_3)\alpha} + \frac{1}{\lambda_3}\ln\frac{r_1+h_1+2h_2+h_3+d_f}{r_1+h_1+2h_2+h_3} = \frac{1}{r_1\alpha} + \frac{1}{\lambda_2}\ln\frac{r_1+h_2}{r_1} \quad (4-23)$$

代入各项已知参数,即可求得离壁铺设或双层铺设的保温层厚度 h_2。其中,h_4 为密封空气层厚度,λ_4 为密封空气导热系数;其余参数含义与式(4-18)中参数含义一致。

(3) 非冻土段最大冻结深度的确定

与多年冻土段类似,非冻土段保温层厚度计算的关键参数是非冻土段的最大冻结深度 d_f,最大冻结深度不同,所需的保温层厚度也不同。例如,令初衬为 0.45 m、二衬厚度为 0.5 m、围岩导热系数为 3.29 W/(m·℃)、隔热保温层导热系数为 0.03 W/(m·℃)、对流换热系数为 15 W/(m²·K),取不同的最大融化深度(1 m、2 m、3 m、4 m、5 m),根据式(4-19)计算得到防止初衬与二衬之间排水系统冻结的保温层厚度如图 4-41 所示。

从图 4-41 可以看出,非冻土最大冻结深度对所需保温层厚度有着较大影响,首先要确定非冻土段的最大冻结深度,之后才能计算出合理的保温层厚度。

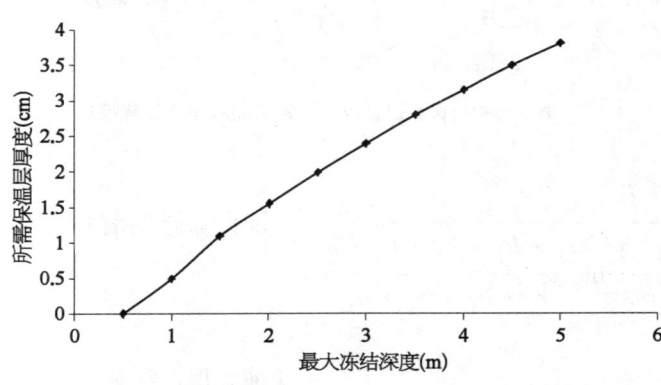

图 4-41 隧道非冻土段围岩不同最大冻结深度时所需的保温层厚度

非冻土段的最大冻结深度 d_f 同样可由斯蒂芬近似解析公式确定:

$$d_f = \sqrt{\frac{\pm 2\lambda_f \sum T_f}{Q_f}} \quad (4-24)$$

式中 λ_f ——已冻土的导热系数[W/(m·℃)];

T_f ——冻结指数,也叫围岩的负积温(℃·天);

Q_f ——单位体积土冻结时的相变潜能(J·m⁻³),可根据公式(4-22)求得。

围岩的冻结指数 T_f 就是如图 4-42 的隧道内气温在一年中的变化规律曲线中的阴影部分面积,可根据积分求得,从而可以推导出围岩的非冻土最大冻结深度计算公式:

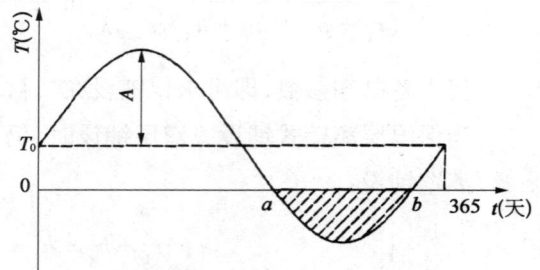

图 4-42 非冻土区隧道内气温在一年中的变化曲线

$$d_f = \sqrt{\frac{2\lambda_f\left\{T_0\left[\frac{365}{2} - \frac{365}{\pi}\arcsin\left(-\frac{T_0}{A}\right)\right] + \frac{365}{\pi}\sqrt{A^2 - T_0^2}\right\}}{L\rho_d(W - W_u)}} \quad (4-25)$$

2) 洞口年平均气温小于0℃

对于洞口年平均气温小于0℃的非冻土段,虽然同样可用式(4-27)~式(4-29)求解保温层厚度,但公式中非冻土最大冻结深度 d_f 却难以通过斯蒂芬近似解析公式求得,因为当外界年平均气温小于0℃时,围岩热量的散失大于补给,围岩的最大冻结深度 d_f 会随着时间的推移而不断增加,在很长的时间内都不能趋于稳定。斯蒂芬近似解析公式只是求解一年之内围岩的最大冻结深度,无法反映冻结深度随时间增加这一现象,从而导致采用解析计算公式得出的保温层厚度无法满足隧道长期防冻要求(图4-10),此时,应通过有限元计算来确定合理的保温层厚度。计算步骤如下:

① 根据隧道尺寸、埋深及地质情况建立计算模型;

② 模型上下边界施加温度荷载(可按地温增长梯度计算上下边界温度),左右边界绝热,采用稳态热分析计算围岩初始温度场;

③ 隧道内边界施加洞内气温荷载,在初始温度场的基础上进行瞬态分析,计算时间步长取隧道设计使用年限(如100年);

④ 试算不同的保温层厚度,当保温层铺设在二衬表面、双层铺设或离壁铺设时,以二衬表面温度在设计年限内一直大于0℃时的保温层厚度为最终设计厚度;当保温层铺设在初衬与二衬之间时,以初衬与二衬之间的温度在设计年限内一直大于0℃时的保温层厚度为最终设计厚度。

4.2.1.3 隔热保温层解析计算结果误差分析

采用多层圆筒壁热传导方程结合斯蒂芬近似解析公式求解保温层铺设厚度虽然计算过程较为简单,但计算结果存在着一定的误差,误差来源主要有以下几方面:

① 多层圆筒壁热传导方程基于的是圆形断面的假设,而公路隧道实际断面形状多为马蹄形;

② 多层圆筒壁热传导方程无法考虑介质的相变问题;

③ 斯蒂芬近似解析公式没有考虑围岩的初始温度分布以及围岩温度随时间的长期变化,求得的围岩最大冻结深度或最大融化深度与实际值有偏差。

有限元计算方法可以按隧道实际断面形状建立计算模型,可以考虑介质相变、围岩初始温度场分布等因素,计算结果较为接近实际情况。因此,将在相同计算参数的情况下,分别采用数值计算和解析计算方法求解保温层的铺设厚度,比较两者的差值,分析其可能对工程安全造成的影响并提出误差修正方法。

1) 多年冻土段隔热层厚度计算结果误差分析

数值计算采用图4-15所示的计算模型、解析计算采用式(4-16)求解防止多年冻土融化所需的隔热层铺设厚度。两种计算方法中材料的热物理参数均相同,如表4-5所示。同时进行了对在围岩初始温度和洞内温度不同的6种情况下,5组不同参数对隔热层厚度误差影响的计算,如表4-16所示,其计算结果如表4-17以及图4-43所示。

表4-16 不同计算情况对隔热层厚度误差影响的计算

计算情况	冻结状态	导热系数[W/(m·℃)]					初始地温(℃)	洞内温度(℃)
		A组	B组	C组	D组	E组		
1	未冻结	1.42	1.88	2.33	2.79	3.24	-0.5	$T = -4.2 + 6.9\sin\left(\dfrac{2\pi t}{365} + \dfrac{3\pi}{2}\right)$
	冻结	1.56	2.00	2.50	3.00	3.50		
2	未冻结	1.42	1.88	2.33	2.79	3.24	-1	$T = -4.2 + 6.9\sin\left(\dfrac{2\pi t}{365} + \dfrac{3\pi}{2}\right)$
	冻结	1.56	2.00	2.50	3.00	3.50		
3	未冻结	1.42	1.88	2.33	2.79	3.24	-2	$T = -4.2 + 6.9\sin\left(\dfrac{2\pi t}{365} + \dfrac{3\pi}{2}\right)$
	冻结	1.56	2.00	2.50	3.00	3.50		
4	未冻结	1.42	1.88	2.33	2.79	3.24	-1	$T = -2.2 + 6.9\sin\left(\dfrac{2\pi t}{365} + \dfrac{3\pi}{2}\right)$
	冻结	1.56	2.00	2.50	3.00	3.50		
5	未冻结	1.42	1.88	2.33	2.79	3.24	-1	$T = -6.2 + 6.9\sin\left(\dfrac{2\pi t}{365} + \dfrac{3\pi}{2}\right)$
	冻结	1.56	2.00	2.50	3.00	3.50		
6	未冻结	1.42	1.88	2.33	2.79	3.24	-1	$T = -4.2 + 8.9\sin\left(\dfrac{2\pi t}{365} + \dfrac{3\pi}{2}\right)$
	冻结	1.56	2.00	2.50	3.00	3.50		

从上面6种情况的计算结果可得出如下规律：

① 围岩导热系数越大，防止多年冻土融化所需的隔热层厚度越小；

② 对比情况1、情况2、情况3的数值计算结果可以看出，在洞内气温条件相同的情况下，多年冻土段围岩初始温度越低，所需的隔热层厚度越小；而解析计算结果无法反映围岩初始地温的影响；

③ 对比情况2、情况4、情况5的计算结果可以看出，在年温度振幅相同的情况下，年平均气温越高，所需的隔热层厚度越大，数值计算和解析计算结果越接近；对比情况2、情况6的计算结果可以看出，在年平均气温相同的情况下，年温度振幅越大，所需的隔热层厚度越大；

④ 对于隧道多年冻土段，无论哪种工况条件，采用多层圆筒壁热传导方程结合斯蒂芬近似解析公式得到的解析计算结果值总是略大于数值计算结果值，这主要是因为解析计算结果无法反映围岩初始地温的影响。

表4-17 不同情况计算结果

计算情况	围岩导热系数[W/(m·℃)]		数值计算结果(cm)	解析计算结果(cm)	数值解与解析解差值(cm)
	未冻结	冻结			
1	1.42	1.56	1.50	3.22	-1.72
	1.88	2.00	1.00	2.58	-1.58
	2.33	2.50	0.80	2.14	-1.34
	2.79	3.00	0.60	1.82	-1.22
	3.24	3.50	0.40	1.57	-1.17

（续表）

计算情况	围岩导热系数[W/(m·℃)]		数值计算结果（cm）	解析计算结果（cm）	数值解与解析解差值(cm)
	未冻结	冻结			
2	1.42	1.56	0.80	3.22	-2.42
	1.88	2.00	0.50	2.58	-2.08
	2.33	2.50	0.40	2.14	-1.74
	2.79	3.00	0.30	1.82	-1.52
	3.24	3.50	0.20	1.57	-1.37
3	1.42	1.56	0.30	3.22	-2.92
	1.88	2.00	0.20	2.58	-2.38
	2.33	2.50	0.00	2.14	-2.14
	2.79	3.00	0.00	1.82	-1.82
	3.24	3.50	0.00	1.57	-1.57
4	1.42	1.56	4.50	4.90	-0.40
	1.88	2.00	3.90	3.95	-0.05
	2.33	2.50	3.30	3.33	-0.03
	2.79	3.00	2.80	2.86	-0.06
	3.24	3.50	2.50	2.50	0.00
5	1.42	1.56	0.00	0.74	-0.74
	1.88	2.00	0.00	0.49	-0.49
	2.33	2.50	0.00	0.33	-0.33
	2.79	3.00	0.00	0.20	-0.20
	3.24	3.50	0.00	0.11	-0.11
6	1.42	1.56	2.60	4.60	-2.00
	1.88	2.00	2.10	3.71	-1.61
	2.33	2.50	1.60	3.12	-1.52
	2.79	3.00	1.50	2.67	-1.17
	3.24	3.50	1.20	2.34	-1.14

在实际工程应用中，解析计算结果虽然略大，但同时也可保证多年冻土不会因隔热层厚度不够而融化，有利于工程安全，而且解析计算结果与数值计算结果的差值也基本只在1~2 cm左右，可认为满足经济合理的要求。因此，对于多年冻土区隧道多年冻土段，采用多层圆筒壁热传导方程结合斯蒂芬近似解析公式求解隔热层厚度是合理、可行的，解析计算结果无需再进行修正。

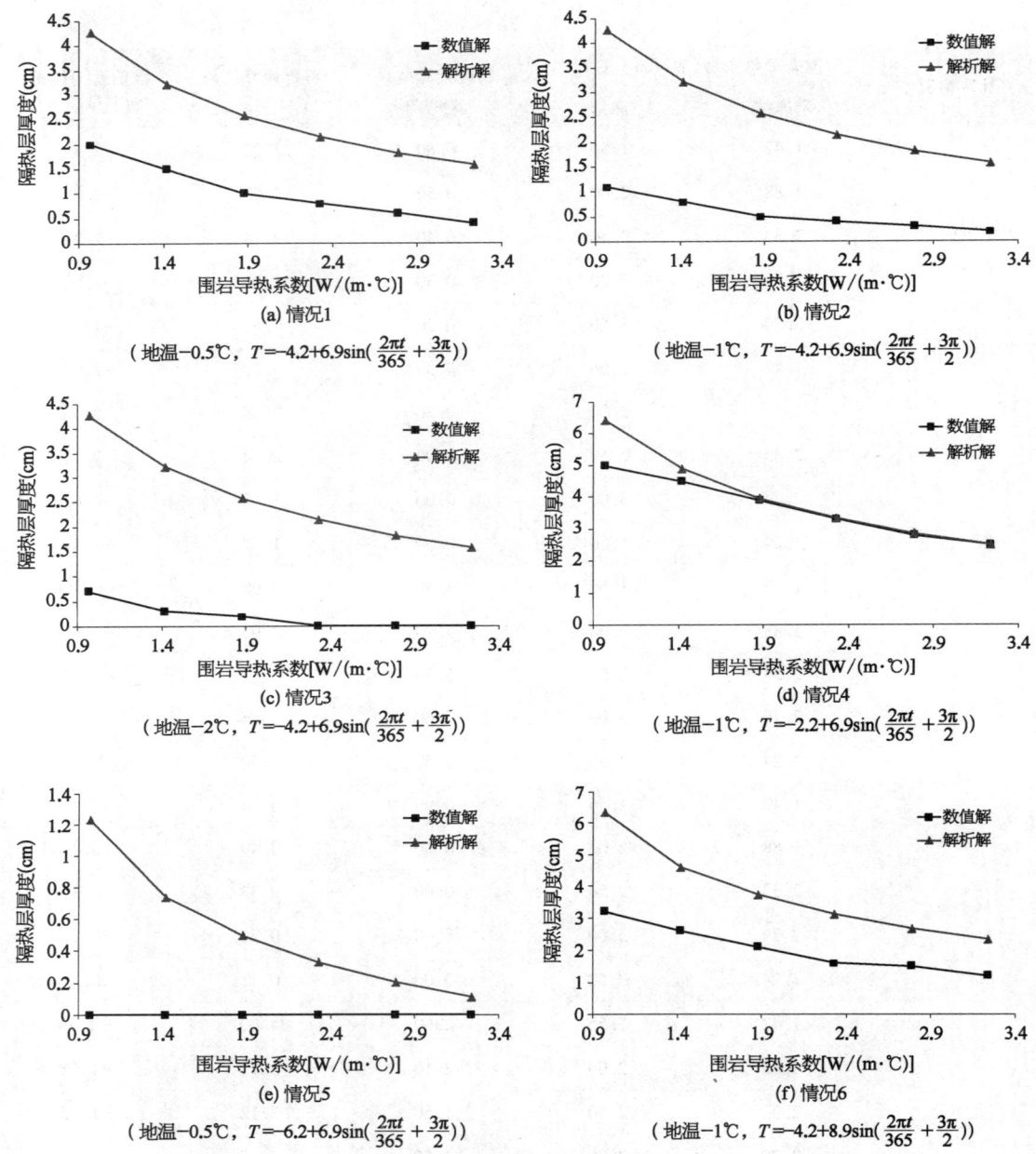

图 4-43 不同情况下隔热层厚度数值解和解析解的比较

2) 非冻土段保温层厚度计算结果误差分析

数值计算采用图 4-26 所示的计算模型(计算时长取为 50 年)、解析计算采用式(4-25)求解防止非冻土段围岩及防排水系统冻结所需的保温层铺设厚度。两种计算方法中材料的热物理参数均相同,如表 4-5 所示,同时进行了在地热梯度和洞内温度不同的 8 种情况下,4 组不同参数对保温层厚度误差影响的计算,如表 4-18 所示,其计算结果如表 4-19 及

图 4-44 所示。

表 4-18 不同计算情况

计算情况	冻结状态	导热系数[W/(m·℃)]				地热梯度(℃/100 m)	洞内温度(℃)
		A 组	B 组	C 组	D 组		
1	未冻结	3.23	2.76	2.13	1.50	3	$T = 3 + 20\sin\left(\dfrac{2\pi t}{365} + \dfrac{3\pi}{2}\right)$
	冻 结	3.48	3.25	2.95	2.65		
2	未冻结	3.23	2.76	2.13	1.50	3	$T = 3 + 15\sin\left(\dfrac{2\pi t}{365} + \dfrac{3\pi}{2}\right)$
	冻 结	3.48	3.25	2.95	2.65		
3	未冻结	3.23	2.76	2.13	1.50	3	$T = 3 + 10\sin\left(\dfrac{2\pi t}{365} + \dfrac{3\pi}{2}\right)$
	冻 结	3.48	3.25	2.95	2.65		
4	未冻结	3.23	2.76	2.13	1.50	3	$T = 5 + 15\sin\left(\dfrac{2\pi t}{365} + \dfrac{3\pi}{2}\right)$
	冻 结	3.48	3.25	2.95	2.65		
5	未冻结	3.23	2.76	2.13	1.50	3	$T = 1 + 15\sin\left(\dfrac{2\pi t}{365} + \dfrac{3\pi}{2}\right)$
	冻 结	3.48	3.25	2.95	2.65		
6	未冻结	3.23	2.76	2.13	1.50	6	$T = 3 + 20\sin\left(\dfrac{2\pi t}{365} + \dfrac{3\pi}{2}\right)$
	冻 结	3.48	3.25	2.95	2.65		
7	未冻结	3.23	2.76	2.13	1.50	6	$T = -3.2 + 6.9\sin\left(\dfrac{2\pi t}{365} + \dfrac{3\pi}{2}\right)$
	冻 结	3.48	3.25	2.95	2.65		
8	未冻结	3.23	2.76	2.13	1.50	6	$T = -5.2 + 6.9\sin\left(\dfrac{2\pi t}{365} + \dfrac{3\pi}{2}\right)$
	冻 结	3.48	3.25	2.95	2.65		

表 4-19 不同情况计算结果

计算情况	围岩导热系数[W/(m·℃)]		数值计算结果(cm)	解析计算结果(cm)	数值解与解析解	
	未冻结	冻结			差值(cm)	比值
1	3.23	3.48	13.00	4.30	8.70	3.02
	2.76	3.25	12.20	3.98	8.22	3.06
	2.13	2.95	13.00	4.26	8.74	3.05
	1.50	2.65	13.60	5.23	8.37	2.60
2	3.23	3.48	9.00	3.99	5.01	2.26
	2.76	3.25	8.20	3.65	4.55	2.25
	2.13	2.95	9.00	3.90	5.10	2.31
	1.50	2.65	10.00	4.77	5.23	2.10
3	3.23	3.48	5.00	3.61	1.39	1.39
	2.76	3.25	4.80	3.23	1.57	1.49
	2.13	2.95	5.00	3.46	1.54	1.45
	1.50	2.65	5.80	4.22	1.58	1.37

(续表)

计算情况	围岩导热系数[W/(m·℃)]		数值计算结果（cm）	解析计算结果（cm）	数值解与解析解	
	未冻结	冻结			差值(cm)	比值
4	3.23	3.48	6.00	4.23	1.77	1.42
	2.76	3.25	5.60	3.90	1.70	1.44
	2.13	2.95	6.00	4.18	1.82	1.44
	1.50	2.65	7.00	5.12	1.88	1.37
5	3.23	3.48	12.00	6.73	8.27	1.78
	2.76	3.25	11.00	5.39	7.61	2.04
	2.13	2.95	12.00	5.70	8.40	2.10
	1.50	2.65	12.50	6.40	8.10	1.95
6	3.23	3.48	8.00	4.30	3.70	1.86
	2.76	3.25	7.50	3.98	3.52	1.88
	2.13	2.95	7.30	4.26	3.04	1.71
	1.50	2.65	9.00	5.23	3.77	1.72
7	3.23	3.48	22.50	1.64	20.86	13.41
	2.76	3.25	20.00	1.34	18.66	14.93
	2.13	2.95	22.00	1.36	20.64	16.18
	1.50	2.65	22.60	1.67	20.93	13.54
8	3.23	3.48	21.50	0.74	20.26	29.05
	2.76	3.25	20.00	0.52	19.48	38.46
	2.13	2.95	21.00	0.50	20.50	42.00
	1.50	2.65	21.5	0.67	20.83	32.09

从上面 8 组情况的计算结果可得出如下规律：

① 对于非冻土段，无论哪种工况条件，采用多层圆筒壁热传导方程结合斯蒂芬近似解析公式得到的解析计算结果值总是小于数值计算结果值，需对解析结果进行修正以得到更为准确的结果；

② 对比情况 1、情况 2、情况 3 的计算结果可以看出，在年平均气温相同的情况下，年温度振幅越大，所需的保温层厚度越大，且解析计算值的误差越大，即解析计算值越小于数值计算值；对比情况 5、情况 2、情况 4 的计算结果可以看出，在年温度振幅相同的情况下，年平均气温越高，所需的保温层厚度越小，数值计算和解析计算结果越接近；

③ 对比情况 1 和情况 6 的计算结果可以看出，地热梯度越大，即围岩初始地温越高，防止围岩及防排水系统冻结所需的保温层厚度越小；

④ 当洞内年平均气温大于 0℃时（前 6 组情况），对计算结果进行统计发现，数值计算结果基本上是解析计算结果的 2~3 倍。

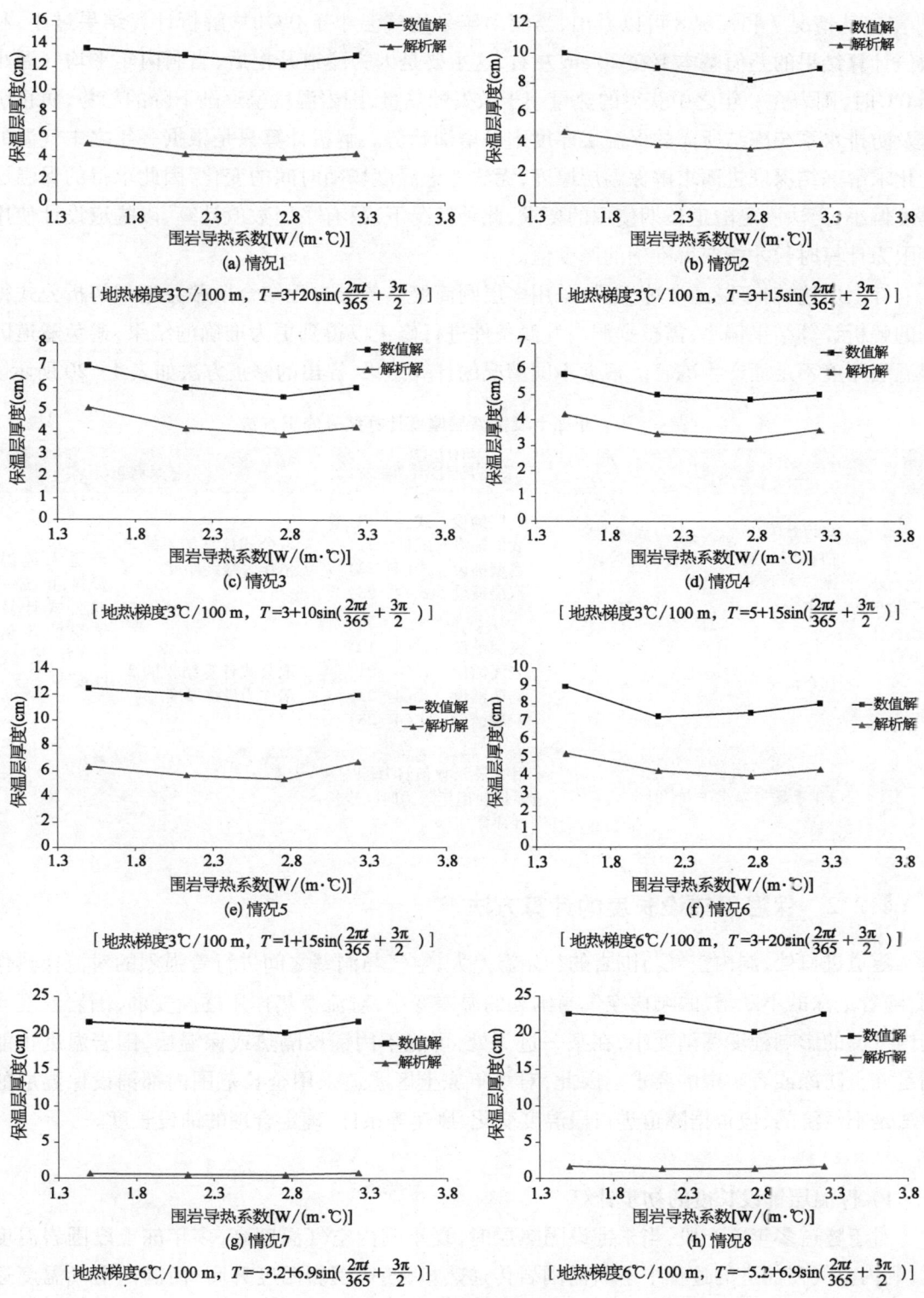

图 4-44 不同工况计算结果

⑤ 从情况 7 和情况 8 可以看出,当洞内年平均气温小于 0℃时,解析计算结果过小,和数值计算结果的差值基本上在 20 cm 左右,这主要是因为隧道开挖后,当洞内年平均气温小于 0℃时,围岩在一年之中获得的热量小于散失的热量,围岩温度呈逐渐下降的趋势,防止围岩及防排水系统冻结所需的保温层厚度则呈增加趋势。解析计算只是根据一年之中气温的变化求解冻结深度进而求解保温层厚度,无法考虑温度场随时间的变化,因此求得的保温层厚度偏小,无法满足隧道长期使用的要求,此种情况下,只有采用数值计算,以隧道设计使用年限为计算时长才能获得准确的厚度值。

综上所述,对于隧道非冻土段,采用多层圆筒壁热传导方程结合斯蒂芬近似解析公式得到的解析计算结果偏小,需根据洞内气温条件进行修正以得到更为准确的结果,避免隧道因保温层厚度不足而产生冻害。根据不同情况的计算结果,提出的修正方法如表 4-20 所示。

表 4-20 非冻土段保温层厚度计算结果修正方法

隧址气象条件		保温层厚度计算公式	结果修正	
洞口年平均气温大于 0℃时	洞口年平均气温与洞身周围围岩初始地温接近(1℃范围内),且振幅大于等于 15℃	夹层铺设　式(4-19) 表面铺设　式(4-21) 离壁铺设　式(4-22) 双层铺设　式(4-23)	取公式计算结果的 3 倍作为最终厚度	若暂无地温资料,可统一取公式计算结果的 3 倍作为最终厚度
	其余情况	夹层铺设　式(4-19) 表面铺设　式(4-21) 离壁铺设　式(4-22) 双层铺设　式(4-23)	取公式计算结果的 2 倍作为最终厚度	
洞口年平均气温小于 0℃时		采用有限元数值计算,以隧道设计使用年限为时间步长进行计算		

4.2.2 保温层铺设长度的计算方法

隧道进口处,洞内空气与围岩的初始温差大,空气与洞壁之间进行着强烈的对流换热作用,随着进深的不断增加,洞内空气与围岩的温差变小,对流换热作用逐渐变弱,围岩温度受洞内气温的影响程度逐渐变小,在某一进深处,可能不用铺设隔热或保温层,围岩温度也能满足冻土防冻或者防融的要求。因此,对多年冻土区隧道采用全长范围内都铺设保温层的做法是不经济的,应根据隧道进口段温度变化、风速等条件,确定合理的铺设长度。

1) 保温层铺设长度的初步计算

对于隧道多年冻土段,当未铺设隔热层时,夏季洞内空气温度高,多年冻土段围岩温度低,洞内空气在前进的过程中不断向围岩传递热量,使得围岩温度升高,而洞内空气温度逐渐降低。可以想象,当隧道足够长时,在某一长度 l 处,洞内空气最终将不会再和围岩进行对流换热,此时,没有了热量来源,多年冻土也将不会融化。

对于隧道非冻土段,当未铺设保温层时,冬季洞内空气温度低,非冻土段围岩温度高,洞内空气在前进的过程中不断从围岩吸收热量,使得围岩温度降低,而洞内空气温度逐渐升高。可以想象,当隧道足够长时,在某一长度 l 处,洞内空气最终将不会再和围岩进行对流换热,此时,没有了热量散失,非冻土段围岩也将不会冻结。

以上两种情况下的长度 l,便是保温层的合理铺设长度,超过这个长度后,再铺设保温层就是不必要的。

在进行保温层铺设长度计算时的控制目标,对于多年冻土段,当沿隧道长度方向超过设计铺设长度 l 时,在不铺设隔热层的情况下,初衬与围岩交界处的温度应小于等于0℃;对非冻土段,当沿隧道长度方向超过设计铺设长度 l 时,在不铺设保温层的情况下,二衬表面的温度应大于等于0℃(双层铺设、离壁铺设、表面铺设时)或者初衬与二衬之间的温度应大于等于0℃(夹层铺设时)。

上述问题的关键是如何求解无隔热保温层时,在洞内气温作用下沿隧道长度方向围岩及衬砌温度场的分布。国内外学者开展了隧道温度场的理论计算方法和数值模拟研究,但给出的计算方法均需要隧道洞内气温。工程上常采用工程类比法来确定隔热或保温层的铺设长度,但由于不同的多年冻土区隧道气象、地形条件差异很大,类比结果的合理性无法得到保证。本书提出了一种根据隧道进、出口气象条件及隧道地形条件求解洞内空气及围岩温度场的解析方法,克服了现有解析解对隧道洞内空气温度场监测的依赖,提高了保温层铺设长度设计计算的准确性。

(1)多年冻土区隧道洞内空气及围岩温度场解析解

隧道运行后,洞内空气温度在一年之中会呈三角函数的形式变化,受洞内气体温度场的影响,沿隧道径向一定范围内的围岩温度也会随时间变化,可以认为隧道围岩温度场的求解为无热源的二维非稳态问题。对于此类问题的求解,首先应建立热传导微分方程,然后加上边界条件、衔接条件以及初始条件,构成完整的传热模型。边界条件分为内边界及外边界条件,内边界条件为洞内空气与隧道表面的对流换热,外边界条件为围岩的初始温度;衔接条件为保温层、二衬、初衬等各层介质接触面上热流及温度相等;初始条件为围岩的初始温度场,它是温度场后续发展的基础。

对于上述传热模型,可以采用叠加原理与拉普拉斯变化相结合的方法进行求解,最后可以求得一个以时间、径向深度、纵向进深为变量的隧道围岩温度的数学表达式,也即隧道围岩非稳态温度场的解析解(夏才初等,2010),利用此解析解即可进行保温层铺设长度的计算。

(2)保温层铺设长度的计算

保温层铺设长度的计算步骤如下。

① 确定进、出口年平均气温、年温度振幅、隧道埋深函数(隧道埋深随里程的变化)、材料热物理参数等各项已知条件。

② 因为沿隧道长度方向的温度场分布既受进口气象的影响,又受出口气象的影响,因此,在求解温度场之前,首先要划分出进口段(受进口气象的影响)和出口段(受出口气象的影响),划分方法为,设在距离隧道进口 L_M 处,由进口处气象参数确定的洞内空气年温度振幅与出口处气象参数确定的洞内空气年温度振幅相等,即:

$$T_{A1}(T_1, V, L_M) - T_{A2}(T_2, V, L_0 - L_M) = 0 \tag{4-26}$$

式中 T_{A1}——由进口气象参数确定的洞内年温度振幅(℃);
T_{A2}——由出口气象参数确定的洞内年温度振幅(℃);
T_1——进口处洞外年温度振幅(℃);
T_2——出口处洞外年温度振幅(℃);
V——进口处风速(m/s);
L_0——隧道总长度(m)。

当 $0 \leq l \leq L_M$ 时,利用进口气象参数计算隧道进口段围岩及衬砌温度场;当 $L_M < l$ 时,利用进出口气象参数计算隧道出口段围岩及衬砌温度场。

将各已知参数代入围岩温度场解析解式(F-51),即可分别求出无保温层时隧道进口段沿长度方向的围岩及衬砌温度分布,以及出口段沿长度方向的围岩及衬砌温度分布,合并在一起即构成了沿隧道整个长度方向的围岩及衬砌温度分布。

③ 对于多年冻土段,当在距隧道进口或出口某一长度 l 处,初衬与围岩交界面温度已小于或等于 0℃,则取 l 为隔热层的铺设长度;对于非冻土段,当在距隧道进口或出口某一长度 l 处,二衬表面的温度已大于 0℃(双层铺设、离壁铺设、表面铺设时)或者初衬与二衬之间的温度已大于 0℃(夹层铺设时),则取 l 为保温层的铺设长度。计算过程可用图 4-45 所示的流程图表示(以多年冻土段为例)。

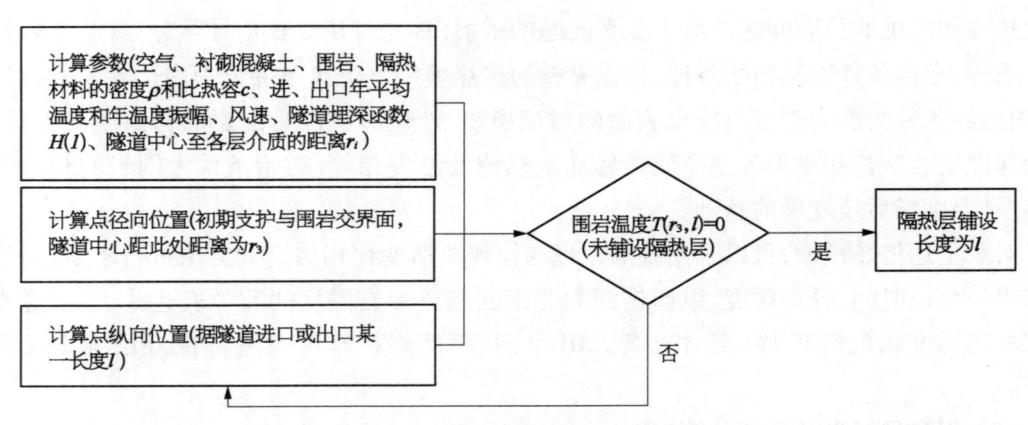

图 4-45 隔热层铺设长度计算流程

2) 保温层铺设长度的修正

上文所得的保温层铺设长度是基于保温层未铺设的情况进行求解的,当铺设了保温层后,洞内空气与围岩的对流换热情况又发生了变化。

对于多年冻土段,铺设了保温层后,夏季洞内空气在前进的过程中,向围岩传递的热量减少,这使得洞内空气要经历更长的路径才能达到与围岩不发生热交换的状态;对于非冻土段,铺设了保温层后,冬季洞内空气在前进的过程中,从围岩吸收的热量减少,这使得洞内空气要经历更长的路径才能达到与围岩不发生热交换的状态。这说明,铺设了保温层后,需要对原来的设计长度 l 进行修正。设修正系数为 k,则实际需要的设防长度 $l' = kl$。下面以非冻土为例,对保温层铺设在初衬与二衬之间时的修正系数 k 进行推导,多年冻土段隔热层铺设长度的修正系数和非冻土段相同。

(1)无保温层

此时,隧道内空气与非冻土段围岩的换热过程如图4-46所示。

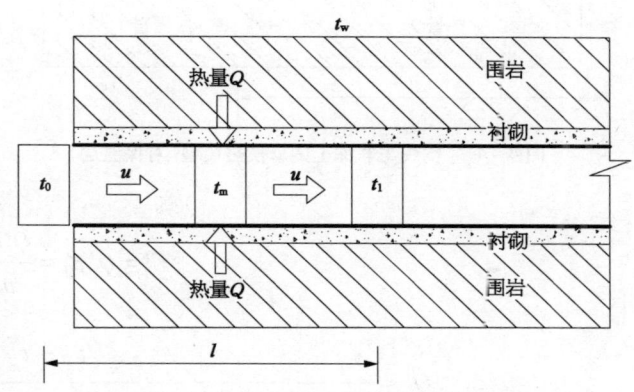

图 4-46 空气与非冻土围岩换热模型(无保温层)

选取隧道洞口单位长度内的空气为控制体,在洞外的初始温度为 t_0,以速度 u 向隧道内运动,到达前面初步计算的需设防位置($x = l$)时,温度升高为 t_1。在一定时间内,进入控制体的能量 E_i 为空气与隧道内壁进行对流换热得到的能量。从洞口(温度为 t_0)的位置到距进口 l 处(温度为 t_1)的位置需要的时间 $\tau = l/u$,计空气与围岩之间的热流量为 Q,则有(孙文昊,2005):

$$E_i = Q\tau = \frac{Ql}{u} \tag{4-27}$$

该问题属于带有对流边界条件的一维多层圆筒壁热传导问题。由式(4-8)可知:

$$Q = \frac{t_w - t_m}{\frac{1}{h_1 A_1} + \frac{\ln(r_1/r_0)}{2\pi\lambda_2 l} + \frac{\ln(r_2/r_1)}{2\pi\lambda_3 l}} \tag{4-28}$$

式中 t_w——一定深度处围岩的恒定温度(℃);

t_m——空气的平均温度(℃),$t_m = (t_0 + t_1)/2$;

h_1——空气与隧道内壁间的平均对流换热系数[W/(m²·K)];

A_1——对流换热面积(m²),该问题中 $A_1 = 2\pi r_0 l$;

r_0——隧道的当量半径(m);

r_1——衬砌外侧(靠近围岩侧)的半径(无保温层)(m);

r_2——围岩温度恒定处的半径(无保温层)(m);

λ_2——衬砌的导热系数[W/(m²·K)];

λ_3——围岩的导热系数[W/(m²·K)]。

(2) 初衬与二衬之间铺设保温层

此时,隧道内空气与围岩的换热过程如图 4-47 所示。

若要使隧道内进洞深度为 l' 位置的空气温度仍然达到 t_1,则需要进入流入控制体的能量满足方程:

$$E'_i = E_i \tag{4-29}$$

设铺设保温层后空气与围岩之间的热流量为 Q',则有:

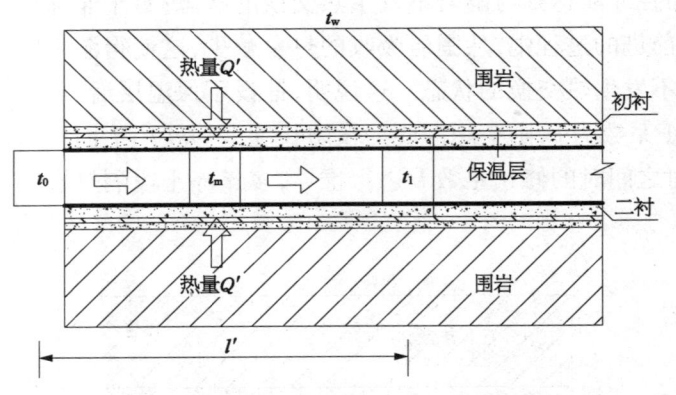

图 4-47 空气与非冻土围岩换热模型(有保温层)

$$E'_i = Q'\tau' = \frac{Q'l'}{u} \tag{4-30}$$

$$Q' = \frac{t_w - t_m}{\dfrac{1}{h_2 A_2} + \dfrac{\ln(r_3/r_0)}{2\pi\lambda_2 l'} + \dfrac{\ln(r_4/r_3)}{2\pi\lambda_1 l'} + \dfrac{\ln(r_5/r_4)}{2\pi\lambda_2 l'} + \dfrac{\ln(r_6/r_5)}{2\pi\lambda_3 l'}} \tag{4-31}$$

式中 h_2——空气与保温层间的对流换热系数[W/(m²·K)],因保温层与二衬混凝土表面光滑度类似,此处取 $h_1 = h_2$;

A_2——对流换热面积(m²),该问题中 $A_2 = 2\pi r_1 l'$;

r_0——隧道的当量半径(m);

r_1——初衬外侧(靠近围岩侧)的半径(无保温层)(m);

r_2——围岩温度恒定处的半径(无保温层)(m);

r_3——二衬外侧的半径(m);

r_4——保温层外侧的半径(m);

r_5——铺设保温层后初衬外侧的半径(m);

r_6——铺设保温层后围岩温度恒定处的半径(m);

λ_1——保温层导热系数[W/(m²·K)];

λ_2——衬砌的导热系数[W/(m²·K)];

λ_3——围岩的导热系数[W/(m²·K)]。

根据上述几式可解得:

$$k = \sqrt{\dfrac{\dfrac{1}{h_1 r_0} + \dfrac{1}{\lambda_2}\ln(r_3/r_0) + \dfrac{1}{\lambda_1}\ln(r_4/r_3) + \dfrac{1}{\lambda_2}\ln(r_5/r_4) + \dfrac{1}{\lambda_3}\ln(r_6/r_5)}{\dfrac{1}{h_1 r_0} + \dfrac{1}{\lambda_2}\ln(r_1/r_0) + \dfrac{1}{\lambda_3}\ln(r_2/r_1)}} \qquad (4-32)$$

（3）二衬表面铺设保温层

当将保温层铺设在二衬表面时，推导过程是一样的，铺设长度修正系数 k' 为：

$$k' = \sqrt{\dfrac{\dfrac{1}{h_1 r_3} + \dfrac{1}{\lambda_1}\ln(r_0/r_3) + \dfrac{1}{\lambda_2}\ln(r_1/r_0) + \dfrac{1}{\lambda_3}\ln(r_2/r_1)}{\dfrac{1}{h_1 r_0} + \dfrac{1}{\lambda_2}\ln(r_1/r_0) + \dfrac{1}{\lambda_3}\ln(r_2/r_1)}} \qquad (4-33)$$

式中　h_1——空气与隧道内壁间的对流换热系数[W/(m²·K)]；

r_0——隧道的当量半径(m)；

r_1——衬砌外侧(靠近围岩侧)的半径(m)；

r_2——围岩温度恒定处的半径(无保温层)(m)；

r_3——保温层内侧的半径(m)，$r_3 = r_0 - \delta$；

λ_1——保温层导热系数[W/(m²·K)]；

λ_2——衬砌的导热系数[W/(m²·K)]；

λ_3——围岩的导热系数[W/(m²·K)]；

δ——保温层厚度(m)。

（4）离壁铺设保温层

当保温层离壁铺设时，铺设长度修正系数 k'' 为：

$$k'' = \sqrt{\dfrac{\dfrac{1}{h_1 r_3} + \dfrac{1}{\lambda_1}\ln[(r_0-\delta_2)/r_3] + \dfrac{1}{\lambda_4}\ln[r_0/(r_0-\delta_2)] + \dfrac{1}{\lambda_2}\ln(r_1/r_0) + \dfrac{1}{\lambda_3}\ln(r_2/r_1)}{\dfrac{1}{h_1 r_0} + \dfrac{1}{\lambda_2}\ln(r_1/r_0) + \dfrac{1}{\lambda_3}\ln(r_2/r_1)}}$$

$$(4-34)$$

式中　h_1——空气与隧道内壁间的对流换热系数[W/(m²·K)]；

r_0——隧道的当量半径(m)；

r_1——衬砌外侧(靠近围岩侧)的半径(m)；

r_2——围岩温度恒定处的半径(无保温层)(m)；

r_3——保温层内侧的半径(m)，$r_3 = r_0 - \delta_1 - \delta_2$；

λ_1——保温层导热系数[W/(m²·K)]；

λ_2——衬砌的导热系数$[W/(m^2 \cdot K)]$;

λ_3——围岩的导热系数$[W/(m^2 \cdot K)]$;

λ_4——空气的导热系数$[W/(m^2 \cdot K)]$;

δ_1——保温层厚度(m);

δ_2——密封空气层厚度(m)。

4.2.3 保温层铺设厚度和长度计算实例

采用所提到的保温层厚度和长度计算方法,本节依托姜路岭隧道和鄂拉山隧道进行实例计算,并与设计值进行对比,给出建议措施。

4.2.3.1 姜路岭隧道保温层铺设厚度和长度计算

1)保温层厚度计算

选取多年冻土段 ZK329+730 断面和 ZK332+444 断面,非冻土段 ZK331+350 断面为典型计算断面,如图 4-48 所示。

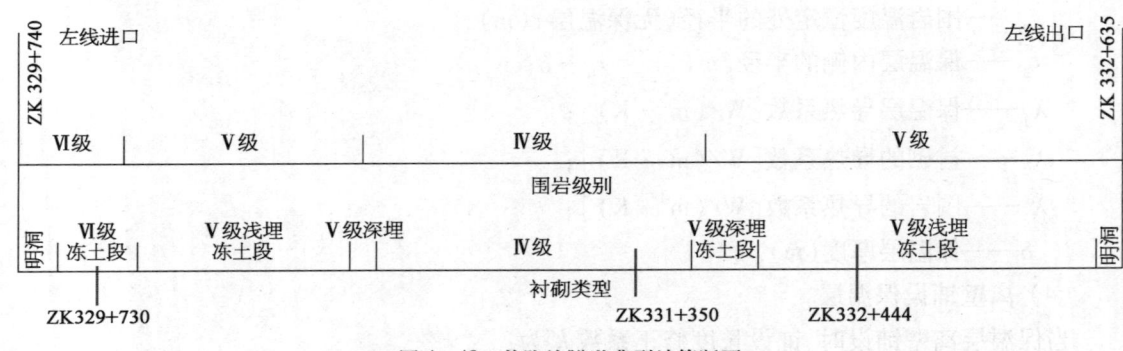

图 4-48 姜路岭隧道典型计算断面

(1)计算参数确定

多年冻土段 ZK329+730 断面围岩为碎石土,ZK331+350 断面和 ZK332+444 断面围岩均为粉质页岩夹板岩,根据所选断面的围岩级别以及表 2-5 所示的围岩裂隙率范围,得到材料热物理参数如表 4-21 所示。

表 4-21 材料热物理参数表

断面	热物理参数	围岩		衬砌混凝土	空气	隔热材料
		未冻结	冻结			
ZK329+730	导热系数$[W/(m \cdot ℃)]$	1.10	1.29	2.56	0.023	0.03
	比热容$[J/(kg \cdot ℃)]$	2 208.1	1 739.7	970	1 000	1 210
ZK331+350	导热系数$[W/(m \cdot ℃)]$	3.50	3.64	2.56	0.023	0.03
	比热容$[J/(kg \cdot ℃)]$	876.8	814.1	970	1 000	1 210

(续表)

断面	热物理参数	围岩		衬砌混凝土	空气	隔热材料
		未冻结	冻结			
ZK332+444	导热系数[W/(m·℃)]	3.29	3.52	2.56	0.023	0.03
	比热容[J/(kg·℃)]	1 285.41	971.91	970	1 000	1 210

依据设计资料,ZK329+730 断面初衬厚 50 cm(包括 30 cm 厚的喷射混凝土和 20 cm 厚的一次模筑混凝土),二衬厚 50 cm;ZK331+350 断面初衬厚 20 cm,二衬厚 40 cm;ZK332+444 断面初衬厚 45 cm(包括 25 cm 厚的喷射混凝土和 20 cm 厚的一次模筑混凝土),二衬厚 50 cm;隧道当量半径取为 4.36 m;洞内风速取为 5 m/s,由于暂时无法获得完整的隧道洞内温度分布,因此解析计算及有限元计算时洞内温度荷载按洞外气温曲线加载,如式(4-12)所示。

(2) 解析计算结果

多年冻土段 ZK332+444 断面隔热层设计为双层铺设,此时,隔热层厚度的计算公式为式(4-14),其中围岩最大融化深度由式(4-17)求得。非冻土段 ZK331+350 断面保温层设计铺设在二衬表面,其中围岩最大冻结深度由式(4-12)求得。

① ZK329+730 断面。

将已知计算参数代入公式(4-14)可得:

$$\frac{1}{(5.36+2h_2)\times 27.2}+\frac{1}{1.29}\ln\frac{10.54+2h_2}{5.36+2h_2}$$

$$=\frac{1}{4.36\times 27.2}+\frac{1}{0.03}\ln\frac{4.36+h_2}{4.36}+\frac{1}{2.56}\ln\frac{4.86+h_2}{4.36+h_2}$$

$$+\frac{1}{0.03}\ln\frac{4.86+2h_2}{4.86+h_2}+\frac{1}{2.56}\ln\frac{5.36+2h_2}{4.86+2h_2}$$

计算得每层隔热层厚度 $h_2=3.03$ cm。

② ZK331+350 断面。

将已知计算参数代入公式(4-14)可得:

$$\frac{1}{4.96\times 27.2}+\frac{1}{3.64}\ln\frac{26.43+h_2}{4.96+h_2}=\frac{1}{4.36\times 27.2}+\frac{1}{0.03}\ln\frac{4.36+h_2}{4.36}$$

计算得保温层厚度 $h_2=5.98$ cm。

③ ZK332+444 断面。

将已知计算参数代入公式(4-25)可得:

$$\frac{1}{(5.31+2h_2)\times 27.2}+\frac{1}{3.64}\ln\frac{10.08+2h_2}{5.31+2h_2}$$

$$=\frac{1}{4.36\times 27.2}+\frac{1}{0.03}\ln\frac{4.36+h_2}{4.36}+\frac{1}{2.56}\ln\frac{4.86+h_2}{4.36+h_2}$$

$$+\frac{1}{0.03}\ln\frac{4.86+2h_2}{4.86+h_2}+\frac{1}{2.56}\ln\frac{5.31+2h_2}{4.86+2h_2}$$

计算得每层隔热层厚度 $h_2 = 2$ cm。

根据前述隔热或保温层厚度误差修正方法，多年冻土段中解析计算值可完全满足隧道防冻要求而无需修正，即 ZK329+730 断面双层铺设 2.85 cm 厚的隔热层、ZK332+444 断面双层铺设 2 cm 厚的隔热层即可保证多年冻土段围岩不因洞内气温而融化。因洞口年平均气温小于 0℃，此时非冻土段 ZK331+350 断面解析计算结果偏小，即 5.98 cm 厚的保温层不能满足隧道长期防冻要求。为了验证结论的合理性，下面采用有限元计算方法分别计算三个断面铺设上述厚度的隔热或保温层后围岩及衬砌的温度场。

（3）有限元计算结果

多年冻土段 ZK329+730 断面有限元计算模型如图 4-49 所示、ZK332+444 断面有限元计算模型如图 4-48 所示。非冻土段 ZK331+350 断面有限元计算模型如图 4-26 所示。根据现场实测数据，多年冻土围岩初始地温为-0.7 摄氏度，非冻土围岩初始地温按 6℃/100 m 的地温增长梯度计算。首先采用稳态热分析法求得围岩初始温度场，在此基础上采用瞬态热分析求解洞内气温作用下的围岩及衬砌温度场。计算时长为 50 年，子步长为 5 天。三个断面的计算结果如图 4-50、图 4-51 所示。

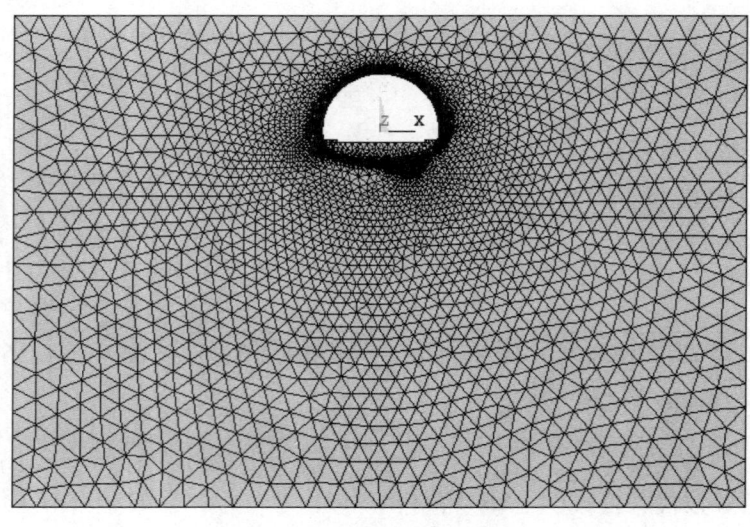

图 4-49 ZK329+730 断面计算模型

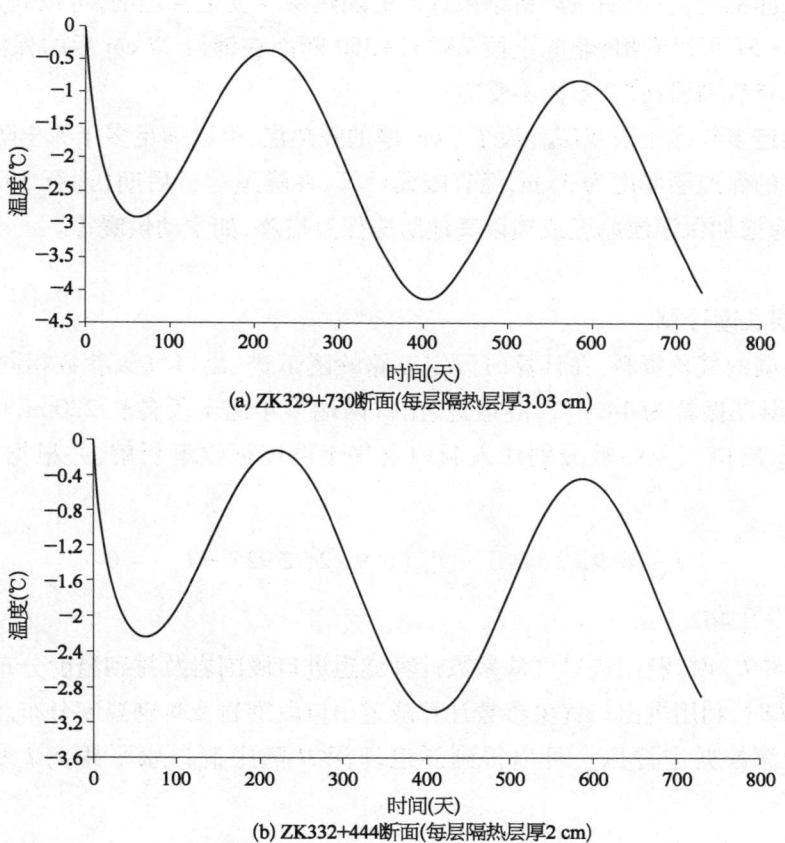

图 4-50 多年冻土段围岩表面温度随时间的变化

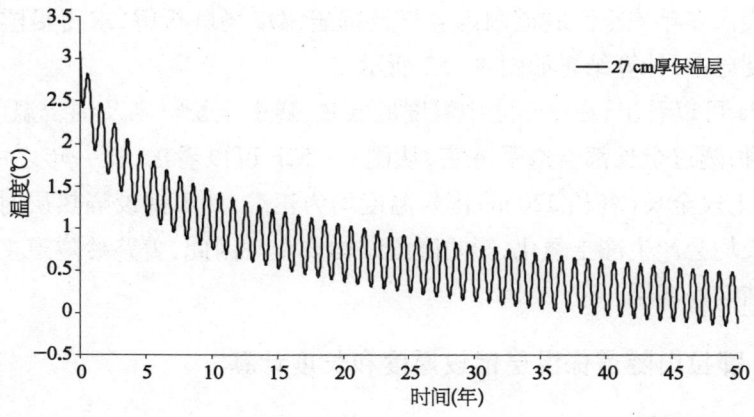

图 4-51 非冻土段 ZK331+350 断面二衬表面温度随时间的变化

从图 4-50 可以看出，多年冻土段 ZK329+730 断面双层铺设 3.03 cm 厚的隔热层、ZK332+444 断面双层铺设 2 cm 厚的隔热层可保证多年冻土段围岩一直维持在负温，不因洞内气温而产生冻融变化;说明按解析结果选取的隔热层厚度是合理的,可以满足隧道防冻融要求。从图 4-51 可以看出,非冻土段 ZK331+350 断面在铺设 27 cm 后的保温层后才可以保证二衬及其背后围岩在 50 年内不受冻。

姜路岭隧道多年冻土段双层铺设了 5 cm 厚的隔热层,可以满足多年冻土防融的要求,而非冻土段设计的保温层厚度为 5 cm,经有限元计算,在隧道运行后期(运行 15 年后)无法满足防冻要求,应增加保温层厚度或辅以其他防冻保温措施,如主动供暖等。

2) 保温层长度计算

因暂无准确的气象资料,在计算时假定姜路岭隧道进、出口气象参数相同,年平均气温为 -3.1℃,年温度振幅为 14.4℃,隧道进、出口两端多年冻土段各长 220 m,中间为非冻土段。首先将进、出口气象参数分别代入洞内空气年温度振幅解析解,并根据式(4-13)求出 L_M:

$$T_{A1}(6.9, 2, L_M) - T_{A2}(6.9, 2, 2\,925 - L_M) = 0$$

解得: $L_M = 1\,462.5$ m

当 $0 \leqslant l \leqslant L_M$ 时,利用进口气象参数计算隧道进口段围岩及衬砌温度分布;

当 $L_M < l$ 时,利用进出口气象参数计算隧道出口段围岩及衬砌温度分布。

将隧道埋深数据进行拟合可以得到隧道埋深 H 随距洞口水平距离 l 变化的数学表达式:

$$H(l) = 4.343\,51 + 0.179\,37 \times l + 7.448\,36 \times 10^{-5} \times l^2 \\ - 9.786\,6 \times 10^{-8} \times l^3 + 1.641\,53 \times 10^{-11} \times l^4$$

将各参数代入多年冻土区隧道洞内空气及围岩温度场解析解,求得沿隧道长度方向衬砌及围岩的温度分布,计算结果如图 4-52 所示。

从图 4-52a 可以看出,在一年之中温度最低时,隧道全长衬砌及围岩温度均为负温,即不铺设保温层时,隧道全长都会遭受冻害;从图 4-52b 可以看出,在一年之中温度最高时,进、出口多年冻土段全长(各长 220 m)围岩温度均为正温,即不铺设隔热层时,隧道进、出口多年冻土段全长均会产生冻土融化,影响隧道结构安全。因此,姜路岭隧道多年冻土及非冻土段均应全长铺设保温层。

4.2.3.2 鄂拉山隧道保温层铺设厚度和长度计算

1) 保温层厚度计算

选取多年冻土段 K301+010 断面、K301+085 断面以及非冻土段 K304+840 断面为典型计算断面,如图 4-53 所示。

K301+010 断面为洞口浅埋段,其埋深以及地质条件(围岩为碎石土)和姜路岭隧道

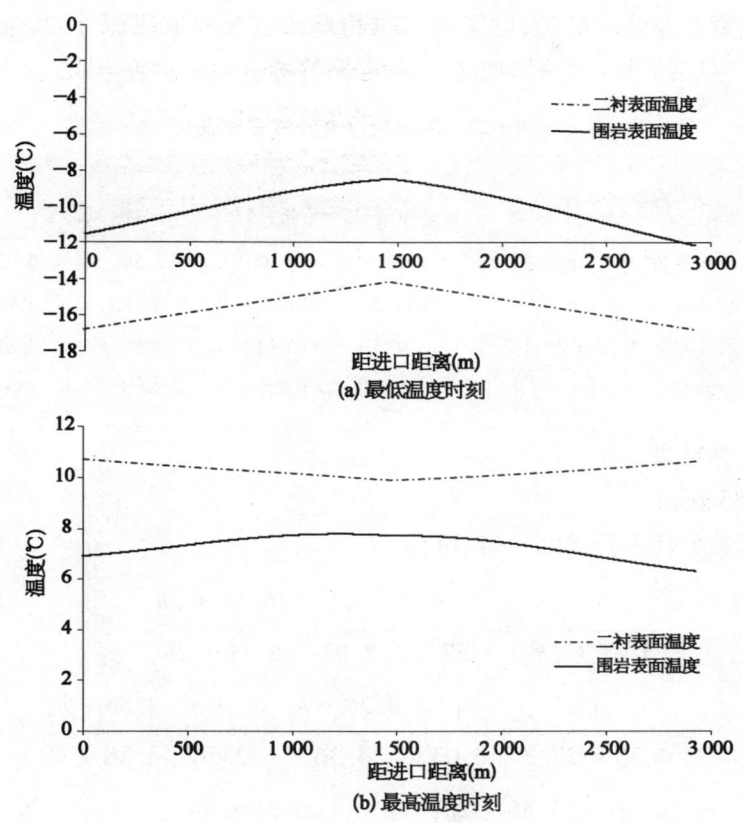

图 4-52 无保温层时沿隧道纵向的衬砌及围岩温度分布

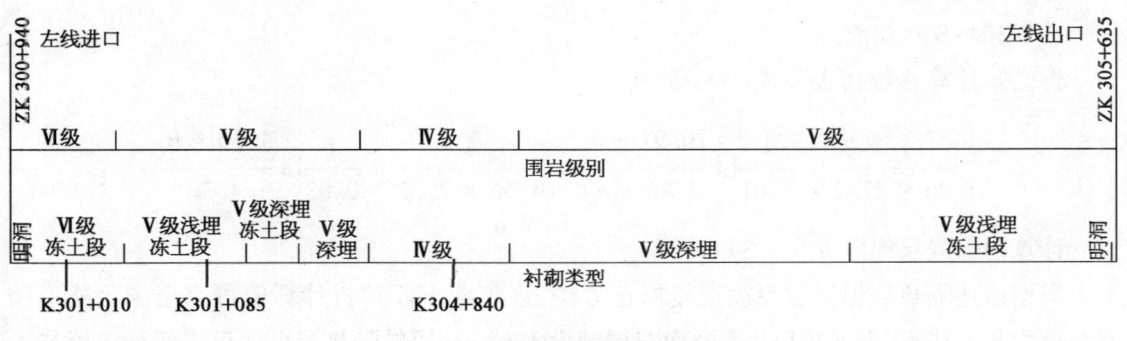

图 4-53 鄂拉山隧道典型计算断面

ZK329+730 断面均一致,该断面的隔热层厚度计算结果与姜路岭隧道 ZK329+730 断面一致,将不再单独计算。

(1) 计算参数确定

K301+085 断面围岩为 V 级凝灰岩夹安山岩、K304+840 断面围岩为 IV 安山岩夹凝灰岩，根据围岩种类、围岩级别及裂隙率等求得材料热物理参数，如表4-22所示。

鄂拉山隧道紧邻姜路岭隧道，除了围岩热物理参数及隧道埋深外，其余如隧道断面尺寸、支护参数、保温层铺设方式等均相同，均按姜路岭隧道相关参数选取。

表4-22 隔热层厚度计算参数表

断面编号	热物理参数	围岩		衬砌混凝土	空气	隔热材料
		未冻结	冻结			
K301+085	导热系数[W/(m·℃)]	1.78	2.02	2.56	0.023	0.03
	比热容[J/(kg·℃)]	2 014.2	1 826.1	970	1 000	1 210
K304+840	导热系数[W/(m·℃)]	1.93	2.01	2.56	0.023	0.03
	比热容[J/(kg·℃)]	1 871.4	1 808.7	970	1 000	1 210

（2）解析计算结果

① K301+085断面。

将已知计算参数代入公式(4-14)可得：

$$\frac{1}{(5.31+2h_2)\times 27.2}+\frac{1}{2.02}\ln\frac{16.16+2h_2}{5.31+2h_2}$$

$$=\frac{1}{4.36\times 27.2}+\frac{1}{0.03}\ln\frac{4.36+h_2}{4.36}+\frac{1}{2.56}\ln\frac{4.86+h_2}{4.36+h_2}$$

$$+\frac{1}{0.03}\ln\frac{4.86+2h_2}{4.86+h_2}+\frac{1}{2.56}\ln\frac{5.31+2h_2}{4.86+2h_2}$$

计算得隔热层厚度 $h=1.62$ cm。

② K304+840断面。

将已知计算参数代入公式(4-25)可得：

$$\frac{1}{4.96\times 27.2}+\frac{1}{2.01}\ln\frac{20.91+h_2}{4.96+h_2}=\frac{1}{4.36\times 27.2}+\frac{1}{0.03}\ln\frac{4.36+h_2}{4.36}$$

计算得保温层厚度 $h=9.34$ cm。

根据前述隔热或保温层厚度误差修正方法，多年冻土段解析计算值可完全满足隧道防冻要求而无需修正，即K301+085断面双层铺设1.62 cm厚的隔热层可保证多年冻土围岩不因洞内气温而融化。因洞内年平均气温小于0℃，此时非冻土段K304+840断面解析计算结果偏小，不能满足隧道长期防冻要求。为了验证结论的合理性，下面采用有限元计算方法分别计算两个断面铺设上述厚度的隔热或保温层后围岩及衬砌的温度场。

（3）有限元计算结果

多年冻土段K301+085断面有限元计算模型如图4-15所示。非冻土段K304+840

断面有限元计算模型如图 4-26 所示。根据现场实测数据,多年冻土围岩初始地温为 -0.7℃,非冻土围岩初始地温按6℃/100 m的地温增长梯度计算。首先采用稳态热分析法求得围岩初始温度场,在此基础上采用瞬态热分析求解洞内气温作用下的围岩及衬砌温度场。计算时长为 50 年,子步长为 5 天。两个断面的计算结果如图 4-54、图 4-55 所示。

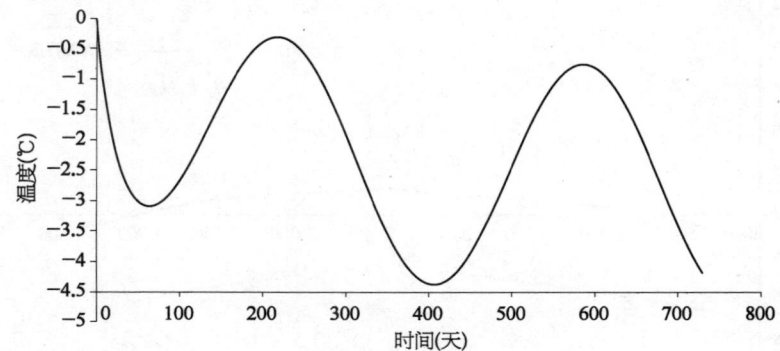

图 4-54　多年冻土段 K301+085 断面围岩表面温度随时间的变化(隔热层厚 1.62 cm)

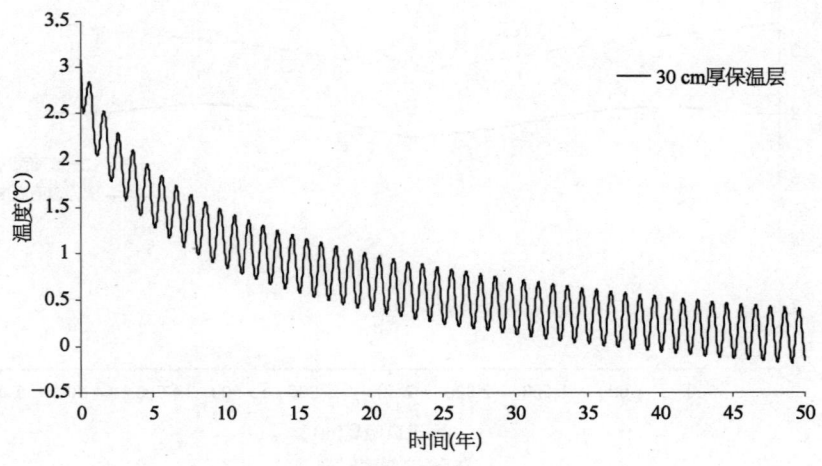

图 4-55　非冻土段 K304+840 断面二衬表面温度随时间的变化

从图 4-54 可以看出,多年冻土段 K128+893 断面双层铺设 1.62 cm 厚的隔热层可保证多年冻土围岩一直维持在负温,不因洞内气温而产生冻融变化;说明按解析结果选取的隔热层厚度是合理的,可以满足隧道防冻融要求。从图 4-55 可以看出,非冻土段 K304+840 断面在铺设 30 cm 后的保温层后才可以保证二衬及其背后围岩在 50 年内不受冻。

鄂拉山隧道多年冻土段双层铺设了 5 cm 厚的隔热层,可以满足多年冻土防融的要求,非冻土段设计的保温层厚度为 5 cm,经有限元计算,在隧道运行后期(运行 10 年后)无法满足防冻要求,应辅以其他防冻保温措施,如主动供暖等。

2) 保温层长度计算

因暂无准确的气象统计资料,在计算时假定鄂拉山隧道进、出口气象参数相同,年平均气温为-3.1℃,年温度振幅为14.4℃。隧道进、出口两端多年冻土段各长220 m,中间为非冻土段,计算结果如图4-56所示。

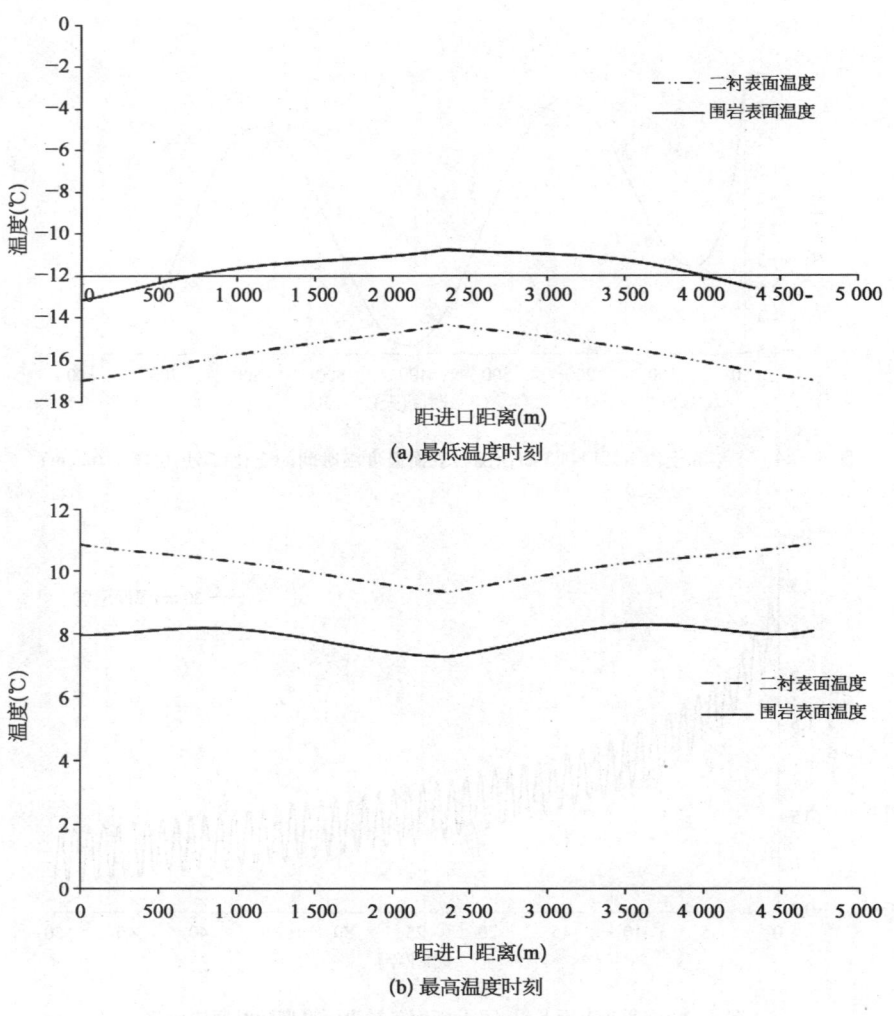

图4-56 无保温层时沿隧道纵向的温度分布

从图4-56a可以看出,同姜路岭隧道一样,在一年之中温度最低时,鄂拉山隧道全长衬砌及围岩温度均为负温,即不铺设保温层时,隧道全长都会遭受冻害;从图4-56b可以看出,在一年之中温度最高时,进、出口多年冻土段全长(各长220 m)围岩温度均为正温,即不铺设隔热层时,隧道进、出口多年冻土段全长均会产生冻土融化,影响隧道结构安全。因此,鄂拉山隧道多年冻土及非冻土段均应全长铺设隔热或保温层。

第5章

多年冻土区公路隧道防排水

我国已修建了多条多年冻土区铁路、公路隧道,积累了一些高寒地区隧道的防排水设计及施工经验,例如青藏铁路线上的昆仑山、风火山隧道洞身穿越多年冻土层,隧道洞内全长设双侧保温水沟,墙角纵向设排水盲管,施工缝处设环向盲管和纵向盲管相连,隧道全长铺设防水板,混凝土衬砌采用低温早强防水混凝土,施工缝处设止水条,沉降缝和伸缩缝处设止水带。

《公路隧道设计规范》(JTG D70—2004)(本章下文简称《规范》)、《公路隧道设计细则》(JTG-T D70—2010)(本章下文简称《细则》)也对多年冻土区隧道的防排水设计做出了一些规定,如"混凝土的抗渗等级在有冻害地段及最冷月平均气温低于-15℃的地区不低于S8""寒冷和严寒地区有地下水的隧道,最冷月平均气温在-10~-15℃时,宜采用双侧保温水沟,最冷月平均气温在-15~-25℃时,宜采用中心深埋水沟,最冷月平均气温低于-25℃时,在主洞隧道以下宜采用防寒泄水洞"。

从工程实践来看,严寒及多年冻土区的隧道建成后仍普遍会出现渗漏水并引发不同程度的冻害,相关资料表明,已运营的多年冻土区道中,80%以上的隧道存在着各种各样的冻害现象,这其中60%的隧道出现了渗漏水,防排水系统失效的现象仍较为普遍存在,这说明,现有设计规定、设计方法仍存在不足之处,不能很好地解决严寒及多年冻土区公路隧道防排水设计中遇到的问题。因此,对这些问题进行系统的分析并在此基础上提出相应的解决措施是十分必要的。另外,多年冻土区公路隧道一般会穿越季节冻土、多年冻土、非冻土等不同类型的冻土段,防排水系统应该如何进行分段设计以及各分段之间如何衔接也是急需解决的问题。

5.1 多年冻土区公路隧道衬砌防水设计

5.1.1 公路隧道常规防水系统设计

现有的多年冻土区公路隧道防水系统设计和一般地区的公路隧道类似,主要包括以下几部分:

① 隧道采用复合式衬砌时,在初衬与二衬之间设置防水卷材及无纺布;

② 隧道二衬的施工缝、沉降缝、伸缩缝处设置橡胶止水带或止水条;

③ 二衬采用抗渗混凝土,其中混凝土抗渗等级在有冻害地段及最冷月份平均气温低于-15℃的地区不低于S8,其余地区不低于S6;

④ 地下水丰富或为富水的破碎带时,采取围岩注堵水。

多年冻土区隧道防水系统失效的原因主要有以下几方面:

① 防水板拼接时粘结或焊接质量不佳,造成防水板接缝不严;

② 二衬混凝土施工时,绑扎钢筋或振捣混凝土操作不规范,导致防水板局部破损;
③ 初衬混凝土表面粗糙不平,防水板在围岩压力等外力作用下破损;
④ 水压过高导致止水带(条)失效;
⑤ 传统衬砌环向施工缝的防水构造主要有两种:一种是在衬砌厚度中部沿环向设置内置止水带,二是在同样的位置设置遇水膨胀橡胶条,如图 5-1 所示,穿过防水板的地下水会向施工缝聚集,而施工缝一般间隙较小,使渗水下排阻力增大,造成止水带(条)外侧水压增高,从而造成渗漏;此外,在全断面一次衬砌的情况下,衬砌基础总是先于衬砌施工,衬砌基础施工的分段位置往往与上部衬砌的分段位置不重合,因此,衬砌环向施工缝的下部没有与隧道排水系统相连通,这就造成衬砌环向施工缝中的地下水没有排泄通道,从而聚集在止水带(条)与防水板之间,形成较高的水压,极易引发施工缝渗漏;

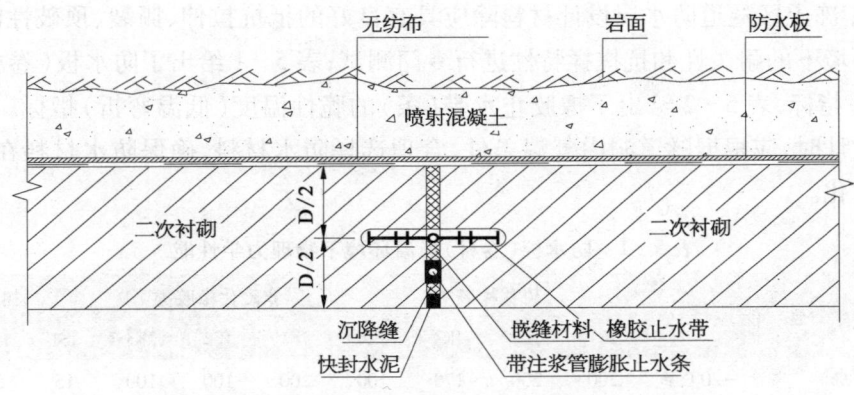

图 5-1 常用环向施工缝防水构造

⑥ 低温导致防水卷材、遇水膨胀橡胶等材料的拉伸性能降低,脆性增加,极易发生脆裂,失去防水功能。

针对上述问题,可采取的解决措施如下:
① 在防水板铺设及浇筑二衬混凝土时严格控制施工质量,避免损坏防水板;
② 降低初喷混凝土表面粗糙度,可在混凝土表面喷射砂浆层,以使防水板铺设基面平整光滑,同时尽量避免采用碎石作为喷射混凝土的粗骨料,以防止碎石划破防水板,可采用卵石做粗骨料,也可适当增加土工布的厚度,以使防水板免遭尖锐物的刺伤;
③ 为解决施工缝中地下水排水不畅的问题,可采取"可排水复合橡胶止水带",如图 5-2 所示;可排水复合橡胶止水带为内置式止水带,设置在衬砌厚度的中间。当环向施工缝内出现渗水时,渗水沿环向施工缝流至止浆滤水带,由于止浆滤水带可透水,渗水很容易进入排水通道,并由其排入隧道的排水系统;如果部分渗水在穿越止浆滤水带时沿止水带与混凝土之间的间隙横向流动,则会遇到粘贴在止水带翼缘上的遇水膨胀橡胶条的阻挡,遇水膨胀橡胶条遇水后膨胀,使止水带翼缘与混凝土之间的间隙密实,渗水沿横向流动阻力增大,从而提高了止水带的止水能力。

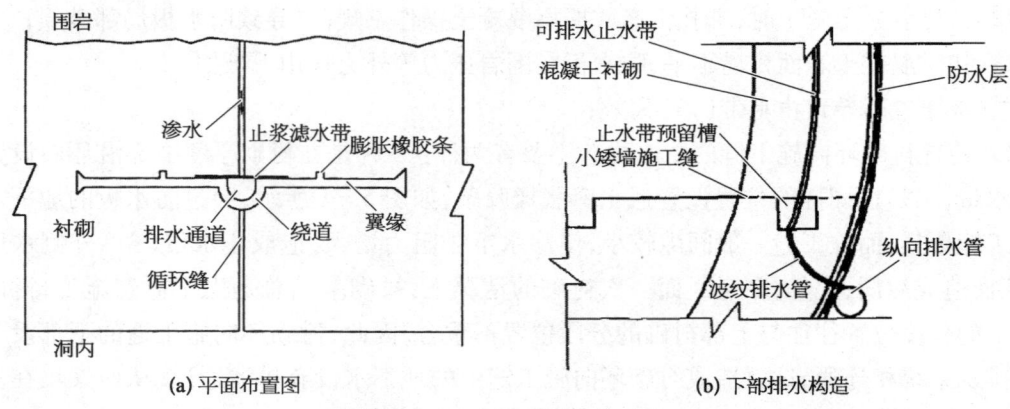

图 5-2 可排水复合橡胶止水带

④ 多年冻土区隧道防水层设计材料除应具有良好的抵抗拉伸、撕裂、顶破性能外,还应对其低温环境下的耐久性和抗搓揉特性进行专门测试;表 5-1 给出了防水板(卷材)的低温弯折(柔度)指标,表 5-2 给出了橡胶止水带(条)的脆性温度(低温弯折)指标。在进行隧道的防水设计时,应根据隧道洞内气温条件,合理选择防水材料,确保防水材料在低温环境下性能不劣化。

表 5-1 防水板(卷材)低温环境下物理力学性能

力学性能		硫化橡胶类				非硫化橡胶类			树脂类		
		JL1	JL2	JL3	JL4	JF1	JF2	JF3	JS1	JS2	JS3
拉断伸长率(%)	−20℃ ≥	200	200	170	100	200	100	100	15	350	300
低温弯折(℃) ≤		−40	−30	−30	−20	−30	−20	−20	−20	−35	−35
力学性能		硫化橡胶类 FL				非硫化橡胶类 FF			树脂类		
									FS1	FS2	
拉断伸长率(%)	−20℃ ≥	150				50			10	10	
低温弯折(℃) ≤		−35				−20			−30	−20	

表 5-2 橡胶止水带(条)低温环境物理力学性能

橡胶止水带			
力学性能	变形缝	施工缝	接缝
脆性温度(℃) ≤	−45	−40	−40
遇水膨胀橡胶止水条			
低温弯折(−20℃×2 h)		无裂纹	

5.1.2 多年冻土区公路隧道新型维护型防水系统

维护型防水系统既要易于确诊渗漏部位,易于确定渗漏源,又要求渗漏处容易修复。通过在易渗漏部位重点布置及在结构内衬范围内系统布置注浆设施,在衬砌完成后及时注浆封堵薄弱部位,当渗漏发生时也可有针对性的补充注封堵,可保证对渗漏的多次无干扰修复。由于目前在衬砌上表现的漏水挂冰现象,只能说明衬砌在此部位比较薄弱,不能就此判断该部位的背后为渗漏源,往往很难找到防水层的破损、渗漏位置,也就不能很好地修复渗漏水。

渗漏源难于确定的主要原因是地下水从防水板破损处渗过后,在防水板内侧流窜,最终在二次衬砌薄弱部位或衬砌接缝处渗入隧道内部;因此,防止渗水纵向流窜是维护型防水系统的关键。

1) 衬砌段新型维护型防水系统

为防止渗水纵向流窜提出的衬砌段新型维护型防水系统,是在隧道铺设了防水层后,在防水层上每隔一定的间距粘贴背贴式止水条带,然后浇筑衬砌混凝土,使衬砌背后形成网格状的防水分区,通过止水带的止水作用,将渗水控制在一定范围内,防止渗水纵向窜流。如果在一个防水分区内恰巧衬砌混凝土的防水性能很好,那么,即使在该分区内防水层有损伤,该分区也不会发生渗漏,从而可大大降低隧道的渗漏可能。

为实现将渗水控制在一定范围的防水分区思想,出现了背贴充气式止水带和分贴充气式止水带。

（1）背贴充气式止水带

目前市场上的背贴止水带只能防止水渗入施工缝内,而无法防止水流从止水带一侧渗入另一侧,因此会出现隧道表面出现渗漏,而防水板破损却是发生在衬砌另一施工区段内的情况。为防止水从一个防水分区渗入另一个防水分区,现已发明了背贴充气止水带,如图5-3所示,该止水带沿隧道衬砌环向设置。施工时,先将热融衬垫与防水板粘合在一起,并在两粘合中间部位充气,以检查粘贴处密封情况。在浇筑衬砌混凝土前,先向充气区域充入一定量空气,让充气区域定形。浇筑混凝土后,止水楞

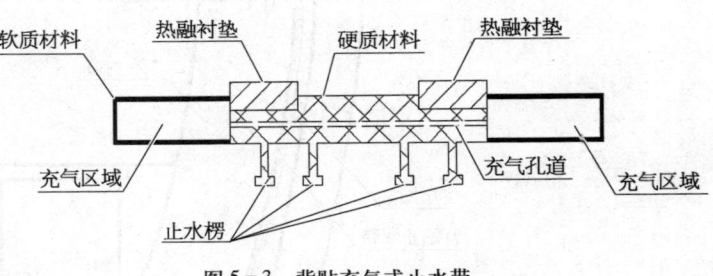

图5-3 背贴充气式止水带

埋置于混凝土中,由于止水楞的存在,提高了衬砌侧的抗渗阻力,浇筑完二衬后再次通过拱脚充气口向充气区域充气,使软质材料密贴防水板和衬砌,形成防止水流渗过的两重屏障。

该止水带具有以下优点:

① 热融衬垫的设置保证了止水带与防水板的密贴,能有效防止渗水沿纵向窜流;

② 充气结构的设置保证了止水带与内侧混凝土及外侧防水板的密贴,解决了普通止水带与混凝土的粘结能力差,止水带常与混凝土结合欠密实的问题,形成了防止渗水纵向流窜的第二道屏障;

③ 在止水带上预留了充气口,在衬砌发生位移后,仍能通过充气实现与混凝土的密贴,防止了止水带因衬砌位移而引起的防水失效,大大提高了止水带的可维护性,减小了后期修补费用。

(2) 分贴充气式止水带

由于目前施工缝间距为 10~15 m,如果只在施工缝处进行防水分区,一旦隧道发生渗漏水,防水板破损位置仍然很难判断,因此需在两施工缝间布置分贴止水带,该止水带需内侧与混凝土密贴,外侧与防水板密贴,将衬砌背后防水分区进一步缩小,并实现分区中的渗水不会进入另一分区。为此发明了分贴充气式止水带,如图 5-4 所示,其横断面呈"凸楞"状,该止水带除设置了插入混凝土的凸楞以外其他与背贴充气式止水带类似。

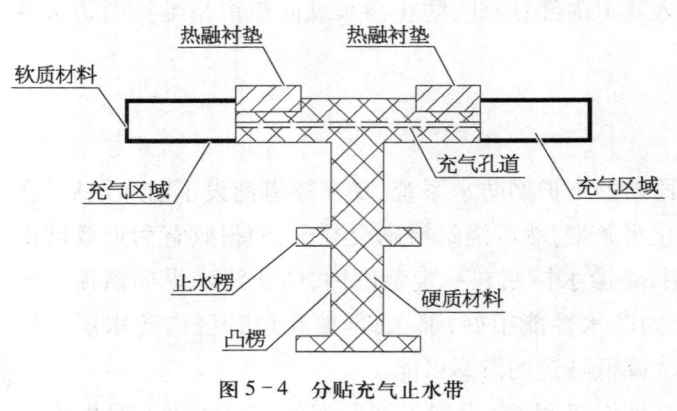

图 5-4 分贴充气止水带

(3) 分区内渗水下排通道

上述分区防水系统防止了穿过防水板的渗水沿纵向窜流,但按上述设计这部分渗水无排出通道,渗水便一直在防水板与衬砌之间积聚,导致压力升高,长期在高压水的作用下,该衬砌段可能会发生渗漏。因此,有必要在每一个防水分区内,设置预留槽,如图 5-5 所示,

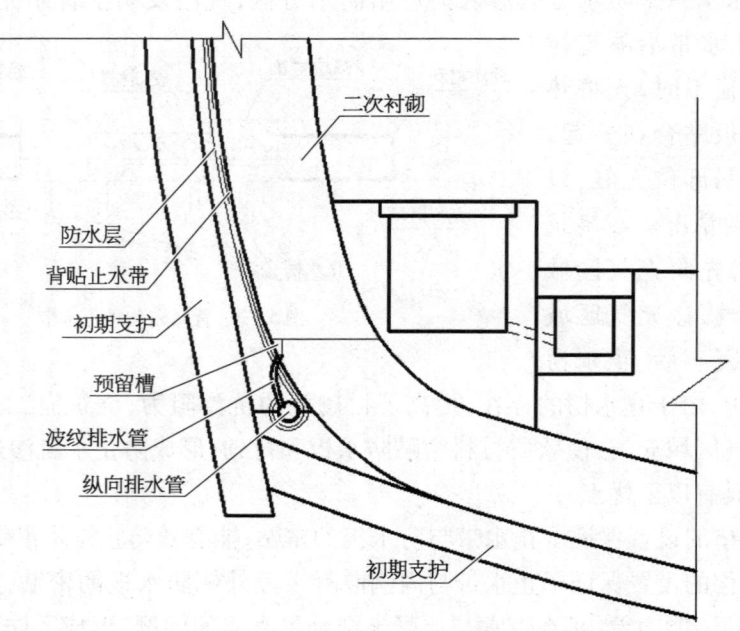

图 5-5 防水分区内渗水下排设计

当渗水穿过防水板后,积聚在预留槽内并通过预留槽内的波纹管排入纵向排水管,这样就疏导了穿过防水板的渗水,防止防水板内侧渗水积聚。

上述分区防水系统及渗水下排设计实现了渗漏部位的易确定性,此时再在分区内预埋注浆管即实现了渗漏部位的易修复性,也就构成了衬砌段新型维护型防水系统,如图5-6所示。

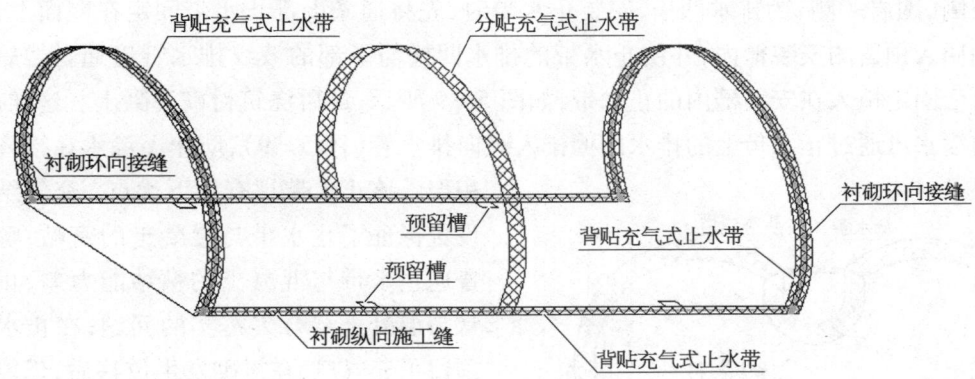

图5-6 衬砌段维护型防水系统

2) 接缝新型维护型防水系统

衬砌段新型维护型防水系统防止了渗水沿纵向窜流,但是衬砌接缝依然是防水的薄弱环节,渗水仍然极易从该处渗入隧道。

为此,建立了接缝新型维护型防水系统,如图5-7所示:采用背贴充气式止水带、中埋充气式止水带、可注浆中埋式止水带等;其使用介绍如下。

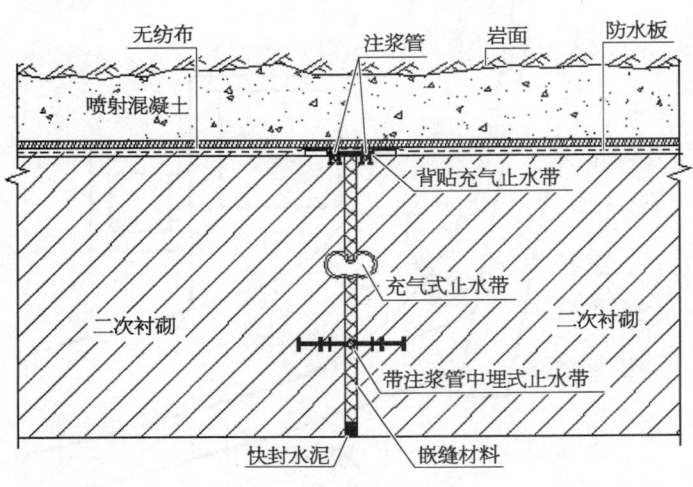

图5-7 接缝防水设计

① 采用背贴充气止水带,并设置注浆管,衬砌接缝施工结束后,对注浆管进行注浆,堵塞背贴式止水带的缝隙,对渗入的地下水进行初防水,背贴充气止水带可防止渗水从衬砌一个区段进入另一个区段,为隧道的维护型防水设计提供了可能。

② 中埋充气式止水带,如图 5-8 所示,该止水带大部分为软体材质,只在排水凹槽部位为硬质塑料材质,止水带在隧道接缝内环向设置,止水带在二衬混凝土一侧浇筑时,安装于预留的模板凹槽内,待二衬混凝土浇筑完成后,通过充气口向内充气至设计气压,使得止水带外壁与二衬混凝土凹槽内壁完全贴合。该止水带在隧道内侧方向为圆滑凸起式构造,在隧道外侧(围岩一侧)为排水凹槽,安装止水带时,先将通条上部止水带固定在壁面上,止水带下端插入预留的安装槽内,并使止水带的排水凹槽与下部的波纹排水管连通。然后用防水混凝土固定植入在安装槽内的止水带,如图 5-9 所示,最后浇筑衬砌混凝土。这样,渗入接缝的渗水可通过止水带上的排水凹槽排入纵向排水管(图 5-9),防止了渗水在接缝部位积聚。该止水带具有如下优点:充气结构的设置保证了止水带与混凝土的密贴,解决了普通止水带与混凝土的粘结能力差、止水带常与混凝土结合欠密实的问题;在止水带上预留了充气口,在衬砌发生位移后,仍能通过充气实现与混凝土的密贴,防止止水带因衬砌位移而引起的防水失效,大大提高了止水带的可维护性,减小了后期修补费用;提供排水通道,疏导渗水,防止渗水积聚。

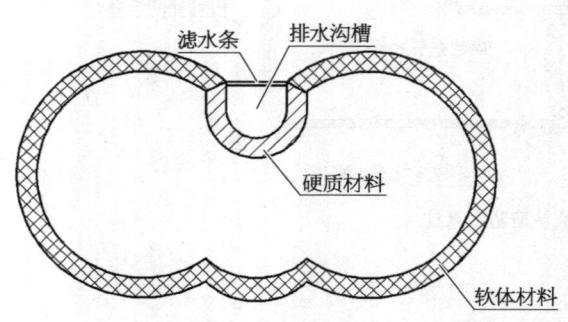

图 5-8 中埋充气式止水带横截面示意图

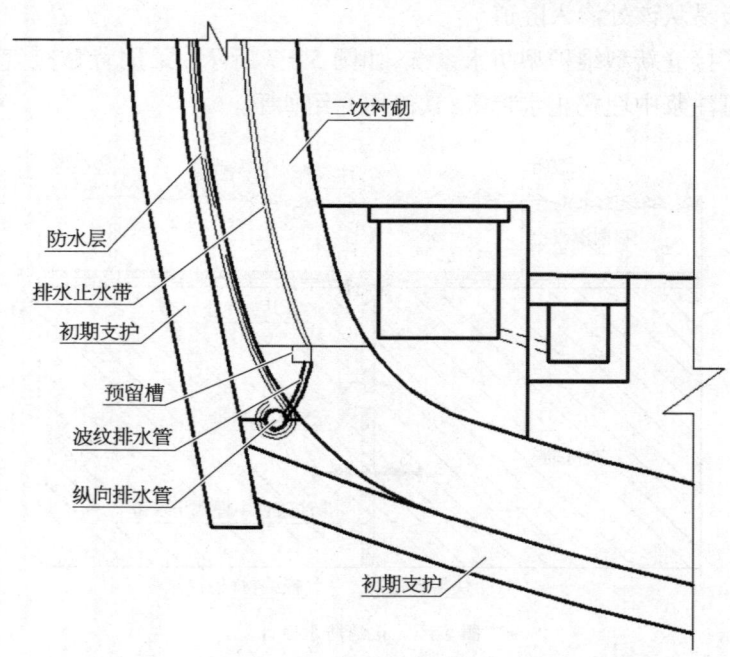

图 5-9 可排水止水带下部连接构造

③ 安设一道可注浆的中埋式止水带,作为接缝的预备防水措施,在止水带上涂抹一层保护膜,使其在前两道防水设施工作状态良好、无地下水渗入其附近时,此止水带处于不工作

状态,而且可以防止微生物的腐蚀,一旦前两道防水失效,该止水带与水接触保护材料自然降解,止水带开始工作,这样可以延长防水设施的工作时间。同时,这个止水带具有可维护性的防水设施,将注浆管有序地固定在隧道衬砌边界,如果发生渗漏,可以进行注浆堵漏。

5.2 多年冻土区公路隧道排水系统分段设计与衔接

5.2.1 季节冻土段排水系统设计

现有的设计方法一般不单独考虑洞口季节冻土段,因此往往忽略了季节冻土在冬季会完全冻结、夏季完全消融这一特殊的冻融特性,没有把排水设计和季节冻土的冻融结合起来,这样可能会导致衬砌背后排水设施、路面或路基下排水设施易被冻。

针对上述问题,可采取的解决措施如下。

① 在隧道洞内衬砌表面铺设保温层,阻止冻结线沿"洞内向围岩"方向的发展(见图4-5),这样,洞口季节冻土段将只有一个冻结方向,即从"地表向围岩",在此过程中,保温层起到保证衬砌背后排水系统不冻的作用,未冻土体中的地下水可以顺利排出。

但暗洞洞口附近上覆土层很薄,在气温降低的过程中,即使在洞内铺设了隔热保温层,该处土体及衬砌背后的排水设施也会很快冻结,这样会导致洞口及从距离洞口较远地方流过来的地下水无法顺利排出;而且,当隧道采用墙式洞门时,洞门附近的土体冻结膨胀,产生冻胀力作用于洞门之上,影响洞门结构的安全。为解决这一问题,可在洞口地表一定范围内铺设保温材料(见图4-8),与洞内保温层一起防止洞口附近排水系统及土体的冻结,这样既可以保证排水通畅,也可以避免土体冻胀对洞门结构的不利影响。

② 季节冻土段路面两侧或路基下的排水系统设计应在《规范》规定的基础上考虑地下水发育情况。

当季节冻土段的地下水量不大甚至几乎没有时,设置中心深埋水沟或防寒泄水洞是不经济也是不必要的,既影响施工进度,而且深挖拉槽还可能影响边墙的稳定性,这种情况下仅需设置保温水沟排出少量的地下水即可,当最冷月气温低于-15℃时,应增加保温水沟的保温材料厚度或结合主动供暖方式以防止水沟冻结。

当季节冻土段的地下水量较大且又有长期补给时,可以按《规范》规定依据最冷月平均气温采用保温水沟、中心深埋水沟或防寒泄水洞来排除季节冻土段的水。中心深埋水沟或防寒泄水洞的埋深应大于实测的隧址围岩最大冻结深度以保证水流不冻结。

5.2.2 多年冻土段排水系统设计

《规范》没有专门针对多年冻土段的隧道排水设计规定,仅规定应按最冷月平均气温设置保温水沟、中心深埋水沟或防寒泄水洞。

当最冷月平均气温低于-15℃时,按《规范》要求应在路基下设置中心深埋水沟或防寒泄水洞,但这样设计存在以下几个方面的问题。

① 在隧道多年冻土段下修建防寒泄水洞或中心深埋水沟,施工扰动将成为一个热源,会使多年冻土段的冻土融化,可能导致地层融沉变形,给隧道的整体结构安全带来影响。

② 当防寒泄水洞或中心深埋水沟直接穿越多年冻土区时,需要采用相应的保温措施来防止水流被冻结以及防止周围冻土融化,如果处理不当,会导致冬季水流冻结,失去排水功能;夏季出现水流渗漏会使泄水洞周围多年冻土融化,形成融化圈,可能使衬砌基础发生不均匀沉降。

③ 在隧道多年冻土段下部修筑防寒泄水洞时,若防寒泄水洞先行,因其断面小,施工进度慢,会影响主洞的开挖进度,而若主洞先行,再修筑防寒泄水洞,则会影响主洞的结构安全。

④ 此外,现有设计均没有考虑外来水源对多年冻土排水的影响。当多年冻土段与季节冻土段或非冻土相接时,如果不采取截水措施,季节冻土或非冻土段中的地下水将沿隧道纵向流向多年冻土段,对多年冻土段的排水产生以下不利影响:

a. 与多年冻土相邻的季节冻土或非冻土中的地下水流入多年冻土融化圈(如图5-10所示),大量地下水聚集在衬砌背后,如果多年冻土段的排水系统在回冻过程中处于冻结状态,则地下水无法顺利排出,极易产生积水冻胀并导致渗漏;

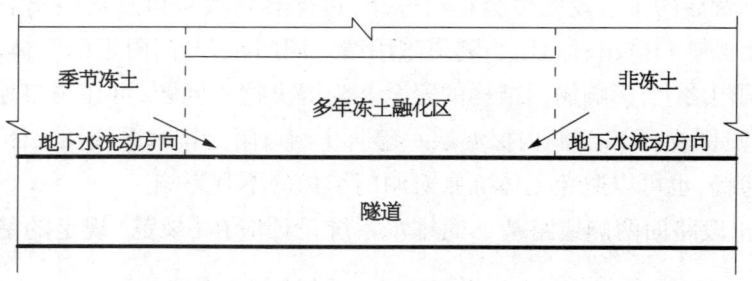

图5-10 地下水沿隧道纵向流动路径示意图

b. 多年冻土段地下水水量增多,增加了排水负担,一旦水流冻结较难处理,且水量增多可能需加大水沟断面或增设其他排水设施,增加了工程投资,也有可能对多年冻土产生扰动且影响施工进度。

针对上述问题,提出的解决措施如下。

① 多年冻土段只设置保温水沟排水。

如果没有外来水源的补充,多年冻土段的地下水量是很少的,主要来自冻土融化产生的少量孔隙水和裂隙水,其中施工期间多年冻土融化产生的地下水可在施工过程中排出,隧道建成运行后,多年冻土融化圈范围在一定时间内还是会缓慢增加,仍会有少量地下水产生,此时,仅需设置保温水沟排出这部分少量的地下水即可,无需设置中心深埋水沟、防寒泄水洞等,这样可以避免路基下方排水设施对多年冻土的扰动。

② 采用帷幕注浆防止季节冻土或非冻土段的水流向多年冻土。

为了防止其他冻土段的地下水流向多年冻土,需在两者交界处进行堵水处理,对于山岭隧道的止水、堵水,帷幕注浆是一种十分有效的方法,它是通过将适宜的注浆材料(水泥单液浆、水泥—水玻璃双液浆等)注入岩体,在隧道开挖轮廓线外形成堵水帷幕,以达到充填、加固、堵水的目的。在冻土隧道中,同样可以采用帷幕注浆的方式来防止地下水从其他冻土段向多年冻土的流动。

5.2.3 非冻土段排水系统设计

5.2.3.1 非冻土段排水系统设计的问题与措施

《规范》以及现有的多年冻土区隧道设计只强调了路基下方排水设置的防冻(采用深埋形式),而没有重视环、纵向、横向排水管的保温处理,这会造成以下几个方面的问题。

(1) 隧道没铺设保温层(或保温层厚度不够)时,环、纵向排水管被冻;多年冻土区公路隧道洞内气温一般较低,若不铺设保温层或铺设的保温层厚度不够(例如没有按隧道全寿命周期设计),就会出现排水系统已经被冻结,而衬砌背后的围岩仍未冻结的情况(见图5-11),从而造成围岩中的地下水无法顺利排出,地下水聚集在衬砌背后或渗入衬砌之中,极易形成积水冻胀并导致渗漏。

(2) 铺设足够厚度的保温层后,理论上可以保证排水设施及围岩始终不受冻,排水系统将会始终通畅,但隧道运营中排水系统仍有可能出现下列问题。

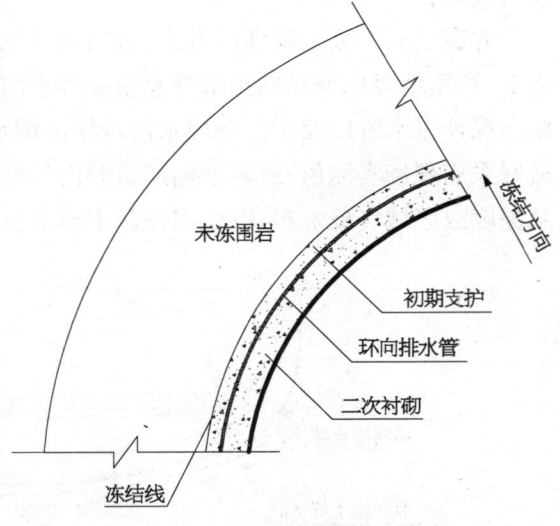

图5-11 非冻土围岩冻结过程示意图

① "上融下冻",即边墙及拱顶的环向排水管处于非冻结状态,而下部拱脚的纵向排水管处于冻结状态,造成环向排水管中的水下排受阻。出现这种情况的原因和保温层及纵向排水管的位置有关:纵向排水管一般设置在边墙与仰拱交界处,铺设保温层时,如果采用表面铺设或离壁式铺设,保温层只能沿边墙向下铺设至路面,纵向排水管所处的拱脚与仰拱或路基相连,和外界冷空气进行对流换热,使拱脚处温度偏低,极易引起纵向排水管的冻结;即使保温层夹层铺设时,受施工工序所限,边墙与仰拱的保温层一般分开铺设,没有整体成环铺设,也使得拱脚处的纵向排水管很难被保温层覆盖到。

② 路基下排水系统冻结。保温层表面铺设或离壁式铺设时,路面无法铺设保温层,埋设在路面中的横向排水管因处于冻结层中而结冰阻塞,环、纵向排水管中的地下水无法经横向

排水管进入中心深埋水沟或防寒泄水洞。另外，由于无保温层，仰拱下方围岩冻结深度较大，中心水沟或防寒泄水洞应往往因埋深不当而遭受冻害，失去汇水、排水功能。

（3）非冻土段路基下方排水系统的设置没考虑地下水发育情况，可能导致设计方案经济不合理或影响施工进度。

从上述分析不难发现，采取适当措施，保证隧道各个位置处的排水系统不冻结是非冻土段排水设计的关键，可采取的解决措施如下。

① 在二衬表面铺设保温层（或离壁铺设），通过计算确定保温层厚度，保证边墙及拱顶处初衬与二衬之间的环向排水系统在隧道设计使用年限内不冻结。

② 对拱脚处的纵向排水管单独进行保温处理，在其表面包裹保温材料以保证纵向排水管不冻结，并在保温材料外包裹防水材料以防止地下水渗入保温材料，影响保温效果。

③ 可以选择下列方案之一来确保路基中横向排水管及路基下中心深埋水沟或防寒泄水洞不受冻：

方案一——有仰拱地段，在仰拱初下铺设保温材料，以保证横向排水管及中心排水沟不冻结，这样同时也可以保证仰拱下方围岩不冻胀；或者直接在横向排水管表面包裹保温材料以防被冻；

方案二——采取深埋的方式，将横向排水管及中心排水沟置于隧道围岩最大冻结深度之下，利用地温保证横向排水管及中心排水沟不冻。例如，我国东北牡绥铁路隧道就设置了横向深埋排水管以及中心深埋水沟以保证排水通畅，如图5-12所示；围岩的最大冻结深度最好采用现场实测值，或者根据隧道洞内气温资料计算获得，不能仅采用地表松散土体的冻结深度或区域气象资料，以免因埋深不当造成中心深埋水沟或防寒泄水洞中的水流冻结。

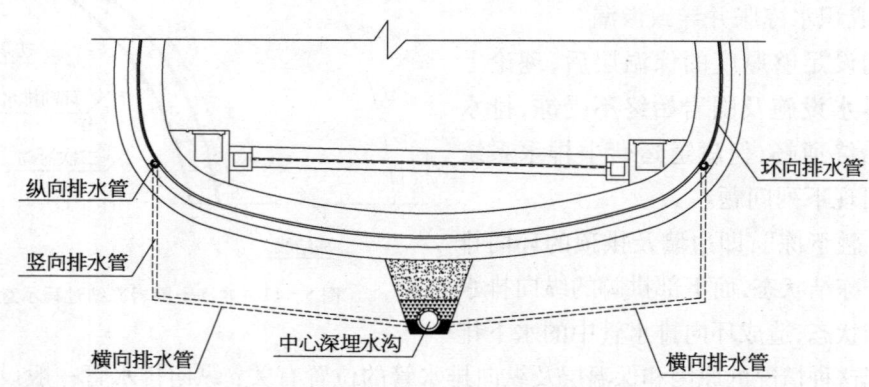

图5-12 横向深埋排水管设置示意图

（4）路基下排水系统结合地下水发育情况和最冷月平均气温综合选择。

① 当非冻土段地下水量很少或者几乎没有时，设置中心深埋水沟或者防寒泄水洞既不经济又影响施工进度，此时，仅需设置保温水沟来排出少量的地下水即可。当最冷月气温低于-15℃时，应增加保温水沟的保温材料厚度或结合主动供暖方式以防止水沟冻结。

② 当非冻土段地下水量较大或有长期补给时，可按《规范》依据最冷月平均气温选择保

温水沟、中心深埋水沟或者防寒泄水洞。

5.2.3.2 新型加热型排水系统

1）电伴热系统

（1）电伴热系统工作原理

电伴热系统是利用电流通过可导电材料产生受到电阻的阻碍将电能转化为热能的原理制成的，当电缆通电之后电缆将电能转化为热能，而且产生的热量主要以辐射、对流的方式散发出去，使隧道在寒季保持不冻结状态。

（2）电伴热系统的组成

电伴热系统由电伴热电源系统、伴热电缆系统和电伴热智能控制系统三部分组成，其中伴热电缆系统为主体发热部分。目前应用的伴热带主要有恒功率型和自控温型两种。恒功率型伴热带需要配套温度探测及控制系统来控制开关以达到保持温度恒定，避免持续恒功率发热而导致温度持续上升引起火警；自控温型伴热带本身会随温度自调节输出功率，达到温度保持的效果。

① 恒功率型伴热带。

恒功率型伴热带由恒功率伴热电缆组成，其结构包括双导线发热电阻丝、聚酯绝缘层、高密度聚乙烯内护套、金属编织网屏蔽层和外护套组成，如图5-13所示。恒功率发热电缆通电后功率输出恒定，不随外界环境、保温材料、伴热材质的变化而变化。

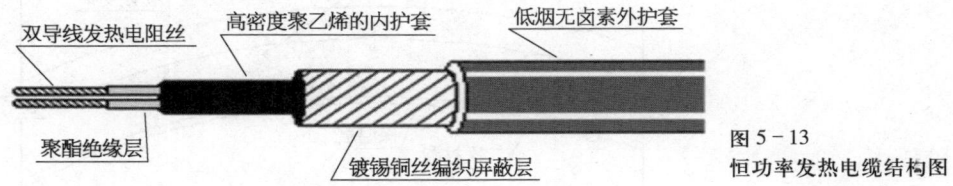

图5-13 恒功率发热电缆结构图

② 自控温型伴热带。

自控温型伴热带由自控温伴热电缆组成，其结构包括导电导线、正温度系数发热体、绝缘层、屏蔽层、外护套组成，如图5-14所示。自控温伴热电缆的发热体是具备正温度系数的功能性材料，该材料导电率随温度上升而下降的变化呈非线性关系，达到某一温区时导电率下降速度急剧加快。在使用过程中因环境温度的变化会导致正温度系数材料热胀冷缩，环境温度高时，因膨胀导致导电发热纤维体联通减少从而减少输出功率；反之，环境温度降低时，因冷缩导致导热发热纤维体联通增多从而增加输出功率。

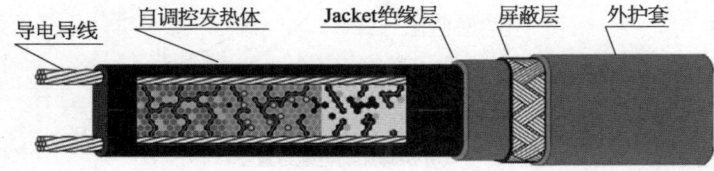

图5-14 自控温伴热电缆结构图

2) 新型加热型排水系统

根据多年冻土区隧道的非冻土段,宜采用电伴热法对隧道非冻土段进行加热,并根据隧道围岩冻胀性强弱和隧道渗水量建立了新型加热型排水系统。

(1) 全断面加热型排水系统

在围岩冻胀性较强,且渗水量较多的断面,围岩的冻结将产生较大冻胀力,导致衬砌结构的开裂,引发冻害,因此需全断面加热型排水系统:环向排水管及纵向排水管不变,在二次衬砌拱顶和拱脚部位布置加热电缆,并采用分开加热的方式,如图 5-15、图 5-16 所示。

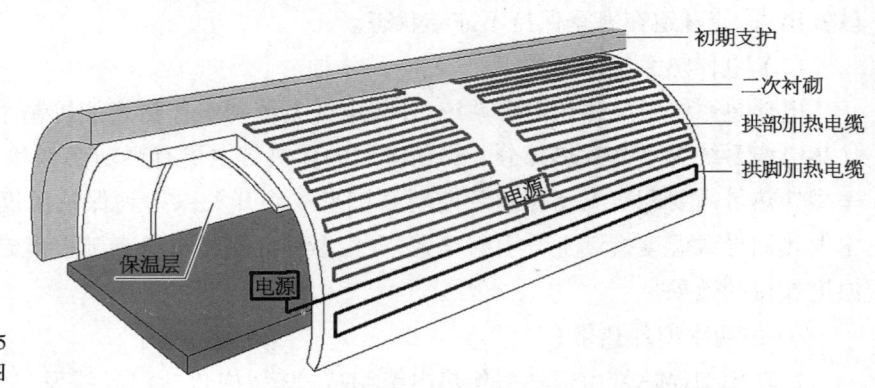

图 5-15
全断面加热电缆布置三维图

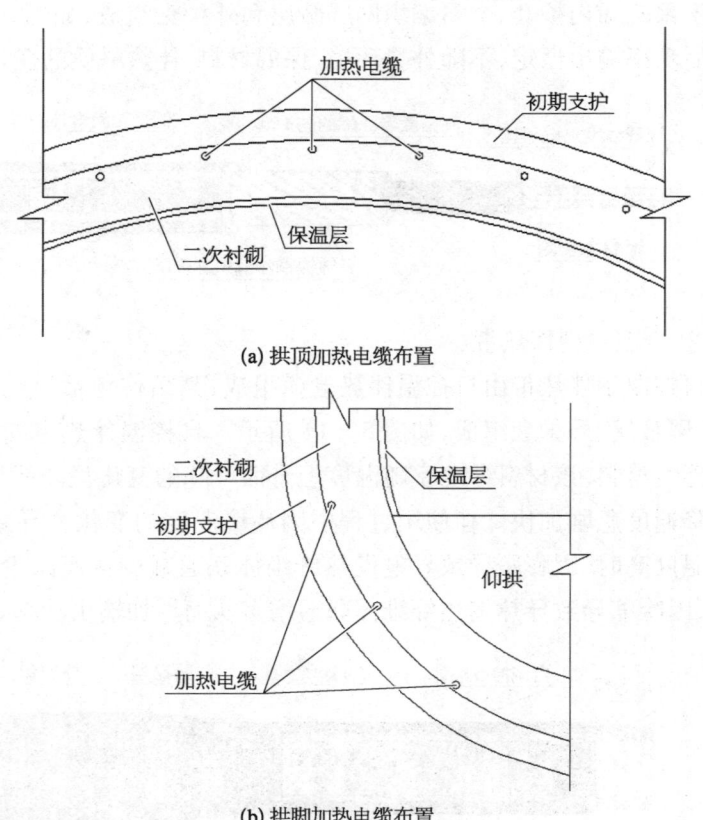

图 5-16
全断面加热电缆布置剖面图

(a) 拱顶加热电缆布置

(b) 拱脚加热电缆布置

（2）拱脚单独加热型排水系统

在围岩冻胀性较弱或隧道渗水量较小的断面，围岩的冻胀力较小，对衬砌结构影响较小，冻害产生的主要原因为排水失效，即常见的拱脚先于拱顶冻结的上融下冻，使水积聚在衬砌周围，形成积水压力，在冻结时形成积水冻胀力。因此，在该情况下宜采用拱脚单独加热型排水系统：环向排水管及纵向排水管不变，仅在拱脚处布置加热电缆，如图5-17、图5-18所示，保证拱脚排水通畅，使上部渗水能顺利排出。由于该加热方式能保证上部地下水不积聚，在围岩冻胀性较弱时能保证隧道不产生冻害。根据第2章围岩冻融圈计算，姜路岭隧道非冻土段围岩在运营十年内都将形成不消融的永冻圈，因此在姜路岭隧道中该加热方式可以在运营期上部围岩形成2 m厚的永冻圈后，停止拱脚加热，之后拱脚围岩和排水系统将冻结，在衬砌周围形成一整圈冻结围岩，由于冻结围岩具有隔水作用，此时永冻圈犹如包裹隧道的一整圈防水层，阻挡了外层围岩的渗水，也就不会产生冻害，此时隧道二衬表面保温层铺设厚度需保证在暖季时洞内空气不会使围岩融化，并起到减弱衬砌冻融循环的作用。

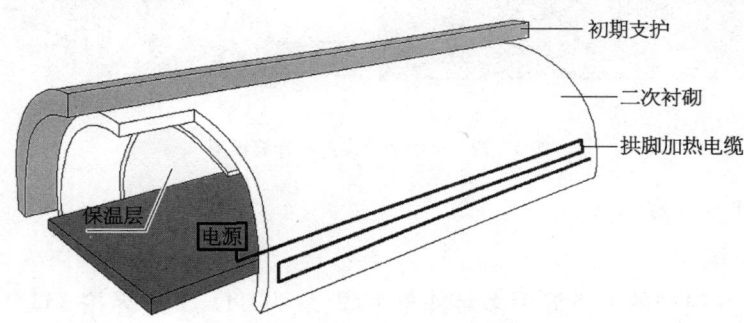

图5-17 拱脚单独加热电缆布置三维图

5.2.3.3 新型加热型排水系统加热计算实例

以姜路岭隧道为例，分别对全断面加热型、拱脚单独加热型排水系统的恒温加热和恒功率加热的温度场和能耗进行计算。

1）全断面加热型排水系统

电伴热加热系统根据伴热带的不同分为恒功率型和自控温型，利用有限元软件ANSYS计算了姜路岭隧道非冻土段采用恒温加热和恒功率加热两种方式在全断面布置下的温度场和能源消耗。

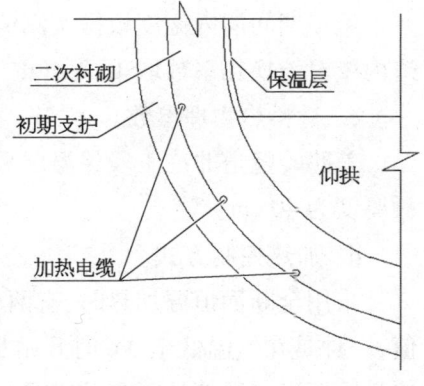

图5-18 拱脚单独加热电缆布置示意图

（1）恒温加热

① 计算模型。

选取姜路岭隧道右幅YK329+925断面为计算断面，下边界距离隧道底部取为25 m，左右边界距隧道边墙各 30 m,上边界为多年冻土下限,距离隧道顶部 20 m,加热管直径为 2 cm,且均位于二次衬砌内,距离初期支护与二次衬砌交界面的距离为 5 cm,拱部加热管沿环向间隔 7.5°均匀布置,拱脚加热管起于保温层底部所在水平面,止于纵向排水管所在位置,如图 5-19 所示。

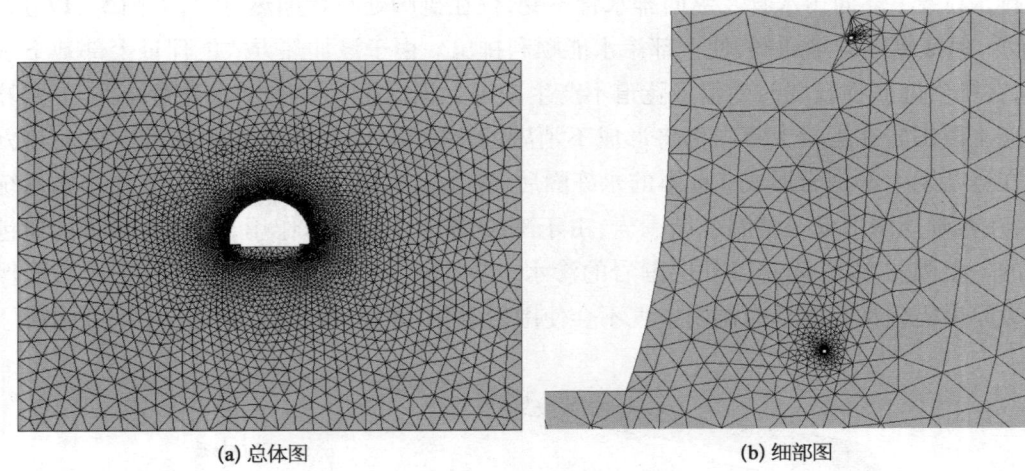

(a) 总体图　　　　　　　　　　　　(b) 细部图

图 5-19　全断面恒温加热计算模型

② 边界条件及计算参数。

a. 围岩初始温度。

非冻土段计算模型的上边界为多年冻土下限,取为 0℃,下边界按 3℃/100 m 的地温增长梯度计算得到温度荷载,左右边界绝热,通过稳态分析求得非冻土围岩的初始温度分布。

b. 温度边界条件。

施工期间洞内温度根据实测值取为 5℃,洞内温度荷载按洞外气温曲线加载,空气与隧道内壁对流换热系数取 15 W/(m²·K)。

c. 材料热物理参数。

姜路岭隧道非冻土段保温层采用表面铺设方式,铺设厚度为 5 cm,初衬厚度为 20 cm,二衬厚度为 40 cm。

d. 加热控制方式。

采用全断面恒温加热时,有两种控制加热时间的方式,一种是全年给加热电缆恒定温度值,一种是在气温低于 0℃时开始加热,气温高于 0℃时停止加热。在加热时将加热电缆维持相同温度。数值计算中,取加热电缆温度作为加热电缆壁面温度,分别计算不加热、电缆温度 1℃和电缆温度 2℃下的隧道温度场。

③ 计算结果分析。

计算得到年温度场稳定时两种控制方式的拱顶与拱脚处温度场如图 5-20 所示。

从图 5-20a 中可以看出,全年加热方式和负温加热方式只在外界空气为正温和负温前一小段时间内温度场不同,在空气负温的大部分时间内都是相同的,另外拱顶处一年中最低温度在两种加热方式下都是发生于空气为负温的情况,且最低温度相等,在加热电缆温度为2℃时,能保证拱顶初衬与二衬之间的温度大于0℃,也就保证了拱顶环向排水管的不冻结,因此拱顶处宜采用负温加热方式,以节约运营成本,且加热电缆温度宜维持在2℃。

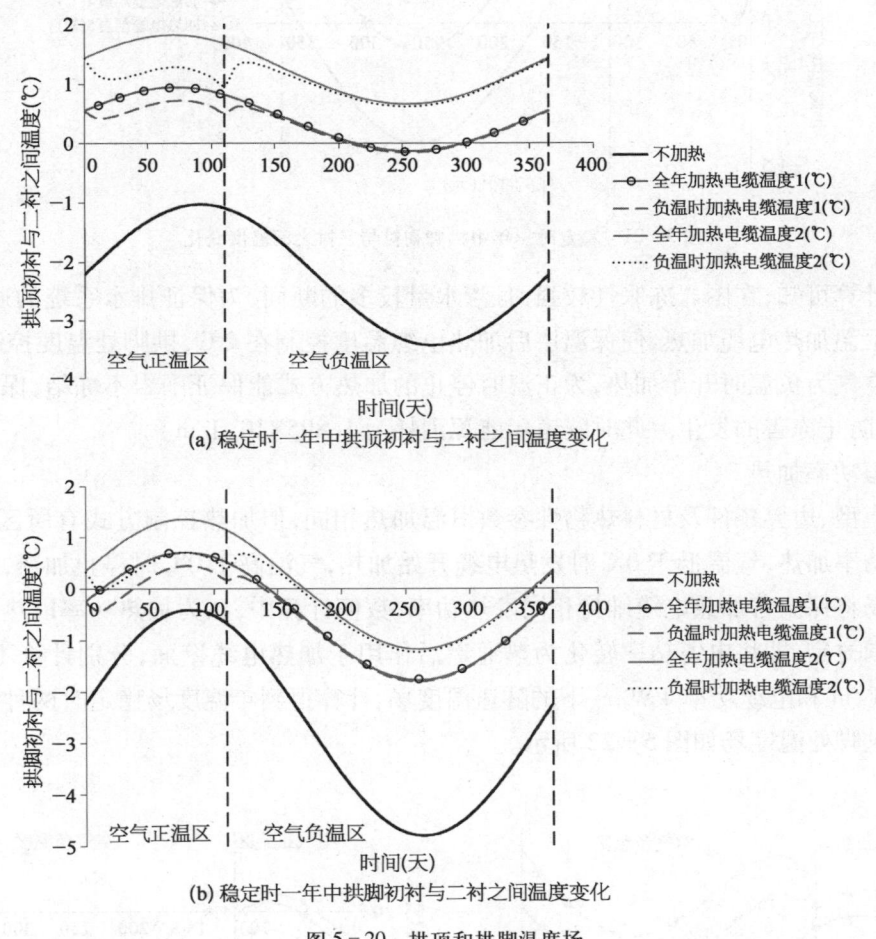

图 5-20 拱顶和拱脚温度场

从图 5-20b 中可以看出,加热电缆温度维持在2℃时,虽然能保证拱顶环向排水管不冻结;但此时拱脚处排水管仍会出现负温,且最低温度为-1℃,拱脚处排水管可能冻结,引起上融下冻,形成冻害,因此采用全断面加热型排水系统时拱顶与拱脚加热电缆需分开进行加热,并采用不同的加热温度。

下面控制保温层后加热电缆为2℃,改变拱脚处加热电缆温度,得到拱脚处温度场计算结果如图 5-21 所示。

从图 5-21 中可以看出,拱脚处加热电缆温度为5℃时,能保证拱脚处初衬与二衬之间的温度维持在0℃以上,也就保证了拱脚处排水管的不冻结。

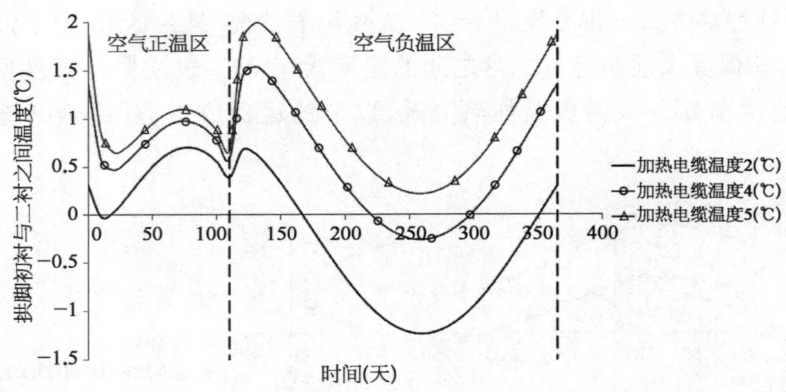

图 5-21　稳定时一年中拱脚初衬与二衬之间温度变化

通过计算可知,在围岩冻胀性较强,且渗水量较多的断面,为保证排水系统的通畅,若采用全断面恒温加热电缆加热,使保温层后加热电缆温度控制在 2℃,拱脚处温度控制在 5℃,且在外界空气为负温时开始加热,为正温时停止的加热方式能保证围岩不冻结,保证排水系统的通畅,防止冻害的发生。此时隧道年能源消耗为 $1.895×10^9$ J/m。

(2) 恒功率加热

计算模型、边界条件及材料热物性参数恒温加热相同,但加热控制方式有所区别:采用全断面恒功率加热,气温低于 0℃ 时发热电缆开始加热,气温高于 0℃ 时停止加热,在加热时隧道温度场将保温若加热电缆维持相同发热功率,数值计算中,认为加热功率以热通量的方式进入周围衬砌,即将电缆功率转化为热通量后作用于加热电缆壁面,分别计算不加热、电缆功率 3 W/m 和电缆功率 4 W/m 下的隧道温度场,计算得到年温度场稳定时两种控制方式的拱顶与拱脚处温度场如图 5-22 所示。

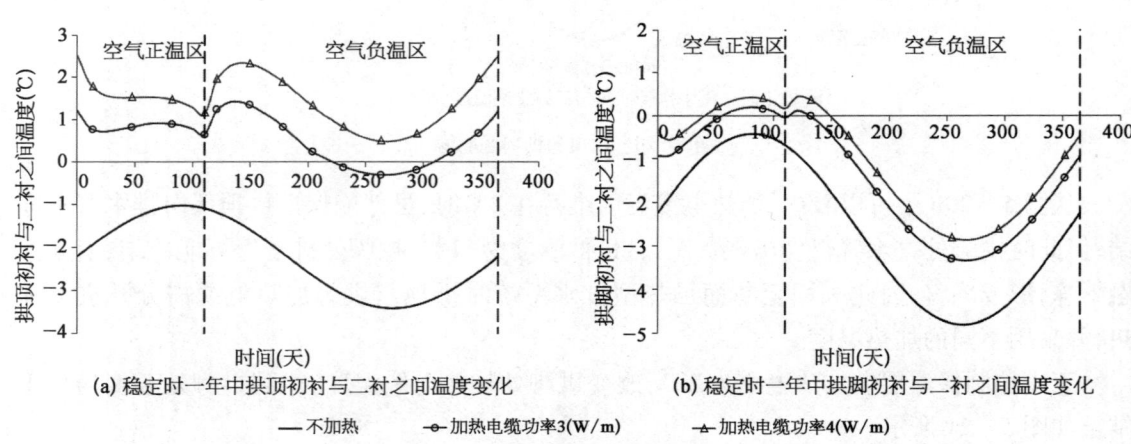

图 5-22　拱顶和拱脚温度场

从图 5-22a 中可以看出,在加热电缆功率为 4 W/m 时,能保证拱顶初衬与二衬之间的温度大于 0℃,也就保证了拱顶环向排水管的不冻结。从图 5-22b 中可以看出,加热电缆功率为 4 W/m 时,虽然能保证拱顶环向排水管不冻结,但此时拱脚处排水管仍会出现负温,且最低温度为-2.86℃,拱脚处排水管可能冻结,引起上融下冻,形成冻害,因此采用全断面加热型排水系统时拱顶与拱脚加热电缆需分开进行加热,并采用不同的加热功率。

控制保温层后加热电缆功率为 4 W/m,改变拱脚处加热电缆功率,得到拱脚处温度场计算结果如图 5-23 所示。从图 5-23 中可以看出,拱脚处加热电缆功率为 14 W/m 时,能保证拱脚处初衬与二衬之间的温度维持在 0℃ 以上,也就保证了拱脚处排水管的不冻结。

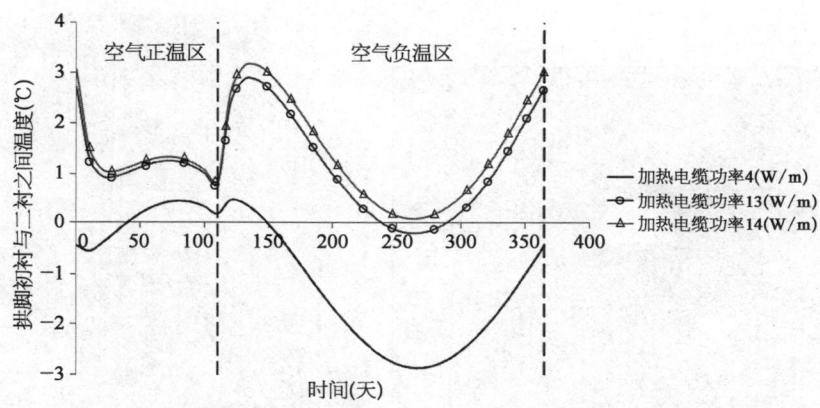

图 5-23 稳定时一年中拱脚初衬与二衬之间温度变化

通过计算可知,在围岩冻胀性较强,且渗水量较多的断面,为保证排水系统的通畅,若采用全断面恒功率加热电缆加热,使保温层后加热电缆功率控制在 4 W/m,拱脚处功率控制在 14 W/m,且在外界空气为负温时开始加热,为正温时停止的加热方式能保证围岩不冻结,保证排水系统的通畅,防止冻害的发生。此时隧道年能源消耗为 4.133×10^9 J/m。

通过上面计算可知,由于拱脚处与洞内空气的热交换强于拱顶处,采用全断面加热时拱顶与拱脚加热电缆需分开进行加热,并采用不同的加热温度或功率,如表 5-3 所示,并且采用全断面加热方式时恒温加热能源消耗只有恒功率加热消耗的 46%。

表 5-3 全断面恒温和恒功率加热方式比较

项 目	恒温加热方式	恒功率加热方式
拱顶加热电缆	2(℃)	4(W/m)
拱脚加热电缆	5(℃)	14(W/m)
一年内加热时间	空气日平均温度为负温的天数	空气日平均温度为负温的天数
合计年能源消耗	1.895×10^9 J/m	4.133×10^9 J/m
电缆加热年限	隧道整个使用年限	隧道整个使用年限

2) 拱脚单独加热型排水系统

电伴热加热系统根据伴热带的不同分为恒功率型和自控温型,利用有限元软件 ANSYS 计算了姜路岭隧道非冻土段采用恒温加热和恒功率加热两种方式下的温度场和能源消耗。

(1) 恒温加热

① 计算模型。

选取姜路岭隧道右幅 YK329+925 断面为计算断面,下边界距离隧道底部取为 25 m,左右边界距隧道边墙各 30 m,上边界为多年冻土下限,距离隧道顶部 20 m,加热管直径为 2 cm,位于二次衬砌内,距离初期支护与二次衬砌交界面的距离为 5 cm,加热管起于保温层底部所在水平面,止于纵向排水管所在位置,如图 5-24 所示。

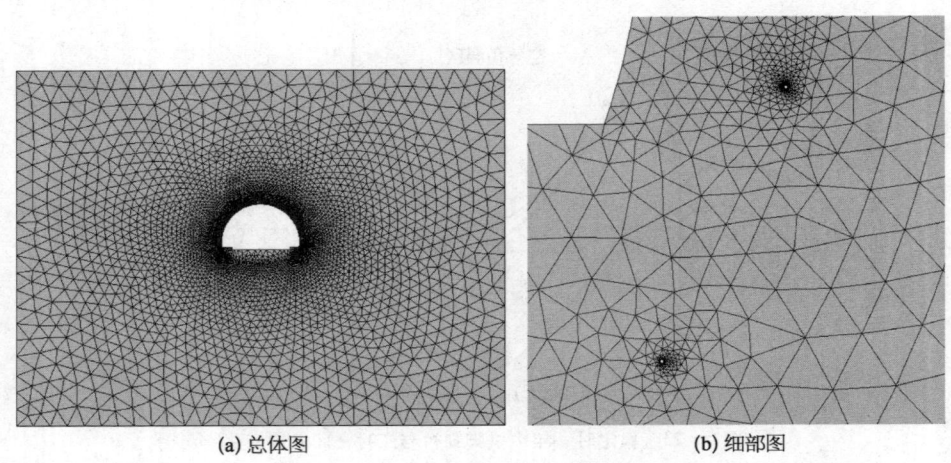

(a) 总体图　　　　(b) 细部图

图 5-24　拱脚单独恒温加热计算模型

② 边界条件及计算参数。

a. 围岩初始温度。非冻土段计算模型的上边界为多年冻土下限,取为 0℃,下边界按 3℃/100 m 的地温增长梯度计算得到温度荷载,左右边界绝热,通过稳态分析求得非冻土围岩的初始温度分布。

b. 温度边界条件。施工期间洞内温度根据实测值取为 5℃,洞内温度荷载按洞外气温曲线加载,空气与隧道内壁对流换热系数取 15 W/(m² · K)。

c. 材料热物理参数。姜路岭隧道非冻土段保温层采用表面铺设方式,铺设厚度为 5 cm,初衬厚度为 20 cm,二衬厚度为 40 cm。

d. 加热控制方式。采用拱脚单独恒温加热时,有两种控制加热时间的方式:一种是全年给加热电缆恒定温度值;一种是在气温低于 0℃时开始加热,气温高于 0℃时停止加热,加热时将加热电缆维持相同温度。数值计算中,取加热电缆温度作为加热电缆壁面温度,分别计算不加热、电缆温度 3℃、4℃和 5℃下的隧道温度场。

③ 计算结果分析。

首先考虑气温为负时才开始加热的方式,加热电缆温度为 5℃时稳定后的温度场如图

5-25 所示。

从图 5-25 中可以看出,在空气为负温,加热电缆工作的期间,拱脚处初衬与二衬之间的温度能保持在 0℃以上,但由于加热电缆影响半径以外的衬砌和围岩温度都较低,在停止加热后,受周围低温的影响,拱脚处温度迅速降低,降到 -0.8℃,后又在空气正温的影响下逐渐升高,达到 0.1℃左右,在加热电缆不加热过程中拱脚处维持正温的时间只有

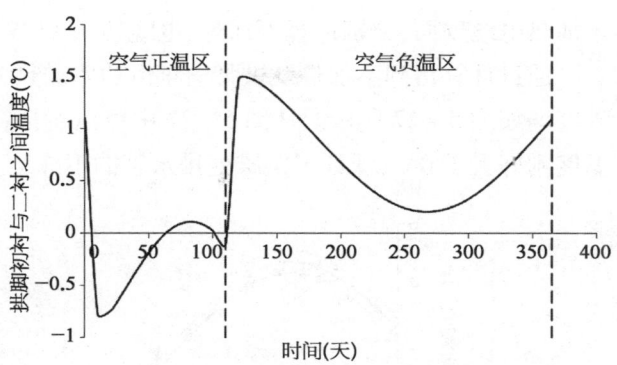

图 5-25 稳定时一年中拱脚初衬与二衬之间温度变化

40 天,拱脚处为负温期间,拱脚处排水系统可能会冻结,影响上部围岩渗水或融水的排出,进而引发冻害,因此拱脚单独加热排水系统需采用全年加热的方式。

计算不加热及拱脚全年恒温加热 3℃、4℃和 5℃时拱脚处稳定温度场如图 5-26 所示。从图中可以看出,加热电缆温度维持在 5℃时,拱脚处最低温度为 0.1℃,保证了拱脚处排水管的不冻结。

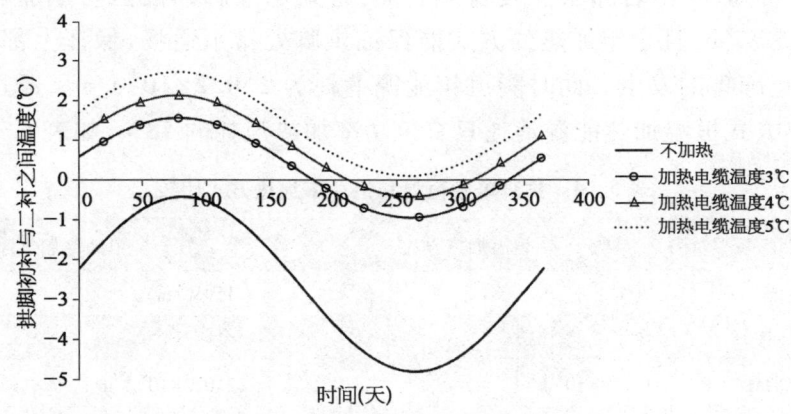

图 5-26 稳定时一年中拱脚初衬与二衬之间温度变化

通过计算可知,在围岩冻胀性较弱的断面,若采用拱脚铺设恒温加热电缆,加热电缆维持在 5℃,且全年加热的方式能保证拱脚处排水通畅,保证上部渗水和融水顺利排出,也就能防止冻害的发生。此时隧道年能源消耗为 1.179×10^9 J/m。根据计算,姜路岭隧道 YK329+925 断面,在第三年末围岩即已经形成 3.9 m 厚的永冻圈,此时可停止加热;最大埋深断面,在第八年末围岩即已经形成 2.1 m 厚的永冻圈,此时可停止加热。

(2) 恒功率加热

计算模型、边界条件及材料热物性参数与恒温加热相同,但加热施加方式有所区别,数值计算中认为加热功率以热通量的方式进入周围衬砌,即将电缆功率转化为热通量后作用

于加热电缆壁面,分别计算不加热、电缆功率 13 W/m、14 W/m 和 15 W/m 下的隧道温度场。

通过计算得到不加热及拱脚全年恒功率加热 13 W/m、14 W/m 和 15 W/m 时拱脚处稳定温度场如图 5-27 所示。从图 5-27 中可以看出,加热电缆功率为 15 W/m 时,拱脚处最低温度刚好大于 0℃,保证了拱脚处排水管的不冻结。

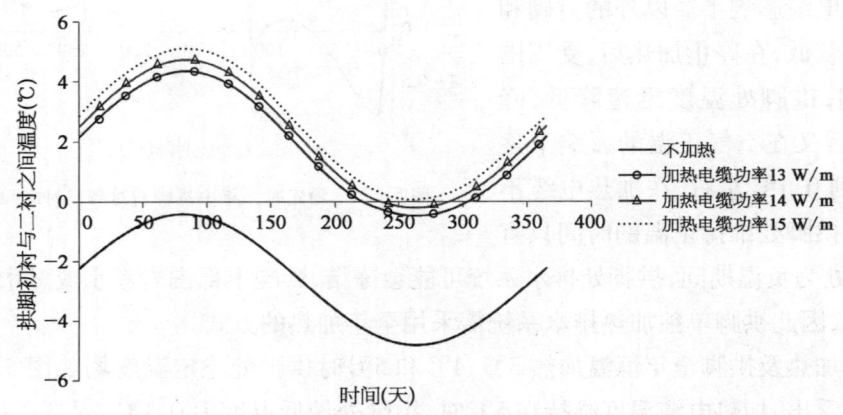

图 5-27 稳定时一年中拱脚初衬与二衬之间温度变化

通过计算可知,在围岩冻胀性较弱的断面,若采用拱脚铺设恒功率加热电缆,加热电缆功率为 15 W/m,且全年加热的方式能保证拱脚处排水通畅,保证上部渗水和融水顺利排出,防止冻害的发生。此时隧道年能源消耗为 2.022×10^9 J/m。通过比较可知,采用拱脚加热方式恒温加热能源消耗只有恒功率加热消耗的 58%,如表 5-4 所示。

表 5-4 拱脚单独恒温和恒功率加热方式比较

项 目	恒温加热方式	恒功率加热方式
拱脚加热电缆	5(℃)	15(W/m)
一年内加热时间	全年	全年
合计年能源消耗	1.179×10^9 J/m	2.022×10^9 J/m
电缆加热年限	隧道整个使用年限,当拱部围岩形成不消融永冻圈时可停止加热	隧道整个使用年限,当拱部围岩形成不消融永冻圈时可停止加热

对比全断面加热和拱脚加热可知,全断面加热年能源消耗高出拱脚加热 61%,且在隧道整个使用年限内每年都需加热,而拱脚加热只需在隧道运营前几年进行加热。因此,在隧道围岩冻胀性较强,且渗水量较多的断面,宜先用围岩注浆将围岩渗水通道封堵,同时减小围岩的冻胀性,当围岩冻胀性降低后,采用拱脚加热的方式,能大大减小隧道加热的能源消耗。

5.2.4 排水系统的相互衔接

在进行多年冻土区隧道排水系统设计时,除了应根据隧道穿越的不同冻土段选择每个分段合适的排水形式外,还应考虑各个分段之间排水系统的相互衔接。多年冻土区隧道不同类型冻土段之间排水系统的衔接可以分为三种情况:① 季节冻土段和多年冻土段排水系统的衔接;② 多年冻土段和非冻土段排水系统的衔接;③ 此外,多年冻土区隧道中还常出现季节冻土段和非冻土段排水系统的衔接的情况。下面分别对这三种情况进行分析,考虑到隧道坡度有单坡和人字坡两种常见型式,在分析中将分别讨论。

1) 季节冻土和多年冻土段排水系统的衔接

季节冻土和多年冻土段排水系统的合理形式如表 5-5 所示。从表 5-5 可以看出,多年冻土段只宜采用保温水沟这一种形式;因此,多年冻土和季节冻土段的衔接有"保温水沟-保温水沟""保温水沟-中心深埋水沟""保温水沟-防寒泄水洞"这三种情况。

表 5-5 季节冻土段、多年冻土段隧道排水系统布置形式

冻 土 类 型	地下水发育情况	最冷月平均气温(℃)	排水系统形式
多年冻土段	—	—	双侧保温水沟
季节冻土段	地下水发育且有长期补给	$-10 \sim -15$	双侧保温水沟
		$-15 \sim -25$	中心深埋水沟
		<-25	防寒泄水洞
	地下水不发育	$-10 \sim -15$	双侧保温水沟
		<-25	双侧保温水沟(适当增加保温材料厚度或主动供暖)

(1) "保温水沟-保温水沟"

此种情况最为简单,无论隧道是单坡还是人字坡,只需将多年冻土段的双侧保温水沟延伸至季节冻土段即可。

(2) "保温水沟-中心深埋水沟"

此种情况下,当隧道是单坡时,需在地势低的一端的多年冻土与季节冻土交界处,施作引水洞将多年冻土段保温水沟中的地下水引至季节冻土段的中心深埋水沟内排出洞外,而在地势高的一端的多年冻土与季节冻土交界处,不需施作引水洞,只需在季节冻土段单独施作中心深埋水沟进行反坡排水即可(见图 5-28);当隧道是人字坡时,则在隧道两端的多年冻土与季节冻土交界处都需施作引水洞将多年冻土段保温水沟中的地下水引至季节冻土段的中心深埋水沟内排出洞外(见图 5-29)。

(3) "保温水沟-防寒泄水洞"

这种情况和第 2 种情况类似,只是中心深埋水沟变成了防寒泄水洞,故此处不再叙述。

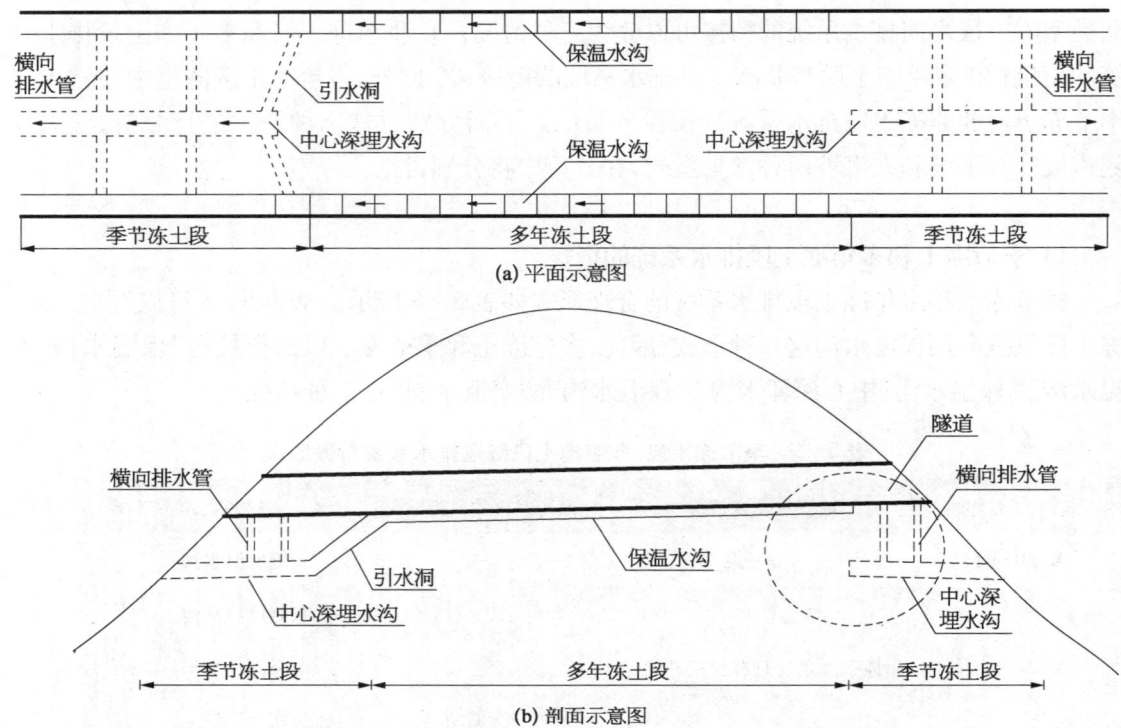

图 5-28 保温水沟与中心深埋水沟的衔接(单坡)

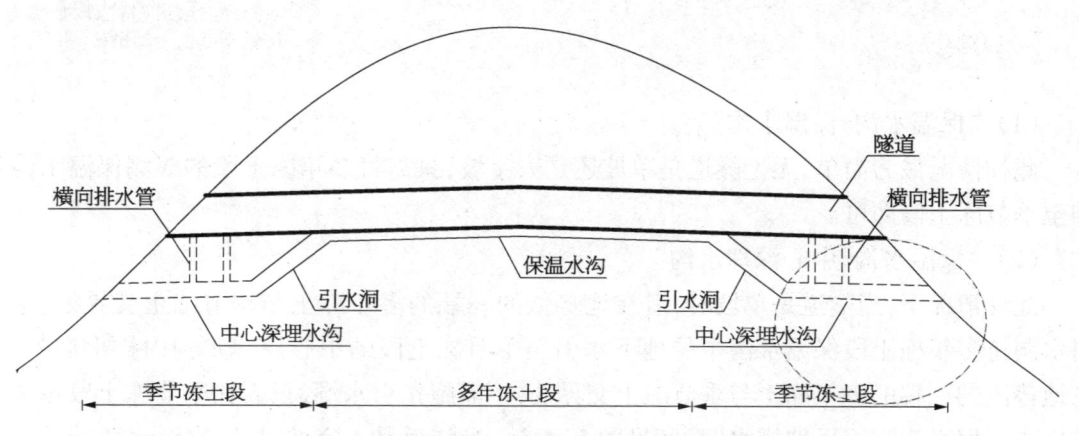

图 5-29 保温水沟与中心深埋水沟的衔接(人字坡)

2) 多年冻土和非冻土段排水系统的衔接

多年冻土和非冻土段排水系统的合理布置形式进行过讨论,总结起来如表 5-6 所示。从表 5-6 可以看出,多年冻土和非冻土段的衔接有"保温水沟-保温水沟""保温水沟-中心深埋水沟""保温水沟-防寒泄水洞"这三种情况。

表 5-6　多年冻土段、非冻土段隧道排水系统布置形式

冻 土 类 型	地下水发育情况	最冷月平均气温(℃)	排水系统形式
多年冻土段	—	—	双侧保温水沟
非冻土段	地下水发育且有长期补给	−10~−15	双侧保温水沟
		−15~−25	中心深埋水沟
		<−25	防寒泄水洞
	地下水不发育	−10~−15	双侧保温水沟
		<−25	双侧保温水沟(适当增加保温材料厚度或主动供暖)

(1)"保温水沟-保温水沟"

此种情况最为简单,无论隧道是单坡还是人字坡,只需将使两段的保温水沟相连接即可。

(2)"保温水沟-中心深埋水沟"

当隧道为单坡时,地势高的一端的地下水是从多年冻土段流向非冻土段(如图 5-30 所示),此时,可按图 5-30 所示的方法处理多年冻土段保温水沟和非冻土段中心深埋水沟的衔接,即在多年冻土与非冻土交界处,施作引水洞将多年冻土段保温水沟中的地下水引至非冻土段的中心深埋水沟。对于地势低的一端,非冻土段的地下水若要排出洞外,需经过多年冻土,这样就需要在多年冻土段下部修建排水设施以与非冻土段相连接,在多年冻土段下修建排水设施会对多年冻土产生扰动,影响隧道结构安全,同时影响施工进度。

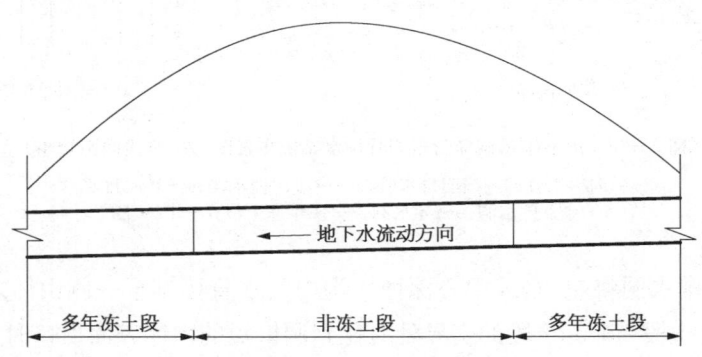

图 5-30　多年冻土与非冻土衔接示意图

当隧道为人字坡时,非冻土段的地下水若要排出洞外,同样需经过多年冻土,而且是进、出口两端。为了解决上述问题,可以使隧道多年冻土段与非冻土段的排水系统相互独立,让非冻土段的地下水不经过多年冻土下方而排出洞外,具体措施如下。

在多年冻土段与非冻土段交界处,根据隧道左右线间距、山体形貌等因素,分为两类情况将左、右线非冻土段的地下水不经多年冻土段而引至洞外:一类是当交界处有比到洞口距离短的山体表面出口时,在隧道多年冻土与非冻土段交界处,通过地下排洞直接将左、右线中心深埋水沟中的地下水排至一侧山体之外,提早出洞(见图 5-31、图 5-32);另一类是交

界处没有比到洞口距离短的山体表面出口时,通过导水洞将隧道左、右线中心深埋水沟内的地下水汇集到左、右线中间或隧道轴线一侧的地下排水洞中,沿隧道轴线方向排出洞外(见图5-33、图5-34)。下面分别对这两类情况进行说明。

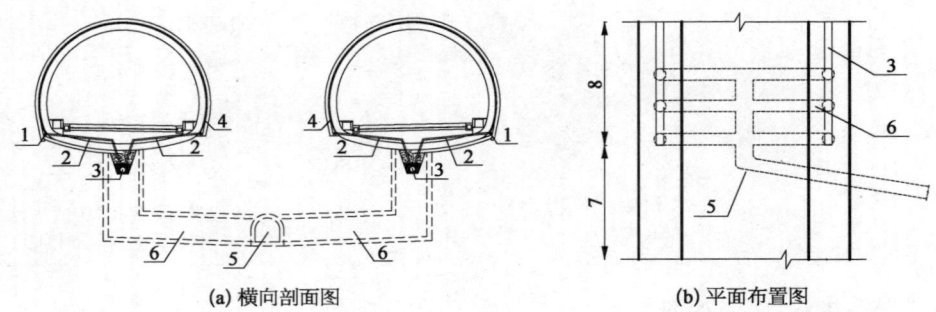

图5-31 地下排水洞提前出洞时排水系统布置图(左、右线间距较大)

1—纵向排水管;2—横向排水管;3—中心深埋水沟;4—环向排水管;
5—地下排水洞;6—导水洞;7—多年冻土段;8—非冻土段

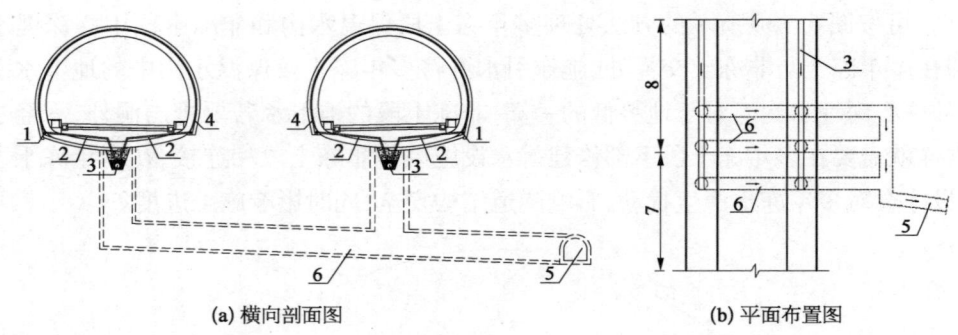

图5-32 地下排水洞提前出洞时排水系统布置图(左、右线间距较小)

1—纵向排水管;2—横向排水管;3—中心深埋水沟;4—环向排水管;
5—地下排水洞;6—导水洞;7—多年冻土段;8—非冻土段

① 通过地下排水洞将左、右线中心深埋水沟中的水直接排至一侧山体之外。

当隧道多年冻土段与非冻土段的交界处有比到洞口短的山体表面出口时,地下排水洞从该处引出山体外。若隧道左右线间距较大,可以将地下排水洞布置在左右线之间,如图5-33所示;若隧道左右线间距较小,可以将地下排水洞布置在山体一侧,如图5-34所示。当地下排水洞位于非冻土中时,其埋深只需大于隧址最大冻结深度即可,利用地温避免水流在冬季被冻结,而无需再采取任何保温措施;当地下排水洞位于多年冻土中时,需采取保温措施以防止水流被冻结。

② 通过地下排水洞将左、右线中心深埋水沟中的水沿隧道轴向排出洞外。

当隧道多年冻土段与非冻土段的交界处没有比到洞口短的山体表面出口时,地下排水洞沿隧道轴向布置,将左、右线中心深埋水沟(或防寒泄水洞)中的水排出洞外。

若隧道左、右线间距较大,在左右线之间合适位置处布置地下排水洞,使隧道左、右线多年冻土段位于地下排水水洞施工开挖影响范围之外，以保证主洞结构安全；同时使隧道左、右线多年冻土段位于地下排水洞温度影响范围之外，以避免主洞附近多年冻土融化，产生融沉现象。此外，因隧道左、右线中间的地下排水洞直接穿过多年冻土，所以应采取适当的保温措施，以避免水流冻结，保证排水系统的通畅。地下排水洞沿隧道轴线方向从多年冻土段与非冻土段交界处开始，至隧道洞口处截止。在隧道多年冻土段与非冻土段交界处将左、右线中心深埋水沟中的水经导水洞引至地下排水洞并排出洞外，如图 5-33 所示。

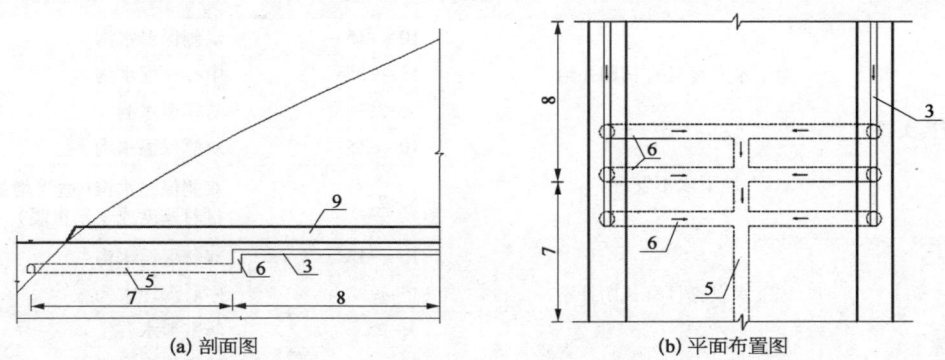

图 5-33　地下排水洞布置在左、右线之间的排水系统布置图（左、右线间距较大）
1—纵向排水管；2—横向排水管；3—中心深埋水沟；4—环向排水管；5—地下排水洞；
6—导水洞；7—多年冻土段；8—非冻土段；9—隧道主洞

若隧道左、右线间距较小，根据地形、地质条件及出口山坡情况，在隧道左线或右线外侧合适位置布设地下排水洞，使隧道左、右线多年冻土段位于地下排水洞施工开挖以及冻融影响范围之外。此外，应使多年冻土段与非冻土段交界处的中心深埋水沟到地下排水洞的距离最短，以节省建设投资。若地下排水洞沿隧道轴向方向所穿越地层为多年冻土，则应采取适当的保温措施以避免水流冻结；若为非冻土，则只需使地下排水洞的埋深大于隧址最大冻结深度即可，利用地温避免水流在冬季被冻结，而无需再采取保温措施。地下排水洞沿隧道轴线方向从多年冻土段与非冻土段交界处开始，至隧道洞口外排水洞保温出水口处截止，如图 5-34 所示。

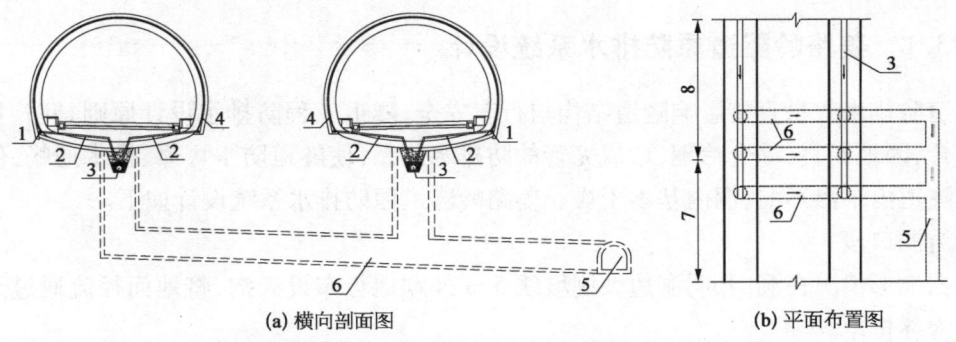

图 5-34　地下排水洞布置在左、右线一侧的排水系统布置图（左、右线间距较小）
1—纵向排水管；2—横向排水管；3—中心深埋水沟；4—环向排水管；
5—地下排水洞；6—导水洞；7—多年冻土段；8—非冻土段

(3)"保温水沟-防寒泄水洞"

这种情况和第 2 种情况类似,只是中心深埋水沟变成了防寒泄水洞,故此处不再叙述。

3)季节冻土和非冻土段排水系统的衔接

季节冻土和非冻土段排水系统的合理布置形式如表 5-7 所示。

表 5-7 季节冻土段、非冻土段隧道排水系统布置形式

冻土类型	地下水发育情况	最冷月平均气温(℃)	排水系统形式
季节冻土段	地下水发育且有长期补给	−10~−15	双侧保温水沟
		−15~−25	中心深埋水沟
		<−25	防寒泄水洞
	地下水不发育	−10~−15	双侧保温水沟
		<−25	双侧保温水沟(适当增加保温材料厚度或主动供暖)
非冻土段	地下水发育且有长期补给	−10~−15	双侧保温水沟
		−15~−25	中心深埋水沟
		<−25	防寒泄水洞
	地下水不发育	−10~−15	双侧保温水沟
		<−25	双侧保温水沟(适当增加保温材料厚度或主动供暖)

从表 5-7 可以看出,不同气温及地下水发育情况下,季节冻土段和非冻土段的排水系统的合理布置形式是一致的;因此,这种情况下,无论隧道是单坡还是人字坡,都只需将非冻土的排水系统延伸至季节冻土段即可。

5.3 姜路岭隧道防排水系统设计

5.3.1 姜路岭隧道原防排水系统设计

隧道防排水效果直接影响隧道结构与行车安全,隧道工程防排水设计原则是防、排、堵、截相结合,因地制宜,综合治理,形成完善的防排水体系,使隧道防水可靠、排水通畅,保证运营期间隧道内不渗不漏、洞内基本干燥。姜路岭隧道原防排水系统设计如下。

(1)洞口段

根据地形情况在洞门、明洞边坡刷坡线 5 m 外顺地势布设天沟,将地面径流通过天沟引入自然沟谷排走。

(2)明洞

采用双层土工布(400 g/m²)加 EVA 防水板(厚 1.5 mm)及黏土隔水保护层防水,采用 ϕ160

半边打孔的 PVC 管排水;纵向排水管与横向引水管相连,将明洞衬砌背后水引入隧道中心排水管,在通过中心排水管引入防寒泄水洞排出洞外;明洞在靠近回填地表设一层黏土隔水层以防地面径流下渗,并在回填地表坡度的作用下流入洞顶排水沟排走。在结构构造防水方面,橡胶止水带及橡胶止水条分别于明洞施工缝、变形缝及沉降缝等处布设,以此形成完善的明洞防排水体系。

(3) 隧道段

防水系统组成:在二衬与初衬之间敷设一层 1.5 mm 厚 EVA 防水板+400 g/m² 无纺土工布,模筑衬砌采用 C45 混凝土,要求抗渗等级不小于 S10,施工缝、变形缝处分别设置带注浆管止水条、橡胶止水带进行止水。

排水系统组成:隧道路面两侧设置矩形盖板式路侧边沟,用于引排运营清洗污水、消防及路面积水,由环向排水盲沟、墙背排水盲管、横向导水管、中心排水沟组成的排水系统主要用于集中引排地下水,环向排水盲沟采用 ϕ100 半圆排水管,一般情况沿初衬表面纵向均匀铺设,多年冻土路段每 5 m 设置一道,Ⅳ、Ⅴ 级围岩普通段平均 8 m 设置一道,富水段平均 6 m 设置一道,局部水量大时可酌情增加;隧道开挖后有股状渗水部位,沿岩面铺设 1~3 根 ϕ100 半圆排水管进行引排,为使半圆排水管与岩面密贴,隧道开挖后先喷 2~5 cm 厚混凝土再铺设半圆排水管;对股状渗水特别严重部位,可采用 ϕ50PE 单壁无孔波纹管直接引排至中央排水沟;衬砌两侧墙背排水盲管采用 ϕ160PE 双壁半边打孔双壁波纹管;横向导水管采用 ϕ160PE 双壁半边打孔双壁波纹管,沿隧道底部通长设置,其坡度与隧道纵坡一致,各横洞与主洞交叉处应断开并设置堵头,横向导水管用以连接墙背排水盲管与中心排水沟;一般段沿隧底 20 m 设置一道,冻土段 10 m 设置一道,纵、环向排水盲沟以及纵、横向排水盲沟均采用三通连接,ϕ160PE 双壁波纹管,不打孔;在进、出口段 450 m 内路面中心标高以下 5.0 m 处设置 1.8 m 高防寒泄水洞,中间段设置中心排水沟;中心排水沟采用 C30 钢筋混凝土预制管,根据地下水量大小采用 ϕ40 cm 或 ϕ50 cm 管径;环、纵、横向盲沟外均缠绕无纺土工布,以防止水泥或泥土堵塞管道,确保排水畅通;路侧边沟每 50 m 设置沉砂池一处,中心排水沟每 250 m 设置检查井一处,防寒泄水洞每 100 m 设置检查井一处。姜路岭隧道防排水系统综合布置图如图 5-35 所示,隧道暗洞防排水设计如图 5-36 所示。

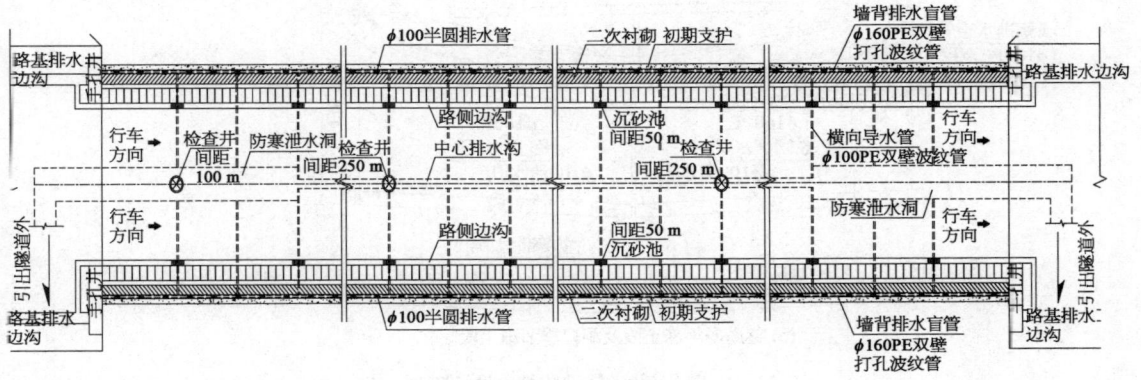

图 5-35　隧道防排水系统综合布置图

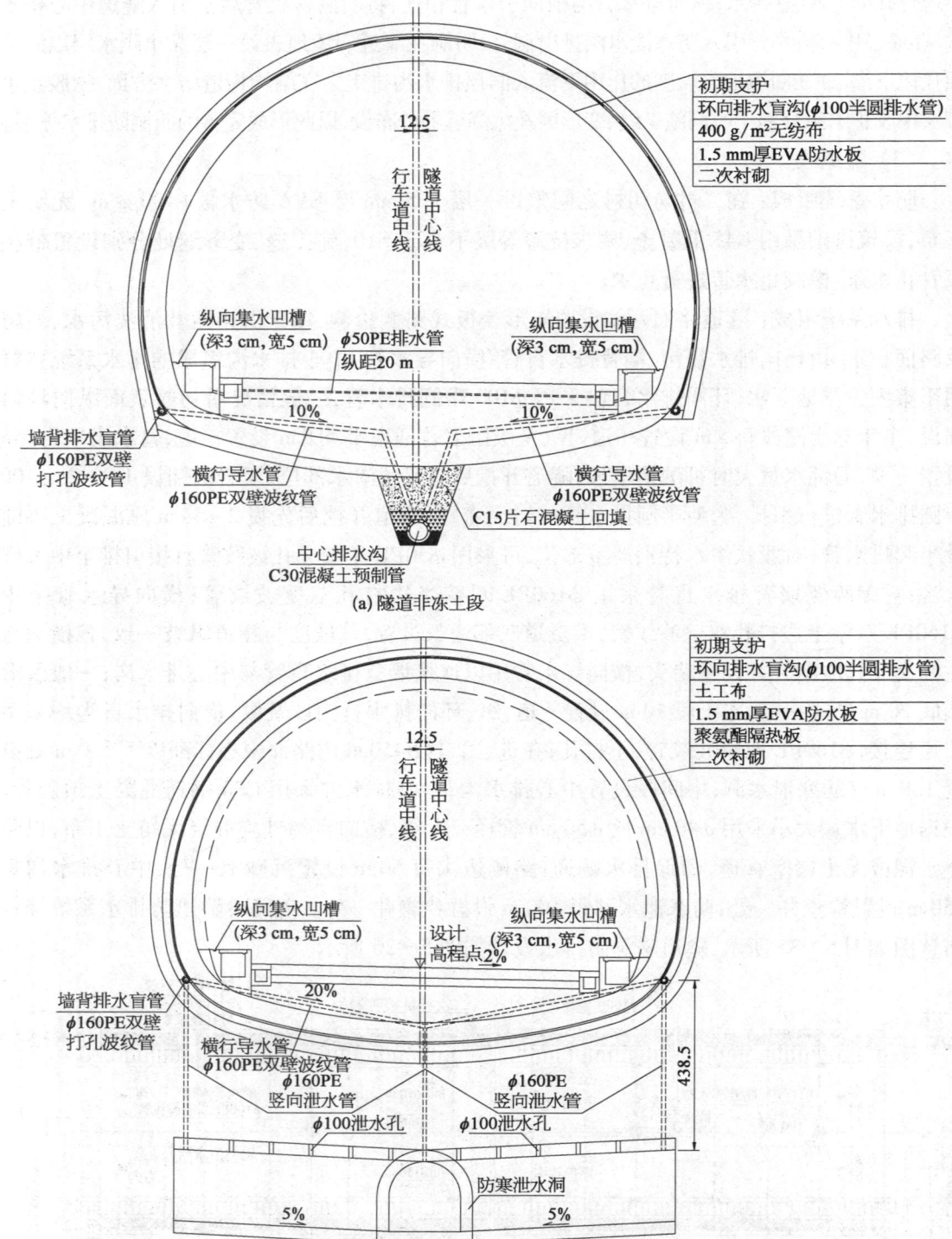

图 5-36 隧道防排水设计图

5.3.2 姜路岭隧道防排水系统优化

1) 原设计存在的问题

姜路岭隧道穿越季节冻土、多年冻土、非冻土段,现有防排水系统设计中存在的问题主要有以下几个方面:

① 隧道非冻土段设计的保温层铺设在二衬表面,拱脚及仰拱处没有保温层,这就造成纵向排水管以及路面下方横向排水管极易被冻;

② 原设计是在非冻土段下设置中心排水沟,隧道进、出口两端多年冻土下设置防寒泄水洞,两者的衔接如图 5-37 所示。虽然称为"中心深埋水沟",但设计的中心深埋水沟顶面至仰拱与围岩接触面仅 1.658 m(距路面 3.1 m),而姜路岭隧址附近年平均温为 $-4.2℃$,中心排水沟极有可能在冬季冻结,失去排水作用;此外,隧道进、出口两端多年冻土下设置了 1.8 m 高的防寒泄水洞,施工时将对多年冻土产生极大扰动,影响主洞结构安全;

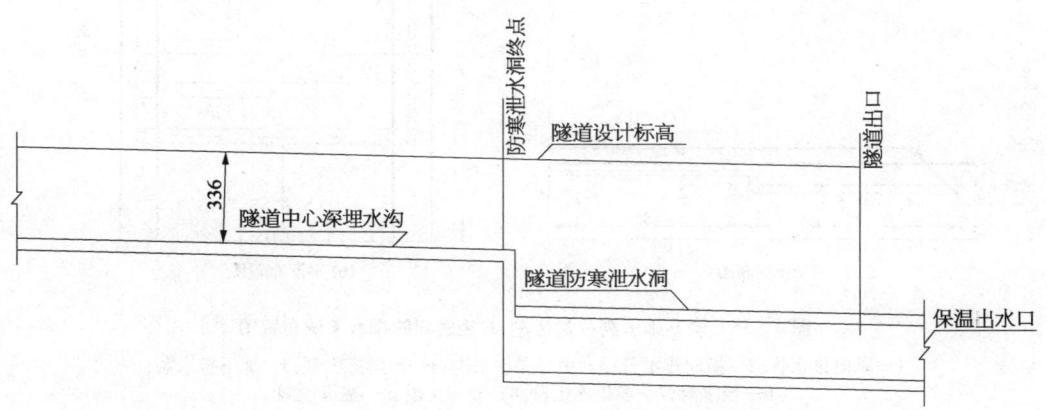

图 5-37 姜路岭隧道中心水沟与防寒泄水洞的衔接

③ 防寒泄水洞出水口未做处理,极易发生冻结,导致排水系统堵塞,进而在隧道底部出现冒水、结冰、冻胀等冻害;

④ 洞口季节冻土段洞内铺设了保温层,但地表没有进行保温处理,洞口附近排水设施可能被冻结;

⑤ 土方开挖后,一侧或两侧形成冻土边坡,边坡地表水和地下水易在路基附近聚集;而对于高寒冻土区的路基,若长期被地下水浸泡,这些水会以不同方式,在不同程度上破坏路基的稳定;原设计中,地表水仅仅靠天沟处理是不够的,上边坡表层含水土层在融冻后常成流态状下滑,淤塞天沟,导致地表水漫过天沟,侵入路基,同时,仅采用天沟,地下融水没有阻挡,仍可能流向路基。

2) 优化措施

针对上述问题,提出的优化措施如下:

① 在隧道非冻土段仰拱初衬与二衬之间增设保温层或将横向排水管,埋深应大于围岩最大冻结深度,以保证横向排水管通畅;

② 在施作纵向保温管时,在其表面包裹保温材料以保证纵向排水管不冻结,并在保温材料外包裹防水材料以防止地下水渗入保温材料,影响保温效果;

③ 加大非冻土中心深埋水沟的埋深,以仰拱底部下方 3 m 为宜,利用低温保证中心排水沟内水流不冻结;

④ 多年冻土段设置双侧保温水沟,取消防寒泄水洞,以减少对多年冻土的扰动。由于鄂拉山隧道非冻土段与多年冻土段交界处没有比到洞口距离短的山体表面出口,且左、右线间距较大,因此可将隧道左、右线中心深埋水沟内的地下水汇集到左、右线中间的地下排水洞中,沿隧道轴线方向排出洞外,如图 5-38 所示;

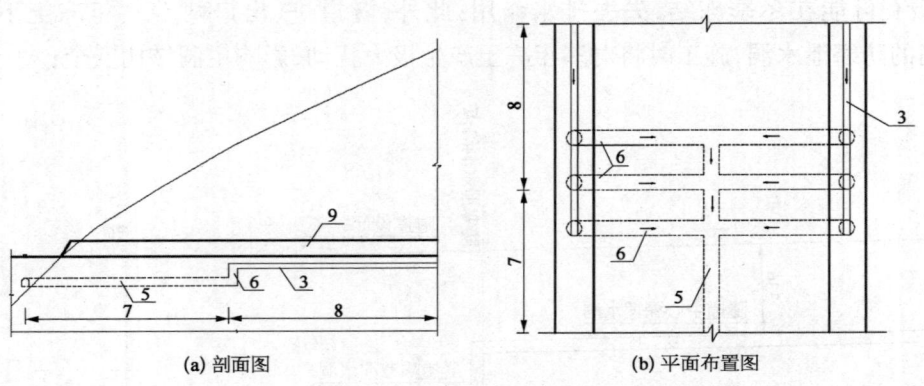

图 5-38 地下排水洞布置在左、右线之间的排水系统布置图
1—纵向排水管;2—横向排水管;3—中心深埋水沟;4—环向排水管;5—地下排水洞;
6—导水洞;7—多年冻土段;8—非冻土段;9—隧道主洞

⑤ 在季节冻土(或非冻土)与多年冻土衔接处,对围岩进行帷幕注浆止水处理,防止季节冻土(或非冻土)段的地下水极流向多年冻土,如图 5-39 所示;在进行帷幕注浆时,帷幕的高度应该大于多年冻土融化圈的径向半径,沿隧道纵向方向的注浆长度可根据工程实际

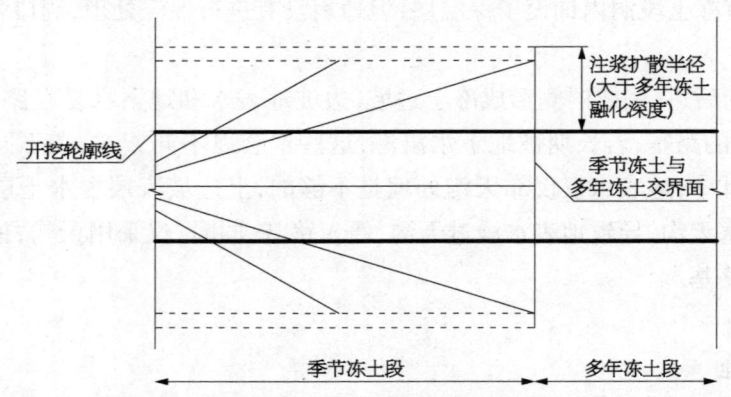

图 5-39 季节冻土与多年冻土衔接处注浆纵断面示意图

情况选取,为了减少注浆对多年冻土的扰动,注浆孔应布置在季节冻土(或非冻土)中;

⑥ 由于姜路岭隧道洞口浅埋季节冻土段长度较短(仅为 2~3 m),因此可设置双侧保温水沟与多年冻土段相接,以排出多年冻土段的地下水;

⑦ 采用主动加热防寒泄水洞出水口结构形式,其结构如图 5-40 所示,主动加热防寒泄水洞出水口主要包括：a. 加热电缆,在泄水洞出水口附近设置加热电缆,对出水口进行主动加热;b. 预留钢管,前期设计时,可不将所有混凝土排水管铺设加热电缆,如加热效果无法达到要求,则在预留钢管中补设加热电缆,进行水体供热;c. 太阳能供电装置,通过吸收太阳能,给加热电缆进行供电,保证水体的加热效果;主动加热防寒泄水洞出水口的原理是在泄

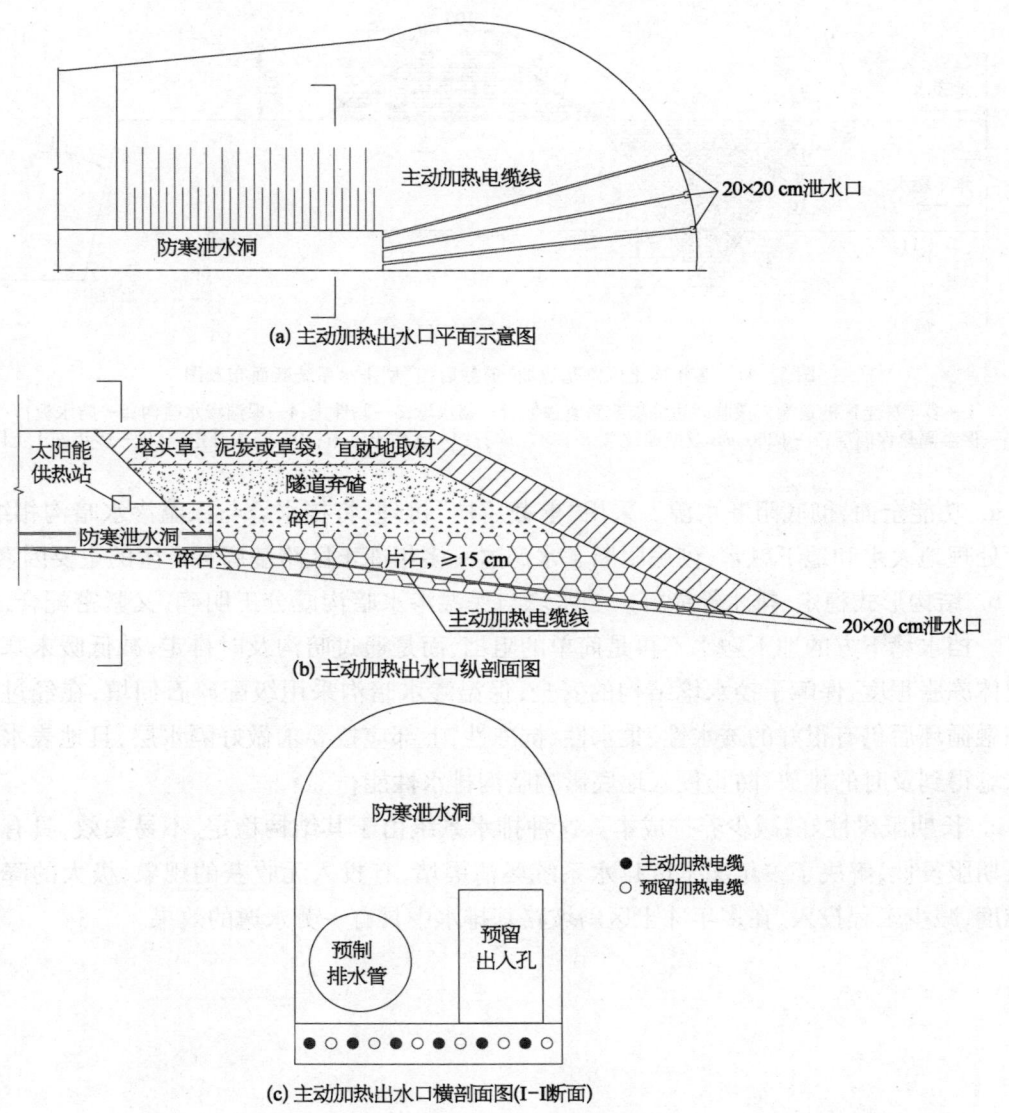

图 5-40　主动加热防寒泄水洞出水口结构示意图

水洞出水口底部铺设加热电缆,采用太阳能面板进行供电,通过吸收太阳能,对出水口进行主动加热;这种结构形式设计能有效防止了出水口冻结,保证了多年冻土区隧道排水的正常进行;

⑧ 暗洞洞口附近的地表建议在一定范围内铺设保温材料,以防止洞口附近环向、纵向排水管被冻;

⑨ 采用"前截后挡"型的路基边坡防排水结构,这种结构如图5-41所示;"前截"即采用保温渗水暗沟截排地下融水,"后挡"即采用挡水埝处理地表水,这种结构形式具有以下几个优点:

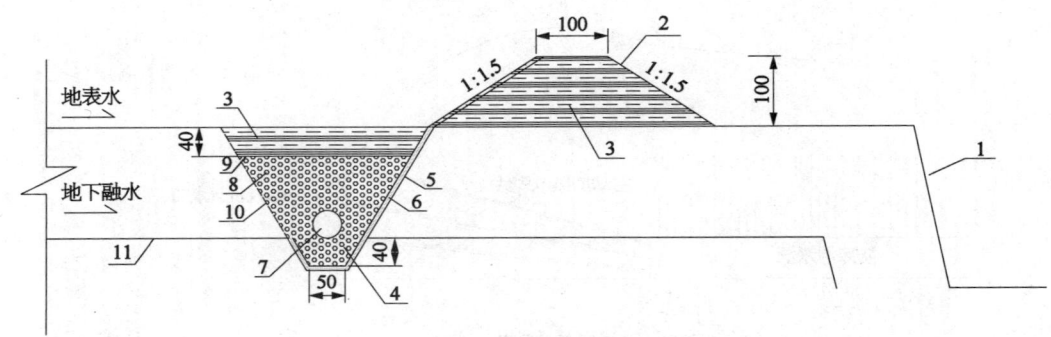

图 5-41 多年冻土区路基边坡"前截后挡"型排水系统断面布置图
1—多年冻土区隧道洞口段临时边仰坡或路堑边坡;2—挡水埝;3—黏性土;4—保温渗水暗沟;5—防水板;
6—保温隔热保温层;7—φ200 mm 双壁波纹管;8—级配碎石;9—无纺土工布;10—暗沟开挖线;11—多年冻土上限

a. 功能全面,彻底阻断水源。采用"前截后挡"机理,将挡水埝与保温渗水暗沟相结合,全面处理地表水和地下融水,彻底阻断了水源这一多年冻土区路基病害产生的主要因素;

b. 结构形式稳定,排水性能好。挡水埝与保温渗水暗沟既分工明确,又紧密配合,缺一不可。挡水埝下方的地下融水不再是简单的阻挡,而是通过暗沟及时排走,减低暖末寒初之季土体冻胀程度,保障了挡水埝结构的安全;保温渗水暗沟采用级配碎石回填,在经过长久的冻融循环后仍有很好的透水性、集水性、抗冻性,上部应按要求做好隔水层,且地表水通过挡水埝得到及时的排放,防止侵入地底影响暗沟排水性能;

c. 长期服役性好,减少养护成本。这种排水系统由于其结构稳定、不易失效,具有很好的长期服役性,解决了多年冻土区排水系统屡清屡堵,有投入无收获的现象,极大的降低养护难度,减少工程投入,在多年冻土区斜坡路基排水中具有一劳永逸的效果。

第6章

多年冻土区公路隧道支护结构

多年冻土区隧道衬砌结构设计应能适应冻融作用,并能承受冻胀力的影响,总的设计原则是:结合冻土性质、含冰量及地温高低,按冻土与冻岩分别设计;在低温多年冻土与多年冻土段以及富冰的冻岩段可预留一定的加固空间,利于冻融病害发生的治理。青藏铁路风火山和昆仑山隧道采用了"模筑混凝土支护+隔热防水保温层+模筑钢筋混凝土结构"的结构形式。鄂拉山和姜路岭隧道结构型式主要有三层衬砌结构,即"一次喷锚支护+二次模筑衬砌+隔热防水保温层+三次模筑钢筋混凝土结构+隔热保温防火层"和双层复合式衬砌结构,即"一次喷锚支护+隔热防水保温层+二次模筑钢筋混凝土结构"或"一次喷锚支护+防水层+二次模筑钢筋混凝土+隔热保温防火层"。对于多年冻土段地层径向锚杆的使用,有学者指出因锚杆钻孔会使钻孔周围融化,锚固作用有限,认为冻土地层内不宜采用系统径向锚杆。如何考虑冻胀力影响,进行防抗冻结构设计和选型,并给出适宜的支护参数,是多年冻土隧道建设亟待解决的关键技术问题。

6.1 多年冻土区公路隧道衬砌结构设计方法

多年冻土区隧道一般会穿越洞口季节冻土段、多年冻土段、非冻土段,衬砌可采用图6-1所示流程进行设计:

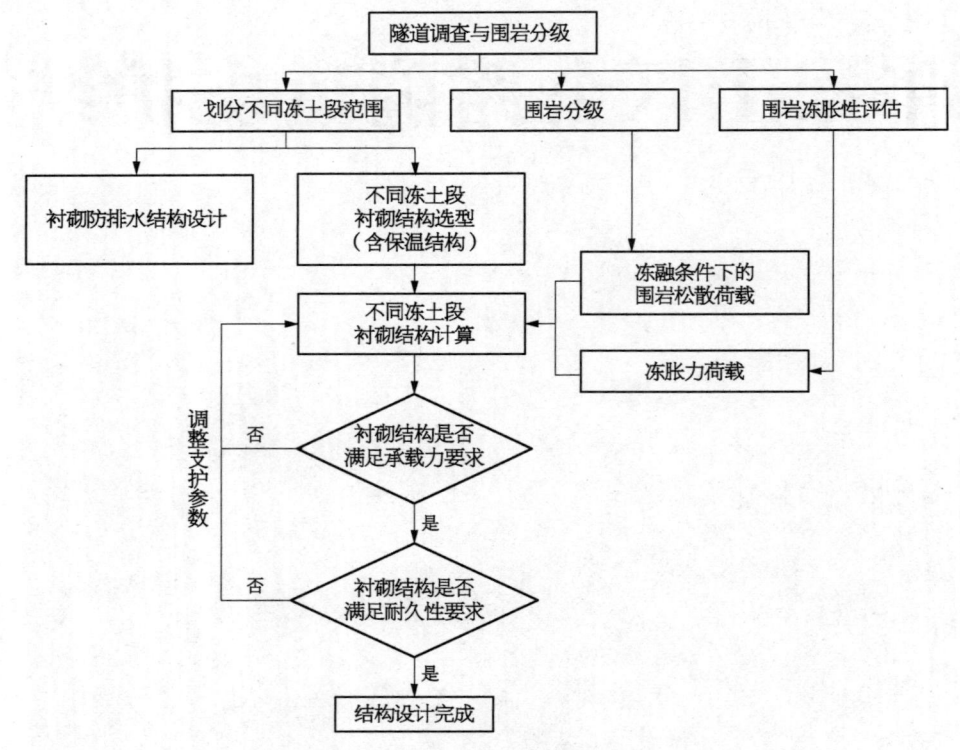

图6-1 多年冻土区隧道结构设计流程

① 通过隧道调查与围岩分级，划分隧道所经不同冻土段的范围，并评估围岩冻胀性，确定围岩的冻胀率；

② 根据不同冻土段特点进行衬砌结构（含保温结构、防排水结构）设计，衬砌结构设计应能适应冻融作用，并能承受冻胀力的影响，对于多年冻土段，初期支护还应能够维持洞室稳定；

③ 计算围岩冻胀力荷载和冻、融条件下围岩松散荷载，并采用荷载结构法计算支护内力，确定支护结构参数，并进行保温结构设计；

④ 冻胀力较小时，可"以抗为主"，通过提高衬砌承载力来抵御冻胀力荷载；冻胀力较大时，可"以消为主"，采取措施减小冻胀力荷载。

6.1.1 衬砌结构设计

（1）洞口季节冻土段

洞口季节冻土段范围很小，该隧道段通常包括明洞段和暗洞段，衬砌结构设计宜满足以下要求：

① 采用钢筋混凝土衬砌，并视情况设置沉降缝和伸缩缝；

② 地基为冻胀土层时，应进行防冻胀处理：基底设在当地最大的冻结深度的冻结线以下不小于 0.25 m；如果冻结线较深，施工有困难，可采取非冻胀性的砂石材料换填，也可采用设置桩基等办法；不冻胀土层中的地基，例如岩石、砾石、卵石、砂等，埋置深度可不受冻结深度的限制；

③ 对于明洞段，为减小冻胀力荷载，明洞两侧采用无冻胀性的浆砌片石回填，洞顶夯填无冻胀性的土石，并铺设厚度为 0.5 m 的黏土隔水层，防止地表水渗入，如图 6-2 所示；

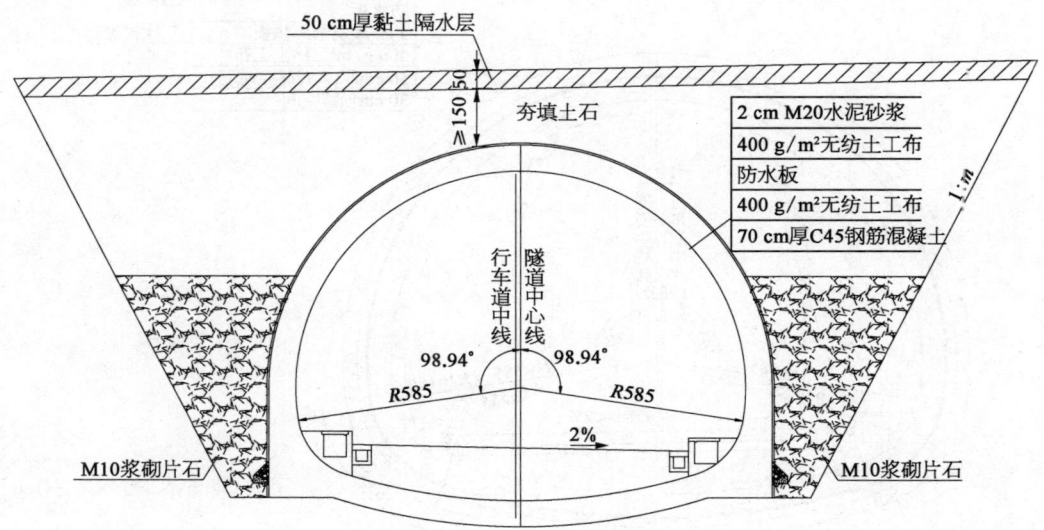

图 6-2 洞口季节冻土段（明洞）衬砌结构示意图

④ 暗洞段衬砌结构按多年冻土段衬砌结构进行设计,为减小冻胀力荷载,可在衬砌表面和洞外仰坡地表铺设保温层,防止围岩产生冻融循环。

由于冻土开挖融化可能导致坡面滑塌,明洞设计中应放缓边坡,尽量在夜晚开挖,尽量在冬季施工,明洞采用"分层、分段开挖,边开挖、边支护"的原则,开挖一段、成形一段、防护一段,开挖厚度根据实际情况确定为 1~1.5 m,纵向长度 15~25 m,临时边、仰坡采用喷锚网防护,表面喷 PU 聚氨酯泡沫隔热层。

(2) 多年冻土段

多年冻土段隧道衬砌结构的设计应结合冻土性质、含冰量及地温高低,按冻土与冻岩分别设计,在低温多年冻土与多年冻土段以及富冰的冻岩段可预留一定的加固空间,利于冻融病害发生的治理。

具体设计宜满足以下要求:

① 多年冻土及全、强风化冻岩(软质岩类)地层应采用三层复合式衬砌结构,即"一次喷射混凝土支护+一次模筑衬砌+隔热防水保温层+二次模筑钢筋混凝土结构+隔热保温防火层",开挖后立即喷射 20~30 cm C30 低温早强混凝土,再模注 20 cm C30 低温早强混凝土,通过添加剂使混凝土达到低温早强,以防冻土融化,待模注混凝土达到规定强度后,拆除模板,挂保温板、土工布、防水板,进行二次模筑,最后在二衬表面铺设防火保温层。此类地层中不宜采用系统径向锚杆,如图 6-3 所示;

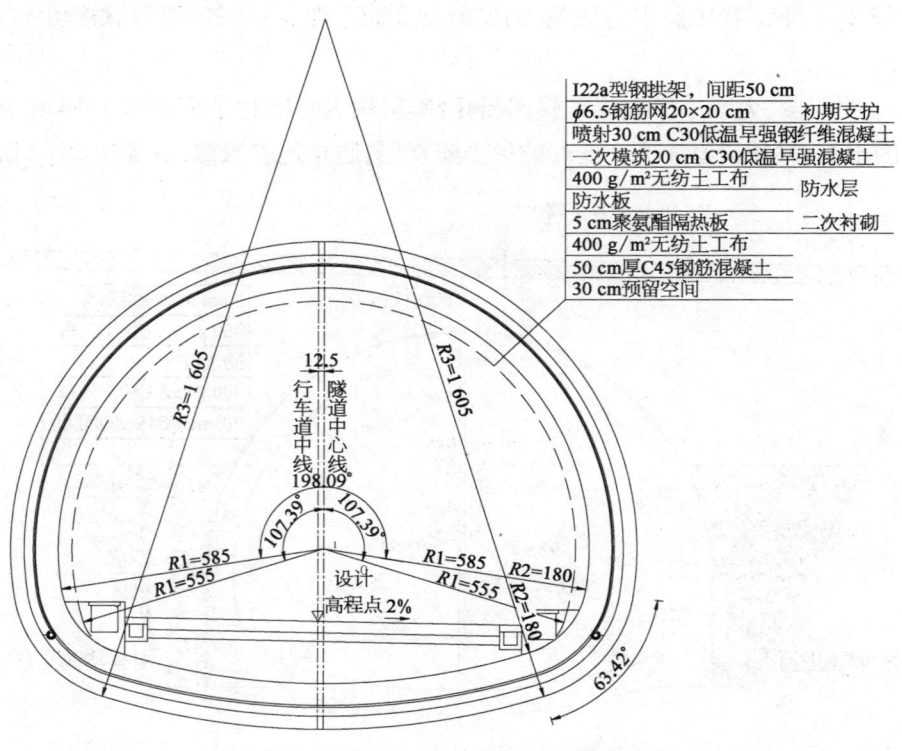

图 6-3 土质多年冻土段三层衬砌结构示意图

② 冻岩（硬质岩类及中风化、弱风化、微风化软质岩类）隧道可采用双层复合式衬砌结构，即"一次喷锚支护+隔热防水保温层+二次模筑钢筋混凝土结构+隔热保温防火层"或"一次喷锚支护+隔热防水保温层+二次模筑钢筋混凝土结构"，如图6-4所示；

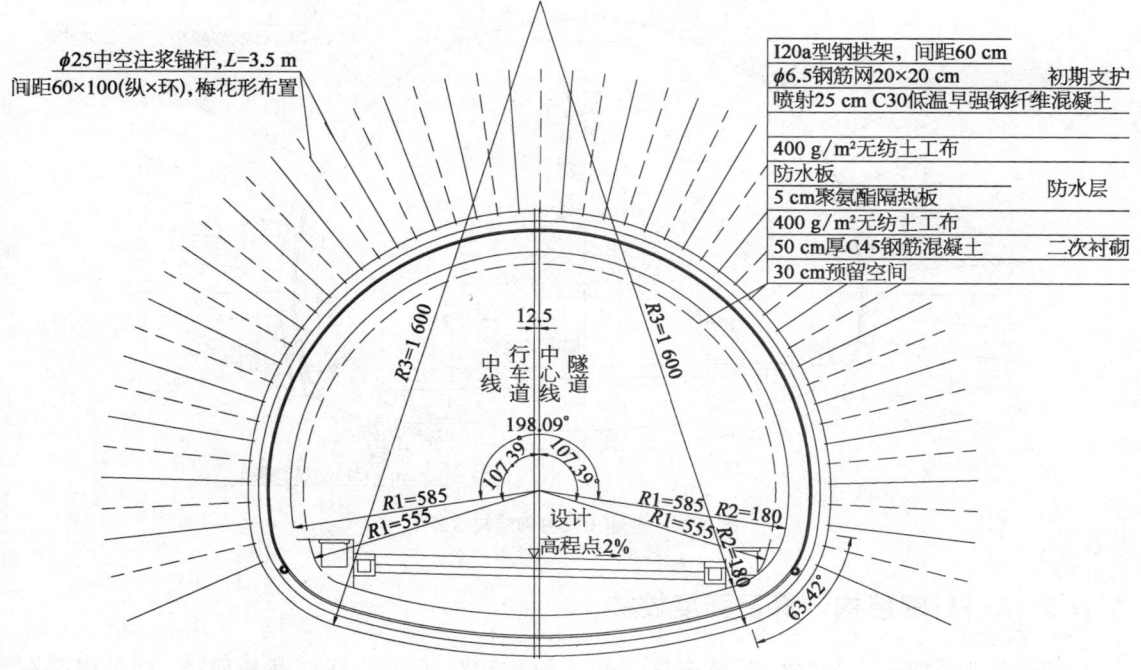

图6-4　岩质多年冻土段双层衬砌结构示意图

③ 若岩面含冰量范围较大，喷射混凝土施工困难，此时可采用模筑衬砌，模筑混凝土应采用低温、早强、耐冻混凝土，满足抗渗、抗冻和耐久的要求；

④ 为防止衬砌受温度变化影响而拉裂，洞身每15～20 m应设伸缩、沉降缝，伸缩缝采用橡胶止水带防水；

⑤ 为利于冻融病害发生的治理，宜预留30 cm的加固空间；

⑥ 为减小冻胀力荷载，初支和二衬之间的保温板应在围岩回冻完全后铺设，夹层保温层可减小二衬施工引起的融化圈范围，并一定程度吸收冻胀变形。

（3）非冻土段

非冻土段隧道衬砌结构设计宜满足以下要求（如图6-5所示）：

① 采用柔性支护体系的复合式衬砌，其中二次衬砌应采用混凝土（或钢筋混凝土）曲墙带仰拱封闭式整体衬砌，以增强衬砌的整体性；

② 冻胀性力较大的围岩段，通过围岩全断面注浆，降低围岩空隙率，以减小冻胀力荷载；

③ 铺设保温层减小围岩的冻结范围，以减小冻胀力荷载。

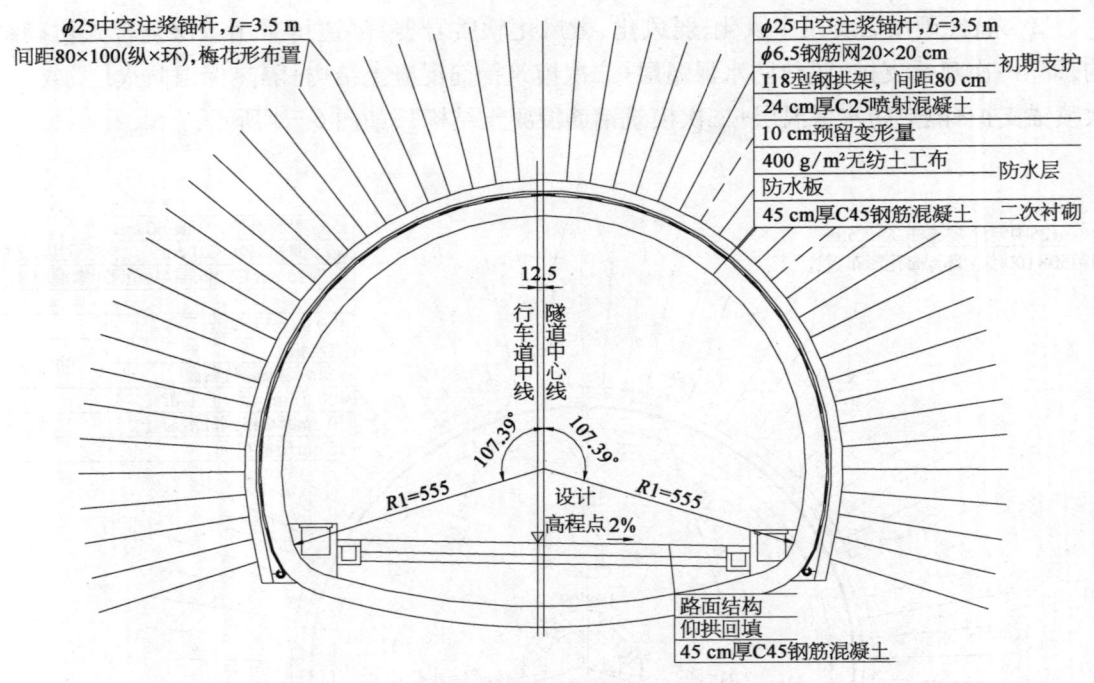

图 6-5 非冻土段衬砌结构示意图

6.1.2 衬砌结构计算及强度校核

多年冻土区隧道支护结构对稳定洞室起主要作用且承担外部荷载较明确,宜采用荷载结构法进行衬砌结构计算。计算方法如下:

① 采用有限元软件使用梁单元(Beam3 单元)模拟二次衬砌,使用弹簧单元(Combin14 单元)模拟围岩抗力,根据隧道断面尺寸建立相应的有限元模型;

② 计算得到冻融条件下的围岩松散荷载及冻胀力荷载;

③ 对于采用双层复合式衬砌的隧道断面(非冻土段),根据《公路隧道设计规范》(JTG D70—2004)规定的二衬分担的荷载比例如表 6-1 所示。对于采用三层复合式衬砌的隧道断面(洞口季节冻土段、多年冻土段),作用在衬砌上的围岩松散荷载比采用双层复合式衬砌的减小 18.9%,因此,二衬分担的荷载是采用双层复合式衬砌的 81.1%,二衬分担的荷载比例如表 6-1 所示;

表 6-1 二次衬砌荷载分担比例表

围 岩 级 别	双层复合式衬砌	三层复合式衬砌
Ⅳ	40%~20%	32%~16%
Ⅴ	80%~60%	65%~49%

④ 冻胀力主要由二衬承当,将其与折减后的围岩松散荷载叠加后,施加到衬砌模型上进行计算;

⑤ 计算平衡后,将模型中的受拉弹簧删除,并重新计算到平衡,重复这一过程,直至模型中的弹簧均为受压状态,最终得到衬砌内力。

结构的强度采用安全系数进行检验,钢筋混凝土衬砌安全系数计算方法见《公路隧道设计规范》(JTG D70—2004),规范要求的结构强度安全系数如表 6-2 所示。

表 6-2 钢筋混凝土结构的强度安全系数

破坏原因	永久荷载+基本可变荷载	永久荷载+基本可变荷载+其他可变荷载
钢筋达到计算强度或混凝土达到抗压或抗剪极限强度	2.0	1.7
混凝土达到抗拉极限强度	2.4	2.0

6.1.3 跨越不同类型冻土衬砌结构分段与衔接

隧道穿越不同冻土段围岩的划分可根据地勘资料确定。根据跨越的冻土段类型,多年冻土区公路隧道可分为两类:"穿越季节冻土和多年冻土的隧道"和"穿越季节冻二、多年冻土和非冻土的隧道"。

"穿越季节冻土和多年冻土的隧道"如图 6-6a 所示,隧道两端洞口段为季节冻土(季节活动层),洞身段为多年冻土。"穿越季节冻土、多年冻土和非冻土的隧道"如图 6-6b 所示,隧道两端洞口段为季节冻土,洞身段穿越多年冻土和非冻土。

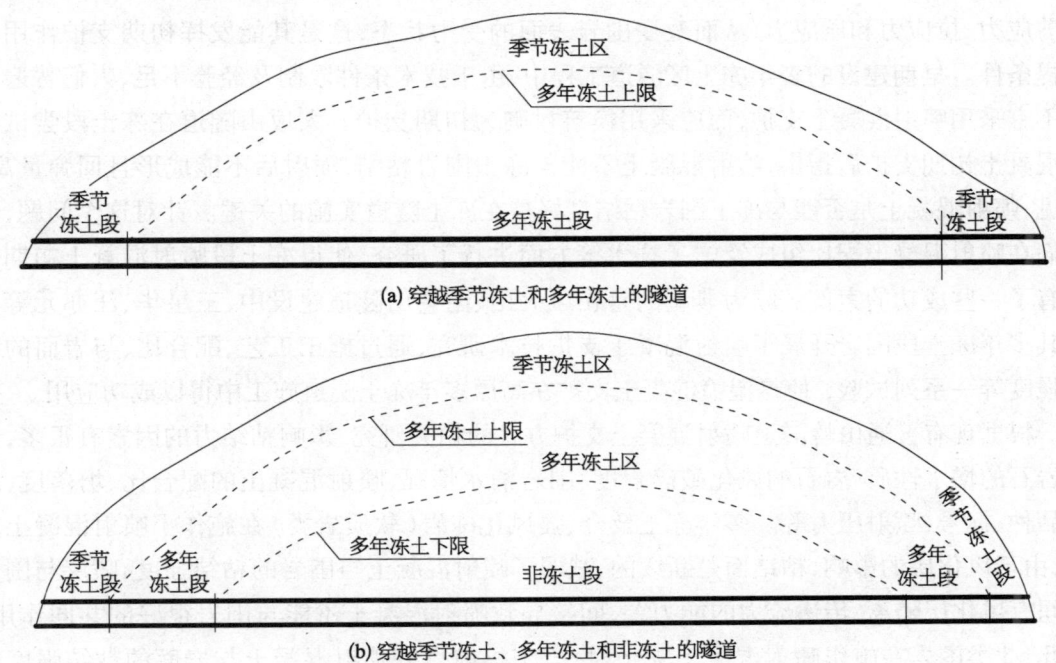

图 6-6 跨越不同类型冻土段的多年冻土区隧道类型

根据《公路隧道设计规范》(JTG D70—2004)中衬砌结构设计的规定,围岩较差地段的衬砌应向围岩较好地段延伸5~10 m,因此在跨越的不同冻土段隧道衬砌结构设计中,不同冻土段衬砌结构的衔接应该是洞口季节冻土段衬砌应向多年冻土段或非冻土段延伸5~10 m,多年冻土段衬砌应向非冻土段延伸5~10 m。

6.2 多年冻土区公路隧道初期支护

初期支护方式有多种,一般根据隧道的围岩地质条件选用合适的初期支护类型。目前,锚喷支护是最常见的初期支护形式,是由喷射混凝土、径向系统锚杆、钢拱架、模筑混凝土几种初期支护方式组合构成的支护体系。

6.2.1 喷射混凝土

1) 应用于多年冻土区隧道的优缺点及存在的问题

普通山岭隧道中,喷射混凝土支护作为一种成熟的支护方式得到了广泛的应用,但多年冻土隧道中,施作喷射混凝土是否能满足设计要求迅速提高围岩稳定性,喷射混凝土对围岩温度的影响大小,均是值得深入研究与探讨的问题。

喷射混凝土的粘结性是指喷射混凝土能与围岩紧密粘结,在围岩结合面上产生抗力,传递剪应力、拉应力和压应力,从而改变围岩表面的受力状态,这是其能发挥初期支护作用的前提条件。早期建设的多年冻土区隧道工程中,由于技术条件限制及经验不足,人们普遍认为不宜采用喷射混凝土支护,而应采用模筑衬砌为初期支护。大坂山隧道在冻土段尝试喷射混凝土初期支护后指出,喷射混凝土不能与冻土围岩粘结,喷射后不能成形且回弹量高。可见,喷射混凝土是否能与冻土围岩粘结良好是在冻土隧道实施的关键。针对这个问题,学者们在喷射混凝土配比组成及施工技术等方面进行了研究,使得冻土段喷射混凝土初期支护有了一些成功的案例。颇为典型的是在风火山、昆仑山隧道建设中,王星华、汪亦元等针对其多年冻土段围岩开展了喷射混凝土支护技术研究,通过施工工艺、配合比、与岩面的粘结强度等一系列试验,使得湿喷混凝土支护在高原多年冻土隧道施工中得以成功应用。

根据现有普通山岭隧道喷射混凝土支护方式的相关研究,影响粘结力的因素有很多,包括岩石的憎水性质、岩石的风化破碎程度、围岩涌水情况、喷射混凝土的配合比、坍落度、水泥品种、标号、喷射压力等。多年冻土及全、强风化冻岩(软质岩类)在施作了喷射混凝土之后,由于风化层的影响,粘结面是断续的,减弱了喷射混凝土与围岩的粘结强度,喷层与围岩之间有风化层隔离,传递应力的能力差,间接导致喷射混凝土不能与围岩很好的共同作用。因此,此类围岩在施作喷射混凝土支护时,应当提前做好喷射混凝土与岩面的粘结强度试验,试验指标应当满足各隧道的设计要求,遗憾的是现行的《锚杆喷射混凝土支护技术规范》

（GB 50086—2001）并未针对冻土围岩规定喷射混凝土粘结强度的标准取值。当岩面含冰量范围较大甚至为冰层时，围岩表面光滑有很强的渗水性，影响了岩面与浆液的结合能力，此时喷射混凝土与岩面之间的粘结力很小，喷射混凝土很难喷射上去，可考虑采用模筑衬砌代替喷射混凝土。

除了冻土围岩的粘结性要求，喷射混凝土作为初期支护在多年冻土区使用，设计配比中应当加入防冻剂和速凝剂，使其具备良好的抗冻性及较高的早期强度，避免混凝土受到冻害，减少回弹损失。

施作喷射混凝土作为冻土段的初期支护，主要优点是及时性和密封性，体现在喷射混凝土支护在冻土隧道开挖后几小时内即可施作完成，能立即提供连续的支撑抗力，避免围岩处于单向或双向受力状态，有效地限制围岩变形的发展，保持围岩的稳定。喷射混凝土具有高度的密封性和良好的不透水性，覆盖在围岩表面隔绝了冻土围岩与洞内空气的直接接触，阻止或限制了冻土围岩表面融化后剥落、掉块，有利于保持围岩的固有强度，提高围岩的稳定。

喷射混凝土施作速度快，减少冻土围岩暴露时间，这对保护冻土是有利，但混凝土与围岩接触后水化热放热仍会对冻土围岩温度场造成一定的扰动，导致一定深度范围的冻土发生热融。

姜路岭隧道和鄂拉山隧道混凝土使用材料如下：① 采用共和县金河 P.O42.5 水泥；② 外加剂采用山西泓翔复合防冻剂及速凝剂；③ 细骨料采用青根河料场 0~4.75 mm 河砂；④ 粗骨料采用顺鑫碎石场 5~10 mm 碎石。同时，为了增加喷射混凝土与围岩的粘结强度，考虑在其中掺加纤维材料。根据《普通混凝土配合比设计规程》（JGJ 55—2011）要求，施工前进行了多组配合比试验，确定基准配合比为：水泥∶砂∶石∶水∶复合防冻剂∶速凝剂∶钢纤维=480∶1 041∶676∶192∶14.4∶24.0∶33.0。喷射混凝土必须满足强度及其他物理性能的设计要求，在室内进行了多组混凝土试件抗压强度试验，试验结果见表 6-3。

表 6-3 混凝土试件抗压强度试验

试件边长 (cm×cm×cm)	7天抗压强度(MPa)			28天抗压强度(MPa)			评定值 (MPa)	达到抗压强度(%)
15×15×15	27.2	27.6	28.0	34.9	35.5	35.7	35.4	118.0
	27.6	27.8	28.1	36.2	34.9	36.8	36.0	120.0
	27.3	27.1	27.0	36.0	35.0	35.0	35.0	118.0
	29.0	28.1	28.8	37.2	35.9	37.9	37.0	123.3
10×10×10	31.3	30.8	32.0	41.3	40.5	40.3	40.7	135.7
	32.5	31.3	32.2	43.7	44.3	44.6	44.2	147.3
	30.6	30.2	29.9	37.2	38.0	38.6	37.9	126.3

从表 6-3 可知,混凝土强度不但达到了 C30 的指标,并且在早期即达到了较高的强度(70%~80%),可以满足冻土隧道的要求。为了测试钢纤维的添加效果,制作了不含钢纤维的同配比混凝土进行喷大板劈拉试验,试验结果见表 6-4。从表 6-4 可知,添加了钢纤维的喷射混凝土粘结强度要高于普通喷射混凝土,现场在进行喷射混凝土施工时,混凝土体现出与洞口段碎石土冻土较好的粘附力,保证了隧道施工的顺利进行。

表 6-4 两种混凝土粘结强度比较 （MPa）

混凝土	1	2	3	4	5	6	7	8	均值
普通混凝土	1.52	1.69	1.77	1.32	1.85	1.19	1.63	1.50	1.56
钢纤维混凝土	1.92	2.10	1.95	1.79	2.04	1.68	1.99	1.82	1.91

2) 对隧道多年冻土段围岩的温度场扰动

利用温度场分析模型,研究了喷射混凝土支护在隧道多年冻土段的温度场扰动情况。由于现场施作喷射混凝土后基本在 20~30 天左右后再施作一次模筑混凝土支护,为考虑最不利情形,计算洞室开挖后,施作喷射混凝土 30 天内的围岩温度场,洞内施工环境气温取 5℃,围岩岩性分别为Ⅵ级冻土、Ⅴ级冻岩以做对比。

提取隧道边墙不同时间、距洞壁不同深度处围岩的温度随时间变化如图 6-7 所示。可见,施作喷射混凝土对围岩温度场产生了明显的扰动,围岩由壁面开始向深处发生冻融,距离洞壁越近的围岩受喷射混凝土的热扰动影响越大,同一时期,距洞壁越近,围岩温度越高。靠近壁面的围岩在喷射混凝土施作约 2~3 天达到温度最高值,之后逐渐降低,更深处的围岩温度则随着时间缓慢升高。对比图 6-7a 和 b,冻岩围岩温度变化范围要大于冻土围岩。不同时期围岩融深如图 6-8 所示,两种围岩的融化圈都是在喷射混凝土施作前 3 天左右增长迅速,之后由于水化放热量减小,融化圈缓慢增长,30 天后,冻土围岩的融化圈约为 1.36 m,冻岩围岩的融化圈约为 2.44 m。

可见,由于喷射混凝土支护会对隧道多年冻土段围岩产生明显的热扰动,使得靠近壁面一定范围的围岩发生热融;且由于岩性的区别,施作喷射混凝土后,冻岩围岩相比冻土围岩更易受到热扰动。

3) 对隧道多年冻土段围岩的支护作用

在温度场分析的基础上,利用隧道开挖应力场分析模型,研究了喷射混凝土支护对多年冻土隧道围岩的支护作用。

首先计算自重状态下的应力场,然后采用全断面一次性开挖,开挖后围岩先按表 6-2 所示比例释放荷载,再激活初喷混凝土单元,计算支护后的位移和结构内力。

工况 1 围岩条件分两种:Ⅵ级冻土且融化圈为 1.36 m、Ⅵ级非冻土(即融化圈为 0 m),将两种围岩条件下的结果进行对比,研究喷射混凝土支护对冻土围岩的支护作用。

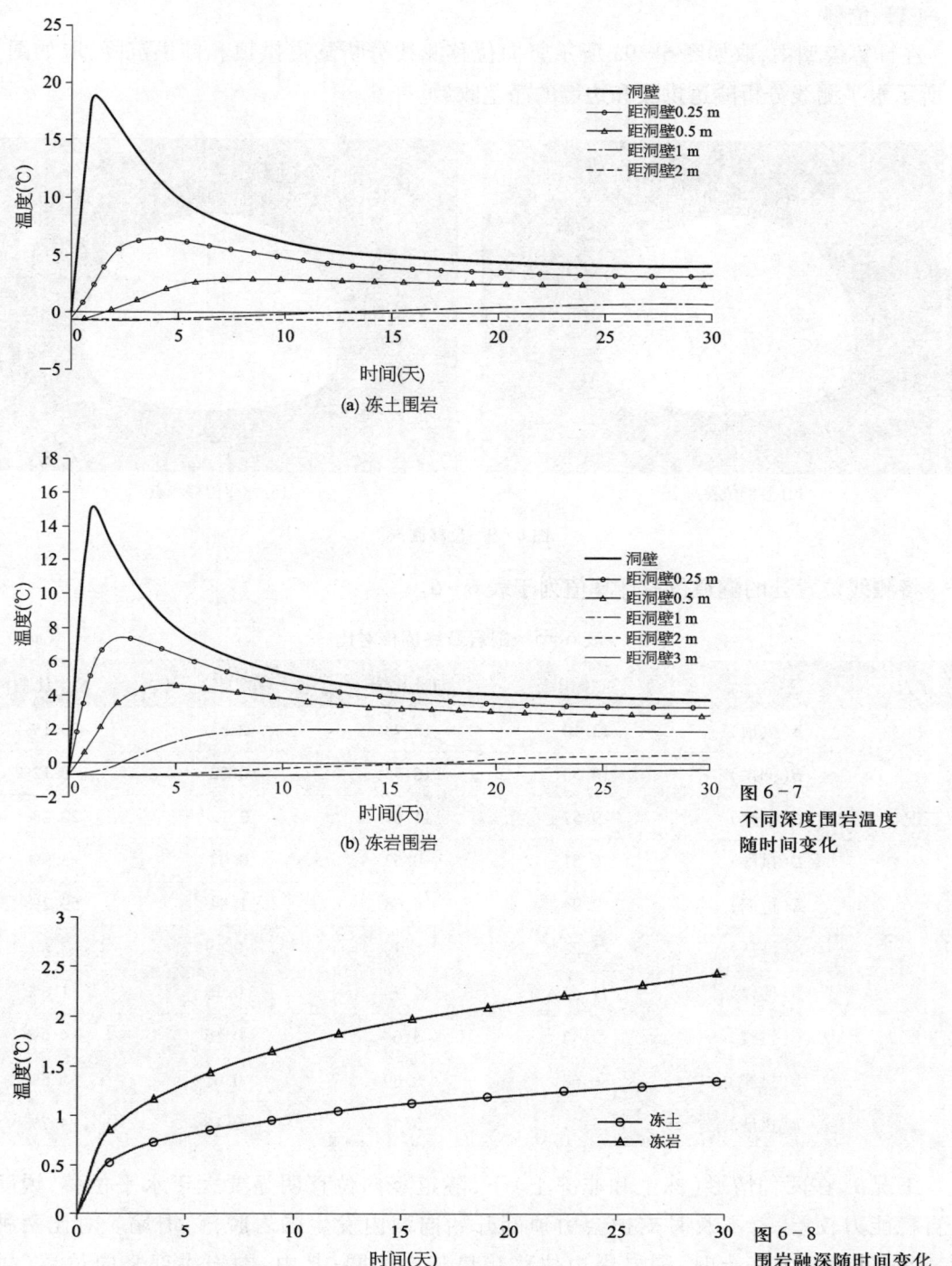

图 6-7 不同深度围岩温度随时间变化

图 6-8 围岩融深随时间变化

工况 2 围岩条件分两种：Ⅴ级冻岩且融化圈为 2.44 m、Ⅴ级非冻岩（即融化圈为 0 m），将两种围岩条件下的结果进行对比,研究喷射混凝土支护对冻岩围岩的支护作用。

(1) 位移

在计算模型中,取如图 6-9a 所示竖向位移测线分析隧道拱顶和仰拱沉降,取如图 6-9b 所示水平测线分析隧道拱腰和边墙的净空收敛。

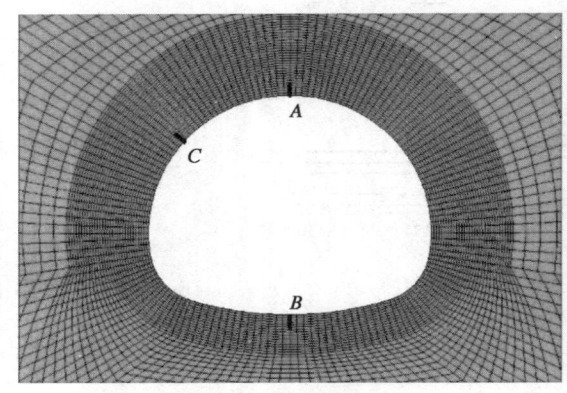
(a) 竖向位移测点

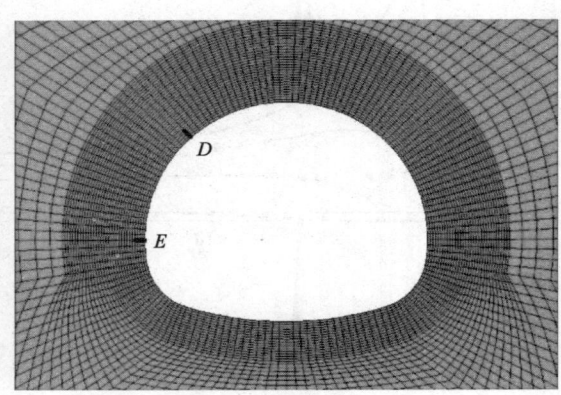
(b) 水平位移测点

图 6-9 位移测点

将测线位置处的隧道位移计算值列于表 6-5。

表 6-5 围岩最终位移对比　　　　　　　　　　（mm）

工况	测点	非冻土围岩	冻土围岩	增大值	增大比例
工况 1	A(拱顶)	13.10	15.73	2.63	20.1%
	B(仰拱)	16.53	16.55	0.02	0.12%
	C(拱腰)	9.57	11.69	2.12	22.2%
	D(拱腰)	0.51	0.53	0.02	3.9%
	E(边墙)	2.94	4.68	1.84	59.2%
工况 2	A(拱顶)	5.21	5.40	0.19	3.6%
	B(仰拱)	11.55	11.73	0.18	1.6%
	C(拱腰)	3.48	3.64	0.16	4.6%
	D(拱腰)	0.68	0.69	0.01	1.5%
	E(边墙)	3.27	3.43	0.16	4.7%

工况 1,在两种情形(冻土和非冻土)下,隧道竖向位移明显要大于水平位移,说明围岩自稳能力较差,若不及时支护会由顶部开始向洞内发生围岩脱落、坍塌。对比两种情形,当围岩条件为冻土时,围岩周边位移趋势基本相同;其中,围岩拱部竖向位移(拱顶和拱腰)受影响最大,约增大 20% 左右,拱腰处收敛位移变化很小,但边墙收敛位移增大,说明由于冻土的热融影响,围岩更易向洞内发生坍塌,降低了喷射混凝土的支护效果。

工况2,对比两种情形(冻岩和非冻岩),当围岩条件为冻岩时,隧道周边向洞内位移有所增加;其中,围岩拱部竖向位移(拱顶和拱腰)受影响稍大,增大4%左右,拱腰处水平收敛位移变化很小,边墙收敛位移增大4.7%。可见,受冻岩围岩的热融影响,喷射混凝土支护对围岩位移的限制作用有所降低,但即使冻岩围岩融化圈要比冻土围岩融化圈大,降低幅度仍要比冻土围岩小很多。

(2) 喷射混凝土支护内力分析

由图6-10和图6-11可以看出,在工况1两种情形下,喷射混凝土所受轴力主要为压应力,且拱部所受轴力较大,仰拱所受轴力较小;喷射混凝土所受弯矩主要集中在边墙和拱脚,拱部整体所受弯矩较小,可见主要承受压应力作用,拱顶、仰拱承受负弯矩。对比两种情形下隧道各处受力如表6-6所示,当围岩条件为冻土时,拱顶轴力增大了24.6%,弯矩增大了44.9%;拱腰轴力增大了11.5%,弯矩增大了69.9%,说明围岩融化后增加了向洞内塌落的趋势,拱部支护受力明显增大,边墙处轴力最大但变化不大,拱脚受弯矩最大,且弯矩增大明显为22.8%,必要时应在施工中加强对此处的支护,如加设锁脚锚杆。

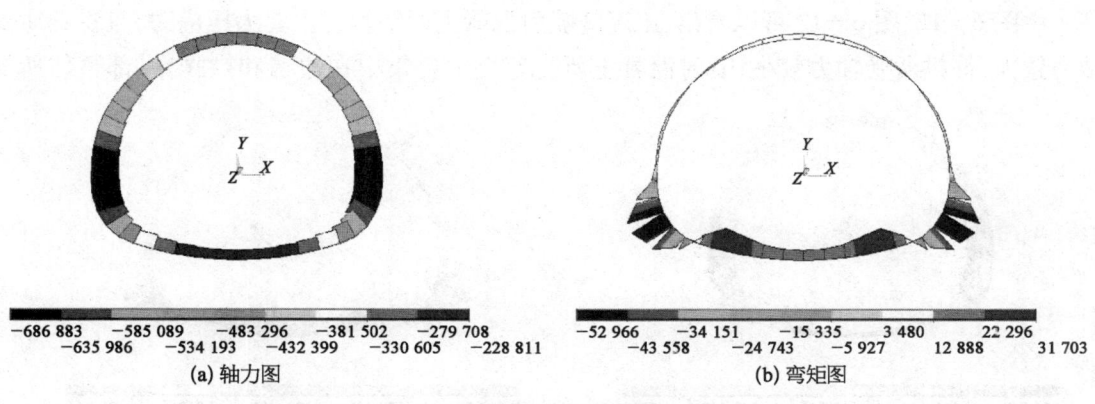

图6-10 喷射混凝土支护内力图(非冻土)

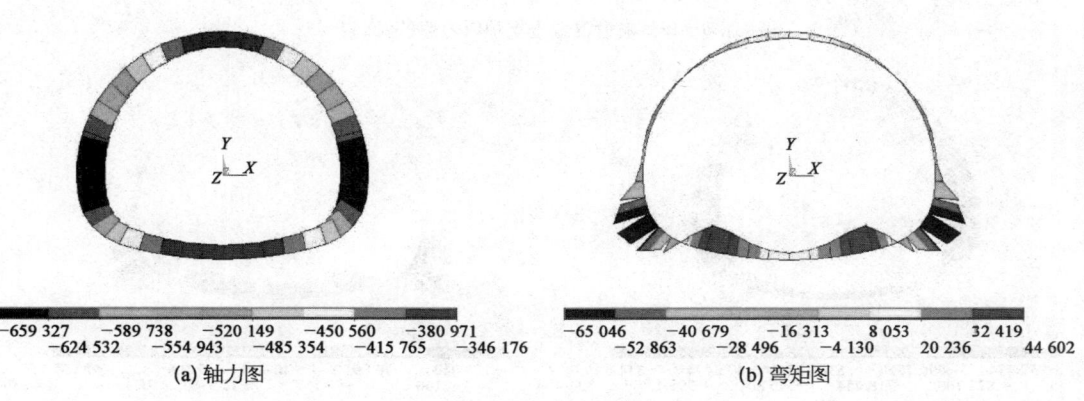

图6-11 喷射混凝土支护内力图(冻土)

表 6-6 喷射混凝土各位置轴力、弯矩计算值

工况	项目	围岩	拱顶	拱腰	边墙	拱脚	仰拱
工况 1	轴力（kN）	非冻土	−294.34	−446.58	−675.58	−630.29	−229.03
		冻土	−366.74	−497.85	−659.32	−594.62	−346.4
		增大比例	24.6%	11.5%	−2.4%	5.7%	51.2%
	弯矩（kN·m）	非冻土	−7.55	−0.83	7.08	52.97	−13.63
		冻土	−10.94	−1.41	12.73	65.05	−13.05
		增大比例	44.9%	69.9%	79.8%	22.8%	−4.3%
工况 2	轴力（kN）	非冻土	−272.75	−517.36	−841.88	−782.31	−148.25
		冻土	−319.78	−575.10	−914.98	−868.70	−212.91
		增大比例	17.2%	11.2%	8.7%	11.0%	43.6%
	弯矩（kN·m）	非冻土	−20.09	−42.93	32.99	102.76	42.74
		冻土	−21.30	−44.77	34.04	115.05	44.44
		增大比例	6.0%	4.3%	3.2%	11.9%	4.0%

由图 6-12、图 6-13 可以看出，工况 2 喷射混凝土所受轴力主要为压应力，且拱部所受轴力较大，仰拱所受轴力较小；喷射混凝土所受弯矩主要集中在边墙和拱脚，拱部整体所受

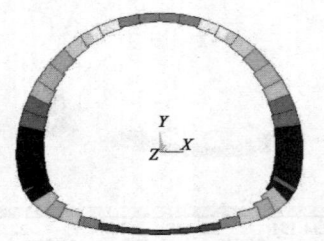

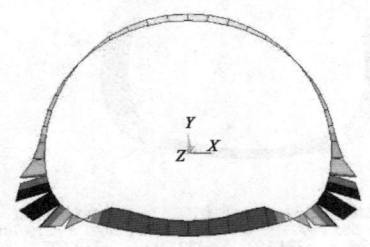

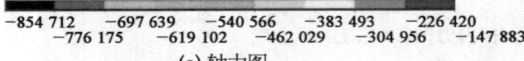

(a) 轴力图　　　　　　　　　　　(b) 弯矩图

图 6-12　喷射混凝土支护内力图（非冻岩）

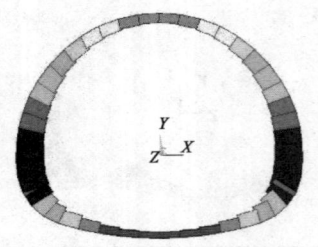

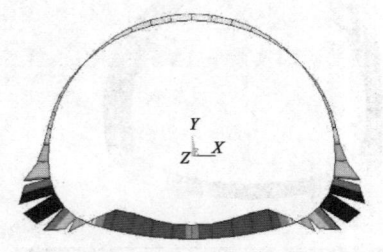

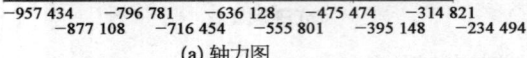

(a) 轴力图　　　　　　　　　　　(b) 弯矩图

图 6-13　喷射混凝土支护内力图（冻岩）

弯矩较小,可见主要承受压应力作用,拱顶、仰拱承受负弯矩。对比两种情形各位置轴力、弯矩见表6-6,当围岩为冻岩时,拱部和仰拱轴力变化幅度最大,拱顶轴力增大17.2%,边墙处喷射混凝土轴力最大,变化幅度较小。喷射混凝土各处弯矩增大幅度都比冻土围岩要小很多,最大弯矩仍出现在拱脚,且增长幅度最大,为支护薄弱环节,应在施工中适当加强。

6.2.2 钢架支护

1) 应用于隧道多年冻土段的优缺点及存在的问题

冻土隧道中应用钢架支护作为初期支护不乏实例,主要认为它有着以下优点:施工快速方便,在较短时间内就可向围岩提供强力支护,对冻土围岩变形控制起到了至关重要的作用,配合喷射混凝土支护能较早地封闭围岩;钢架支护按照隧道设计断面制作,且强度和刚度较高,安装后能承受较大的围岩形变压力和松动压力,抵抗冻土围岩融沉变形,保证了设计断面尺寸要求。

钢架支护参数可针对冻土段围岩类别按照工程类比法设计。自身稳定性较差的多年冻土及全、强风化冻岩(软质岩类),开挖后围岩的自稳时间很短,而喷射混凝土、锚杆不能及时提供足够的支护抗力,为了维持围岩的稳定和保证隧道的设计断面,这时往往须采用钢架支护进行支护,以保证在开挖后的短时间内就给围岩强有力的支护;地质条件较好的冻岩围岩,如硬质冻土岩及中风化、弱风化、微风化软质冻岩等可根据实际情形选用钢架支护。钢架支护方式主要有型钢拱架和钢格栅:型钢拱架的刚度大、能够提供的支护力较大;钢格栅的刚度适中,能够提供的支护力也较小,但安装、施工较钢拱架方便,成本也较低;应根据不同地质情形决定使用哪种钢架支护。

由于钢架支护的组成主要是钢材,其导热性能较围岩及喷射混凝土好,在外界热量向围岩传递时需依靠喷射混凝土与围岩进行热交换,型钢拱架的架立间接改变了喷射混凝土热物性参数从而影响热量传递过程,有必要对这一影响进行分析。

2) 对隧道多年冻土围岩的温度场扰动

型钢拱架由型钢组成,布置于隧道环向上半部,沿纵向每隔一定距离架立一道作为支撑,一般在隧道开挖后立即施作,接着施作喷射混凝土支护并将钢架支护包裹覆盖。型钢的导热性能较围岩及喷射混凝土好,钢架支护可能对围岩温度场产生影响的缘由是其等效改变了喷射混凝土支护的热学参数,从而影响支护结构与围岩的传热过程。

因此,将钢架支护计入喷射混凝土结构,计算其热学参数并代入模型计算,研究钢架支护对多年冻土围岩的热扰动程度。使用I22a工字钢,间距50 cm设置,沿隧道纵向每延米钢架支护所用材料如表6-7所示。

表 6-7　型钢拱架所用材料及重量表

名　称	规格(mm)	数量(件)	重量(kg)	每延米重量(kg)
型钢	I22a 型	1 榀	1 290.31	2 580.62
连接钢板	GB3274	8	114.40	228.80
螺栓	GB5780	2	7.30	14.60
螺母	GB41	24 套	2.48	4.96
纵向连接钢筋	22	25	71.60	143.20

根据表 6-7,计算得隧道每延米钢拱架所用钢材总重为 2 972.18 kg,钢材密度取 7 800 kg/m³,则每延米隧道所用钢材体积约为 0.36 m³,而喷射混凝土厚度为 30 cm,环向长度为 39.5 m,因此每延米隧道钢拱架与一衬混凝土总体积约为 39.5×0.3×1=11.85 m³,钢材体积占比为 3.0%。

针对钢拱架对喷射混凝土热物理性质的影响,采用折算系数法,其折算公式如下:

$$\begin{cases} \lambda = (1-\varepsilon) \times \lambda_c + \varepsilon \times \lambda_s \\ c = (1-\varepsilon) \times c_c + \varepsilon \times c_s \\ \rho = (1-\varepsilon) \times \rho_c + \varepsilon \times \rho_s \end{cases} \qquad (6-1)$$

式中　λ_c,λ_s 和 λ——分别为混凝土,钢材和综合导热系数;

　　　c_c,c_s 和 c——分别为混凝土,钢材和综合比热容;

　　　ρ_c,ρ_s 和 ρ——分别为混凝土,钢材和密度。

计算后得到喷射混凝土与钢拱架的综合热物理参数如表 6-8 所示。

表 6-8　热物理参数对比

情　况	导热系数 [W/(m·℃)]	比热容 [J/(kg·℃)]	密度 (kg/m³)
不考虑钢架	1.85	970	2 500
考虑钢架	2.81	956	2 648

可见,考虑钢拱架的影响后,喷射混凝土支护的导热系数提升了55%,比热容和密度变化不大。将计算后的热学参数代入模型计算施作喷射混凝土30天内的围岩温度场,洞内施工环境气温取5℃,围岩岩性分别为Ⅵ级冻土、Ⅴ级冻岩。将结果与之前不考虑钢架时的围岩融化圈进行对比,如图 6-14 所示。

通过图 6-14 前后融化圈的对比,考虑钢架传热作用后,围岩融化圈与之前相比基本无变化,两种情形下,在喷射混凝土30天后,冻土围岩融化圈相同,冻岩围岩由于其导热性能稍好,在30天后融化圈相比不考虑拱架传热的情形大 0.02 m。因此,钢拱架对喷射混凝土导热性能的提升作用对围岩融化圈的影响微乎其微,可忽略。

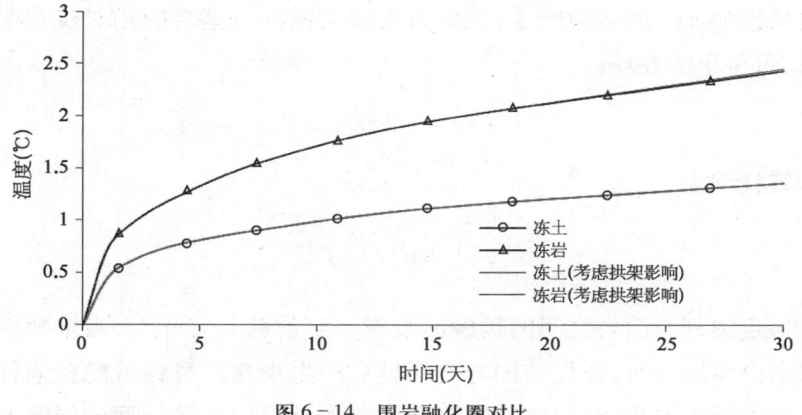

图 6-14 围岩融化圈对比

6.2.3 锚杆支护

1）应用于隧道多年冻土段的优缺点及存在的问题

对不同类型的锚杆在冻土隧道的支护效果、对冻土围岩的温度场扰动大小等重要问题仍然缺乏系统的研究。施作锚杆初期支护一般同时对杆体周围一定范围内围岩进行注浆，注浆后的锚杆支护可作为永久支护，适用于大型重要工程，未进行注浆的锚杆支护只能起到临时的棚架作用，不能起到加固围岩的作用，甚至在一些不良地质中由于从内部破坏了围岩，反而扩大了围岩松动圈。因此，这里只讨论注浆锚杆支护在隧道多年冻土段中的应性。

在冻土段施作锚杆支护，会产生一定的热扰动，主要包括三个方面，分别是钻孔生热、注浆水化热以及杆体导热。钻孔生热产生热量目前还难以定量，但是其作用时间短、范围小，相比之下，注浆水化热和杆体埋入后长期的热传导作用更为明显。融化后的围岩在结构和性质上发生了变化，强度和稳定性都比冻结状态要差，一定程度影响了锚杆支护的作用。冻土和冻岩对温度扰动的灵敏度不同，应根据冻土围岩岩性分析锚杆是否适用。

鄂拉山隧道和姜路岭隧道进出口分布着冻结状态的含亚黏土的碎石土，在冻结时强度较高，但是在融化后呈软塑状，强度极低，洞身极易变形，洞室的开挖支护十分困难。应当慎重考虑洞口浅埋冻土段是否应当施作锚杆支护，使用何种锚杆支护。

常见的锚杆有多种，需针对依托工程洞口段冻土，选择可能适用的锚杆类型。现有锚杆按锚固长度可划分为两大类，即集中（端头）锚固类锚杆和全长锚固类锚杆。其中，集中型锚杆对锚固点要求比较高，只适用于围岩自稳性较好、围岩强度较高的断面，在此不能采用。全长型锚杆中，根据锚固方式，又分为机械型和粘结型：前者通过锚固装置和锚孔壁接触面产生的摩擦阻力约束围岩变形，摩擦阻力大小、锚固效果主要取决于锚孔壁岩石的强度，所以也不适用；后者利用胶结材料把杆体全长与锚孔壁粘结成整体，达到全长锚固的目的，宜用于围岩条件较差的断面。因此，在常见锚杆支护中，初步选用全长粘结型锚杆作为浅埋冻土段的锚杆支护。

全长粘结型锚杆与均质岩体的相互作用可以通过剪滞理论来描述，锚杆中的轴力是由

锚杆与粘结材料接触面上的剪力产生,该剪力则是由锚杆与基岩的相对位移引起的。根据微元受力分析,可得平衡方程:

$$dP(x) = -2\pi r_b \tau_b dx \qquad (6-2)$$

进而得到锚杆轴力:

$$P_l = \int_0^l 2\pi r_b \tau_i(x) dx \qquad (6-3)$$

剪滞理论假定锚杆与围岩之间的接触面没有产生滑移。实际上,当接触面上的剪力过大以至于接触面产生屈服时,锚杆与围岩之间就会产生滑移。滑移可能在锚杆表面或粘结材料与围岩的接触面上产生,此时锚杆表面上的剪力就可以由接触面的屈服剪力求得。该屈服剪力可由拉拔试验求得,也可由摩尔—库仑公式计算。

当接触面有一部分发生滑移时,锚杆轴力为:

$$P_l = \int_{l_1} 2\pi r_b \tau_i(x) dx + \int_{l_2} 2\pi r_b f_{mg} dx \qquad (6-4)$$

式中 r_b——锚杆半径;
l_1——未发生滑移段的总长度;
l_2——发生滑移段的总长度;
f_{mg}——滑移面的粘结强度,即屈服剪力。

在锚杆本身强度很高且其表面粗糙性很好的前提下,荷载传递由锚杆到灌浆体,再由灌浆体到围岩体。影响整个传递过程的关键不是杆体与灌浆体的粘结强度,而是灌浆体与围岩体界面的粘结强度。锚杆灌浆体与岩土体间粘结强度大小的主要取决于岩土体的抗剪强度。

对于岩性为含亚黏土的碎石土冻土,与锚杆接触部分的冻土热融后,性质接近普通亚黏土或碎石土。锚杆灌浆体与土体间的粘结强度远比与岩石间的粘结强度低,冻土融化后的碎石土、亚黏土与灌浆体的粘结强度一般为 25~45 kPa;此时,认为在锚杆表面或粘结材料与围岩接触面上发生滑移,按下式近似计算锚固力:

$$P_l = \int_l 2\pi r_b f_{mg} dx \qquad (6-5)$$

若施作长度 3.5 m,直径 ϕ25 的中空注浆锚杆,取粘结强度 35 kPa,计算得到近似轴力值仅为 9.62 kN,截面最大应力为 18.34 MPa,远小于锚杆的极限承载力,锚杆提供的锚固力十分有限。也可从锚杆的锚固作用机理出发,分析冻土段围岩中的锚固作用。通常认为锚杆支护有以下几种:增强作用、悬吊作用、组合梁作用、成拱作用、松动圈支护作用。

增强作用和成拱作用总的来说都是改善围岩完整性,增强锚固区围岩土体的强度。然而这在冻土段围岩中却难以发挥,甚至适得其反。施作锚杆时钻孔生热和注浆水化热对围岩温度场的扰动不可忽略,极大地降低了冻土本身的强度,且在施作保温层前,锚杆成为一个导热体,将初喷水化热等热量传递到围岩内部,进一步扰动围岩内部温度场。

悬吊作用指锚杆将下部不稳定的岩层悬吊在上部稳定的岩层上,前提是要上部存在稳定岩层供锚固。对于鄂拉山隧道浅埋冻土段,洞室开挖后,地表测得了一定的沉降值,围岩变形监测也表明隧道拱部发生了整体沉降,说明不存在上部稳定岩层。组合梁作用一般只针对水平或缓倾斜的层状围岩,在几乎全风化的亚黏土碎石土冻土环境中也不能体现。松动圈支护作用中,主要支护对象是围岩松动圈产生、发展过程中的碎胀变形力,为了限制松动圈的进一步发展,要求锚杆与围岩间有较强的粘结强度,但系统锚杆与冻土间的粘结强度是很小的。

因此,根据以上对锚杆支护的理论分析,施作锚杆对围岩的热扰动较大,在冻土和冻岩中的加固效果也不同,且冻土围岩中施作锚杆基本不能发挥锚固作用,反而会加大围岩融化圈影响围岩稳定性,不宜施作。

2) 对多年冻土隧道围岩的温度场扰动

利用温度场分析模型,在洞室开挖后,同时施作喷射混凝土和注浆锚杆,并分别于喷射混凝土单元和锚杆注浆范围单元施加水化热荷载,计算30天内的围岩温度场,洞内施工环境气温取5℃,围岩岩性分别为Ⅵ级冻土、Ⅴ级冻岩以做对比。

通过计算得到30天内围岩温度场变化情形,提取开挖后1天和30天时的围岩热融范围温度场云图,如图6-15、图6-16所示。从直观上可以看出,继施作喷射混凝土后再施作锚杆支护,对多年冻土围岩造成了进一步的热扰动,且由于锚杆注浆水化热是从深处围岩内部开始的,产生的热扰动更大,从施作后第一天开始注浆范围及附近的大部分围岩都发生了热融。施作30天后,锚杆注浆土体附近的热融圈变化不大,未受到锚杆注浆的隧道底部土体在喷射混凝土水化热影响下逐步扩大,说明同时施作喷射混凝土和注浆锚杆时,围岩的融化圈变化主要受注浆锚杆的影响。

从图6-17不同深度围岩温度变化可以看出,施作锚杆后,围岩温度变化范围更大,越

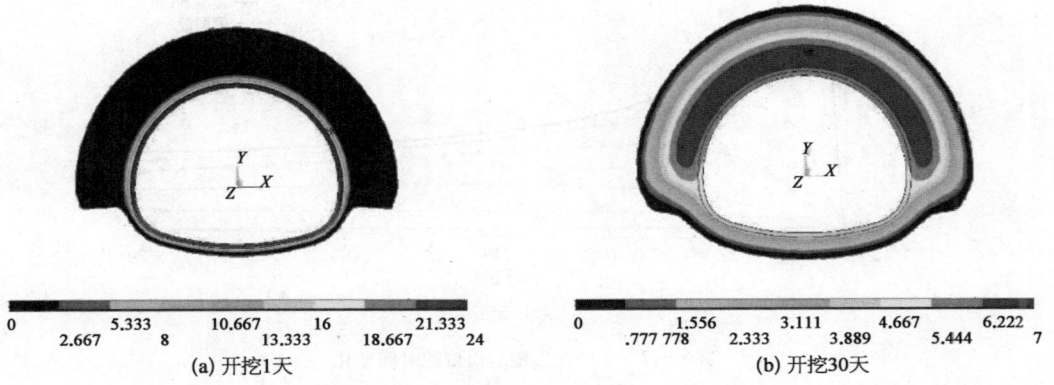

图6-15 热融范围温度场云图(冻土围岩)

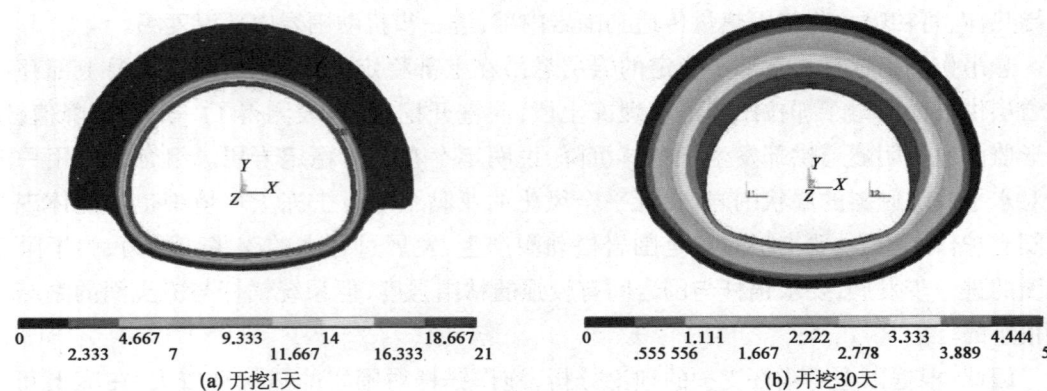

(a) 开挖1天　　　　　　　　　　　(b) 开挖30天

图 6-16　热融范围温度场云图（冻岩围岩）

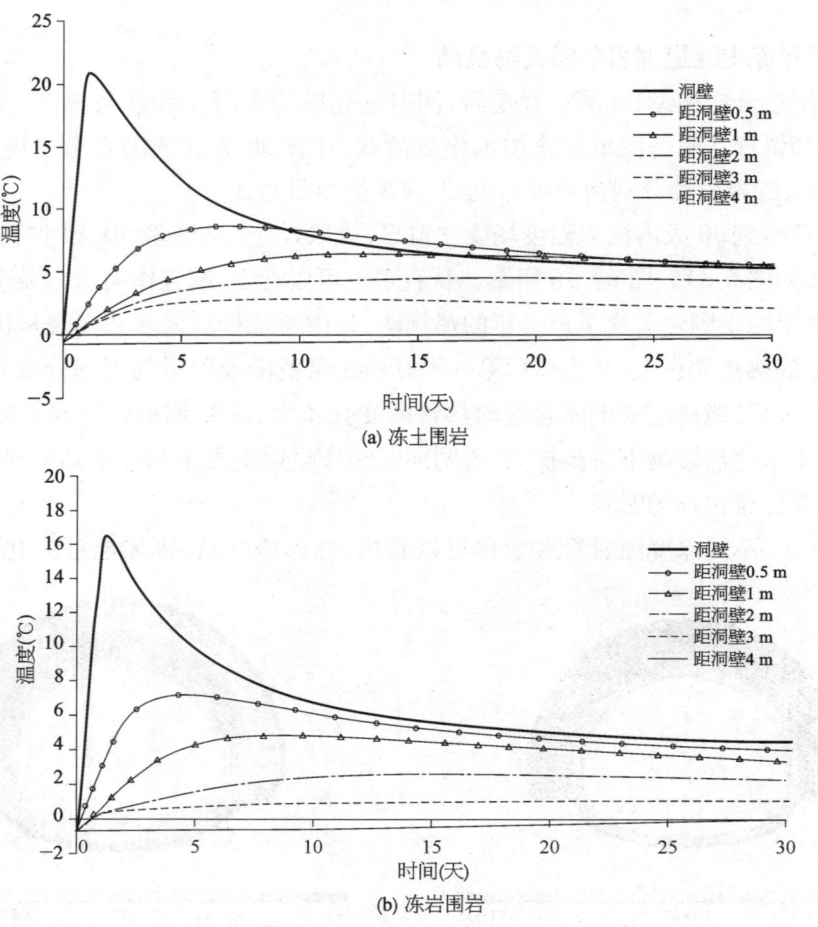

(a) 冻土围岩

(b) 冻岩围岩

图 6-17　不同深度围岩温度随时间变化

靠近壁面,温度越受喷射混凝土影响,距洞壁较远围岩,如距洞壁 2 m、3 m 处围岩,虽然在第一天就达到正温,但是并没有像靠近洞壁围岩一样迅速达到温度极值后逐渐降低,而是温度呈缓慢上升趋势,说明深处围岩温度场主要受注浆水化热的影响,且由于注入浆液只是填充围岩空隙,水化放热量有限,所以温度变化幅度较小。

对比图 6-18 和图 6-8,两种情形下的围岩融化圈深度,施作注浆锚杆 30 天后,冻土围岩的融化圈深度达到了 4.18 m,较不施作注浆锚杆时增大了 207.4%,且大于注浆加固范围 0.38 m;冻岩围岩的融化圈约为 4.40 m,较不施作注浆锚杆时增大了 80.3%,且大于注浆加固范围 0.60 m。可见,在采用喷射混凝土联合注浆锚杆支护体系时,施作注浆锚杆对冻土围岩的热扰动更大,围岩融化圈会大幅度扩大,且融化圈大于注浆加固圈导致注浆加固圈周围会形成一定范围的热融弱化区,影响锚杆的加固效果。

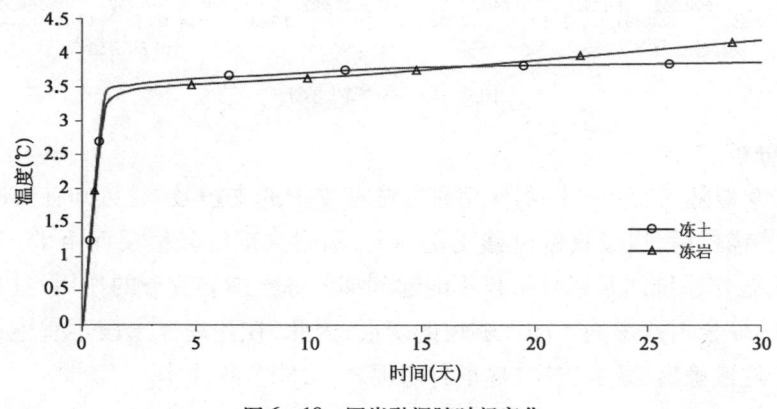

图 6-18 围岩融深随时间变化

3) 对隧道多年冻土段围岩的支护作用

在温度场分析的基础上,利用隧道开挖应力场分析模型,进行以下两种工况的计算。

工况 1,按照在冻土围岩中施作喷射混凝土+锚杆联合支护情形计算隧道的变形和受力情况,并与只施作喷射混凝土支护情形做对比。先计算自重状态下的应力场,然后采用全断面一次性开挖,开挖后围岩先按表 6-9 比例释放荷载,同时激活锚杆单元和初喷混凝土单元,设置注浆加固圈范围 3.80 m,并按照锚杆支护温度场计算结果,设置加固圈外融化圈范围 0.4 m,计算围岩-支护结构的应力和位移。

工况 2,按照在冻岩围岩中施作喷射混凝土+锚杆联合支护情形计算隧道的变形和受力情况,并与只施作喷射混凝土支护情形做对比。开挖后围岩先按表 6-9 比例释放荷载,同时激活锚杆单元和初喷混凝土单元,设置注浆加固圈范围 3.80 m,并按照锚杆支护温度场计算结果,设置加固圈外融化圈范围 0.6 m,计算围岩-支护结构的应力和位移。

(1) 锚杆受力分析

锚杆支护轴力分布图见图 6-19,可知在工况 1 冻土围岩中,拱部锚杆均受压,边墙锚杆大部分受拉,且锚杆整体受力都偏小,拱部最大轴力为 7.5 kN,与第二节根据剪滞理论计算的理论轴力 9.62 kN 较为接近,进一步说明了锚杆支护在浅埋冻土围岩中能够提供的支护力很小;工况 2 冻岩围岩中,拱部锚杆均受压,边墙锚杆大部分受拉,拱部最大轴力为 13.7 kN,对比冻土围岩,说明锚杆在冻岩围岩中能提供较大的支护力。

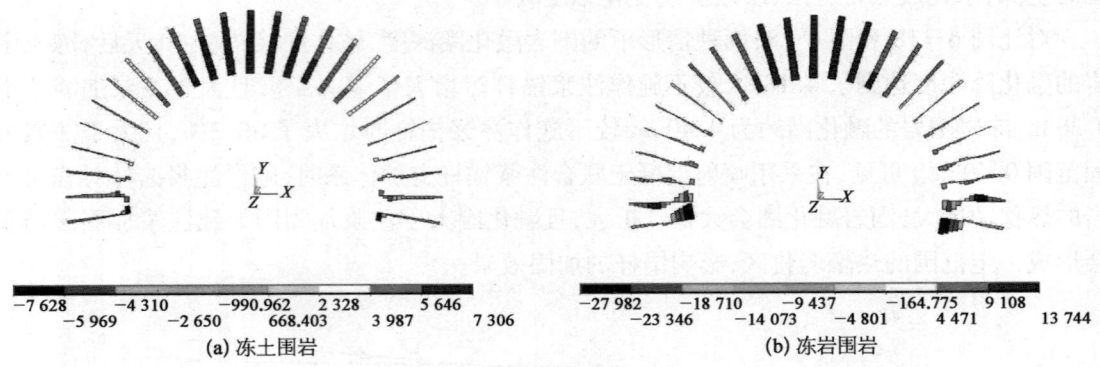

图 6-19　锚杆轴力图

（2）位移分析

根据表 6-9 对隧道变形的限制作用研究锚杆支护的支护效果,可知在工况 1 冻土围岩中增设系统注浆锚杆后,边墙收敛位移变化不大,围岩拱部沉降值反而由 15.73 mm 增大到 16.64 mm,说明施作系统注浆锚杆不仅不能起到抑制冻土围岩变形的作用,且在注浆体自重和热融弱化圈的综合因素影响下增大隧道的变形;因此,在浅埋冻土段不宜施作系统注浆锚杆支护,既利于隧道稳定、减少工序、尽早封闭围岩,又能节约成本。

表 6-9　隧道位移对比　　　　　　　　　　　　　　　　　　　（mm）

工况	测　点	喷射混凝土	喷射混凝土+系统锚杆
工况 1	A（拱顶）	15.73	16.64
	B（仰拱）	16.55	15.95
	C（拱腰）	11.69	12.04
	D（拱腰）	0.53	0.66
	E（边墙）	4.68	4.64
工况 2	A（拱顶）	5.40	4.70
	B（仰拱）	11.73	11.14
	C（拱腰）	3.64	3.64
	D（拱腰）	0.69	0.69
	E（边墙）	3.43	3.43

工况 2 在冻岩围岩中增设系统注浆锚杆后,隧道拱部以下位置变形基本相同,拱部沉降明显减小,拱顶沉降由 5.40 mm 降低至 4.70 mm,降低幅度 13.0%,拱腰沉降由 11.73 mm 降低至 11.24 mm,降低幅度 5.0%。可见,在冻岩围岩中施作系统注浆锚杆,能够有效减小围

岩变形,利于隧道稳定。

6.2.4 一次模筑混凝土支护

1) 应用于多年冻土隧道段的优缺点及存在的问题

模筑混凝土支护如果直接作为冻土段第一层初期支护,会造成以下三点不利的影响:由于现浇混凝土需要有一定的立模、浇筑、凝固时间,流程较慢,不能立即承受荷载,冻土围岩暴露时间较长易发生热融坍塌,不利于洞室稳定;模筑混凝土一般浇筑厚度较大,释放出大量水化热量,造成围岩的热融;模筑混凝土与围岩没有较好的服帖性,之间有一定的间隙,在施作之后需要进行注浆挤密填充,此时由于空间已密闭,注浆的热量无法向空气中散发,大部分侵入围岩内部,这必然对围岩温度场造成较大的二次扰动。因此,在对温度扰动敏感、围岩破碎、稳定性差的冻土段,在喷射混凝土支护可行的情况下,宜采用"喷射混凝土+一次模筑混凝土",即先用喷射混凝土快速支护方式先对围岩提供一定的支护力,使得围岩变形基本稳定后再进行一次模筑混凝土的浇筑。这种方法不仅对冻土围岩的力学稳定性更有利,在温度扰动方面也有显著的降低。一次模筑混凝土与围岩间隔着喷射混凝土,其释放的水化热需要通过喷射混凝土层传递到围岩,其中一部分热量被喷射混凝土吸收,若在一次模筑与喷射混凝土之间铺设保温层,模筑混凝土的水化热影响将会更小,且此时整体支护系统也已经足够提供较大的支护力,所以围岩热融圈的增大对一次模筑混凝土的支护效果影响不大。

2) 对隧道多年冻土段围岩的温度场扰动

利用温度场分析模型,在洞室开挖后,立即施作喷射混凝土,30天后施作一次模筑混凝土,继续计算30天观察围岩融化圈发展情形,洞内施工环境气温取5℃,围岩岩性分别为Ⅵ级冻土、Ⅴ级冻岩以做对比。

根据计算结果,刚施作一次模筑混凝土时,喷射混凝土的残余水化热已经很小,而一次模筑水化热量较大,但是一次模筑并未与围岩直接接触,水化热量对围岩的作用将减小,在这些综合因素的影响下,围岩融化圈变化如图6-20所示。

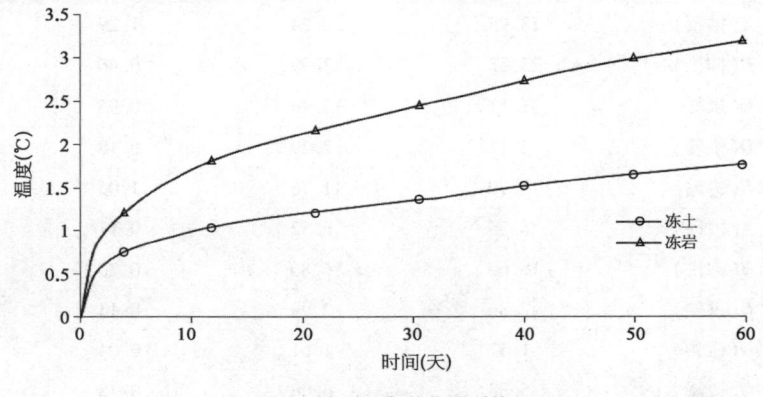

图6-20 围岩融化圈对比

施作一次模筑 30 天后，冻土围岩的融化圈深度达到了 1.78 m，较施作前增大了 0.42 m；冻岩围岩的融化圈约为 3.20 m，较施作前增大了 0.76 m。可见，由于岩性的差别，施作一次模筑后，冻岩围岩的融化圈的增长相比冻土围岩稍多，但是总体变化幅度都不大。

3）对隧道多年冻土段围岩的支护作用

利用应力场分析模型，先计算自重状态下的应力场，然后采用全断面一次性开挖，开挖后围岩先按表 6-5 比例释放荷载，再激活初喷混凝土单元，计算此荷载步的应力场，接着再激活一次模筑混凝土支护单元，释放剩余的围岩荷载，计算施作一次模筑混凝土支护后的隧道最终受力状态和位移。

工况 1 研究一次模筑混凝土对冻土围岩热扰动和加固作用的关系，围岩条件分两种：Ⅵ级冻土，施作喷射混凝土后融化圈为 1.36 m，且施作一次模筑后融化圈不变；Ⅵ级冻土，施作喷射混凝土后融化圈为 1.36 m，施作一次模筑后融化圈扩大至 1.78 m，将两种围岩条件下的计算结果进行对比。

工况 2 研究一次模筑混凝土对冻岩围岩热扰动和加固作用的关系，围岩条件分两种：Ⅴ级冻岩，施作喷射混凝土后融化圈为 2.44 m，且施作一次模筑后融化圈不变；Ⅴ级冻岩，施作喷射混凝土后融化圈为 2.44 m，施作一次模筑后融化圈扩大至 3.20 m，将两种围岩条件下的计算结果进行对比。

（1）位移分析

将测线位置处的隧道位移计算值列于表 6-10，对比施作一次模筑支护后融化圈不变和扩大两种情形，后者围岩最终位移有所增大，拱部竖向位移约增大 6%～8%，仰拱位移变化较小，拱腰和边墙水平收敛位移增大 8%～10%。说明由于一次模筑水化热引起的冻土围岩再次热融，对隧道稳定有一定程度的不利影响，但是相比喷射混凝土支护和锚杆支护，这种由于热扰动造成的支护作用弱化影响的程度较小。

表 6-10　一次模筑后最终位移值　　　　　　　　　　（mm）

工况	测点	融化圈不变	融化圈扩大	增大值	增大比例
工况 1	A(拱顶)	18.95	20.24	1.29	6.8%
	B(仰拱)	23.53	23.99	0.46	2.0%
	C(拱腰)	11.51	12.46	0.95	8.3%
	D(拱腰)	2.11	2.29	0.18	8.5%
	E(边墙)	10.70	11.76	1.06	9.9%
工况 2	A(拱顶)	6.35	6.52	0.17	2.7%
	B(仰拱)	16.60	16.80	0.20	1.2%
	C(拱腰)	2.86	2.99	0.13	4.5%
	D(拱腰)	1.57	1.61	0.04	2.5%
	E(边墙)	5.88	6.06	0.18	3.1%

(2) 支护内力分析

表 6-11 喷射混凝土各位置轴力、弯矩计算值

工况	内力名称		拱顶	拱腰	边墙	拱脚	仰拱
工况 1	轴力(kN)	融化圈不变	-57.95	-167.65	-383.69	-620.79	62.25
		融化圈扩大	-62.81	-171.08	-414.09	-657.28	76.90
		增大比例	8.4%	2.0%	7.9%	5.9%	23.5%
	弯矩(kN·m)	融化圈不变	-2.57	-0.60	6.93	15.78	-7.24
		融化圈扩大	-3.14	-0.75	8.09	17.16	-8.96
		增大比例	22.2%	25.0%	16.7%	8.7%	23.8%
工况 2	轴力(kN)	融化圈不变	-74.54	-198.06	-346.61	-605.56	-28.18
		融化圈扩大	-77.46	-201.98	-356.15	-628.74	-26.75
		增大比例	3.9%	2.0%	2.8%	3.8%	-5.1%
	弯矩(kN·m)	融化圈不变	-0.98	-0.07	1.51	10.97	-2.83
		融化圈扩大	-1.05	-0.08	1.70	11.47	-3.23
		增大比例	7.1%	14.3%	12.6%	4.6%	14.1%

工况1，由图6-21、图6-22可以看出，两种情形下，喷射混凝土所受轴力主要为压应力，仰拱承受较小的拉力，且从数值上来看，一次模筑衬砌整体受力较小，安全储备较高。对比两种情形，融化圈扩大后，仰拱最大拉力增大23.5%，但数值仍然较小，拱脚处最大压力增大5.9%；拱脚处最大正弯矩增大8.7%，仰拱最大负弯矩增大23.8%但数值仍较小。因此，从支护受力角度来看，融化圈增大对一次模筑混凝土的支护作用影响较小，支护受力较小，安全储备较高。

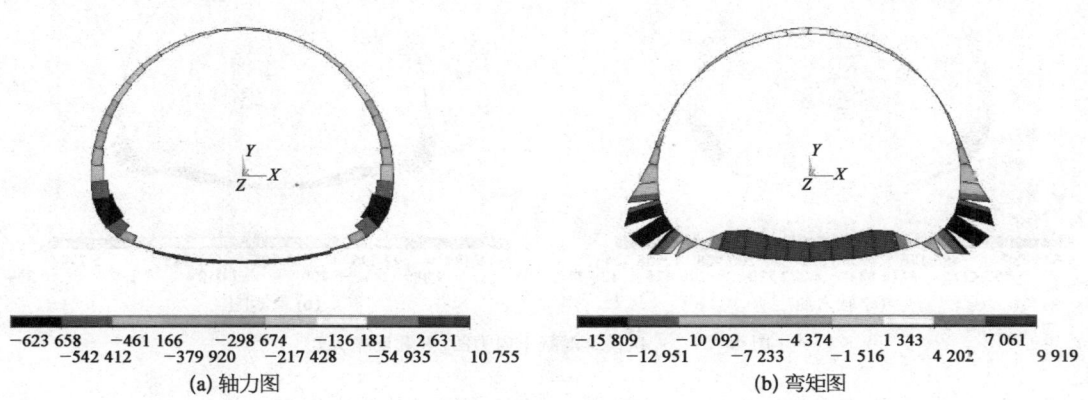

图6-21 一次模筑混凝土内力图（融化圈不变）

工况2，由图6-23、图6-24可以看出，两种情形下，一次模筑衬砌整体受力情形同工况1，安全储备较高。融化圈扩大后，拱脚处最大压力增大3.8%；拱脚处最大正弯矩增大4.6%，仰拱最大负弯矩增大14.1%但数值仍较小。因此，从支护受力角度来看，融化圈增大对一次模筑混凝土的支护作用影响较小，支护受力较小，安全储备较高。

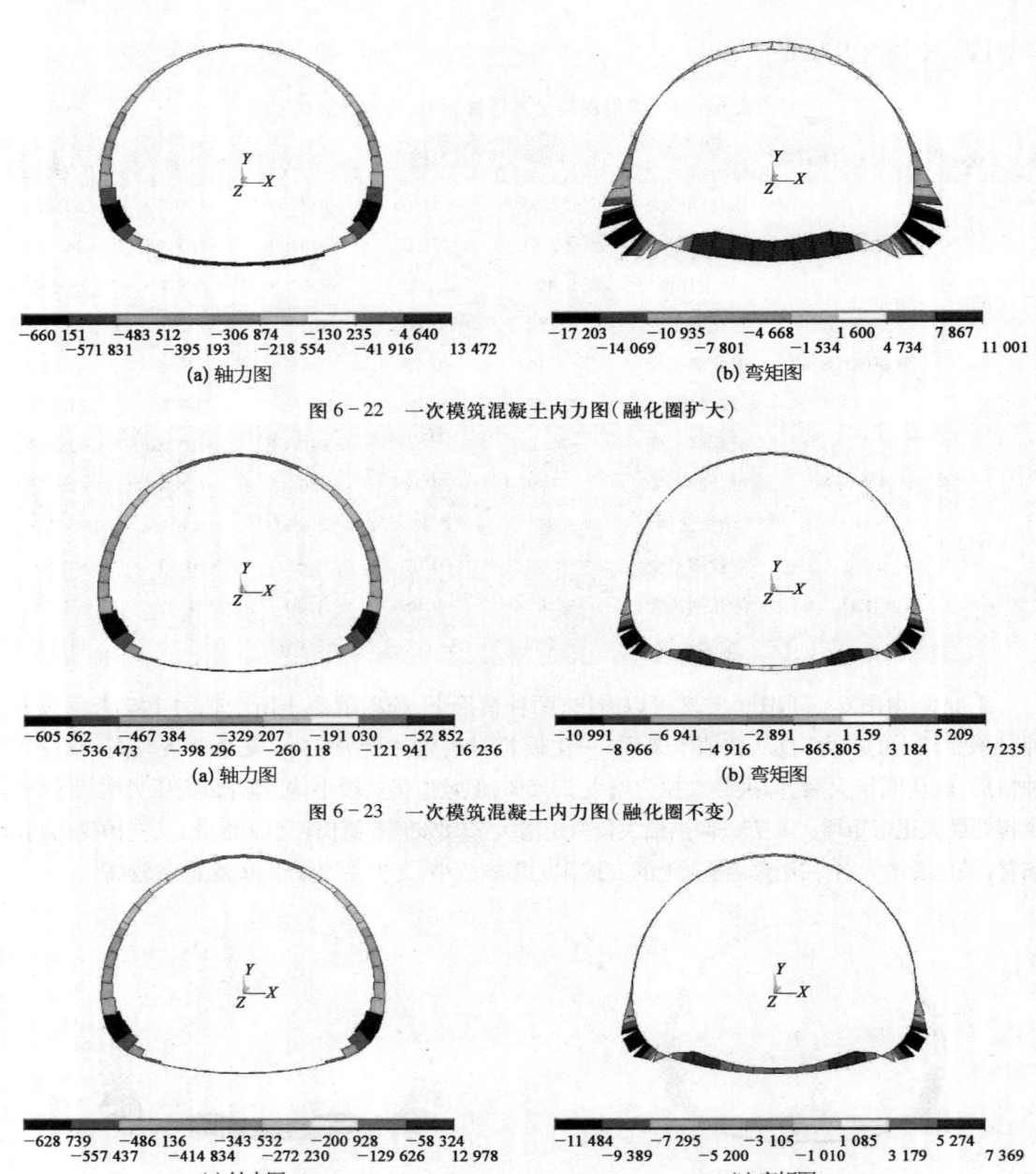

(a) 轴力图　　　　　　　　　　　　(b) 弯矩图

图 6-22　一次模筑混凝土内力图（融化圈扩大）

(a) 轴力图　　　　　　　　　　　　(b) 弯矩图

图 6-23　一次模筑混凝土内力图（融化圈不变）

(a) 轴力图　　　　　　　　　　　　(b) 弯矩图

图 6-24　一次模筑混凝土内力图（融化圈扩大）

6.3　多年冻土区隧道支护结构设计实例

以多年冻土区的姜路岭隧道和鄂拉山隧道的设计为例设计了不同冻土段衬砌支护的参

数,建立的衬砌结构计算的有限元模型如图6-25所示,计算了不同冻土段不同围岩中的不利荷载下的衬砌内力及结构安全系数。不同冻土段围岩荷载如表6-12所示;隧道明洞及不同冻土段结构设计参数见表6-11~表6-15。

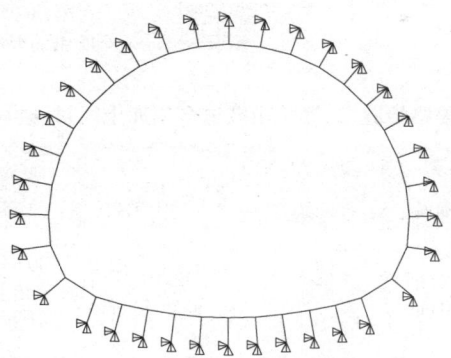

图6-25 衬砌结构计算的有限元模型

表6-12 不同冻土段围岩荷载组合

| 冻土段类型 | 序号 | 围岩级别 | 荷载组合类型 | 松散荷载 | | 冻胀力 |
				q (kN/m²)	e (kN/m²)	q_{max} (MPa)
洞口季节冻土段	1	V级围岩 (h=2.00 m 浅埋)	融化条件	37.00	23.81	—
			冻结条件	37.00	21.15	0.38
	2	VI级围岩 (h=2.00 m 浅埋)	融化条件	32.00	32.52	—
			冻结条件	32.00	29.25	1.01
多年冻土段	3	V级围岩 (h=12.82 m 浅埋)	融化条件	237.17	58.15	—
			冻结条件	237.17	51.65	0.31
	4	V级围岩 (h=24.00 m 浅埋)	融化条件	426.63	212.75	—
			冻结条件	354.65	108.29	0.43
	5	V级围岩 (h=32.04 m 浅埋)	融化条件	553.17	271.78	—
			冻结条件	433.49	137.80	0.42
多年冻土段	6	V级围岩 (h=37.00 m 浅埋)	融化条件	237.10	94.84	—
			冻结条件	237.10	94.84	0.42
	7	VI级围岩 (h=17.00 m 浅埋)	融化条件	272.00	97.56	—
			冻结条件	272.00	87.74	0.77
非冻土段	8	IV级围岩 (h=160.00 m 深埋)	融化条件	137.77	31.69	—
			冻结条件	137.77	31.69	0.31
	9	V级围岩 (h=105 m 深埋)	融化条件	237.10	94.84	—
			冻结条件	237.10	94.84	0.41
	10	V级围岩 (h=108 m 深埋)	融化条件	237.10	94.84	—
			冻结条件	237.10	94.84	1.36

表6-13 姜路岭隧道、鄂拉山隧道明洞段衬砌设计支护参数

围岩级别	初期支护				二次衬砌		超前支护
	混凝土	钢筋网	锚杆	钢拱架	拱部	仰拱	
明洞	—	—	—	—	70 cm 厚 C45 钢筋混凝土	70 cm 厚 C45 钢筋混凝土	—

表6-14 姜路岭隧道、鄂拉山隧道多年冻土段衬砌设计支护参数

围岩级别	初期支护				二次衬砌		超前支护
	混凝土	钢筋网	锚杆	钢拱架	拱部	仰拱	
Ⅵ级冻土	30 cm C30 喷射砼、20 cm C30 模筑混凝土	φ6.5 钢筋网间距 20 cm	—	I22a 工字钢,间距 50 cm	50 cm C45 钢筋混凝土	50 cm C45 钢筋混凝土	φ42 超前小导管（双排）
Ⅴ级浅埋冻岩	25 cm C30 喷射混凝土、20 cm C30 模筑混凝土	φ6.5 钢筋网间距 20 cm	3.5 m,φ25 注浆锚杆,间距 100×60 cm	I20a 工字钢,间距 60 cm	50 cm C45 钢筋混凝土	50 cm C45 钢筋混凝土	φ42 超前小导管（双排）
Ⅴ级深埋冻岩	25 cm C30 喷射混凝土、20 cm C30 模筑混凝土	φ6.5 钢筋网间距 20 cm	3.5 m,φ25 注浆锚杆,间距 100×75 cm	I20a 工字钢,间距 75 cm	50 cm C45 钢筋混凝土	50 cm C45 钢筋混凝土	φ42 超前小导管（单排）

表6-15 姜路岭隧道、鄂拉山隧道非冻土段衬砌设计支护参数

围岩级别	初期支护				二次衬砌		超前支护
	混凝土	钢筋网	锚杆	钢拱架	拱部	仰拱	
Ⅴ级浅埋	24 cm C25 喷射混凝土	φ6.5 钢筋网间距 20 cm	3.5 m φ25 注浆锚杆,间距 100×75 cm	I20a 工字钢,间距 75 cm	50 cm C45 钢筋混凝土	50 cm C45 钢筋混凝土	φ42 超前小导管（单排）
Ⅴ级深埋	26 cm C25 喷射混凝土	φ6.5 钢筋网间距 20 cm	3.5 m φ22 砂浆锚杆,间距 100×80 cm	I18 工字钢,间距 80 cm	45 cm C45 钢筋混凝土	45 cm C45 钢筋混凝土	φ42 超前小导管（单排）
Ⅳ级	20 cm C25 喷射混凝土	φ6.5 钢筋网间距 25 cm	3.0 m φ22 药卷锚杆,间距 100×100 cm	I16 工字钢,间距 100 cm	40 cm C45 钢筋混凝土	40 cm C45 钢筋混凝土	φ25 中空注浆锚杆

(1) 季节冻土段

计算得到衬砌弯矩和轴力见表6-16;不同断面的弯矩图、轴力图如图6-26、图6-27所示。结果表明,冻结条件下衬砌的弯矩和轴力相比融化条件下明显增大。根据衬砌内力,计算得到二衬结构安全系数见表6-17。由表6-17可见,Ⅴ级围岩中衬砌结构在冻、融条件下安全系数均满足规范要求;Ⅵ级土质围岩中衬砌结构在融化条件下安全系数为30.96~58.15,而冻结条件下安全系数降低到0.72~4.69,其中边墙处安全系数为0.72,不满足规范要求。

表6-16 姜路岭隧道、鄂拉山隧道洞口季节冻土段围岩荷载组合及衬砌内力

序号	围岩级别	冻融条件	松散荷载 q (kN/m²)	松散荷载 e (kN/m²)	冻胀力 q_{max} (MPa)	衬砌内力最大值 轴力 N (kN)	衬砌内力最大值 弯矩 M (kN·m)
1	V级围岩 (h=2.00 m 浅埋)	融化条件	37.00	23.81	—	137.53	47.32
		冻结条件	37.00	21.15	0.38	632.42	104.12
2	VI级围岩 (h=2.00 m 浅埋)	融化条件	32.00	32.52	—	142.67	30.92
		冻结条件	32.00	29.25	1.01	2 510.00	556.73

表6-17 姜路岭隧道、鄂拉山隧道洞口季节冻土段隧道结构安全系数

序号	围岩级别	冻融条件	拱顶	拱腰	边墙	拱脚	仰拱
1	V级围岩 (h=2.00 m 浅埋)	融化条件	21.15	49.00	52.00	28.79	34.49
		冻结条件	19.72	12.13	10.14	9.29	12.73
2	VI级围岩 (h=2.00 m 浅埋)	融化条件	42.26	58.15	54.58	30.96	37.04
		冻结条件	4.69	3.32	0.72	2.20	3.37

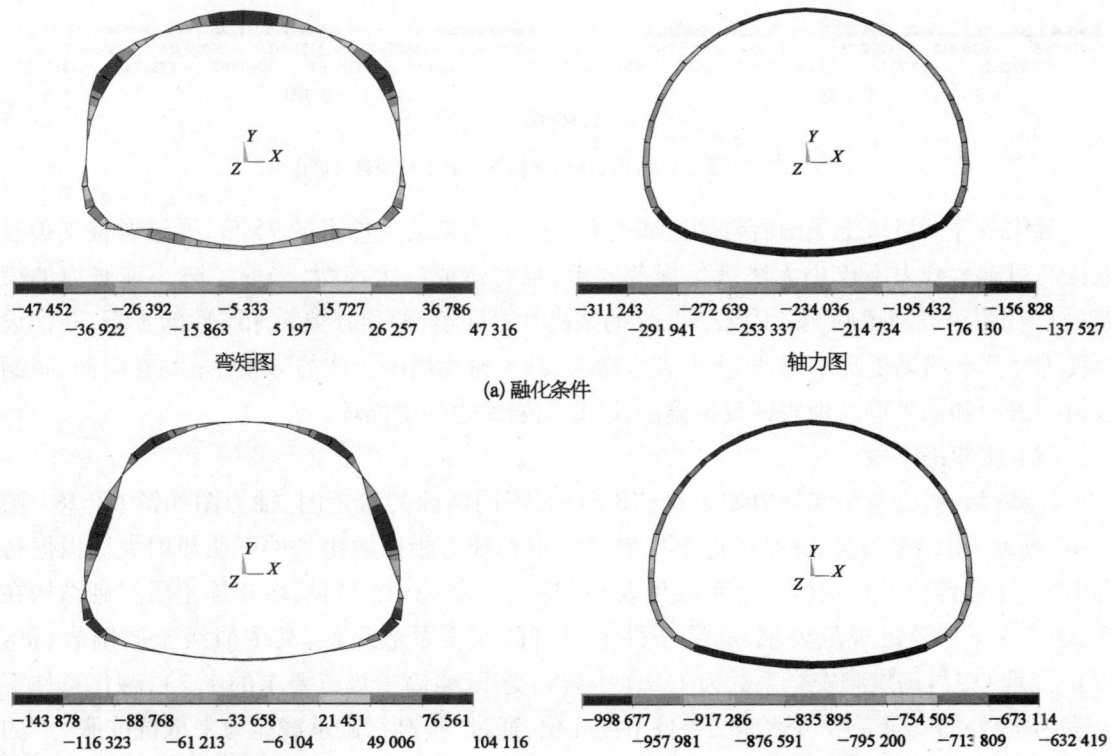

图6-26 洞口季节冻土段冻融条件下V级围岩衬砌内力

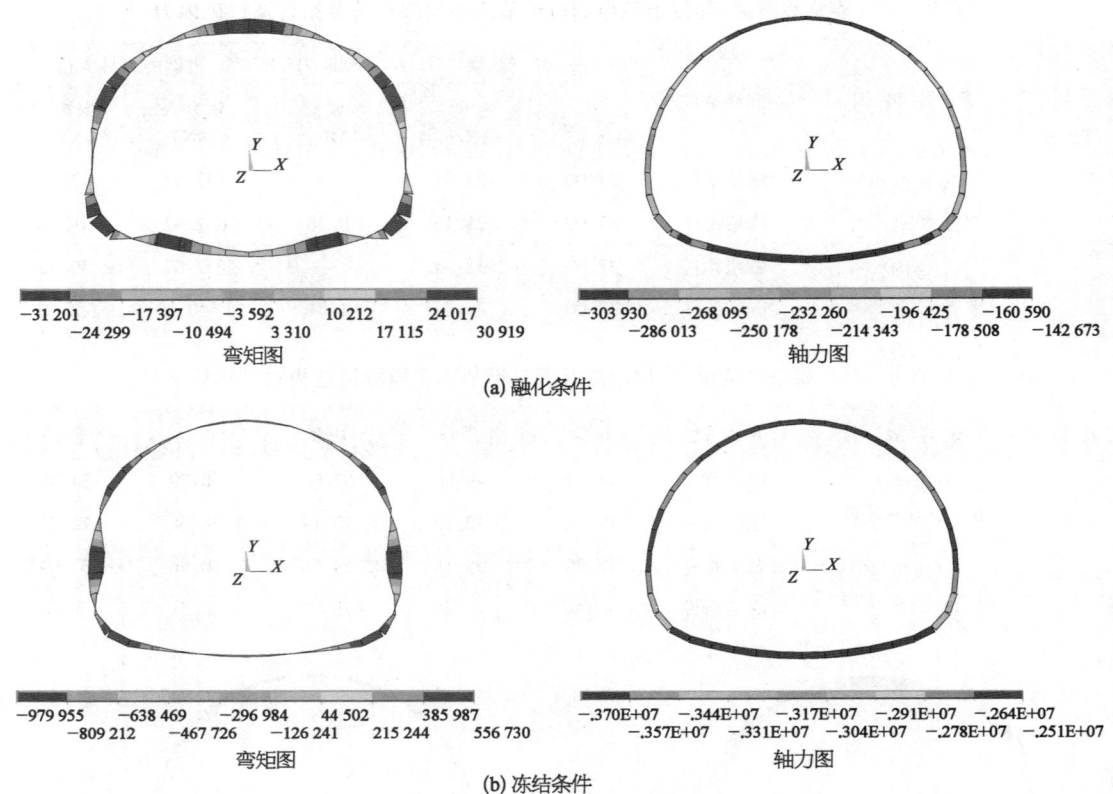

图 6-27 洞口季节冻土段冻融条件下Ⅵ级土质围岩衬砌内力

融化条件下Ⅵ级土质围岩衬砌边墙的安全系数达冻结条件下的 75 倍,通过调整支护参数提高衬砌承载力不仅仍无法满足规范要求,且将造成巨大浪费,采取了减小冻胀力的措施:① 在明洞段隧道两侧采用无冻胀性的浆砌片石回填,洞顶夯填无冻胀性的土石,并铺设厚度为 0.5 m 的黏土隔水层,防止地表水渗入,减小衬砌周围土体的冻胀性;② 在明洞、暗洞段衬砌表面和洞外仰坡地表铺设保温层,防止围岩发生冻融循环。

(2) 多年冻土段

计算得到衬砌弯矩和轴力如表 6-18 所示,不同断面的弯矩图、轴力图如图 6-28~图 6-32 所示,由结果可见,冻结条件下衬砌的弯矩和轴力相比融化条件下明显增大。根据衬砌内力,计算得到二衬结构安全系数见表 6-19。由表 6-19 可见,多年冻土段衬砌结构在冻、融条件下均满足规范要求,冻结条件下拱脚的安全系数最低,其中Ⅵ级土质围岩($h=17$ m 浅埋)中衬砌拱脚安全系数为 1.81(小偏心受压,略高于规范要求的 1.7),融化条件下边墙、拱脚处的安全系数可达冻结条件下的 4 倍,通过"提高衬砌承载能力来抵抗冻胀力"的设计思路并不经济。建议采取"双层初支+二衬"的结构形式,在初支和二衬之间铺设保温板,并选择在冬季施工,在初支完成后待围岩回冻再铺设保温板、施作二衬以尽可能减小融化圈范围。

表6-18 姜路岭、鄂拉山隧道多年冻土段围岩荷载组合及衬砌内力

序号	围岩级别	冻融条件	松散荷载 q (kN/m²)	松散荷载 e (kN/m²)	冻胀力 q_{max} (MPa)	衬砌内力最大值 轴力 N (kN)	衬砌内力最大值 弯矩 M (kN·m)
3	V级围岩 ($h=12.82$ m 浅埋)	融化条件	237.17	58.15	—	1 030.00	206.64
3	V级围岩 ($h=12.82$ m 浅埋)	冻结条件	237.17	51.65	0.31	2 440.00	268.68
4	V级围岩 ($h=24.00$ m 浅埋)	融化条件	426.63	212.75	—	3 450.00	370.97
4	V级围岩 ($h=24.00$ m 浅埋)	冻结条件	354.65	108.29	0.43	1 770.00	273.09
5	V级围岩 ($h=32.04$ m 浅埋)	融化条件	553.17	271.78	—	2 240.00	349.51
5	V级围岩 ($h=32.04$ m 浅埋)	冻结条件	433.49	137.80	0.42	3 770.00	402.27
6	V级围岩 ($h=37.00$ m 深埋)	融化条件	237.10	94.84	—	1 040.00	179.99
6	V级围岩 ($h=37.00$ m 深埋)	冻结条件	237.10	94.84	0.42	2 910.00	307.75
7	VI级围岩 ($h=17.00$ m 浅埋)	融化条件	272.00	97.56	—	1 160.00	210.89
7	VI级围岩 ($h=17.00$ m 浅埋)	冻结条件	272.00	87.74	0.77	4 620.00	594.28

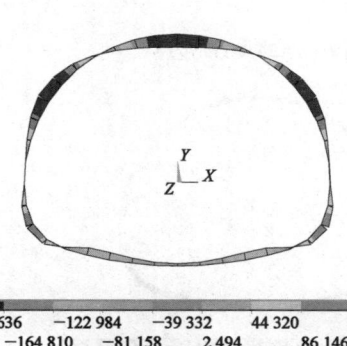

(a) 融化条件

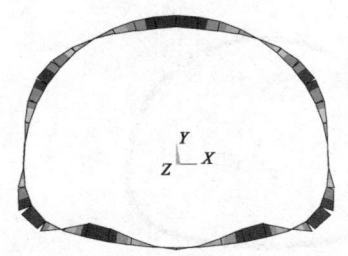 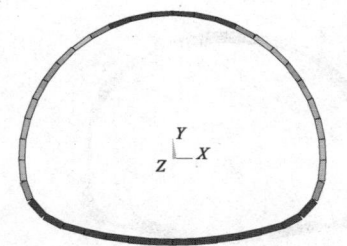

(b) 冻结条件

图6-28 多年冻土段冻融条件下V级围岩衬砌内力($h=12.82$ m 浅埋)

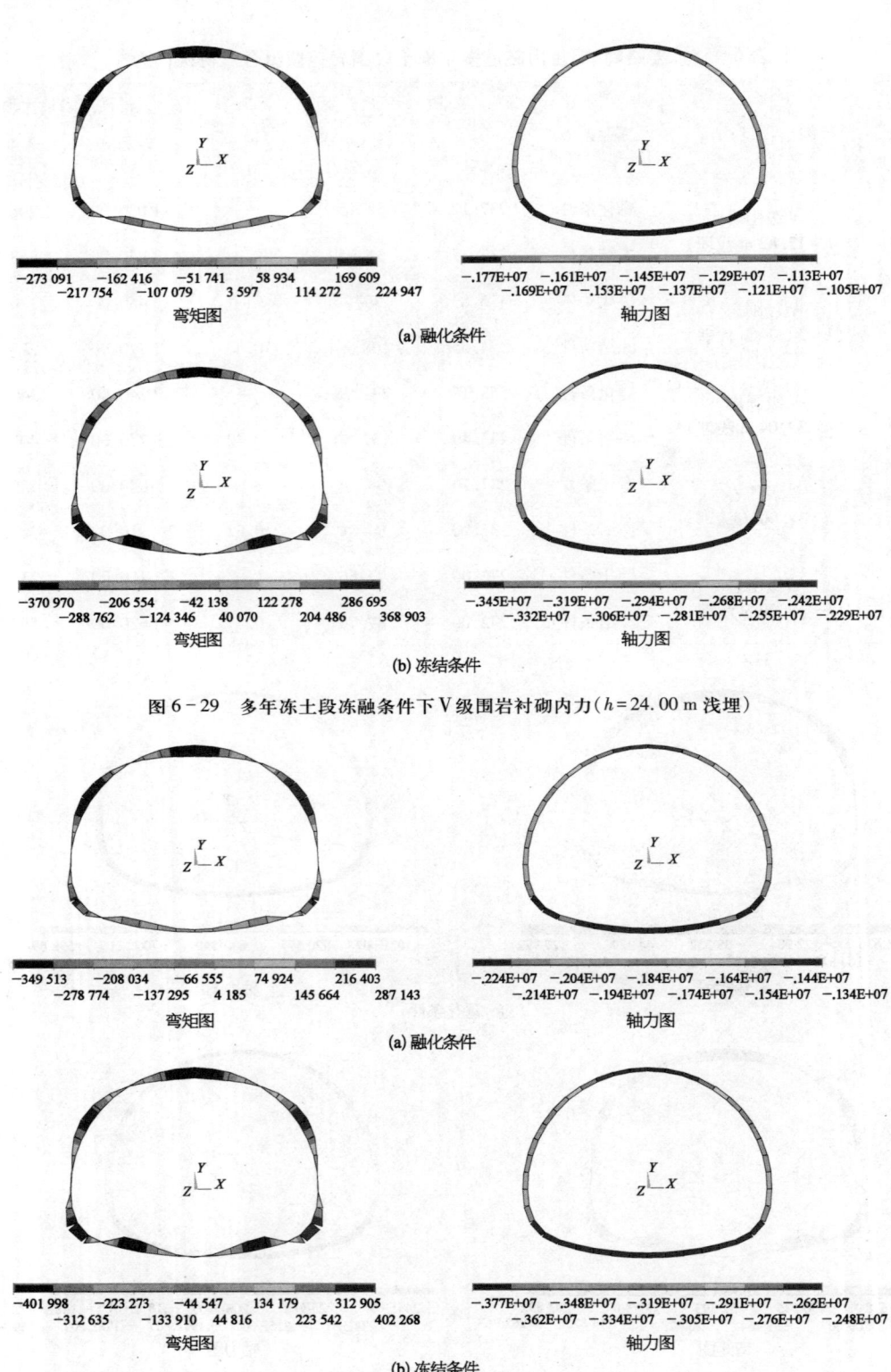

图 6-29　多年冻土段冻融条件下 V 级围岩衬砌内力（$h=24.00$ m 浅埋）

图 6-30　多年冻土段冻融条件下 V 级围岩衬砌内力（$h=32.04$ m 浅埋）

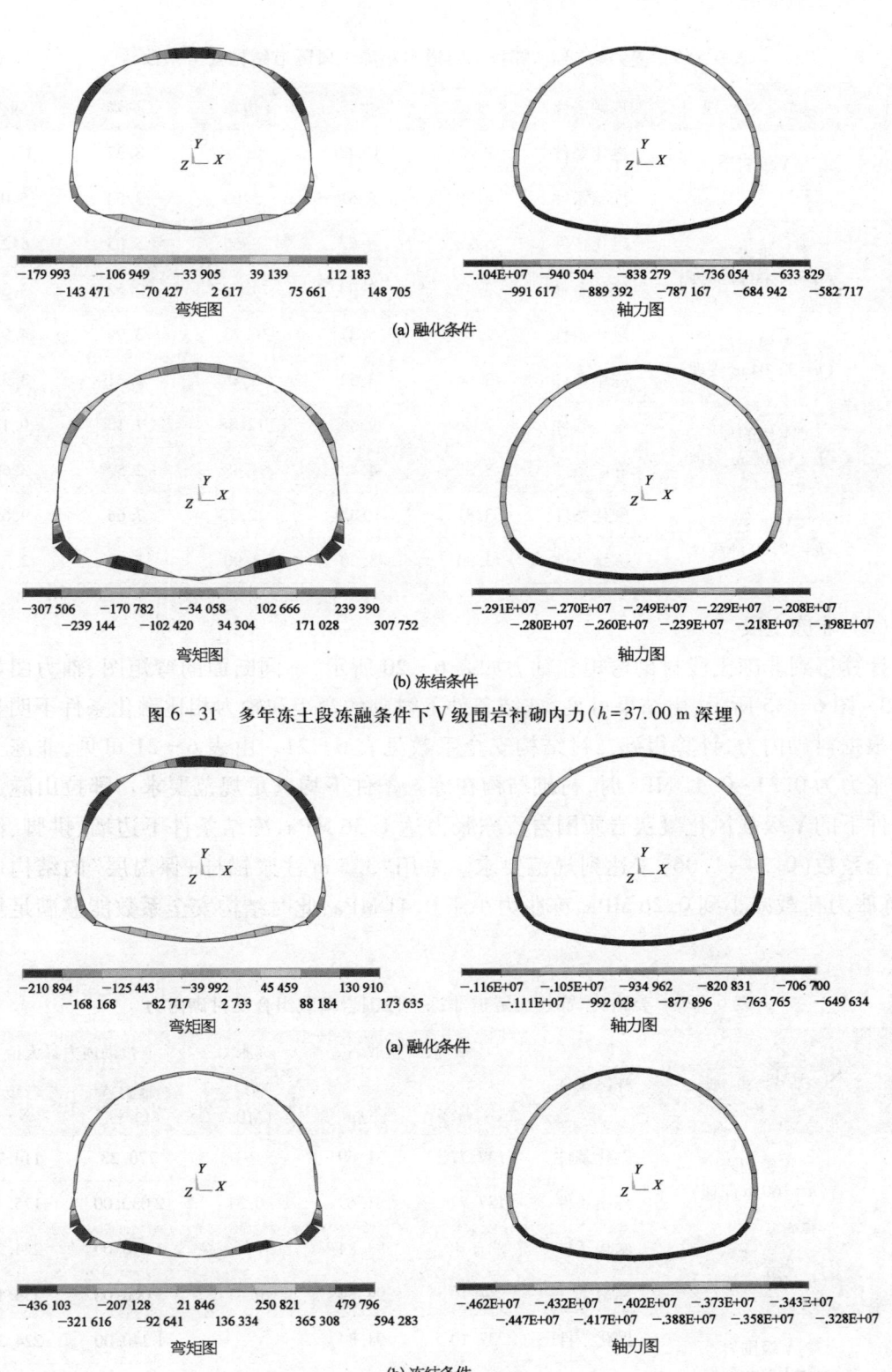

图 6-31　多年冻土段冻融条件下 V 级围岩衬砌内力（$h=37.00$ m 深埋）

图 6-32　多年冻土段冻融条件下 VI 级围岩衬砌内力（$h=17.00$ m 浅埋）

表6-19 姜路岭隧道、鄂拉山隧道多年冻土段隧道结构安全系数

序号	围岩级别	冻融条件	拱顶	拱腰	边墙	拱脚	仰拱
3	V级岩质 ($h=12.82$ m 浅埋)	融化条件	2.87	10.65	13.64	8.32	10.61
		冻结条件	4.79	5.51	5.93	3.54	5.05
4	V级岩质 ($h=24.00$ m 浅埋)	融化条件	3.38	6.87	8.55	5.05	6.22
		冻结条件	3.43	3.93	4.20	2.52	3.58
5	V级岩质 ($h=32.04$ m 浅埋)	融化条件	2.65	5.37	6.73	3.99	4.91
		冻结条件	3.04	3.52	3.85	2.31	3.33
6	V级岩质 ($h=37.00$ m 深埋)	融化条件	2.66	9.55	12.48	7.13	9.13
		冻结条件	3.80	4.42	4.48	2.57	3.60
7	VI级土质 ($h=17.00$ m 浅埋)	融化条件	3.81	10.09	12.73	7.66	9.65
		冻结条件	3.30	3.50	2.90	1.81	2.74

(3) 非冻土段

计算得到非冻土段衬砌弯矩和轴力如表6-20所示,不同断面的弯矩图、轴力图如图6-33~图6-35所示,由结果可见,冻结条件下衬砌的弯矩和轴力相比融化条件下明显增大。根据衬砌内力,计算得到二衬结构安全系数见表6-21。由表6-21可见,非冻土段当冻胀力为0.31~0.41 MPa时,衬砌结构在冻融条件下均满足规范要求。鄂拉山隧道开放条件下的V级强风化凝灰岩质围岩段冻胀力达1.36 MPa,冻结条件下边墙、拱脚、仰拱的安全系数(0.34~1.06)未达到规范要求。采用"3.5 m注浆锚杆+保温层"的结构形式后,冻胀力荷载减小到0.26 MPa,冻胀力小于0.41 MPa,此时结构安全系数能够满足规范要求。

表6-20 姜路岭、鄂拉山隧道非冻土段围岩荷载组合及衬砌内力

序号	围岩级别	冻融条件	松散荷载		冻胀力	衬砌内力最大值	
			q (kN/m²)	e (kN/m²)	q_{max} (MPa)	轴力 N (kN)	弯矩 M (kN·m)
8	IV级围岩 ($h=160$ m 深埋)	融化条件	137.77	31.69	—	770.23	114.75
		冻结条件	137.77	31.69	0.31	2 030.00	175.42
9	V级围岩 ($h=105$ m 深埋)	融化条件	237.10	94.84	—	1 240.00	224.22
		冻结条件	237.10	94.84	0.41	3 000.00	356.14
10	V级围岩 ($h=108$ m 深埋)	融化条件	237.10	94.84	—	1 240.00	224.22
		冻结条件	237.10	94.84	1.36	7 370.00	2 370.00

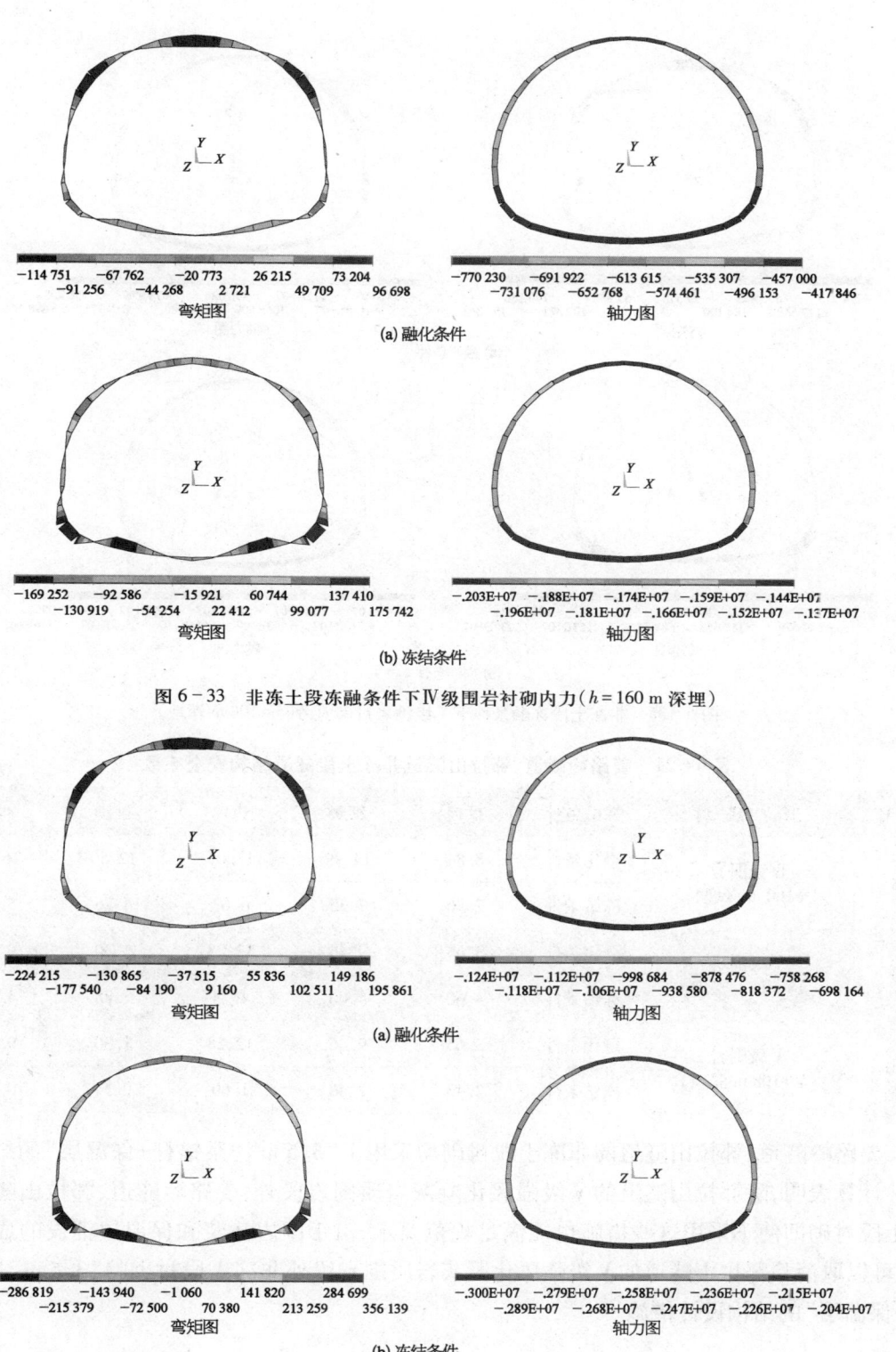

图 6-33 非冻土段冻融条件下Ⅳ级围岩衬砌内力（$h=160$ m 深埋）

图 6-34 非冻土段冻融条件下Ⅴ级围岩衬砌内力（$h=105$ m 深埋）

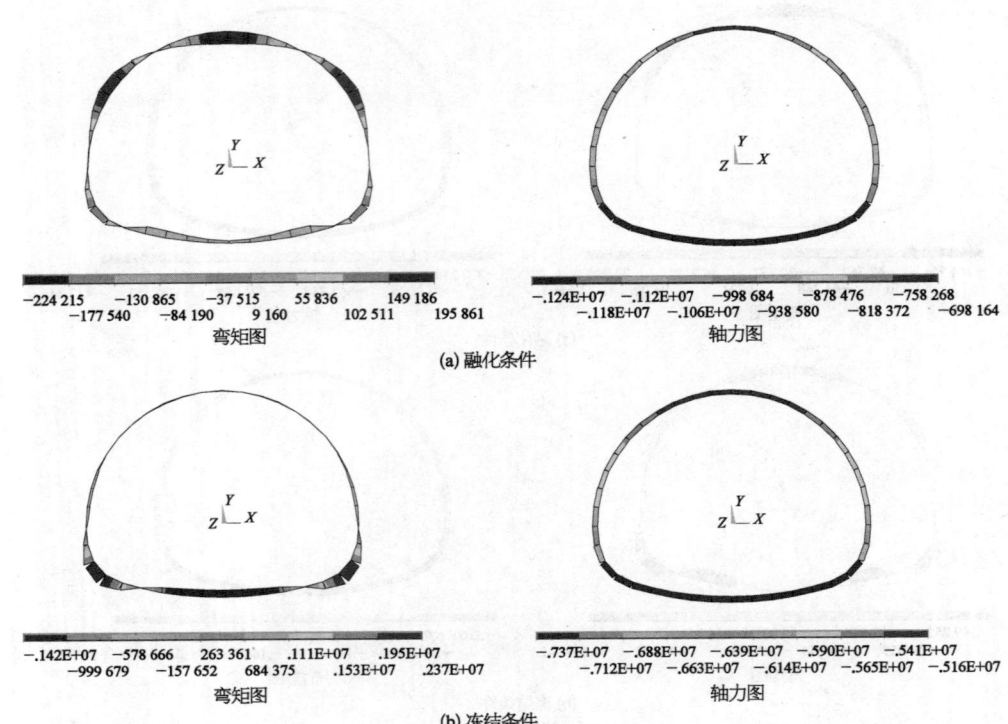

图 6-35　非冻土段冻融条件下 V 级围岩衬砌内力（$h=108$ m 深埋）

表 6-21　姜路岭隧道、鄂拉山隧道非冻土段隧道结构安全系数

序号	围岩级别	冻融条件	拱顶	拱腰	边墙	拱脚	仰拱
8	Ⅳ级围岩（160 m 深埋）	融化条件	8.84	14.99	17.03	12.50	16.59
		冻结条件	7.26	7.35	6.67	4.76	5.92
9	V级围岩（$h=105$ m 深埋）	融化条件	3.65	9.46	12.28	7.30	9.06
		冻结条件	4.60	5.06	4.74	2.88	4.22
10	V级围岩（$h=108$ m 深埋）	融化条件	3.65	9.46	12.28	7.30	9.06
		冻结条件	2.43	2.46	1.60	0.34	0.86

　　姜路岭隧道、鄂拉山隧道的非冻土段衬砌均采用了"3.5 m 注浆锚杆+保温层"的结构形式。计算表明，除鄂拉山隧道的 V 级强风化凝灰岩质围岩段外，姜路岭隧道、鄂拉山隧道非冻土段衬砌即使不采用这些措施也能满足规范要求，由于围岩注浆和保温层铺设的成本较高，可以取消除鄂拉山隧道的 V 级强风化凝灰岩质围岩段外非冻土段衬砌的"3.5 m 注浆锚杆+保温层"的结构设计措施。

第7章

多年冻土区公路隧道洞口边坡防热融坍塌

多年冻土公路隧道洞口在建设和运营中,由于工程建设热扰动及建成后原有冻土赋存环境改变,破坏了原有多年冻土地层热平衡状态,导致多年冻土融化,黏聚力降低,在自重和工程扰动作用下,易出现边坡失稳,危及建设和运营安全。据此,分析热扰动条件下,多年冻土隧道洞口边仰坡稳定性的演化规律,揭示热融滑塌机理,建立冻土隧道边、仰坡稳定性计算方法,提出热融滑塌控制技术,具有重要意义。

本章基于通过收集洞口段气象、地质和环境资料,研究在地质、环境、气候及施工开挖等因素的共同影响下,边仰坡及洞口段洞内的地温响应过程及变化规律。根据温度场的模拟计算结果,分析影响边仰坡及隧道内热融范围的主要因素,判断控制温度场的方法,继而确定依托工程适宜的保温防融措施,结合现场监测结果分析这些保温防融措施的效果。建立洞口段三维开挖模型,模拟分析有无保温措施下的洞口段的力学特征及变化规律,探讨施工引起的热融坍塌问题。结合工程实际,提出洞口热融滑塌防治措施。

7.1 洞口段热融规律和隔热保温

鄂拉山、姜路岭隧道进出口为季节冻土段和多年冻土段,其中季节冻土段分布在明洞回填土段,隧道进出口段为多年冻土段,洞身中部为非冻土段。两条隧道均为特殊的高海拔、高寒多年冻土区隧道,且洞口浅埋段较洞身围岩条件差、埋深浅,受地形、环境条件影响较大,是隧道施工的难点。开挖后的隧道自身稳定性极差,需要及时支护,但开挖和衬砌又不可避免地引起洞内热边界和热荷载的增加,引起了冻土初始温度的升高和强度的降低,这种过大范围的扰动容易导致施工过程中的洞内热融坍塌。通常应使建筑物场地尽量避开热融滑塌体和有可能产生热融滑塌的危险地段,无法绕避时,应采取一定的措施,禁止在地下冰发育的坡脚取土,利用"自埋原理"人为地控制热融滑塌的发展;同时,应着重保护滑坡后缘土体的冻结状态,阻止其进一步坍塌。

7.1.1 计算模型和参数

(1) 数值计算模型

由于隧道洞口段和支护的纵向长度远大于其横断面宽度,且隧道横断面不同位置的围岩融化圈变化较小,研究隧道洞口段温度场沿纵向方向随着埋深变化、工期推进的变化规律更具有意义。为简化计算,忽略横向传热作用,将隧道洞口段三维空间温度场视作沿纵向的二维瞬态温度场,如图7-1所示。

采用二维实体单元PLANE55划分网格,为了保证计算精度,对隧道拱顶至地表范围内土体的单元网格划分进行加密。伴随着明洞段开挖、暗洞段开挖支护的进行,模型整体结构在不断发生着变化,利用ANSYS生死单元法可以实现不同时期洞口段模型的模拟。明洞段

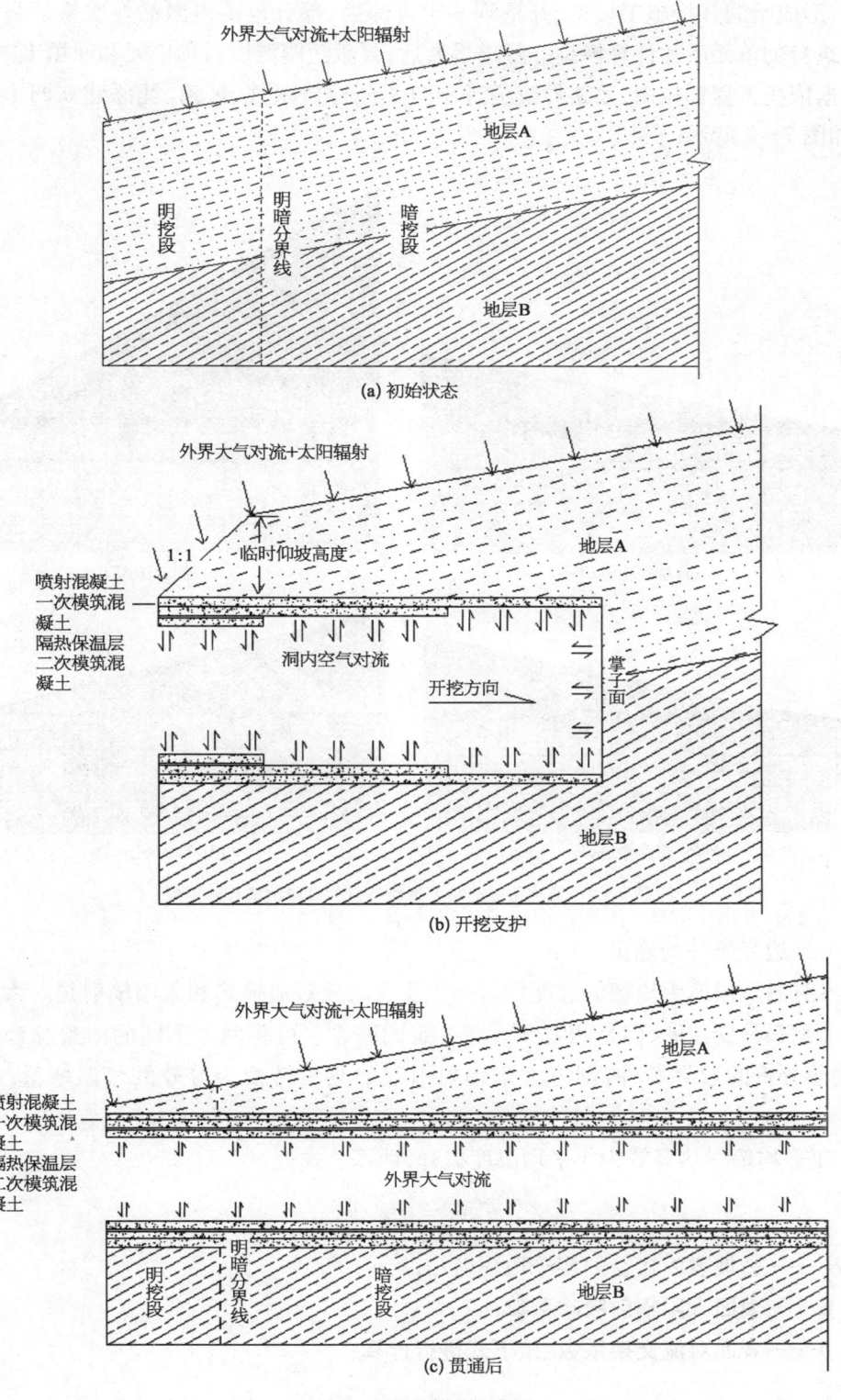

图 7-1 洞口段简化示意图

开挖后,形成暗洞开挖施工模型,开挖到一定进深后,部分范围内激活一次模筑衬砌单元和二次模筑衬砌单元后的计算模型。隧道贯通后,再激活明洞段衬砌单元和回填土单元。

根据依托工程鄂拉山、姜路岭隧道进出口不同地质条件、坡角、埋深建立四个基本计算模型,如图7-2所示。

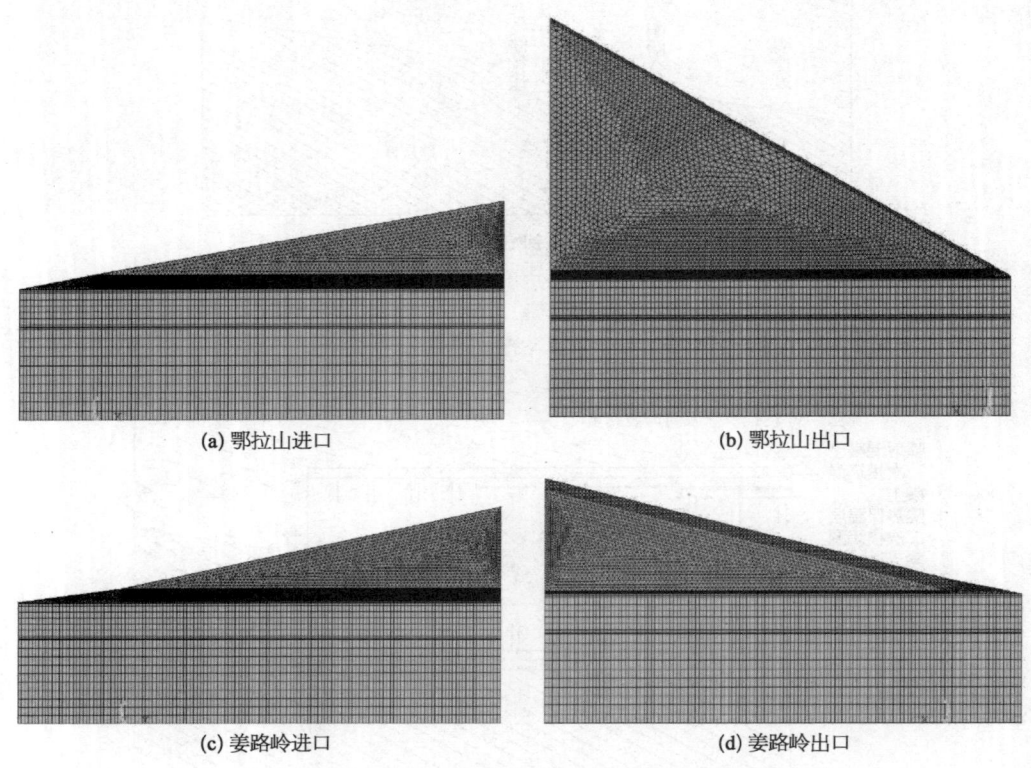

图7-2 鄂拉山隧道和姜路岭隧道洞口段数值计算模型

(2)外边界条件的确定

外界对洞口段冻土边坡的温度场影响主要为大气对流换热和太阳辐射热。太阳辐射热和气温分别都是变化的,但是两者又有着一定的联系。可将两个不同的因素综合为一个因素,作为热分析的边界条件,即将太阳辐射引起的热量转换为等效的气温增量,具体方法如下:

① 年平均辐射热等效为年平均温度提升,计算公式为:

$$\Delta T = \alpha H'/h \tag{7-1}$$

式中 H'——边坡表面接受的年平均辐射热;
α——表面太阳辐射吸收系数;
h——表面对流交换系数,按下式进行计算:

$$h = 6.64 + 4.03v \tag{7-2}$$

式中　v——风速。

即,当边坡表面接受的年平均辐射热为 H' 时,其影响相当于年平均气温了增高 ΔT。

② 在一般地区变化周期为一年(在赤道地区变化周期为半年)。夏季,大气温度较高,太阳辐射强度也处于一年的最高值;冬季,大气温度低,太阳辐射强度也处于一年的最低值,总体变化趋势基本一致。因此,年变化辐射热等效为年气温变幅增加,计算公式为:

$$\Delta A = \alpha A'/h \qquad (7-3)$$

式中,A' 为太阳辐射热的年变幅,计算时取年大气温度最高(6月30日)及最低(12月31日)日期的日总辐射值的差值的一半;即太阳辐射热的年变幅为 A' 时,其影响相当于气温变幅增加了 ΔA。

结合青藏多年冻土隧道的气候特点,综合考虑太阳辐射、气温、风速、对流换热等主要影响因素后的外边界条件应该是第三类边界条件,即对流换热边界条件。

在加载对流换热外边界条件时,主要涉及两个方面的计算:对流换热系数和流体温度,流体温度包括气温和太阳辐射的等效气温两个部分。

洞口气温可采用大气年平均温度和年温度振幅描述,如姜路岭隧道进口高程 4 280 m,出口高程 4 350 m,在设计时采用了玛多县(海拔 4276 m)的气象资料,年平均气温为 −4.2℃,年温度振幅为 6.9℃,洞外气温曲线加载如下式:

$$T = -4.2 + 6.9\sin\left(\frac{2\pi t}{365} + \frac{3\pi}{2}\right) \qquad (7-4)$$

式中,t 为从 1 月 1 日开始算起的天数。

根据常用太阳辐射模型,平均太阳辐射值及各洞口太阳辐射转换气温增量的计算结果见表 7-1,得到等效的外界气温函数表达式如表 7-2。模型外边界(坡面)属于第三类边界条件,即已知温度函数、对流换热系数的对流换热边界。

表 7-1　隧道进出口太阳辐射值　　　　　　　　[kJ/(m² · h)]

隧道参数		鄂拉山		姜路岭	
		进口	出口	进口	出口
月份(月)	1	816	43	528	881
	2	984	178	743	1 018
	3	1 119	420	963	1 110
	4	1 138	598	1 064	1 098
	5	1 085	673	1 062	1 029
	6	1 039	663	1 025	983
	7	1 030	593	986	985
	8	1 022	453	914	1 001

(续表)

隧道参数		鄂拉山		姜路岭	
		进口	出口	进口	出口
月份(月)	9	952	255	765	967
	10	815	50	558	867
	11	699	35	408	775
	12	690	32	388	771
参数	H'	949	333	784	957
	A'	174	315	318	106
	$\Delta T(℃)$	4.7	1.7	3.9	4.8
	$\Delta A(℃)$	0.9	1.6	1.6	0.5

（3）初始条件的确定

在计算时,隧道洞口段埋深较浅,基本处于"年变化深度以下的多年冻土层"至地表范围内,因此,令模型初始温度取-0.7℃,15 m 埋深处为"地温年零振幅深度",$T(t) = -0.7℃$,上表面可按表 7-2 加载外界温度函数,计算时长 20 年,获得的地温场作为围岩的初始地温场。

表 7-2 隧道洞口段等效气温函数

洞口	鄂拉山隧道	姜路岭隧道
进口	$T = 0.5 + 7.8\sin\left(\dfrac{2\pi t}{365} + \dfrac{3\pi}{2}\right)$	$T = -0.3 + 8.5\sin\left(\dfrac{2\pi t}{365} + \dfrac{3\pi}{2}\right)$
出口	$T = -2.5 + 8.5\sin\left(\dfrac{2\pi t}{365} + \dfrac{3\pi}{2}\right)$	$T = 0.6 + 7.4\sin\left(\dfrac{2\pi t}{365} + \dfrac{3\pi}{2}\right)$

（4）围岩和衬砌热学参数的确定

隧道洞口段冻土围岩主要为含亚黏土的碎石土,围岩热物性参数如表 7-3 所示;冻岩围岩的热物性参数如表 7-4 所示。

表 7-3 冻土热物性参数

土体名称	密度 (kg/m³)	含水量 (%)	融化情况		冻结情况	
			导热系数 [W/(m·K)]	比热容 [kJ/(kg·K)]	导热系数 [W/(m·K)]	比热容 [kJ/(kg·K)]
含亚黏土的碎石土	1 500	23.00	1.10	2.21	1.29	1.74

衬砌混凝土在经过原料保温、配制后,施作时温度为正温,根据设计要求,喷射混凝土出机温度控制在 10~15℃,模筑混凝土入模温度为 8~12℃,为计算方便均取 10℃,衬砌热物理参数取值如表 7-5 所示。

表7-4 冻岩热物性参数取值范围

岩体名称	围岩级别	干燥 导热系数 [W/(m·K)]	干燥 比热容 [kJ/(kg·K)]	饱水 导热系数 [W/(m·K)]	饱水 比热容 [kJ/(kg·K)]	饱冰(冻土段) 导热系数 [W/(m·K)]	饱冰(冻土段) 比热容 [kJ/(kg·K)]
凝灰岩	岩石	2.50	1.80	—	—	—	—
凝灰岩	Ⅳ级围岩	2.03~2.42	1.76~1.79	2.34~2.47	1.82~1.91	2.49~2.50	1.80~1.81
凝灰岩	Ⅴ级围岩	1.65~2.18	1.73~1.78	2.19~2.39	1.87~2.02	2.47~2.49	1.81~1.82
页岩	岩石	3.98	1.20	—	—	—	—
页岩	Ⅳ级围岩	3.18~3.85	1.19~1.20	3.66~3.94	1.22~1.34	3.89~3.98	1.21~1.24
页岩	Ⅴ级围岩	2.53~3.44	1.18~1.19	3.35~3.77	1.29~1.47	3.79~3.93	1.23~1.28
安山岩	岩石	2.00	0.50	—	—	—	—
安山岩	Ⅳ级围岩	1.64~1.94	0.50~0.53	1.89~1.98	0.53~0.66	2.00~2.01	0.51~0.57
安山岩	Ⅴ级围岩	1.35~1.75	0.52~0.55	1.78~1.93	0.61~0.85	2.01~2.02	0.55~0.64

表7-5 衬砌热物理参数

材料	导热系数 [W/(m·℃)]	比热容 [J/(kg·℃)]	密度 (kg/m³)
混凝土	1.85	970	2 500
保温隔热层	0.03	1 210	40
钢材	36	470	7 800

(5) 水泥水化放热模型

施作喷射混凝土和模筑混凝土后,水泥与水发生化学反应而放出的热量,其随着水化反应的进行而逐步产生,采用指数型表达式作为水化放热模型:

$$Q(t) = Q_0(1 - e^{-at^b}) \tag{7-5}$$

式中,a、b 为水化系数。

7.1.2 洞口段热融规律

1) 坡面浅埋土体热融规律

(1) 坡面热融规律分析

以鄂拉山隧道进口段模型为例进行计算,含亚黏土的碎石土热物理参数见表7-3,下层强风化凝灰岩热物理参数见表7-4。计算时,根据表7-2设定坡体表面与大气对流换热,取15 m埋深处为"地温年零振幅深度",$T(t) = -0.7℃$,计算时长20年。分析可得:

① 浅层土体温度在外界气象条件及深层地温的影响下,处于一种有规律的以1年为周期的变化状态。由图7-3中变化曲线可以看出,鄂拉山隧道进口洞口段浅埋土体从冬季到

夏季地层融化深度持续增大;夏季到冬季,融化深度逐步减小。由3月1日和5月1日的温度曲线可知,在寒暖交替季节,地表附近的浅层地层由于受到地表温度的直接影响,温度变化较为灵敏,温度上升迅速,而深度较深的地层依旧维持着负温;对比1月1日、3月1日和5月1日的地温曲线,在1月地表温度达到了全年最低值,而地层中的温度却还没有达到全年最低,在深度0.80 m以下,3月1日的地层温度都比1月1日的低,在深度1.30 m以下,5月1日的地层温度仍然比1月1日的低,这表明地层中的温度变化相对地表有着一定的滞后性,并且深度越深,滞后性越明显。

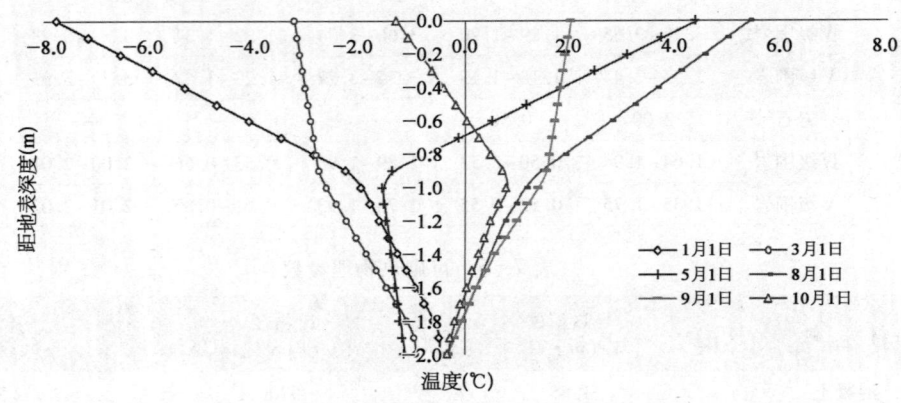

图7-3　不同时间地层温度曲线

② 图7-4为不同深度地层年温度变化曲线,地层温度全年的变化趋势同地表相似但不同步;深度越深,地层年温度极值出现越迟,温度变化曲线越缓和,受到外界温度扰动越小。

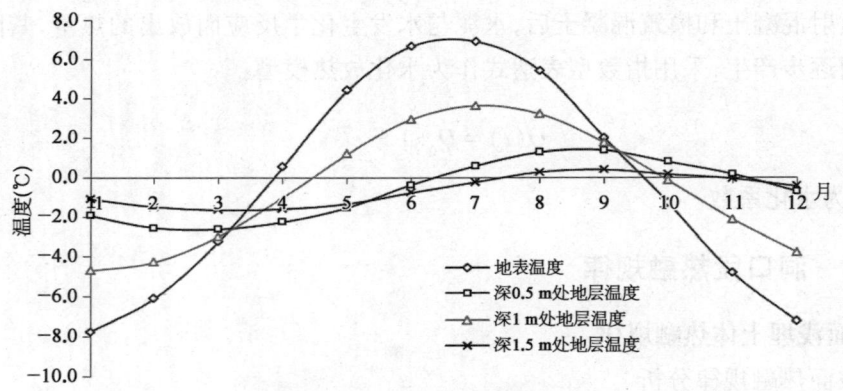

图7-4　不同深度地层温度曲线

③ 由图7-5冻融曲线可知,冻土于3月由地表开始向地层深处融化,在经历了暖季之后,于8月达到最大融化深度,为1.80 m左右,与地勘资料冻土上限在1.60~2.00 m较为符合。在秋季,外界气温开始降低并达到负温,在负温影响下,融土又从地表开始向地层深处冻结。并且,由于外界不再为地层提供热量,融土受到地下恒定温度的影响开始由底部向地表方向回冻,直至"融化线"和"冻结线"相交,即地层全部进入负温状态。

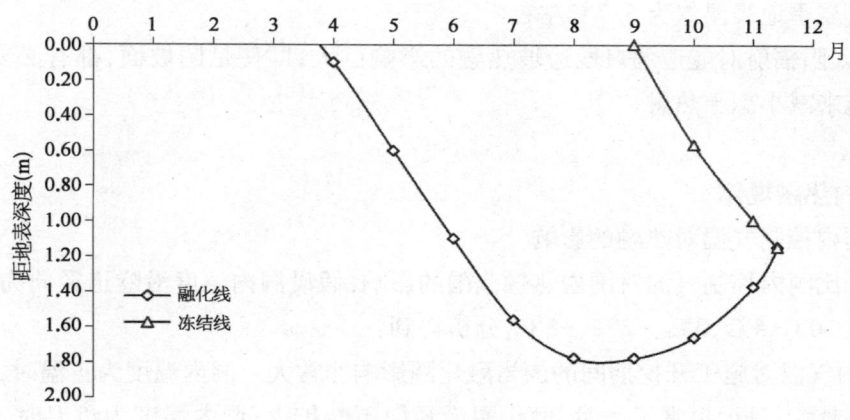

图 7-5 冻融曲线

（2）太阳辐射对坡面热融的影响

为了对比得出太阳辐射对洞口段温度场的影响，对以上模型分别计算不考虑太阳辐射和考虑太阳辐射影响两类情形下的边坡温度场。

观察两种情况下的地层温度变化规律及各洞口段冻土上限如表 7-6 所示，分析可得：

表 7-6　依托工程洞口段冻土上限计算值　　　　　　　　　　　　　　　　（m）

洞口	鄂拉山隧道		姜路岭隧道	
	考虑太阳辐射	不考虑太阳辐射	考虑太阳辐射	不考虑太阳辐射
进口	1.80	0.58	1.60	0.58
出口	2.20	0.78	2.00	0.74

① 由于高原太阳辐射热作用，地层整体温度明显上升。对比两种情况的冬季地温，发现地表温差小，地层中温差较大，表明太阳辐射热对地层温度场的影响在冬季减弱，使得冬季地表温度接近，而地层中温度由于暖季受太阳辐射热影响储蓄了较高的热能因而降温缓慢。

② 洞口段受到太阳辐射影响的最直接、最显著的结果是冻土上限的加深。对比两种情况下的各洞口段边坡冻融曲线可知，不考虑太阳辐射时，最大融深月份在 7 月与 8 月之间，地层中存在融土的时间约占全年的 1/4~1/3；在太阳辐射的影响下，边坡则更早的开始热融，并更晚的回冻，最大融深时间出现的更晚，一般在 8 月和 9 月之间，且最大热融深度增大了 1~2 倍，地层中存在融土的时间约占全年的 1/2。

③ 从坡形来看，鄂拉山隧道进口边坡坡角小、方位角属于半阳坡，全年接受的太阳辐射值较大，因此，在暖季和寒极太阳辐射对地层温度的提升均较大，冬季地表温差在 3℃ 左右，夏季地表温差在 4.4℃ 左右；鄂拉山隧道出口边坡坡角较大、方位角属于半阴坡，导致其受到太阳辐射的影响主要集中在暖季，冬季地表温差在 0.2℃ 左右，夏季地表最大温差则达到了 3.2℃。姜路岭隧道进口边坡属于半阴坡，坡角较小，冬季地表温差在 2.1℃ 左右，夏季地表温差为 4.8℃ 左右；姜路岭隧道出口边坡属于半阴坡，坡角相比进口稍大，冬季地表温差在

1.7℃左右,夏季地表温差为 5.7℃左右。

因此,太阳辐射对隧道洞口段边坡热融的影响巨大,即使是阴坡面,都有必要施作一定的遮阳措施来减小冻土热融。

2) 洞内热融规律

(1) 洞内控制气温对热融的影响

为了对比洞内控制气温对围岩热融范围的影响,假设洞内温度沿隧道径向为恒定值,且分别控制在 10℃、5℃、0℃、-2℃、-5℃,分析得到:

① 洞内气温对施工开挖期间的围岩融化圈影响非常大。洞内温度为正温时,温度越高,围岩融化圈越大,且远离掌子面时,融化圈沿径向不断扩大;洞内温度为负温时,温度越低,围岩融化圈越小,回冻速度越快,且远离掌子面时,融化圈沿径向先扩大再不断减小。

② 由不同洞内气温时的温度曲线变化趋势可知,靠近掌子面围岩的融化圈增长速度很快,远离掌子面时逐渐平缓。结合表 7-7,洞内气温分别控制在 10℃、5℃、0℃、-2℃、-5℃ 时,距掌子面 2 m 围岩的融化圈分别达到了 0.54 m、0.50 m、0.48 m、0.48 m、0.46 m;距掌子面 8 m 围岩的融化圈分别达到了 0.93 m、0.86 m、0.78 m、0.74 m、0.66 m,距掌子面 20 m 围岩的融化圈为 1.35 m、1.19 m、0.92 m、0.77 m、0.00 m;可见,由于喷射混凝土贴近壁面,在施作喷射混凝土初期,大量水化热直接侵入围岩,是导致围岩融化的主要热量来源,此时洞内气温带来的融化圈范围差异较小,随着掌子面继续前进、施工时间增长,水化放热减小,不同洞内控制气温时的围岩融化圈的差异逐渐增大。

表 7-7 不同洞内控制气温下隧道围岩融化圈深度　　　　　　　　(m)

距掌子面距离	10℃	5℃	0℃	-2℃	-5℃
0	0.25	0.24	0.23	0.22	0.22
2	0.54	0.50	0.48	0.48	0.46
8	0.93	0.86	0.78	0.74	0.66
14	1.17	1.05	0.89	0.79	0.3~0.62
20	1.35	1.19	0.92	0.77	0.00
22	1.41	1.23	0.94	0.76	0.04
30	1.63	1.42	1.06	0.81	0.00
50	2.06	1.74	1.14	0.00	0.00
80	2.52	2.05	1.04	0.00	0.00

③ 根据表 7-7 围岩融化圈深度计算值,洞内气温分别控制在 10℃、5℃、0℃ 时,在施作一次衬砌前,即距掌子面 20 m 内融化圈分别达到了距掌子面 50 m 围岩融化圈的 65%、68%、81%;在施作二衬前,即距掌子面 50 m 内融化圈分别达到了距掌子面 80 m 围岩融化圈的 82%、84%、106%。可见,洞内围岩融化圈的在施做二次衬砌之前增长和发育的速度较快,在

施作一次衬砌前,围岩热融圈也已形成较大的规模,这对于还未受到强支护的洞室稳定性是十分不利的,应当注重二次衬砌施作前的洞内保温措施。

(2) 坡面热融对洞内围岩热融的影响

隧道洞口段一般埋深较浅,当洞室距离地表足够近时,外界与边坡浅层土体的传热作用亦会对隧道洞顶热融造成一定的影响。根据洞内温度为5℃时的计算结果,观察埋深分别为5 m、6 m、10 m、15 m 断面在施工期间的热融情形。分析坡面热融对洞内围岩热融的影响;暗洞段施工完成后继续计算5年,观察洞门附近拱顶围岩的冻融情况,分析运营贯通阶段坡面热融对洞内围岩热融的影响。分析得到:

① 洞内热融深度在施作二衬前发育较快,而围岩在未受到二衬支护前稳定性相对较差,因此,主要研究各断面在施作二衬前即开挖后50天内的热融状况。根据埋深为5 m、6 m、10 m 时的热融深度变化可知,断面埋深越浅围岩融深越大,且随着时间的增长,融深差距有增大的趋势。这是由于断面开挖时间在9月,此时地层温度约处于全年的最高值,断面埋深越浅拱顶土体温度越高,促进了洞内热融的发生;随着融化深度的增加,融化土层越接近地表,此时受到坡面热融的影响更大,所以融深的差距也越大。

② 埋深5 m 的断面在开挖约40天后,洞顶围岩热融深度由2.10 m 突变到3.94 m,这是由于拱顶向上融化的土体与坡面向下融化的土体相接,形成热融贯通,此时断面洞顶基本为融土覆盖,对洞室稳定性十分不利。当断面埋深为6 m 时,在施作二衬前则不会出现热融贯通的特殊情形,在开挖50天后,融化圈只比10 m 埋深断面大0.12 m,而埋深10 m、15 m 的融化深度变化曲线已基本重合,说明施工开挖阶段坡面热融对洞内围岩热融的影响随着隧道埋深的增长迅速减小,应当引起注意的是对埋深特浅断面的拱顶围岩热融范围的影响,特别是对大范围热融贯通现象的防范。

③ 隧道贯通后,在暖季,冻结的土体沿"地表向洞内"以及"洞内向地表"两个方向融化,洞口附近的拱顶围岩受这两个方向的融化影响最大,形成热融贯通;在寒季,土体沿"地表向洞内"以及"洞内向地表"两个方向冻结,热融贯通的土体完全回冻,如此形成周期性的冻融循环。可知,不仅应在洞内施作保温措施,同时须在距洞门一定范围内的仰坡面施作保温措施,保障隧道在运营贯通时围岩不发生冻融。

7.1.3 洞口段保温与支护措施

1) 边坡保温防融措施及其作用

(1) 边坡保温防融措施类型

多年冻土区隧道洞口边坡的保温防融主要措施有以下几种:

① 边坡遮阳措施,主要用来抵挡太阳辐射对冻土边坡的辐射热作用;

② 片碎石覆盖,从调控地表对流的角度出发来控制冻土地温;

③ 在坡体表面喷保温隔热材料,如PU 聚氨酯泡沫隔热层,大幅降低土体表面的热传导系数,以降低土体吸热能力。

片碎石护坡多用于多年冻土区路堤边坡防护,在施工期间的短期内不具有明显的保温防融作用。

(2) 施工期边坡保温防融措施的作用

以鄂拉山隧道进口为例,计算分析施工期间边坡保温防融措施的作用,根据坡面热融对洞内热融影响分析,先对埋深 5 m 范围内的仰坡面施作保温防融措施。遮阳网规格遮光率 45%~65%,计算取 55%,将 $\alpha = 0.45$ 代入式(7-1)~式(7-3),计算得到各洞口段坡面铺设遮阳网后的等效边界条件如表 7-8。为了同时考虑开挖季节的影响,分别计算表 7-9 中的几种工况,对比分析计算结果,分析各工况下埋深 4.5 m 和 5 m 浅埋断面的拱顶围岩融化深度。

表 7-8 等效气温函数(铺设遮阳网后)

洞口	鄂拉山隧道	姜路岭隧道
进口	$T = -1.9 + 7.4\sin\left(\dfrac{2\pi t}{365} + \dfrac{3\pi}{2}\right)$	$T = -2.3 + 7.7\sin\left(\dfrac{2\pi t}{365} + \dfrac{3\pi}{2}\right)$
出口	$T = -3.3 + 7.7\sin\left(\dfrac{2\pi t}{365} + \dfrac{3\pi}{2}\right)$	$T = -1.8 + 7.2\sin\left(\dfrac{2\pi t}{365} + \dfrac{3\pi}{2}\right)$

表 7-9 计算不同工况

工况序号	边坡防护措施类型	施工日期	洞内施工控制气温(℃)
1	无防护	9月20日	0
2	遮阳网	9月20日	0
3	5 cm 厚保温层	9月20日	0
4	无防护	6月20日	5
5	遮阳网	6月20日	5
6	10 cm 厚保温层	6月20日	5
7	无防护	3月20日	5
8	遮阳网	3月20日	5
9	5 cm 厚保温层	3月20日	5
10	10 cm 厚保温层	3月20日	5

由图 7-6a,在工况 2 铺设遮阳网后,埋深 4.5 m 断面的热融贯通土体高度减小了约 1.00 m,存在时间也大幅度缩减,并能使得融土提前约 20 天完全回冻;而工况 3 在仰坡表面铺设保温层,不能起到减小热融的作用,反而使得融土的回冻时间延长了 30 天。结合图 7-3 地温温度年变化曲线可知,秋季过后地表虽然降为负温,但是地层中土体却处于高温不稳定状态,铺设遮阳网等效于降低了外界温度,利于地层中的热量向外传递,而此时铺设保温隔热层则阻碍了高温土体向外界的热量传递。因此,洞口段于秋季开挖进洞时,宜采用边坡遮阳保温措施,不宜直接铺设保温层。对比图 7-6a 和图 7-6b,埋深 5 m 断面在几种工况下

的融化曲线较为接近,说明边坡防护措施的保温防融作用也随着埋深的增加迅速减小,只需在埋深特别浅的仰坡面施作即可。

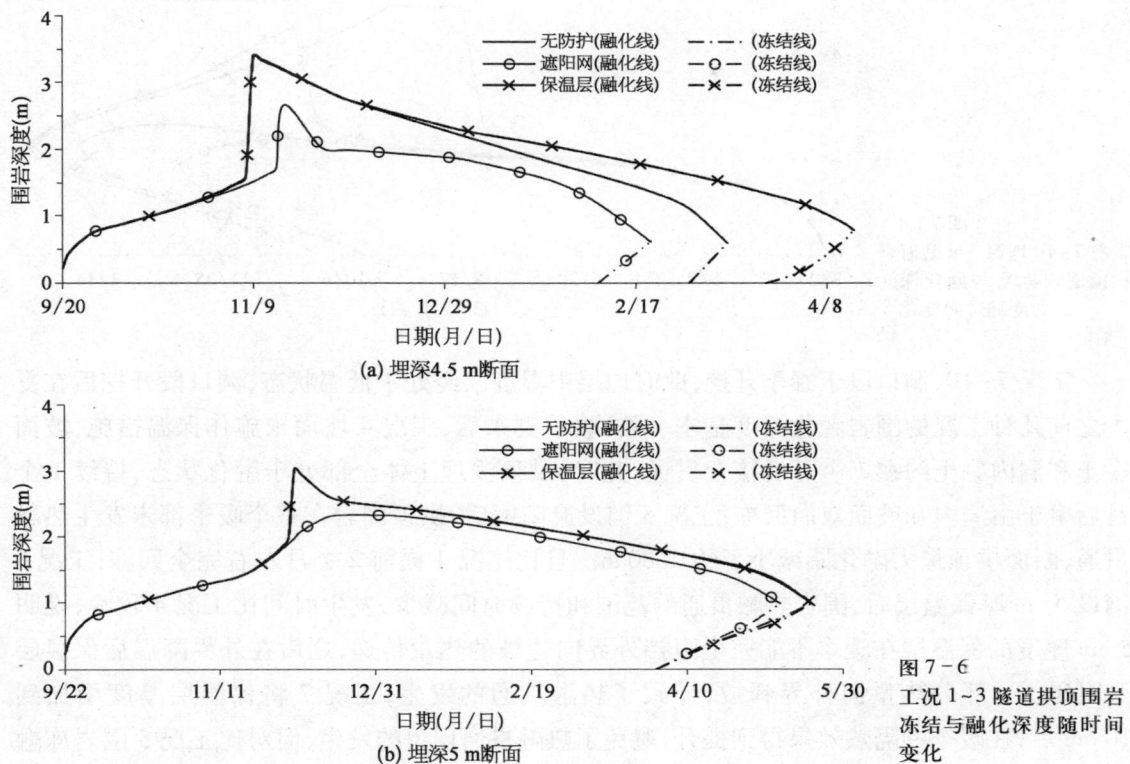

图7-6 工况1~3隧道拱顶围岩冻结与融化深度随时间变化

由图7-7可知,若洞口段于夏季施工,保温层对洞口边坡冻土的保温原理类似于秋季开挖,且此时土体存储的热量更多,导致工况6在铺设保温层后,热融贯通土体一直到次年夏季前都未能完全回冻。铺设遮阳网能在洞内融土和坡面融土汇合前,通过等效降低外界温度及时调节地层温度,避免了热融贯通的发生,断面拱顶最大融化圈减小了约2.30 m。

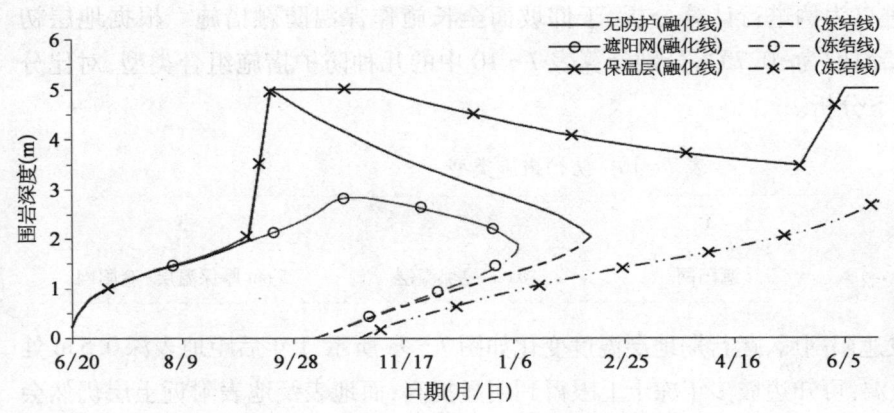

图7-7 工况4~6埋深5 m断面拱顶隧道围岩冻结与融化深度随时间变化

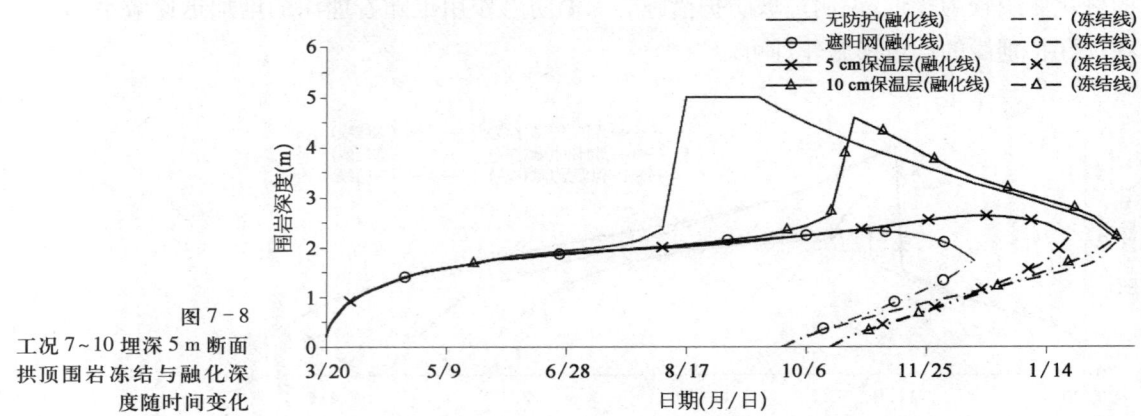

图 7-8 工况 7~10 埋深 5 m 断面拱顶围岩冻结与融化深度随时间变化

工况 7~10,洞口段于春季开挖,此时地层中温度已经处于低温状态,洞口段开挖后在夏季之前几种工况的围岩融化深度基本一致,暖季到来后,工况 4 坡面未施作保温措施,坡面融土和洞内融土约在 1 个月后接合贯通,此时,拱顶浅埋土体全部处于融化状态,持续 1 个月后融土由洞内和坡面双向回冻;工况 5 铺设遮阳网后,拱顶围岩在整个暖季都未发生热融贯通,断面拱顶最大融化圈减小了约 2.80 m。且比工况 4 提前 2 个月左右完全回冻;工况 6 铺设 5 cm 厚保温层后,围岩热融贯通的范围和持续时间减少,发生时间比工况 4 较晚,说明 5 cm 厚度的保温层在暖季不能完全阻挡外界向边坡的热量传递,之后在外界降温后保温层又阻碍了这部分热量向外界释放,导致了热融贯通的发生;工况 7 将保温层厚度增加到 10 cm 后,在暖季的隔热效果得到提升,避免了热融贯通现象的发生,但对比工况 5 围岩冻融曲线,降温和防融作用仍不及遮阳网。可以想象,当保温层厚度达到一定厚度后,其保温防融效果可以超过遮阳网,但是却十分不经济。

总之,不论洞口段在什么季节开挖进洞,在洞内围岩热量未完全释放、融化圈未完全回冻前,边仰坡铺设保温层不利于浅埋断面拱顶围岩的降温防融,开挖施工期间应在仰坡面铺设遮阳网,可以较好地降低和避免浅埋围岩热融贯通。

(3) 边坡保温防融措施在运营期的作用

以鄂拉山隧道进口为例进行计算分析,于仰坡面全长施作保温防融措施。根据地层初始温度设置模型初始温度为 -0.7 ℃,分别计算表 7-10 中的几种防护措施组合类型,对比分析计算结果,进行如下分析。

表 7-10 防护措施类型

工况序号	1	2	3
边坡防护措施类型	遮阳网	10 cm 厚保温层	5 cm 厚保温层+遮阳网

在洞口坡面铺设遮阳网后,运行期地层温度变化如图 7-9a 所示,1 年后距地表深 0.5 m 处地层全年温度均为负温,可知边坡多年冻土上限得到明显提高;而地表及地表附近土层仍然会

随着季节变化发生冻融,说明在贯通后仅铺设遮阳措施,可以明显提高多年冻土上限,但是能防止浅埋土体发生季节冻融。工况 2 在坡面铺设 10 cm 保温层后,地层温度变化如图 7-9b 所示,由于外界平均气温为负温,低于冻土初始温度,每年外界向冻土的热量传递要低于冻土向外界的热量散失,在保温层的长期隔热保温作用下,地层温度不断降低,直至暖季也不会发生融化。分析地表温度可知,仅铺设 10 cm 保温层,洞口浅埋地层将在运行后 18 年不再发生季节冻融。可以想象,继续加厚保温层,可以将地层不再发生冻融的时间提前,但是却十分不经济。

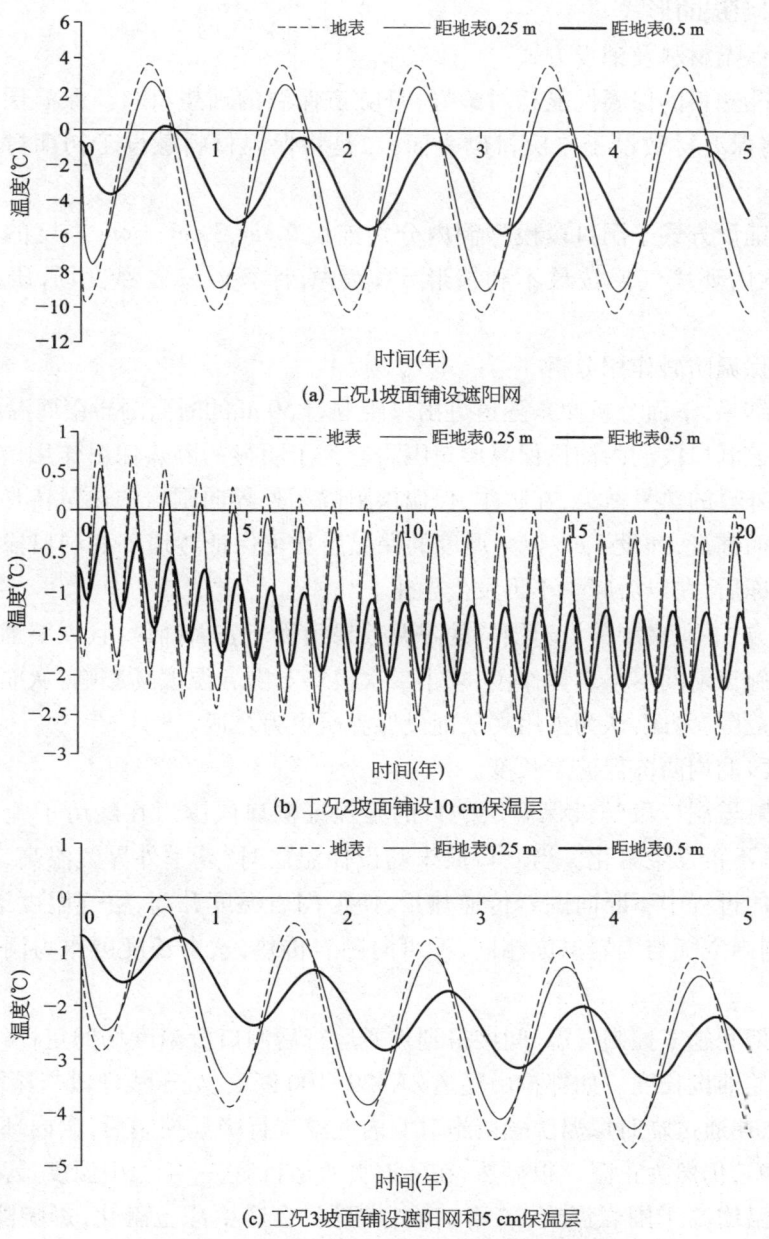

(a) 工况 1 坡面铺设遮阳网

(b) 工况 2 坡面铺设 10 cm 保温层

(c) 工况 3 坡面铺设遮阳网和 5 cm 保温层

图 7-9 铺设遮阳网和保温层在运行期坡面浅埋地层温度曲线

可先铺设隔热保温层,同时利用遮阳网的等效降低坡面外界年平均气温以及暖季最高气温的作用,两种措施组合使用。工况3同时铺设5 cm保温层和遮阳网,坡面在贯通后第1年暖季发生极小范围的热融,从第2年开始将不会再发生融化。

因此,隧道运行后,于浅埋段仰坡面铺设5 cm保温层,继续在上面覆盖遮阳网,配合洞内铺设3 cm保温层,可防止浅埋段拱顶围岩发生季节冻融。

2) 洞内保温层的形式

（1）洞内保温材料及铺设方式

硬质聚氨酯塑料的保温性能相对最好,是隧道保温的理想材料。保温层的敷设方式分为两种,一是将保温材敷设于二次衬砌表面,二是将保温材料敷设于初期衬砌与二次衬砌之间。

采用两种铺设方式于洞口段模型洞内分别铺设2 cm、3 cm、4 cm厚度的硬质聚氨酯塑料,开挖期间洞内环境气温按最不利情形5℃考虑,计算洞口段温度场,研究其保温防融作用。

（2）洞内保温防融作用分析

根据计算结果,下面分析两条隧道进出口距洞口50 m的断面围岩壁面温度变化曲线。

在两条隧道洞口段洞内铺设保温层对围岩起到了明显的隔热保温作用,在寒季,保温层减少了围岩向外界的热量散失,在暖季,保温层阻隔了外界向围岩的热量传递。无论采用夹层铺设还是表面铺设,铺设3 cm以上厚度的保温层均可保证隧道工程洞口段围岩在经历了施工期间的融冻后,在以后暖季不再发生融化。

两种铺设方式下,夹层铺设对围岩的降温效果稍优于表面铺设,且夹层铺设方式能使得保温层在隧道施工期间尽早发挥作用,减小二次模筑对围岩温度场影响,从而减小围岩在施工期间的融化范围,因此,认为采用夹层铺设保温层更为合适。

（3）洞口段洞内防冻保温层长度

多年冻土隧道洞口段铺设保温层的目的是保证洞口段围岩在经历了施工期间的融冻后,在以后暖季不再发生融化。当洞口段未铺设保温层时,夏季外界气温高,空气在向由洞口向洞内流通的过程中不断向围岩传递热量,使得围岩温度升高,空气温度逐渐降低,直至某一长度处,洞内空气与围岩温度相同,不再向围岩传热,这个长度可作为洞口段的保温层铺设长度。

利用施工期间施工控制气温,间接得到贯通运行后洞口段温度场的定性结果,从而指导洞内保温结构的铺设长度。如鄂拉山隧道ZK329+100断面,处于浅埋段与深埋段边界处,于暖季开挖施工,在通过临时保温防融措施对洞内气温进行降温控制后,洞内环境气温基本控制在0.2~2.9℃,仍然为正温。很显然,在隧道贯通运行后,一年之中温度最高时,隧道洞口段全长洞内气温均高于围岩温度,若不铺设保温层,会产生冻土融化,影响隧道结构安全。因此,两条隧道洞口段应全长铺设保温层。

7.2 保温条件下洞口段边仰坡的稳定性

多年冻土区斜坡稳定性研究是滑坡学一个独特的研究领域,早在1897年就有人对冻土斜坡进行了描述;著名冻土学家程国栋院士(2002)指出,由冻融灾害引起的不良地质现象,当它们威胁到青藏铁路安全运营和工程稳定性时,就演变为一种工程灾害,特别是在高含冰量、高温多年冻土的斜坡地段,微弱的工程热扰动就可能会引起冻土区斜坡稳定性的变化。然而,多年冻土隧道洞口段工程更具有特殊性,包含了冻土边坡工程及冻土段洞室工程,研究洞口段稳定性必须将边坡稳定性和洞室稳定性结合起来。因此,对多年冻土隧道洞口段边仰坡坍塌机理和防治技术研究是非常必要的。

7.2.1 计算模型和参数

(1) 计算模型

根据现场地形地貌建立鄂拉山隧道左洞出口模型如图7-10a所示,模型横向两边各取35 m为计算影响区,下边界距隧道中心30 m为计算影响区。模型纵向长度60 m,开挖进深30 m。临时仰坡坡比1∶1,高度5 m,天然仰坡坡度35°,上方偏压坡体左边界距隧道中心高度45 m,右边界距隧道中心高度30 m,天然坡面及偏压坡面均做了平面化简化处理。坡面覆土层主要为含亚黏土碎石土,计算厚度取2 m,如图7-10b所示,下层为强风化安山岩。

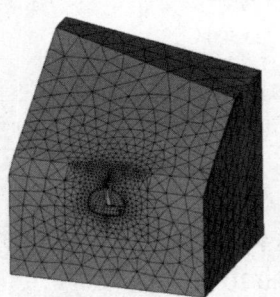 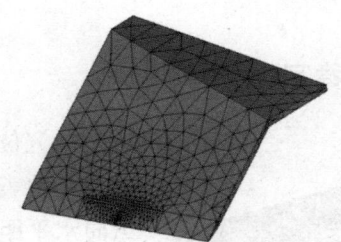

(a) 隧道左洞出口模型   (b) 坡面覆土层

图7-10 鄂拉山隧道左洞出口计算模型

(2) 边界条件及假设条件

边界条件均采用位移边界条件,上边界取至地面为自由面,平行于 YOZ 面的两侧为 X 方向位移约束,平行于 XOZ 平面的底部取 Y 方向位移约束,平行于 XOY 平面的模型后面取 Z 方向位移约束,模型前面于隧道底部以下取 Z 方向位移约束。

鄂拉山隧道出口左洞、右洞中心相距40 m,计算中忽略左右洞的相互影响,岩土体设定为理想弹塑性材料,采用 Drucke-Prager 强度屈服准则,模型边界不考虑水平构造应力的作用,只考虑自重应力作用;开挖中不考虑爆破动荷载对隧道稳定性的影响。

(3) 计算工况

① 工况1,按照在寒季开挖时,洞口段施作边坡及洞内保温防融措施后的理想情形设置热融圈,即边坡浅层土体均处于冻结状态,洞内围岩在开挖进深30 m后最大热融深度为1 m。

② 工况2,洞口段未施作边坡及洞内保温防融措施,洞内施工环境温度较高,边坡及洞内热融范围均较大,且洞口5 m埋深以下均存在热融贯通现象,即设置边坡热融深度2 m,洞内围岩最大热融深度为3 m。

(4) 计算参数

围岩力学参数见表7-11;衬砌计算参数见表7-12。

表7-11 围岩力学参数

围岩性质	重度 (kN/m³)	内聚力 (kPa)	内摩擦角 (°)	弹性模量 (MPa)	泊松比
强风化安山岩(冻结)	19.0	264	26.8	1 140	0.35
强风化安山岩(未冻)	19.0	200	25	900	0.4
含亚黏土碎石土(冻结)	15.0	145	19.9	189	0.43
含亚黏土碎石土(未冻)	15.0	29	17.8	100	0.48

表7-12 衬砌计算参数

围岩及结构	密度(kg/m³)	弹性模量(MPa)	泊松比
喷射混凝土	2 500	27 500	0.2
一次模筑	2 700	33 500	0.2
二次模筑	2 700	33 500	0.2

7.2.2 稳定性分析

(1) 位移分析

在地表设置测点A、B、C如图7-11所示,分别距洞口纵向水平距离为0 m、5 m、10 m。

从两种工况在不同开挖进深时的竖向位移云图中可以明显看出,隧道土体开挖后形成临空面,上方围岩主要发生向下的竖向位移,底部围岩则会向上隆起,虽然工况1和工况2的整体位移趋势相似,但是在数值上相差很大。两种工况,在隧道开挖至5 m、10 m、15 m、20 m时,测点A的竖向位移分别相差2 mm、4 mm、23 mm、45 mm,纵向水平位移分别相差0 mm、1 mm、5 mm、15 mm。根据图7-12测点位移图,工况1随着隧道进深的增加,测点竖向与水平位移的增长速度均为先快

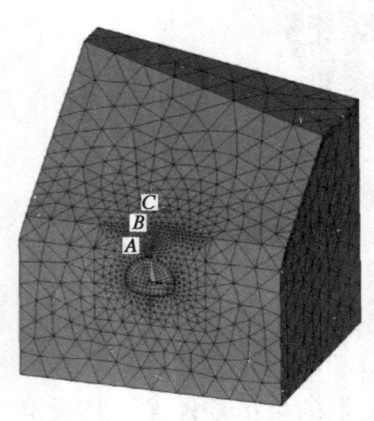

图7-11 测点位置

后慢,最后趋于平缓,说明隧道开挖扰动对上方土体的影响范围有限,在进深一定距离后,地表基本不再发生沉降,边坡在受到开挖扰动后又逐步趋于稳定;根据图 7-13 工况 2 测点位移图,开挖后测点竖向位移增长速度一直较快,近似为线性增长,测点 B 和测点 C 的水平位移趋势不明显,测点 A 的水平位移逐步增长,并在进深约 18 m 时发生位移突变,说明随着隧道进深的增加,边坡的稳定性在不断降低,不仅有向前方滑动的趋势,而且增加了向隧道内发生坍塌的风险。

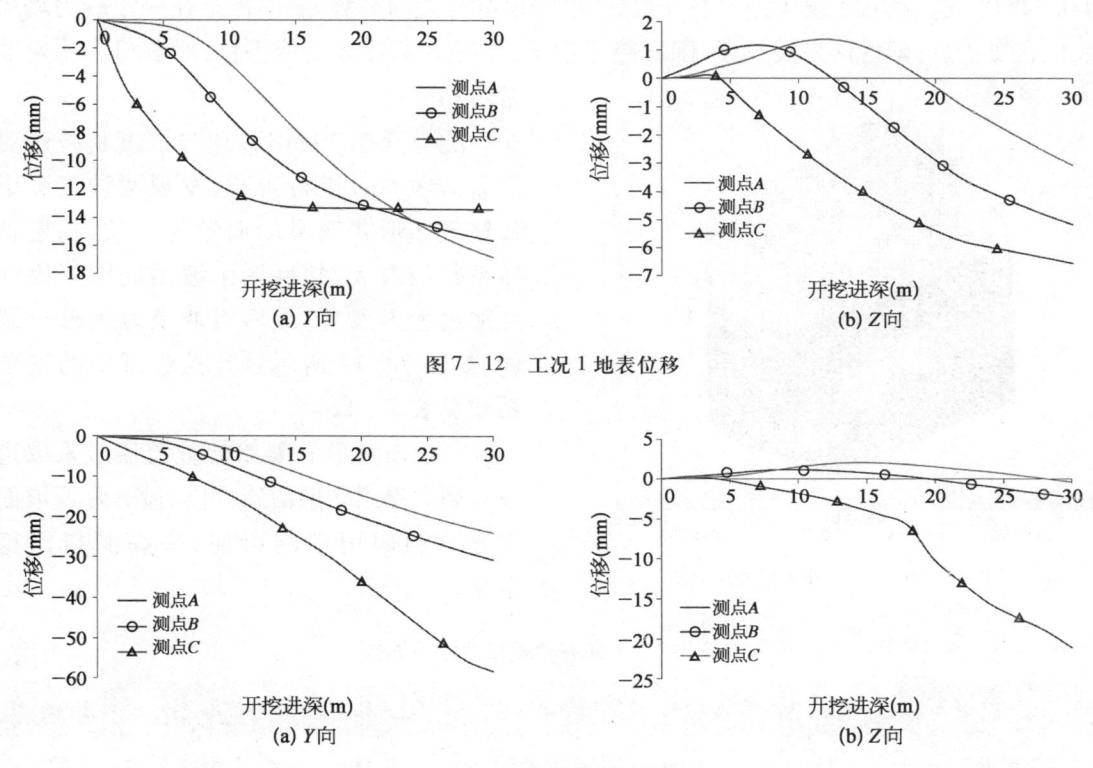

图 7-12　工况 1 地表位移

图 7-13　工况 2 地表位移

通过位移分析可以看出,在施作洞内和边坡保温防融措施后,通过减小融化范围,可以明显提高洞口段开挖过程中的稳定性,但工况 1 由于竖向位移和水平位移处于一个数量级,坡面的水平运动趋势不能忽略,施工中应注意对坡面的水平位移趋势的观测,也可采用锚杆注浆等措施进行提前加固。

（2）应力分析

开挖过程中,洞口段各点都经历了复杂的应力变化过程,主要研究最大主应力和最小主应力。两种工况下,最大第一主应力都随着开挖逐渐增大,但是在数值上工况 2 要比工况 1 大。开挖 5 m 后,工况 1 最大拉应力为 185.2 kPa,工况 2 最大拉应力为 185.2 kPa,两者基本一致;但在开挖 30 m 后,工况 1 最大拉应力为 246.0 kPa,工况 2 最大拉应力为 783.2 kPa,由此可见,在工况 1 的情形下,开挖初期是拉力区发展最快的过程,之后随着进深增加,没有继续发展或者变化很小,说明隧道是稳定的;在工况 2 的情形下,随着进深的增加拉力区在明显地发展,说明隧道的稳定性不断降低,有发生坍塌的风险。

(3) 塑性区分析及安全系数

两种工况的塑性区发展趋势基本相同,均是随着开挖工作的进行先由洞内两侧拱脚处发展,但是发展程度明显不同。开挖 10 m 后,工况 1 的最大等效塑性应变为 0.001 3,工况 2 的最大等效塑性应变为 0.006 1;开挖 30 m 后,工况 1 的最大等效塑性应变为 0.014,工况 2 为 0.029 9。这说明,工况 1 围岩在开挖后,拱脚也有开裂的趋势,洞内也存在一定的坍塌风险,但在支护后,塑性区发展较慢,围岩趋于稳定;工况 2 塑性区发展很快,对洞口段稳定非常不利。

隧道开挖 30 m 后,通过强度折减法对围岩力学参数进行折减,发现两种工况下最终破坏形式及滑动面较为一致,随着折减系数的增大,塑性区由坡角向围岩侧向及隧道上方发育,最后贯通至地表形成滑面,如图 7-14 所示。开挖过程中的安全系数见表 7-13。

鄂拉山隧道和姜路岭隧道通过采取边坡和洞内保温防融措施,可以显著降低坡面滑坡及洞内坍塌的可能,提高洞口段稳定性。

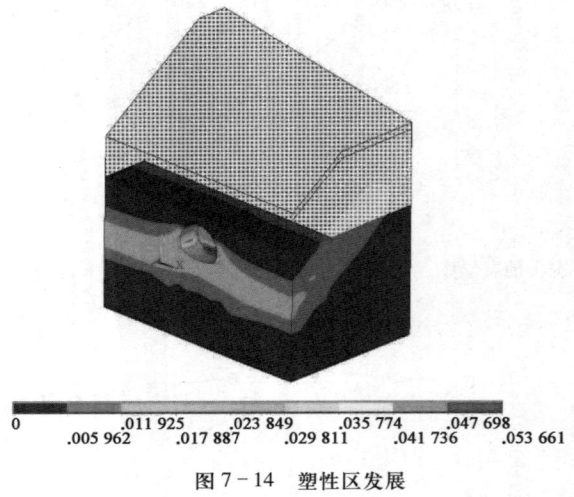

图 7-14 塑性区发展

表 7-13 不同开挖进深的安全系数

工 况	5 m	10 m	15 m	20 m	25 m	30 m
工况 1	1.75	1.60	1.57	1.55	1.53	1.52
工况 2	1.75	1.45	1.39	1.32	1.24	1.10

7.3 热棒技术在洞口段边仰坡中的应用

7.3.1 热棒的工作原理

热棒是一种用于多年冻土区工程建设中保护冻土的重力热管,它是一种无需外界动力而能够自行工作的高效传热装置。热棒一般分冷凝段、绝热段和蒸发段三部分,其工作原理图见图7-15。当蒸发段温度高于冷凝段时,蒸发段的工作液会吸收周围外界的热量,在蒸气压的作用下通过绝热段蒸发到冷凝段,在冷凝段释放蒸汽潜热,冷凝后以液态形式通过管壁回流至蒸发段。而当蒸发段温度低于冷凝段时,这个传热过程停止。利用热棒的这种单向导热性来实现对多年冻土区隧道洞口边仰坡的冷却降温作用,确保冻土的稳定。

7.3.2 热棒群现场监测结果分析

热棒布设于姜路岭隧道进口左、右洞浅埋段,平面布置间距为3 m,采用梅花形布置。横断面布置有两种类型,一种埋设热棒7根,一种埋设热棒8根,具体布置形式见图7-16。

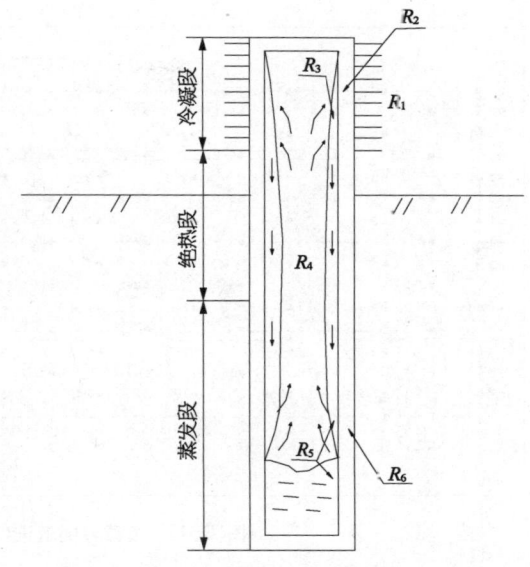

图7-15 热棒的工作原理图

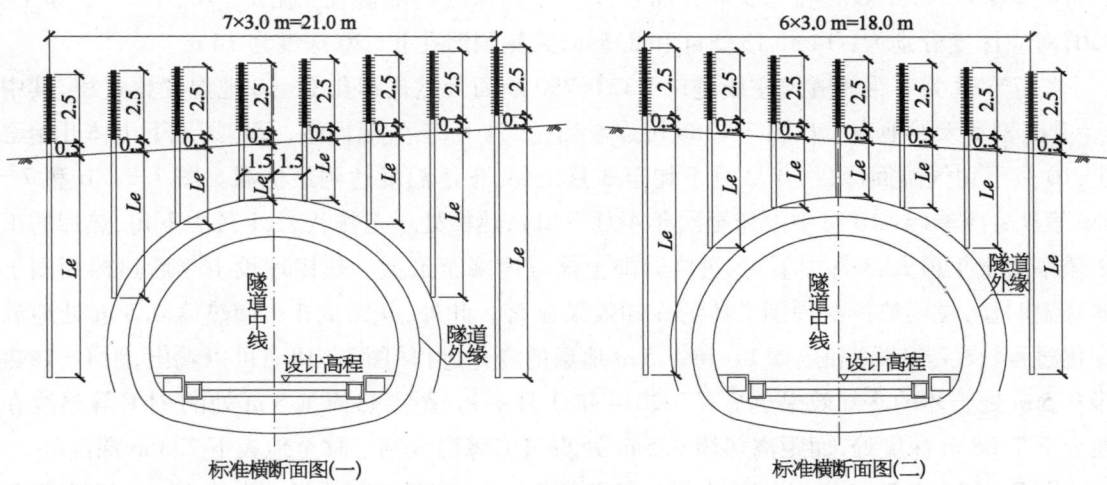

图7-16 姜路岭隧道浅埋段热棒试验断面

1) 隧道左洞热棒群效应监测结果

姜路岭隧道进口左洞热棒群起讫里程为K329+750~K329+813,长度为63 m,宽21 m,使用热棒165根,具体布置形式见图7-17,热棒埋设完成时间为2013年1月。在姜路岭隧道进口左洞K329+750和K329+813设两个监测断面。

姜路岭隧道左洞进口K329+750断面共布设8根热棒,分别在距离1-1#和1-5#热棒0.5 m、1.0 m和1.5 m处布设3个测温孔。同时,在隧道进口K329+739断面设置一个天然测温孔(远离热棒群10 m以上)。

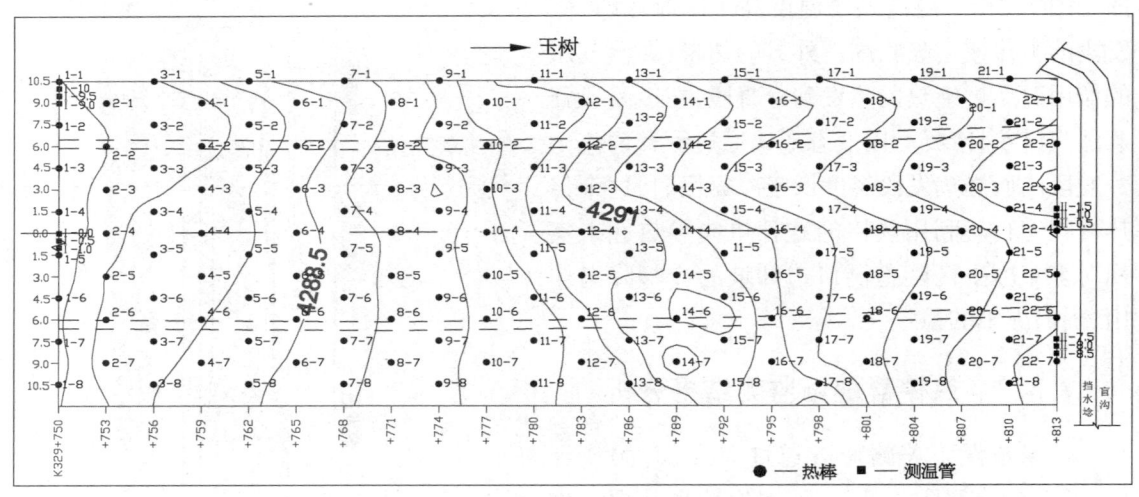

图 7-17 姜路岭隧道进口左洞热棒及测温元件平面布置图

1-1#热棒距离左线隧道中线 10.5 m，总长 11 m，冷凝段长 2.5 m，蒸发段长 8 m。在距离 1-1#热棒 0.5 m、1.0 m 和 1.5 m 处布设 3 个不同深度的测温孔：孔 I-10、I-9.5 和 I-9.0，对应深度分别为：14 m、13.5 m 和 8.5 m，天然测温孔 II-20 深度为 14 m。

图 7-18 为姜路岭隧道左线进口 K329+750 断面天然孔和孔 I-10 地温变化过程，其中 $Y=0$ m 表示天然地表。从图 7-18a 可以看出：3 月下旬，气温回暖，天然场地下土体开始融化，10 月下旬气温回冷，次年 2 月下旬至 3 月上旬，土体温度达到最低温。图 7-18b 和 7-18c 表明：冷季(约 10 月中上旬至次年 4 月下旬)，热棒处于工作状态，1 月中下旬，热棒的工作效率为全年最大，3 月中下旬，热棒周围土体温度降至最低。热棒埋设 1 年后热棒周围土体降温明显，说明热棒对周围土体的冷却效果显著。此外，从距离 1-1#热棒 0.5 m 处地温变化过程(图 7-18b)和热棒 1-1# 1.5 m 地温的变化过程(图 7-18c)可以看出，距 1-1#热棒 0.5 m 处土体的冷却效果更显著。2014 年 3 月中旬，距离热棒 1.5 m 处的 -1℃ 等温线在地表下 7.08 m 深度处，而距离热棒 0.5 m 处的 -1℃ 等温线则下移至地表下 7.3 m 深度处。

图 7-19a 和 7-19b 分别给出了天然孔和孔 I-10(距离左线隧道中线 10 m) 2013 年和 2014 年 1 月、4 月及 7 月的地温对比。图 7-19a 表明，受气温变暖的影响，2014 年天然场地下浅层土体地温较 2013 年同期地温有升高趋势。图 7-19b 的地温变化则表明，热棒对周围土体的冷却作用明显，特别是在地表以下 2~8 m 深度范围内。2013 年 1 月和 2014 年 1 月的地温对比可以看出，深度 2.5 m 附近，热棒的降温达 1.95℃。两年的地温同期变化趋势表明，从 1 月到 7 月，热棒的降温效果逐渐减弱，7 月的温度降幅已经很小。这主要受气、地温差变化影响，从 1 月到 7 月，随着气温回暖，地气温差逐渐减小，热棒冷凝段和蒸发段的温差减小，传热效率降低。当地气温差低于热棒的启动温差时，热棒将停止工作，由于地温变化的滞后性，热棒停止工作后，周围土体仍将呈略微的降温趋势。同时，热棒的降温效果具有明显的深度差异性，在热棒蒸发段深度范围内(0~8 m)的土体均呈现不同程度的降温，总体

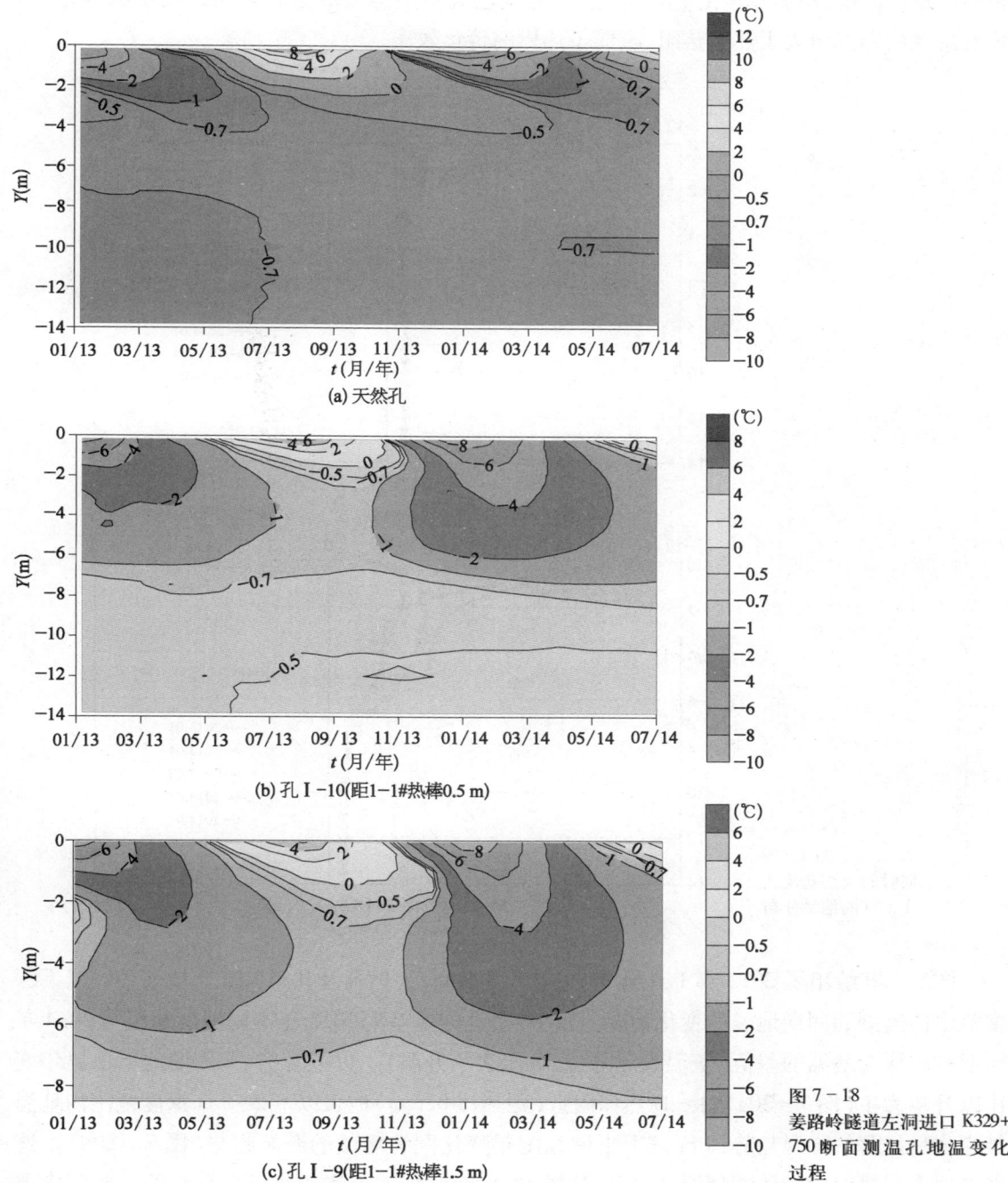

图 7-18 姜路岭隧道左洞进口 K329+750 断面测温孔地温变化过程

为先增大而后减小的趋势,蒸发段以下范围土体基本不受热棒影响。具体而言,0~2 m 深度范围内,主要受气温及浅层土体复杂水热过程的影响,热棒的降温效果不太显著,2~5 m 深度范围内为显著降温区,5~8 m 范围内为降温减弱区。这与热棒工质的工作状态有关。图 7-15 为热棒的工作过程示意图,从图 7-15 可以看出,热棒工质冷却回流的过程中,在蒸发段壁面形成液膜,液膜厚度沿热棒变化,在蒸发段底部则形成液池区。根据热阻法理论,液膜及液池的存在增大了热棒热阻,减弱了热棒的传热效率。

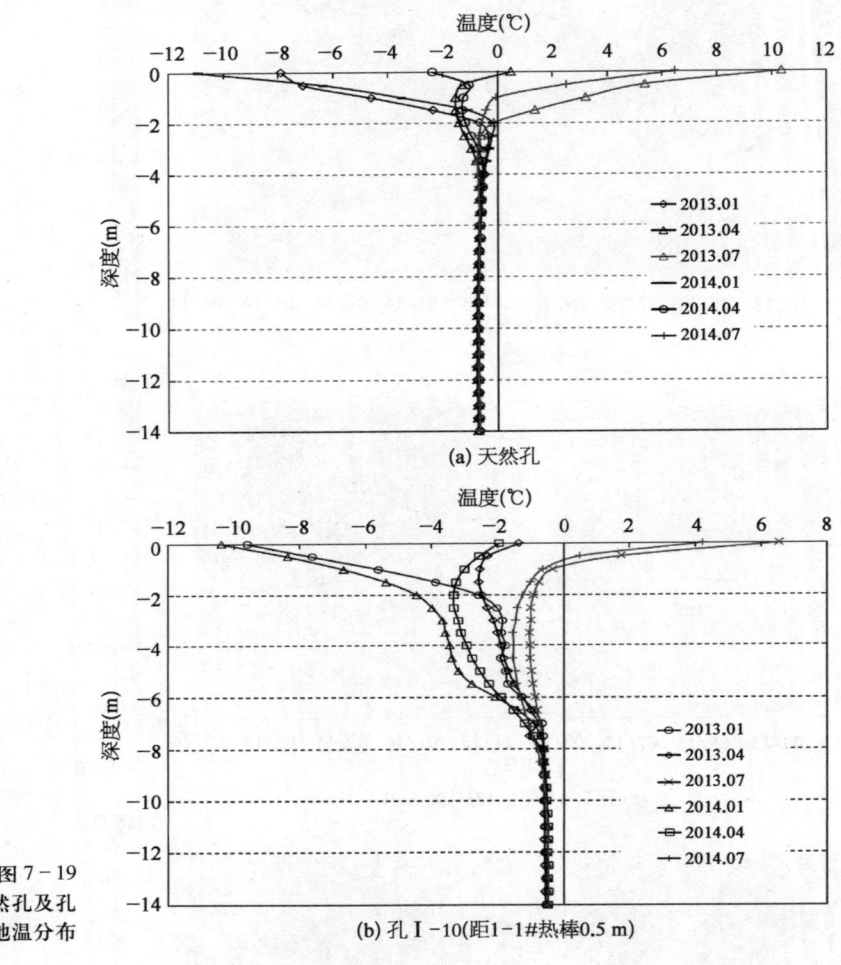

图 7-19 不同时间天然孔及孔 I-10 的地温分布

图 7-20 给出了 2013 年 1 月至 2014 年 7 月期间,天然孔及孔 I-10 在地表 2 m 以下深度范围内监测的同期地温的变化情况。其中,横坐标温差为 2013 年不同深度地温与 2014 年同期对应深度地温的差值(正温表示降温,负温表示升温)。可以看出,天然场地下地温年变化以升温为主(图 7-20a);1-1#热棒附近(距热棒 0.5 m)地表以下 2~8 m 深度范围内地温年变化呈显著的降温趋势,8 m 以下土体温度年变化则有略微的升高趋势(图 7-20b)。这直观地表明热棒对土体的降温效果明显,同时,热棒对周围土体的降温也具有明显的深度差异性和时间差异性。深度差异性表现为热棒对周围土体的冷却效果随深度加深而减弱,从不同月份的降温效果可知,在地表以下 2~5 m 深度范围内,热棒的冷却效果最显著,即显著降温区;5~8 m 深度范围内,随着深度增加,热棒的制冷效果减弱,即降温减弱区;热棒底部液池(地表以下 8 m)附近基本没有冷却作用(图 7-20b),8 m 以下土体不受热棒影响,呈现

轻微的升温趋势。时间差异性表现为从1月至7月的降温程度的差异可以看出,1月中下旬,热棒的制冷效果最显著(图7-20b)。这主要是由于该时间段内,土体温度和气温差异较大,热棒冷凝段和蒸发段的温差较大,导致热棒工作效率增大,从而热棒周围土体继续降温;3月中下旬,土体温度降至最低;4月上旬,随着地温和气温差异减小,热棒冷凝段和蒸发段的温差减小,热棒工作效率减小,当热棒蒸发段底部和冷凝段的温差小于热棒的启动温差时,热棒停止工作。

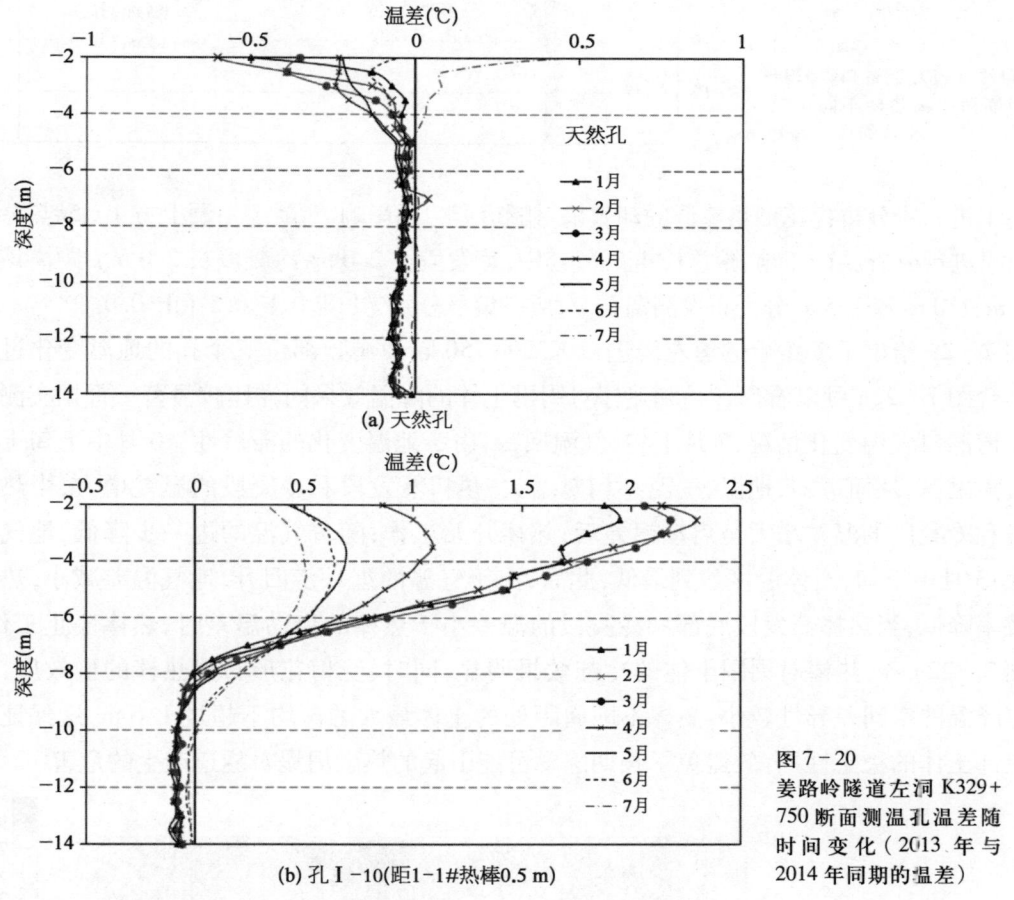

图7-20 姜路岭隧道左洞K329+750断面测温孔温差随时间变化(2013年与2014年同期的温差)

此外,从图7-17和图7-18可以看出,热棒对周围土体的冷却效果还存在一定的空间差异性,即热棒对周围土体的降温效果存在一定的有效范围。为了分析热棒的热影响范围,将距离1-1#热棒0.5 m(孔Ⅰ-10)和1.5 m(孔Ⅰ-9)处的地温分布进行对比(图7-21)。图7-20给出了热棒对距其0.5 m和1.5 m处土体的降温程度,可以看出,3月份,热棒对两处土体的降温效果差别明显,特别是地表下2~5 m范围内,此时热棒的热影响范围超出1.5 m;4月份,随热棒冷凝段和蒸发段的温差减小,热棒的传热效率降低,对周围土体的冷却效果减弱,当热棒蒸发段底部和冷凝段的温差小于热棒的启动温差时,热棒停止工作。

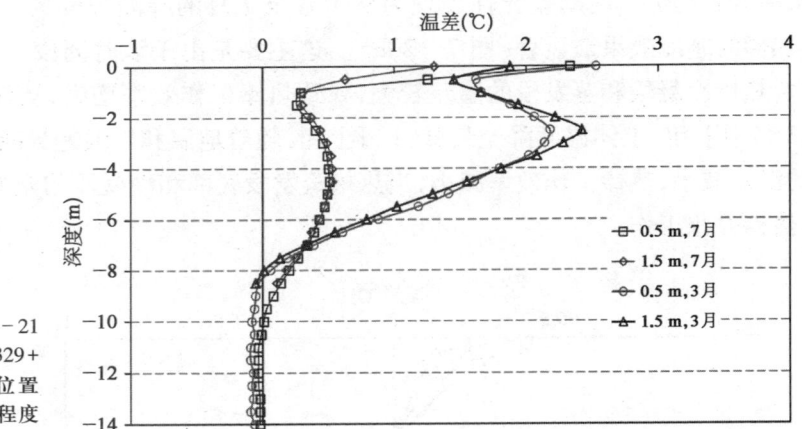

图 7-21 姜路岭隧道左洞进口 K329+750 断面距离热棒不同位置土体的降温程度

为了进一步分析梅花形热棒群的却效果对隧道产生的影响,对隧道左洞上方 1-5#热棒的降温效果进行分析。1-5#热棒总长 4.5 m,其中,蒸发段长 2.0 m,冷凝段长 2.0 m。距离该热棒 0.5 m、1.0 m 和 1.5 m 分别布设测温孔,对应孔编号分别为 I-1.0、I-0.5 和 I-0.0。

图 7-22 给出了姜路岭隧道左线进口 K329+750 断面洞顶部位三个孔的地温变化过程图。结合图 7-22a 可以看出,1-5#热棒对周围土体的降温效果同样比较显著。根据实测姜路岭隧道洞口气温变化情况,7 月下旬,气温回冷,由于地温变化的滞后性,10 月中上旬土体达到最大融深,从而可知,地温、气温差相对增大,热棒蒸发段和冷凝段的温差增大,当热棒蒸发段和冷凝段的温差增大至启动温差后,热棒开始工作;随着气温的进一步降低,地气温差增大;3 月中下旬,土体温度达到最低,此后,由于气温的进一步回升,地气温差减小,热棒工作效率降低,当热棒蒸发段底部和冷凝段的温差小于热棒的启动温差时,热棒停止工作。综合图 7-22a~c,热棒对周围土体的冷却效果明显,同时,受梅花形布置热棒的群效应,此处热棒降温的空间差异性较小,热棒不同间距处的土体最大融深均不超过 1.6 m,这保证了隧道上部土体的稳定性,有效避免了长期冻融可能引起的热融坍塌对隧道产生的危害。

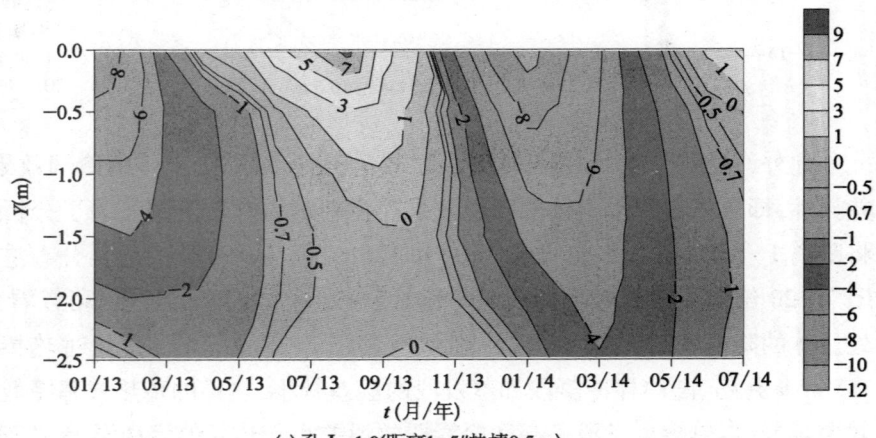

(a) 孔 I -1.0(距离1-5#热棒0.5 m)

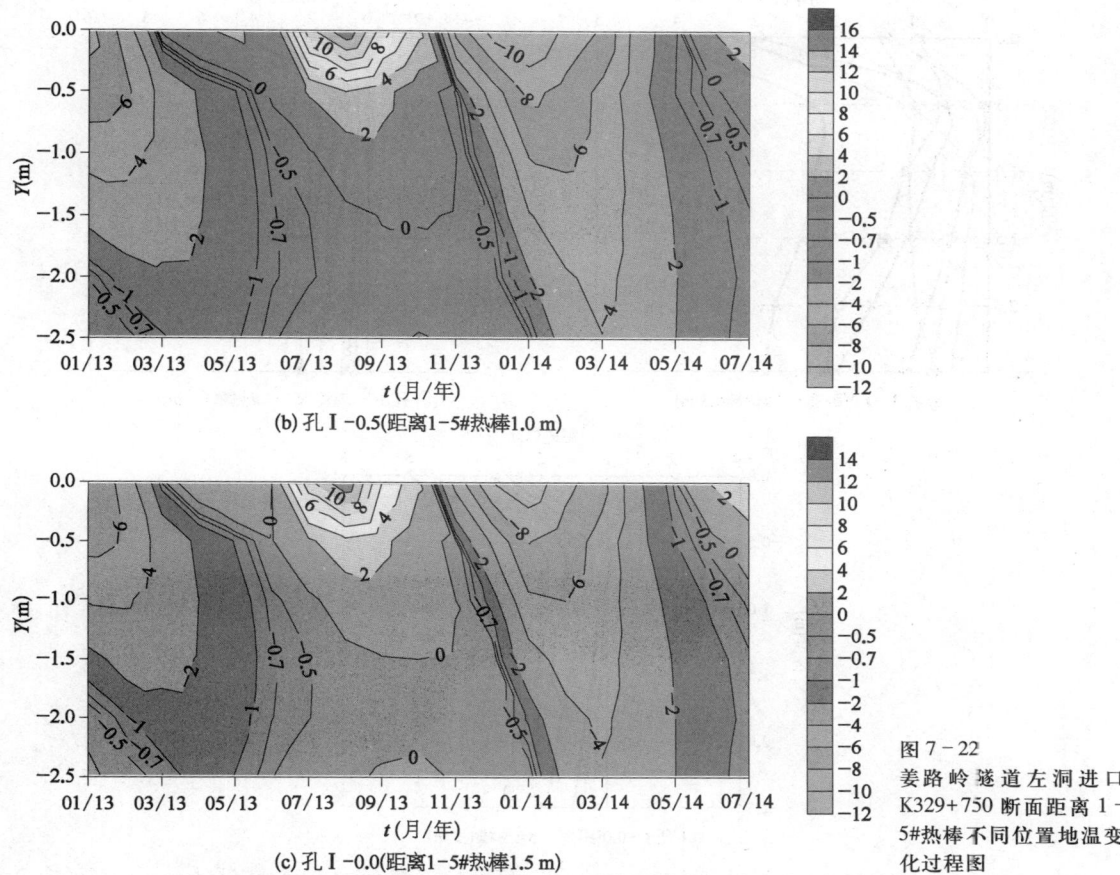

图 7-22 姜路岭隧道左洞进口 K329+750 断面距离 1-5#热棒不同位置地温变化过程图

图 7-23 分别给出了距离 1-5#热棒 0.5 m、1.0 m 和 1.5 m 处土体在 2013 年和 2014 年同期的温差随深度的变化。其中,横坐标表示对应深度处,2013 年与 2014 年同期的地温差,正温差说明地温呈降低趋势,负温差说明地温呈升高趋势。图 7-23 表明,从 2013 年 1 月至 2014 年 7 月,1-5#热棒周围不同位置土体同期的温度基本均呈现降温趋势。距离该热棒不同位置处土体的降温程度存在空间差异,但是,整体差异并不显著,1-5#热棒 3 月份的最大降温均接近-2.5℃,同时,其他月份同期的地温变化程度也基本一致,这主要受梅花形布置热棒群效应的影响。

2) 隧道右洞热棒群效应监测结果

隧道进口右洞热棒群起讫里程为 K329+706~K329+754,长度为 48 m,宽 21 m,使用热棒 127 根,具体平面布置见图 7-24。

图 7-25 为隧道右洞进口 K329+706 断面距离 1-4#热棒 0.5 m、1.0 m 和 1.5 m 处三个测温孔以及天然测温孔的地温变化过程。1-4#热棒位于姜路岭隧道进口右洞上方,与天然测温孔结果(图 7-25d)相比,可以看出热棒群起到了明显的冷却效果(图 7-25a-c),热棒

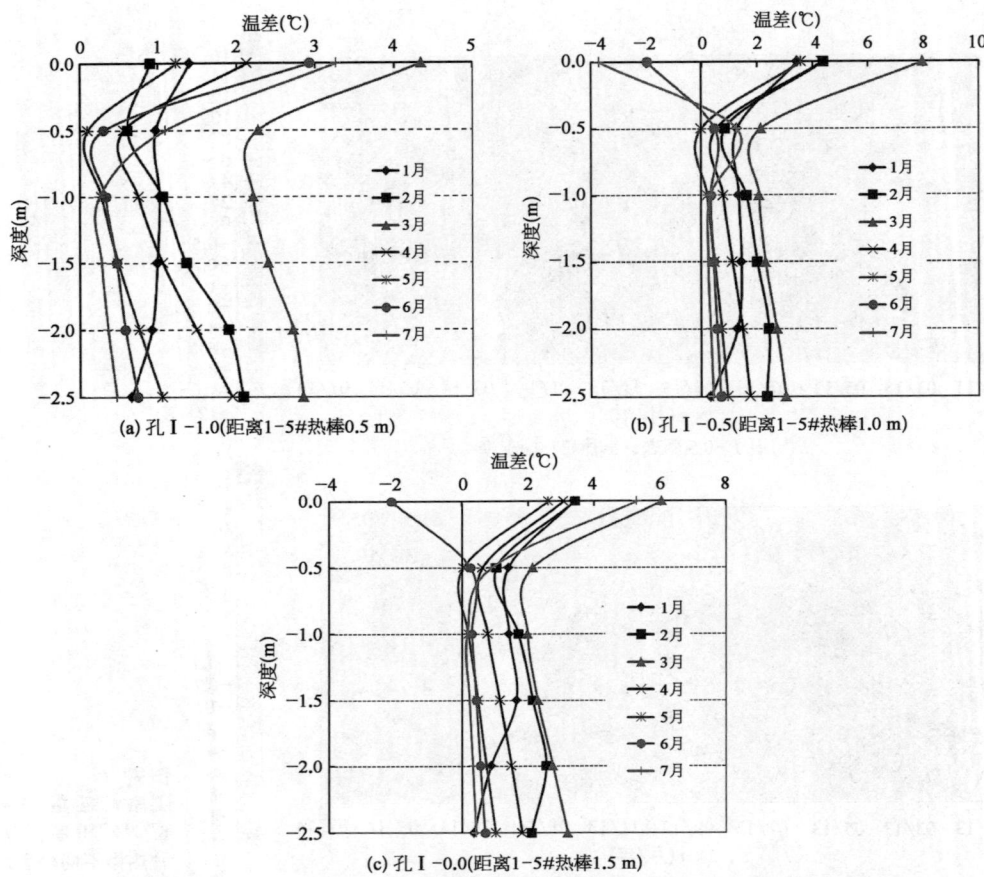

图 7-23 姜路岭隧道左洞 K329+750 断面不同位置土体的降温程度（2013 年与 2014 年同期温差）

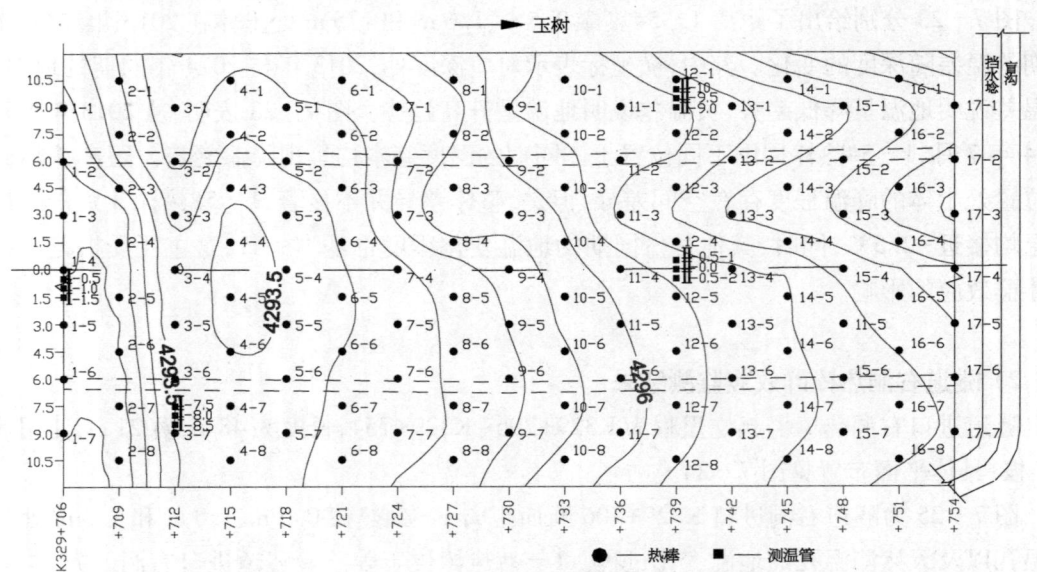

图 7-24 姜路岭隧道进口右洞地表热棒及测温元件平面布置图

工作1年后,隧道进口上方土体温度明显降低,特别是2014年3月中旬。同时,从图7-25a~c表明热棒的降温效果具有明显的时间和空间差异性。与前述分析类似,热棒降温效果的时间差异性主要受环境温度和热棒蒸发段土体温度的变化以及热棒启动温差的影响,而空间差异性则主要受梅花形布置的热棒群效应的影响。孔Ⅰ-1.5介于1-4#和1-5#热棒中间,距离2-5#热棒3.0 m,受多个热棒降温效果的叠加效应,该孔位置处降温效果最显著,2013年10月上旬,孔Ⅰ-1.5的最大融化深度为-1.92 m,2014年3月中旬,孔Ⅰ-1.5的-3℃等温线明显下移。

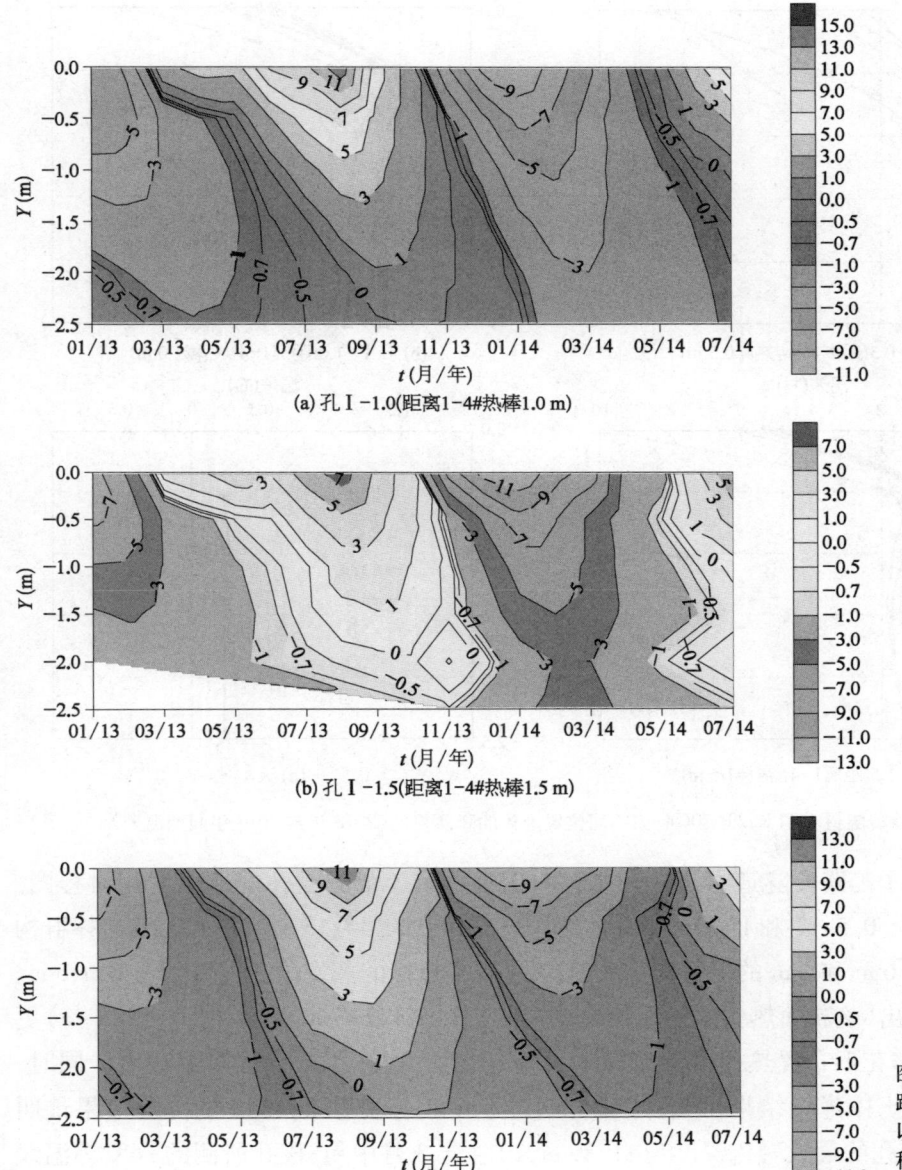

图7-25 距离1-4#热棒不同位置以及天然孔地温变化过程图(2013年1月至2014年7月)

图 7-26a~c 分别给出了距离隧道右洞进口不同位置处土体的降温程度,图 7-26d 为进口右洞天然孔 2013 年和 2014 年 3 月、4 月及 5 月同期的地温变化情况。热棒附近土体以降温为主,不同时间的降温范围为[0℃,1.86℃]。距离 1-4#热棒 0.5 m 处,受 2013 年 1 月份热棒施工的扰动,1 月和 2 月的变温呈升温现象,当地温稳定后,总体为降温趋势(图 7-26a)。距离 1-4#热棒 1.5 m 处的降温效果最明显,该位置 3 月份的最大降温可达 1.86℃(图 7-26c)。天然场地地温则略有升温趋势,2013 年和 2014 年 3 月、4 月和 5 月同期的升温约 0.22℃。

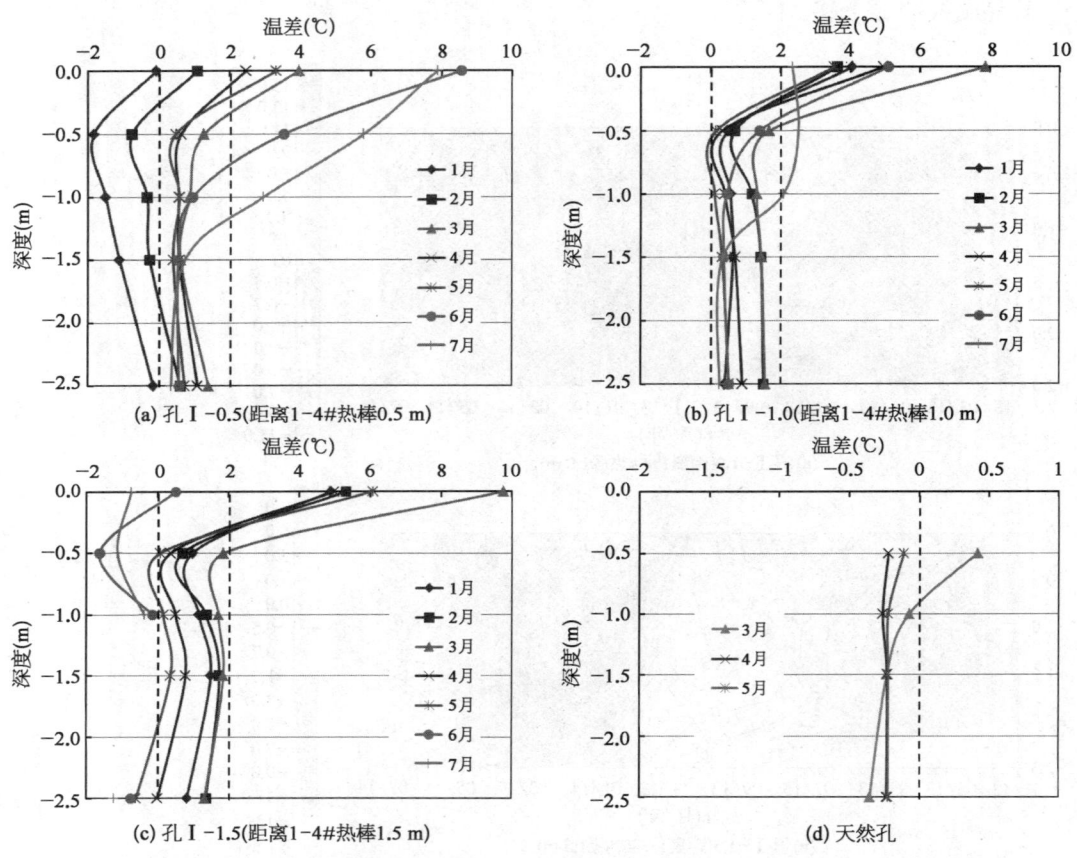

图 7-26　姜路岭隧道右洞 K329+706 断面不同位置土体的降温程度(2013 年与 2014 年同期温差)

图 7-27 给出了姜路岭隧道右洞进口 K329+739 断面 3 个测温孔的地温变化时程图。其中,孔Ⅱ-0.0、Ⅱ-0.5-1 和Ⅱ-0.5-2 均在由 11-4#、12-4#、13-4#和 12-5#热棒群构成的对角线长度为 6 m 和 3 m 的平行四边形范围内,4 支热棒的蒸发段长度分别为 2 m、3 m、2 m 和 2 m,可以看出,该断面热棒的降温效果较右洞进口 K329+706 断面(图 7-25a~c)更为显著,这是因为梅花形布置热棒群的冷却效果相互叠加,增强了土体的降温程度。同时,对比三个孔位置处土体降温结果可知,热棒群四边形中心位置孔Ⅱ-0.0 的降温效果最明显,2013 年 10 月该孔的最大融化深度为-1.89 m,2014 年 3 月中旬,该孔所测的-6℃等温线相对孔Ⅱ-0.5-1 和Ⅱ-0.5-2 对应的深度有所下移,这说明热棒群所构成平行四边形几何

中心位置处的降温效果被强化。孔Ⅱ-0.5-1(距离12-4#热棒1.0 m,距离12-5#热棒2.0 m)和Ⅱ-0.5-2(距离12-4#热棒2.0 m,距离12-5#热棒1.0 m)在4支热棒所构成平行四边形的近似几何对称位置处,但是由于12-4#热棒和12-5#热棒蒸发段长度并不一致,分别为3 m和2 m,所以孔Ⅱ-0.5-1处土体的降温效果强于孔Ⅱ-0.5-2。

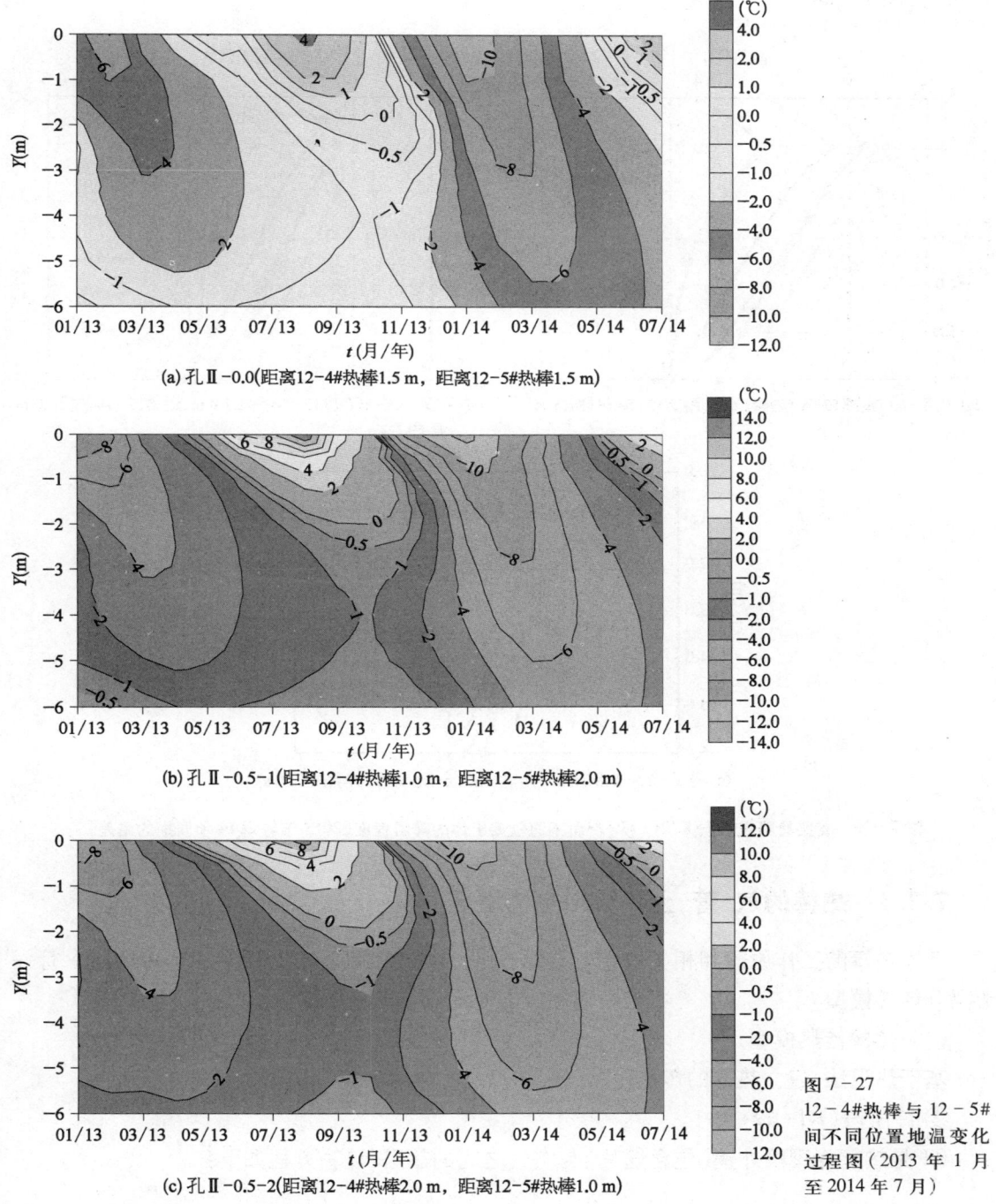

图7-27 12-4#热棒与12-5#间不同位置地温变化过程图(2013年1月至2014年7月)

图 7-28 给出了姜路岭隧道右洞进口 K329+739 断面孔Ⅱ-0.0、Ⅱ-0.5-1 和Ⅱ-0.5-2 地温在 2013 年和 2014 年 3 月至 7 月期间的变化情况。从图可知,总体亦呈现较明显的降温趋势,孔Ⅱ-0.0 处土体的年降温范围为[0℃,4.61℃](图 7-27a),孔Ⅱ-0.5-1 处土体的年降温范围为[0℃,4.24℃](图 7-27b),孔Ⅱ-0.5-2 处土体的年降温范围为[0℃,3.9℃](图 7-28c)。

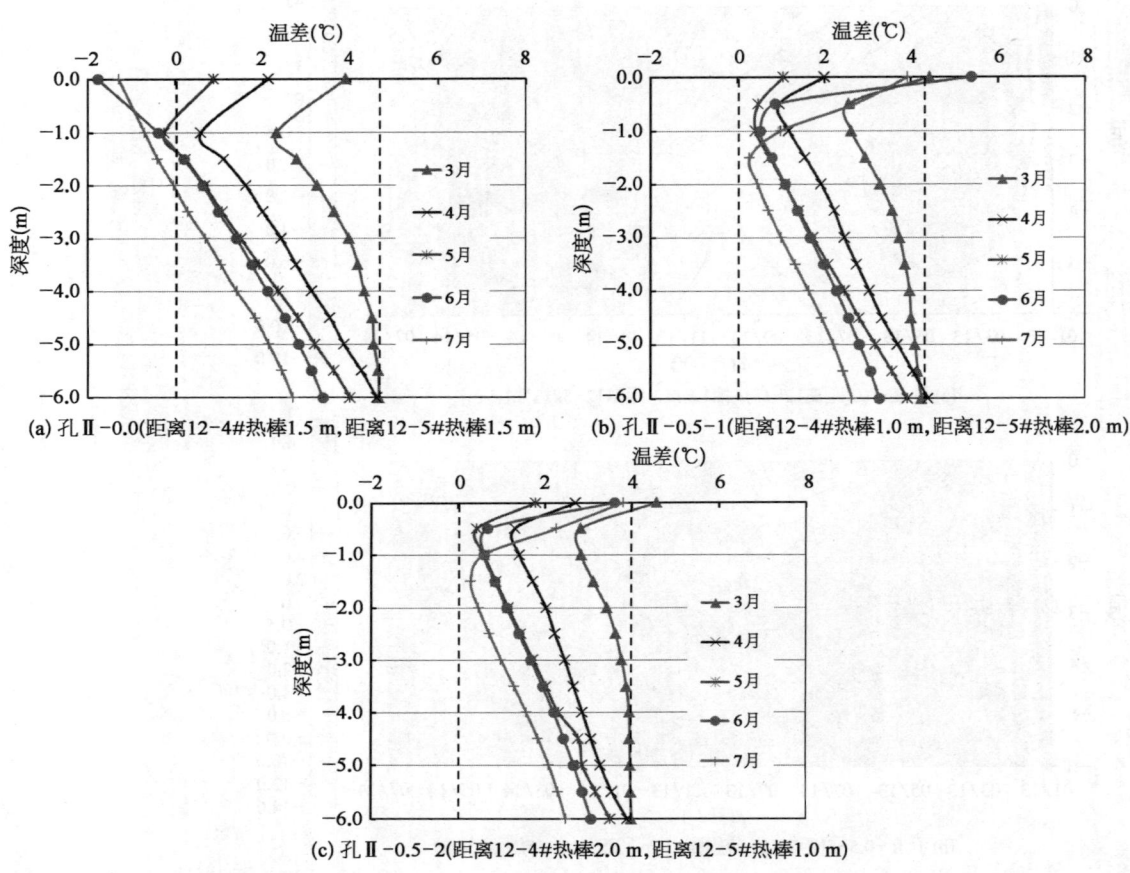

图 7-28 姜路岭隧道右洞 K329+739 断面不同位置土体的降温程度(2013 年与 2014 年同期的温差)

7.3.3 热棒的气-管-土耦合传热模型

基于热棒的工作原理和相关的传热传质理论,建立了多年冻土区隧道热棒的气—管—土耦合传热模型。

(1) 热棒传热模型

基于热阻法,建立热棒的传热模型(图 7-29)。热棒各部分的热阻计算如下。

① 冷凝段($R1+R2+R3$)。

$R1$ 是热棒冷凝段外壁(包含翅片)与空气之间的热阻,计算方程如下:

$$R_1 = \frac{1}{h_a^e \pi d_{oc} L_c} \quad (7-6)$$

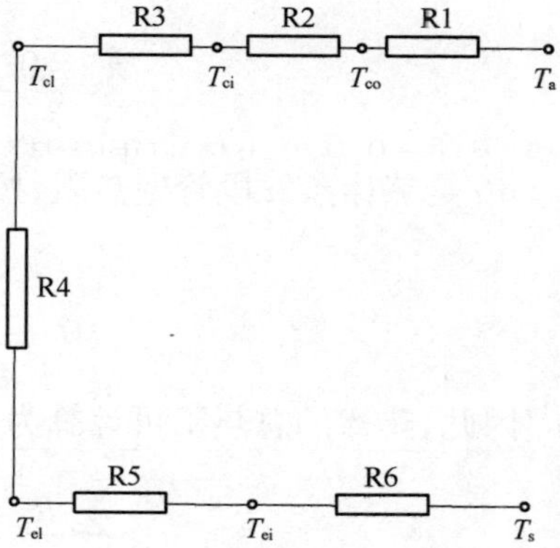

式中

$$h_a^e = h_a \frac{d_{oc}(L_c - n\delta) + [2n(r_2^2 - r_1^2) + 2nr_2\delta]\eta}{L_c d_{oc}}$$

$$h_a = 0.1378 \frac{\lambda_a}{d_{oc}} \mathrm{Re}_a^{0.718} \mathrm{Pr}_a^{1/3} \left(\frac{s_n}{b_n}\right)^{0.296}$$

$$\mathrm{Re}_a = \frac{V d_{oc}}{\nu}$$

图 7-29 热棒的热阻示意图

R2 为热棒管壁热阻,按下式计算:

$$R_2 = \frac{1}{2\pi \lambda L_c} \ln\left(\frac{d_{oc}}{d_{ic}}\right) \quad (7-7)$$

R3 是液膜热阻,按下式计算:

$$R_3 = \frac{1}{\pi d_{ic} L_c h_c} \quad (7-8)$$

式中

$$h_c = 0.925 \left(\frac{\lambda_f^3 \rho_l^2 g l}{\mu q_c L_c}\right)^{1/3}$$

② 绝热段(R4)。

绝热段位于热棒冷凝段和蒸发段之间,R4 为绝热段中工作液的蒸汽热阻,具体可以设定为当热棒处于工作状态时,认为热阻 R4 为 0,当热棒停止工作时,认为热阻 R4 为无穷大,即表达如下:

$$R_4 \approx \begin{cases} 0 & \text{热管处于工作状态} \\ +\infty & \text{热管处于停止工作状态} \end{cases} \quad (7-9)$$

③ 蒸发段(R5+R6)。

R5 是热棒蒸发段液膜和液池的总热阻,即:

$$R_5 = \frac{1}{\pi d_{ie} L_e h_e} \quad (7-10)$$

式中

本页符号说明见第 251 页。

$$h_e = 0.32\left(\frac{\rho_l^{0.65} \lambda_l^{0.3} c_{pl}^{0.7} g^{0.2} q_e^{0.4}}{\rho_v^{0.25} l^{0.4} \mu_l^{0.1}}\right)\left(\frac{p_{sat}}{p_a}\right)^{0.3}$$

R6 是热棒蒸发段管壁热阻,按下式计算:

$$R_6 = \frac{1}{2\pi\lambda L_e}\ln\left(\frac{d_{oc}}{d_{ic}}\right) \tag{7-11}$$

因此,热棒的总热阻可计算为:

$$\sum R_i = R_1 + R_2 + R_3 + R_4 + R_5 + R_6 \tag{7-12}$$

进而得到热棒总热流的计算方程:

$$Q = \frac{T_a - T_{co}}{R_1} = \frac{T_{co} - T_{ci}}{R_2} = \frac{T_{ci} - T_{cl}}{R_3} = \frac{T_{cl} - T_{el}}{R_4} = \frac{T_{el} - T_{ei}}{R_5} = \frac{T_{ei} - T_s}{R_6} = \frac{T_a - T_s}{\sum R_i}$$
$$\tag{7-13}$$

(2) 土层传热计算模型

$$C_s \frac{\partial T}{\partial t} = \frac{\partial}{\partial r}\left(\lambda_s \frac{\partial T}{\partial x}\right) + \frac{\partial}{\partial y}\left(\lambda_s \frac{\partial T}{\partial y}\right) + \frac{\partial}{\partial z}\left(\lambda_s \frac{\partial T}{\partial z}\right) \tag{7-14}$$

式中,C_s 和 λ_s 为土层的等效热容和等效热传导系数,采用显热容法进行计算。假定土层相变温度范围为 $(T_m - \Delta T, T_m + \Delta T)$,并假定土层在冻结状态下的体积热容 C_{sf}、导热系数 λ_{sf},融化状态下的体积热容 C_{su}、导热系数 λ_{st} 均为常数,土层的等效热容 C_s 和等效热传导系数 λ_s 可按下式计算:

$$C_s = \begin{cases} C_{sf} & T < (T_m - \Delta T) \\ \frac{l_s}{2\Delta T} + \frac{C_{sf} + C_{su}}{2} & (T_m - \Delta T) \leq T \leq (T_m + \Delta T) \\ C_{su} & T > (T_m + \Delta T) \end{cases} \tag{7-15}$$

$$\lambda_s = \begin{cases} \lambda_{sf} & T < (T_m - \Delta T) \\ \lambda_{sf} + \frac{\lambda_{su} - \lambda_{sf}}{2\Delta T}[T - (T_m - \Delta T)] & (T_m - \Delta T) \leq T \leq (T_m + \Delta T) \\ \lambda_{su} & T > (T_m + \Delta T) \end{cases} \tag{7-16}$$

式中,l_s 为土层的体积相变潜热。

根据能量守恒,热棒与周围土层之间的耦合传热量计算如下:

本页符号说明见第 251 页。

$$\frac{T_a - T_s}{\pi d_{oe} L_e \sum R_i} = -\lambda_s \frac{\partial T}{\partial n} \qquad (7-17)$$

式(7-6)~式(7-17)符号说明：

C——体积热容；c——比热容；d——直径；g——重力加速度；h——传热系数；l——潜热；λ——导热系数；L——长度；p——压强；q——热流；b_n——翅片高度；s_n——翅片间距；δ——翅片厚度；η——热交换率；Pr——普朗特数；r——半径；R——热阻；Re——雷诺数；T——温度；V——风速；t——时间；ρ——密度；μ——动力黏度；ν——运动黏度。

下角标说明：

air——空气；a——绝热段；c——冷凝段；e——蒸发段；l——液膜；i——内部；o——外部；s——土；f——冻结；u——融化。

方程(7-13)、方程(7-14)具有强非线性，可采用数值方法进行求解。

7.3.4 模型检验和修正

对于以上建立的多年冻土区隧道热棒的气-管-土耦合传热模型，采用"青海省共和至玉树(结古)公路工程姜路岭隧道浅埋段"的热棒试验断面实测数据进行检验和修正。

分别选取姜路岭隧道进口左洞热棒群中心断面 K329+780~K329+783 和进口右洞中心断面 K329+730~K329+733 为研究对象，开展热棒群效应降温效果的三维数值仿真。根据实测地质资料和断面尺寸，断面模型见图 7-30，隧道洞顶距离天然地表 7.4 m，隧道以上按实际地形取至天然地面，两边各取 45 m，隧道下方取 45 m。

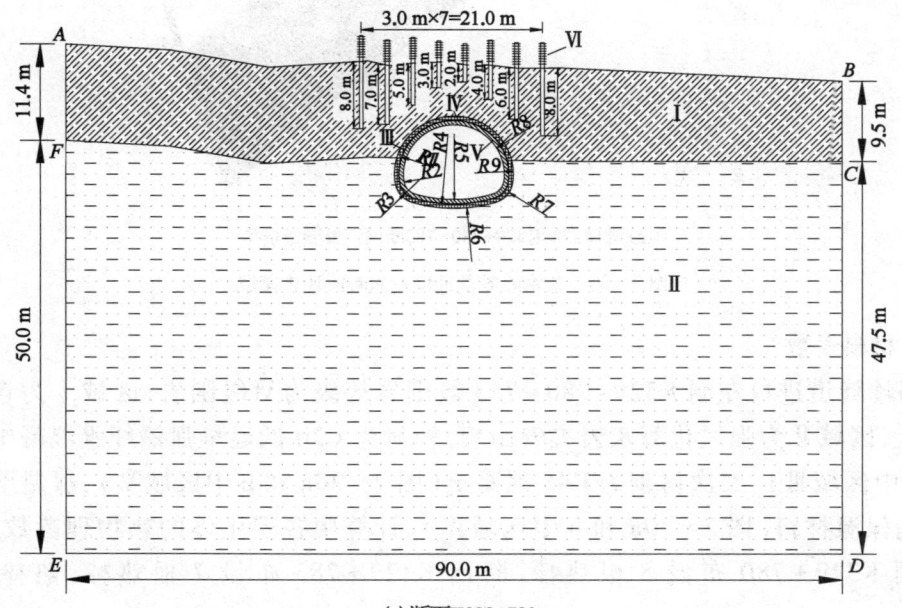

(a) 断面K329+780

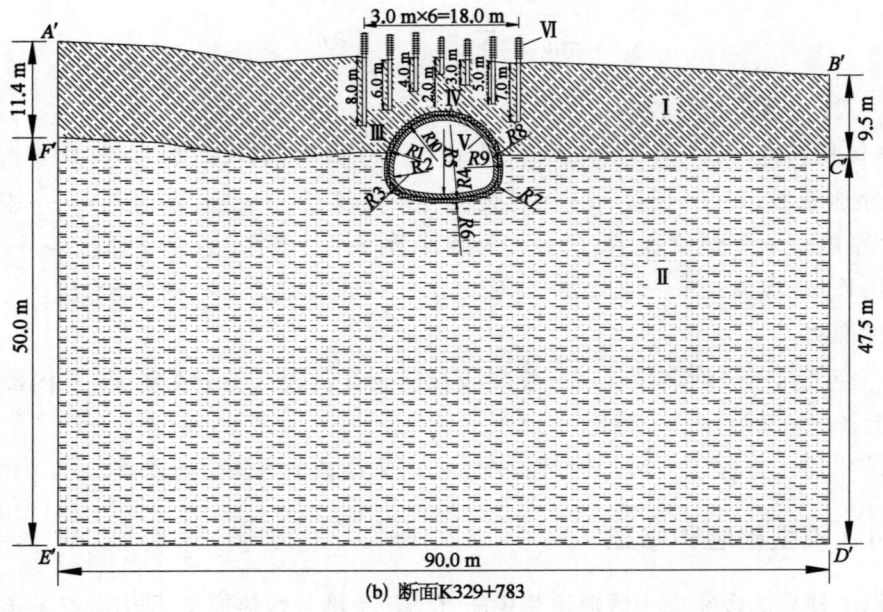

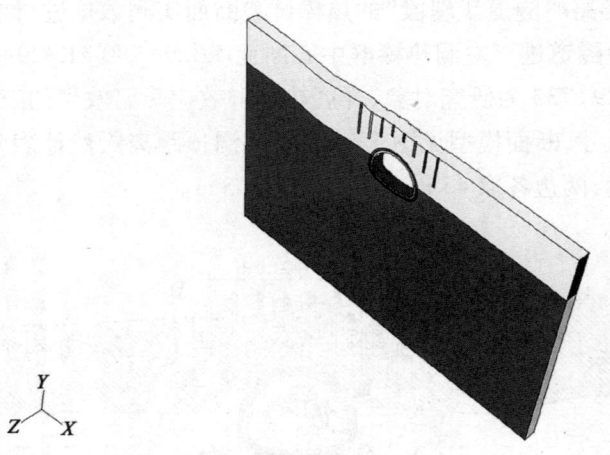

(c) 进口左洞K329+780~783断面三维隧道模型

图 7-30 姜路岭隧道进口左洞断面计算模型

(1) 材料参数

姜路岭隧道进口左洞 K329+780~783 段围岩等级为Ⅵ级围岩,区域Ⅰ为含亚黏土的碎石土,区域Ⅱ为强风化凝灰岩夹安山岩,初衬为 C30 低温早强钢纤维混凝土(图 7-30a 和 b 中区域Ⅲ),二次衬砌为 C45 混凝土(图 7-30a 和 b 中区域Ⅴ),保温层为 5 cm 厚聚氨酯保温材料(图 7-30a 和 b 中区域Ⅳ),计算中各层土体的热物理参数见表 7-14。断面 K329+780 布设 8 根热棒,断面 K329+783 布设 7 根热棒,热棒参数见表 7-15。

表 7-14 隧道模型中各土体的热物理参数

区域	λ_f [W/(m·℃)]	C_f [J/(m³·℃)]	λ_u [W/(m·℃)]	C_u [J/(m³·℃)]	L (J/m³)
区域Ⅰ	1.351	1.879×10⁶	1.125	2.357×10⁶	6.03×10⁷
区域Ⅱ	1.830	1.913×10⁶	1.497	2.227×10⁶	3.77×10⁷
区域Ⅲ	1.540	2.016×10⁶	1.540	2.016×10⁶	0.0
区域Ⅳ	0.030	1.111×10⁵	0.030	1.111×10⁵	0.0

表 7-15 热棒参数

参数	数值	参数	数值	参数	数值
蒸发段长度 L_e	L_e, k	基管内径	0.079 m	翅片高度 b_n	0.025 m
绝热段长度 L_a	0.5 m	基管外径	0.089 m	翅片间距 s_n	0.01 m
冷凝段长度 L_c	L_c, k	管壁导热系数	48 W/(m·℃)	翅片厚度 δ	0.0015 m

注：L_e, k 和 L_c, k 分别表示不同类型热棒的蒸发段与冷凝段长度，结合现场实际，模型中共 7 种不同蒸发段长度的热棒，$k=7$，蒸发段长度分别为 2 m、3 m、4 m、5 m、6 m、7 m 和 8 m，对应的冷凝段长度分别为 2 m、2 m、2.5 m、2.5 m、2.5 m、2.5 m 和 2.5 m。

（2）边界条件和初始条件

根据姜路岭隧道现场实测资料，考虑气候变暖，模型中所采用的温度边界如下。

隧道洞外气温按如下规律变化：

$$T_{air} = -4.2 + 13.8\sin\left(\frac{2\pi}{8760}t_h + \frac{\pi}{2} + \alpha_0\right) + \frac{2.6}{50 \times 8760}t_h \tag{7-18}$$

隧道洞顶天然地表温度变化规律为：

$$T_{nature} = -0.68 + 12\sin\left(\frac{2\pi}{8760}t_h + \frac{\pi}{2} + \alpha_0\right) + \frac{2.6}{50 \times 8760}t_h \tag{7-19}$$

隧道洞内气温变化规律为：

$$T_{inner} = -1.75 + 8.51\sin\left(\frac{2\pi}{8760}t_h + \frac{\pi}{2} + \alpha_0\right) + \frac{2.6}{50 \times 8760}t_h \tag{7-20}$$

式中，t_h 为时间；α_0 为相位角，其取值由隧道开挖时间决定。

模型底面边界 EE'D'D 热流密度为 $q = 0.06$ W/m²，两侧面 AA'E'E 和 BB'D'D 视为绝热边界，隧道二衬与空气之间取对流边界，对流换热系数取 10 W/(m²·℃)。

热棒启动温差（蒸发段和冷凝段的温差）取为 0.5℃。基于隧道现场实测风速，热棒冷凝段空气风速的变化规律可以表示为：

$$v_{air} = 4.08 + 1.21\sin\left(\frac{2\pi}{8760}t_h + \frac{3\pi}{2} + \alpha_0\right) \tag{7-21}$$

$$\nu_{X/Y} = \nu_{X/10}\left(\frac{Y}{Y_{10}}\right)^{\alpha} \tag{7-22}$$

式中，$v_x/10$ 表示天然地表以上 $Y=10$ m 高度处 X 方向的风速，取 $\alpha=0.16$。

初始温度场的计算时考虑施工过程，隧道与 2011 年 9 月开始施工，热棒埋设工作开始于 2012 年 11 月，2013 年 1 月全部完成。计算中未开挖隧道时区域 Ⅰ 和 Ⅱ 在 9 月 15 日的温度场用不考虑升温项的式(7-20)所示温度变化为上边界，通过长期瞬态计算得到。

(3) 模型计算结果

图 7-30a 为模拟得到的隧道左线热棒群埋设 1 年内 11-4#热棒蒸发段管壁温度，图 7-31b 以及实测的距离 11-4#热棒不同位置土体温度的变化情况，其中横坐标代表每月中旬。从图 7-31 可以看出，热棒蒸发段管壁温度变化(图 7-31a)和实测土体温度变化规律(图 7-31b)基本一致。

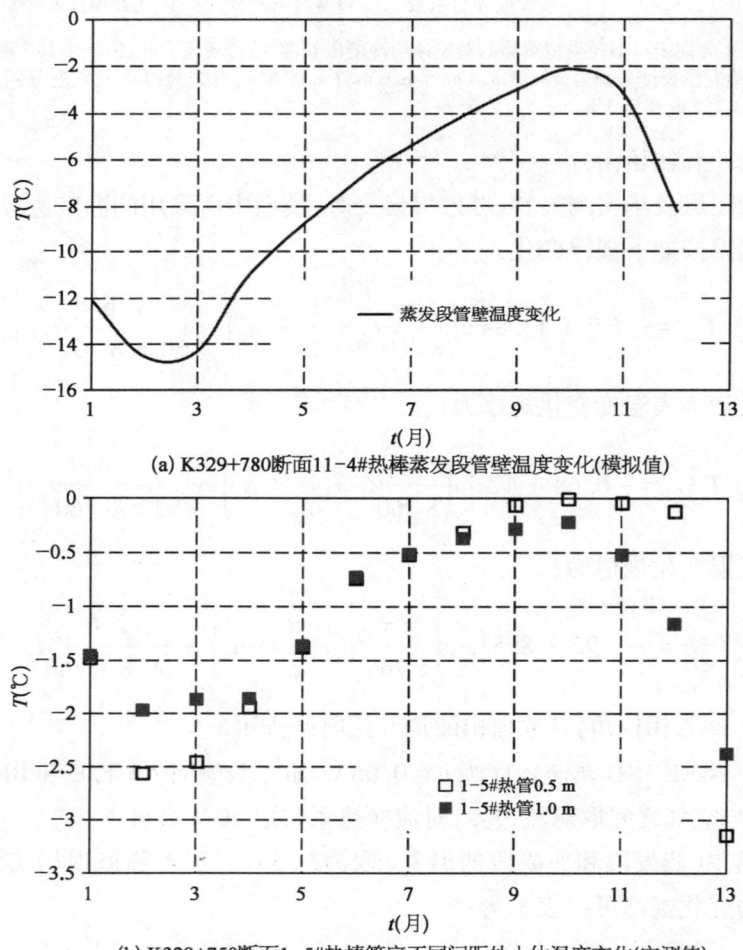

(a) K329+780断面11-4#热棒蒸发段管壁温度变化(模拟值)

(b) K329+750断面1-5#热棒管底不同间距处土体温度变化(实测值)

图 7-31 隧道左线热棒工作 1 年内热棒蒸发段及土温度变化情况

图 7-32 隧道左洞热棒群埋设 1 年后 K329+780 断面在 7 月 15 日、10 月 15 日及 1 月 15 日的温度分布。图 7-32a 说明 7 月中旬热棒群没有工作，隧道二次衬砌下 0.8 m 范围内开始形成冻结圈。隧道上部土体融深达天然地表以下 1.3 m，这与实测结果 1.1 m 相吻合。10 月中旬（图 7-32b），热棒群启动，隧道周围土体冻结，受地形及热棒群布设的不对称性影响，隧道上部土体温度分布不对称，洞顶最大融深为天然地表下 1.5 m，实测洞顶最大融深为 1.4 m，实测结果与模拟结果较为一致。1 月 15 日（图 7-32c），热棒群降温效果明显，隧道上部土体全部冻结，洞顶上部-6℃等温线达地表下 3.2 m，较实测 K329+750 断面的-6℃等温线明显下移，这主要受梅花形布设热棒降温群效应的影响，起始断面的降温明显要小于热棒群中间断面。

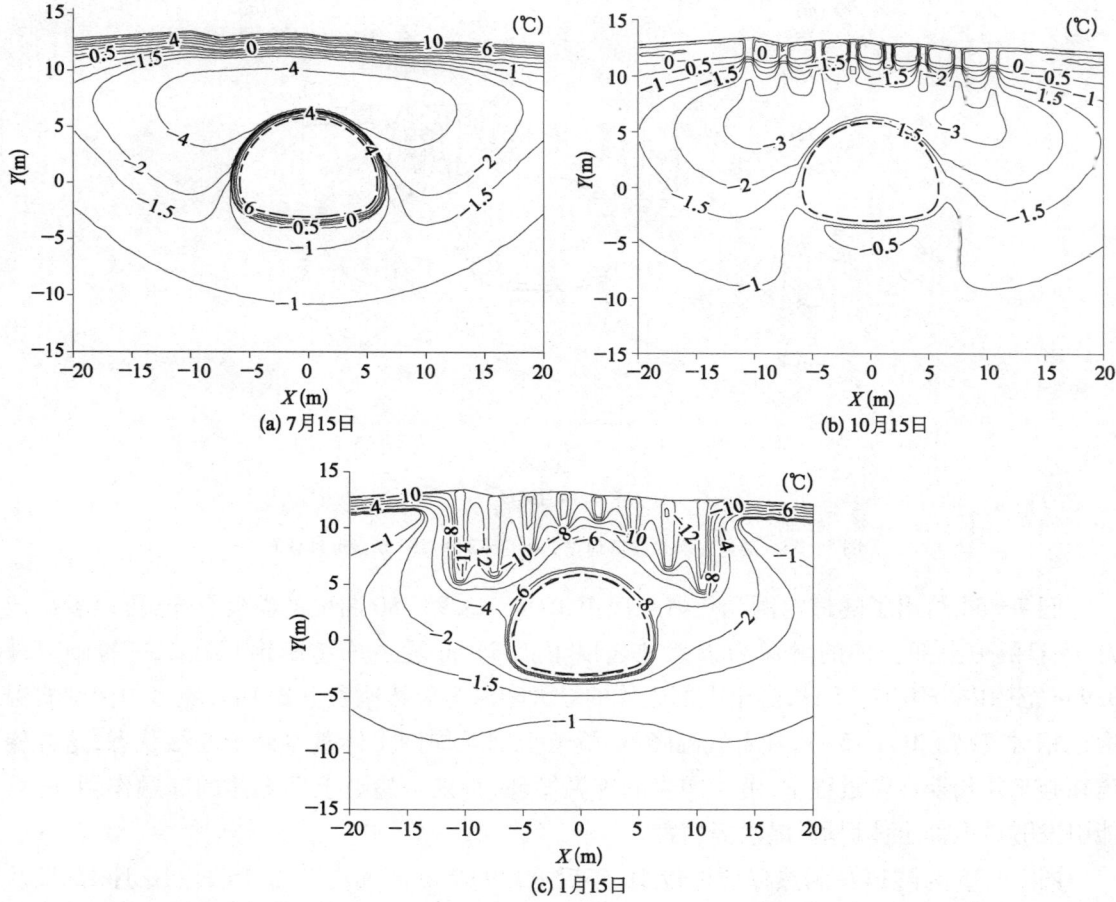

图 7-32　隧道左洞热棒群埋设 1 年后 K329+780 断面温度分布

图 7-33 给出了隧道左洞热棒群埋设 5 年后 K329+780 断面在 7 月 15 日、10 月 15 日及 1 月 15 日的温度分布。从图 7-33a 可以看出，随着热棒工作时间的增长，隧道上部土温明显降低，隧道下部出现-1.5℃等温线。同时，第 5 年 10 月 15 日和 1 月 15 日的降温效果也较第 1 年同期明显增加。

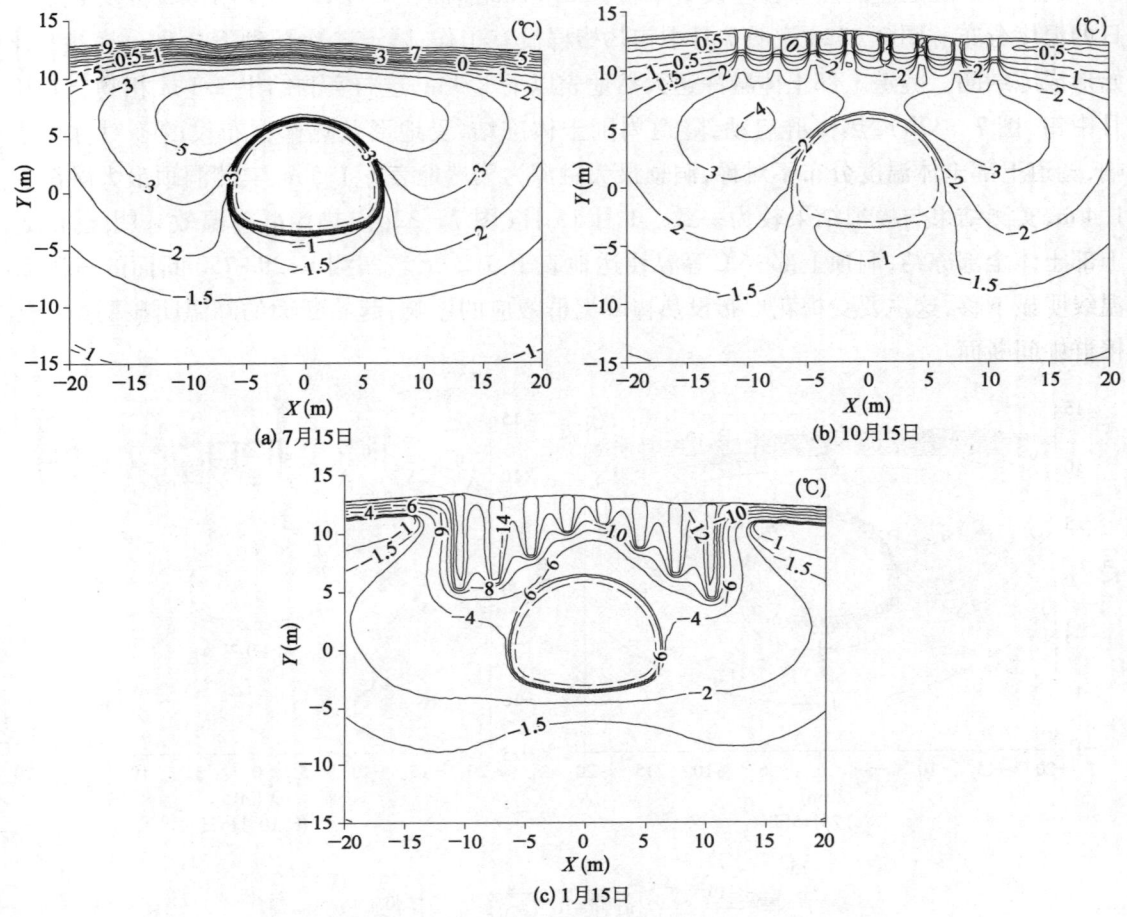

图 7-33　隧道左洞热棒群埋设 5 年后 K329+780 断面温度分布

图 7-34 给出了隧道左洞无热棒工况第 10 年 K329+780 断面的温度分布,可以看出,7 月 15 日隧道上部土体的融深为天然地表以下 1.54 m,隧道冻结圈出现在二衬衬砌以外 0.9 m 范围内。10 月 15 日,隧道上部土体的最大融深为天然地表下 2.1 m,隧道周围围岩温度也相对较高。1 月 15 日,随着气温降低,隧道上部及周围土体基本处于冻结状态,这样隧道在施工及长期运营过程中,由于围岩的冻融循环,特别是隧道上部土体的冻融作用,将可能引发隧道上部土体坍塌、漏水等病害。

图 7-35 为隧道左洞热棒群埋设 10 年后 K329+780 断面在 7 月 15 日、10 月 15 日及 1 月 15 日的温度分布。受气候变暖影响,第 10 年 7 月 15 日隧道上部土体的融化深度为 1.2 m,相对第 1 年变化不大,但是,隧道下部 -1.5℃ 等温线仍呈现抬升趋势。同时,第 10 年 10 月 15 日和 1 月 15 日的降温效果也呈现加强的趋势。这与无热棒工况相比,降温效果显著。

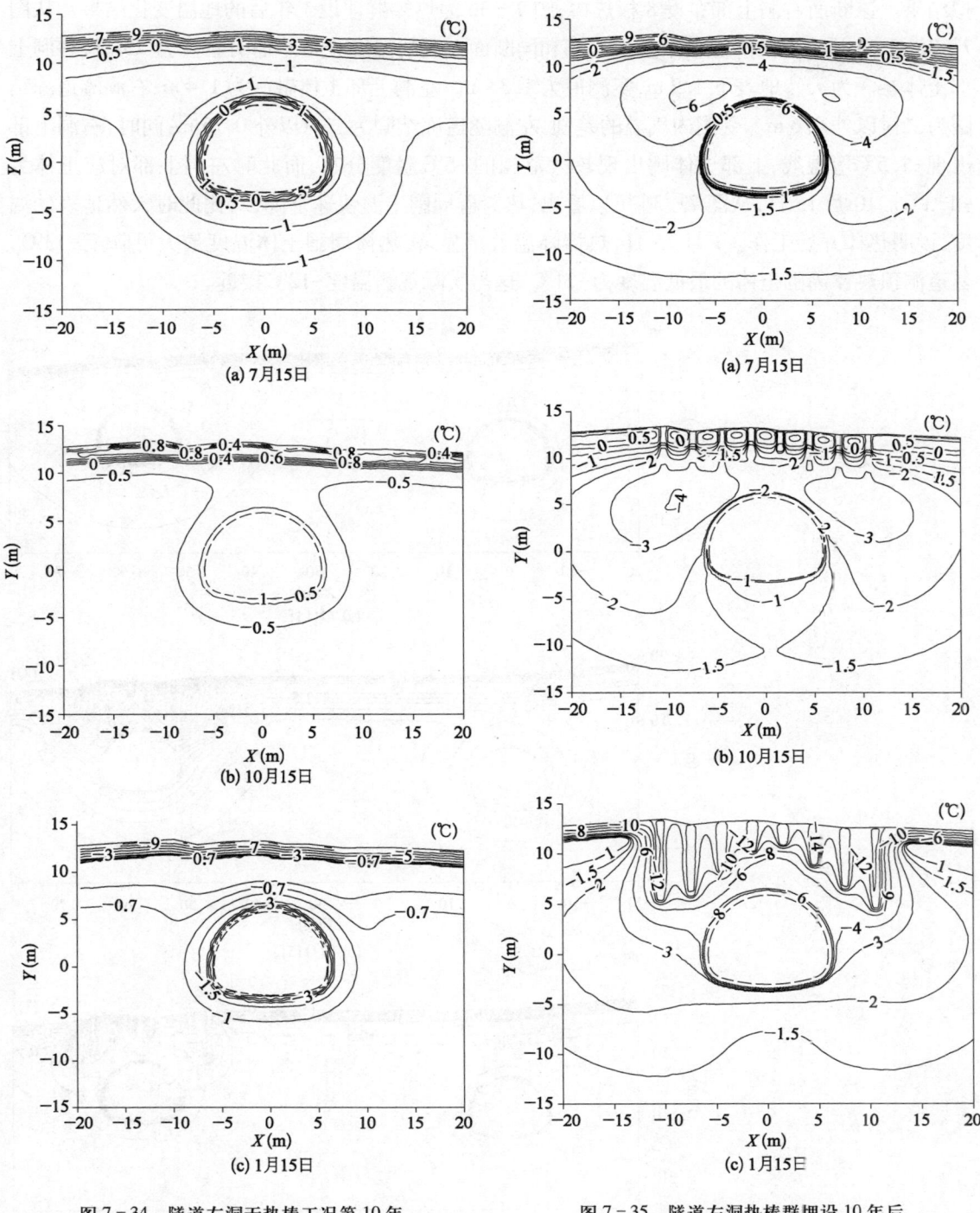

图 7-34　隧道左洞无热棒工况第 10 年
K329+780 断面的温度分布

图 7-35　隧道左洞热棒群埋设 10 年后
K329+780 断面温度分布

图 7-36~图 7-38 分别给出了姜路岭隧道右洞 K329+739 断面热棒群效应降温效果的模拟结果。该断面右洞上部布设 8 根热棒,图 7-36 为热棒群埋设 1 年后的地温变化结果。从图 7-36 可知,热棒群的降温效果使得右洞和同断面左洞的温度分布差别明显,7 月 15 日,右洞上部土体融深为天然地表下 1.2 m,实测值为 1.33 m。左洞上部土体融深为 1.4 m;右洞隧道冻结圈为二衬以外 0.6 m。受洞内气温的差别,左洞隧道冻结圈为二衬以外 0.75 m;同时,右洞下部出现 -1.5℃ 等温线,上部土体则出现较大范围的 -5℃ 温度分布,而此时左洞上部对应土体为 -1.5℃。10 月 15 日,从图 7-36 可以看出,热棒群周围土温快速下降,对比此时天然地表的温度,说明热棒开始工作。1 月 15 日,热棒降温效果显著,热棒周围土体温度最大可降至 -13℃,隧道洞顶热棒周围土体的最低温度为 -11℃,这与实际观测温度 -12℃ 接近。

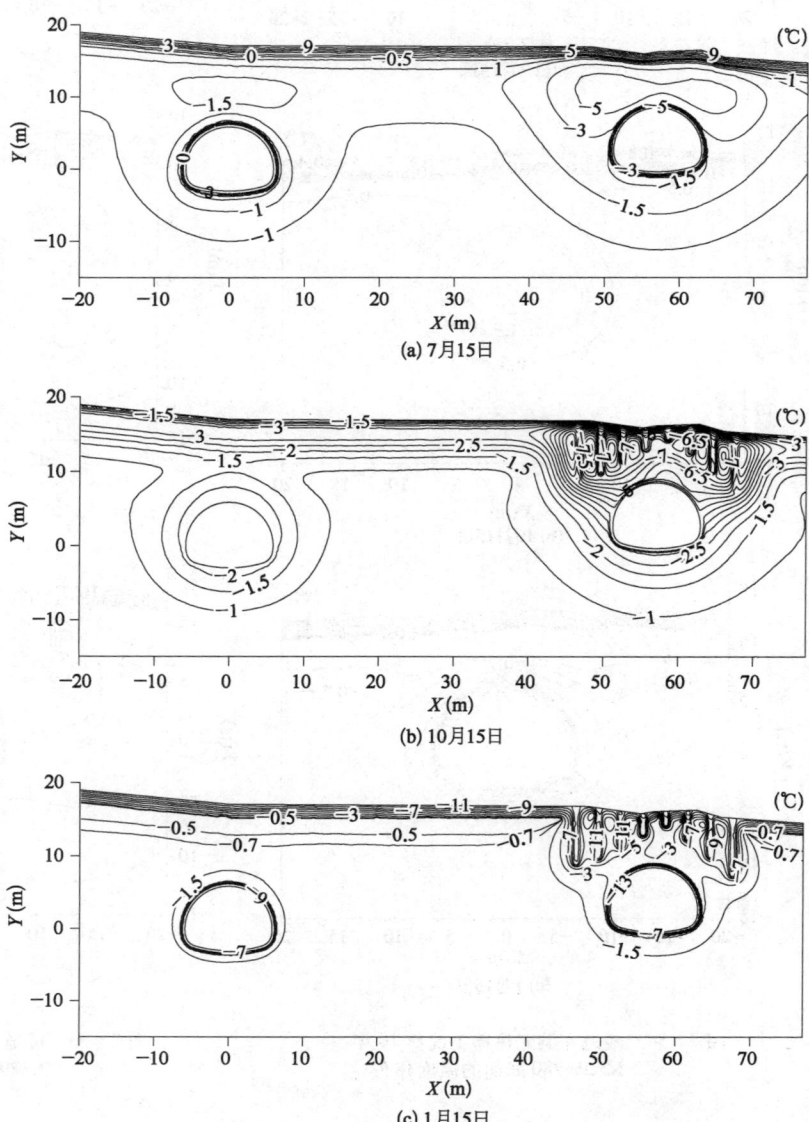

图 7-36 隧道右洞 K329+739 断面热棒群埋设 1 年后温度分布

图 7-37 为姜路岭隧道热棒群埋设 5 年后，右洞 K329+739 断面热棒群效应降温效果的模拟结果。7 月 15 日，隧道右洞洞顶土体的融深为天然地表以下 1.2 m，与第 1 年的融深基本一致，而受气温变暖的影响，左洞洞顶土体的融深则为 1.51 m，较第 1 年的模拟只略有下移。右洞二次衬砌以外 0.5 m 形成冻结圈，相对第 1 年同期减小，这表明随着时间增加，热棒的冷却效果也增加，左洞的冻结圈为二衬以外 0.64 m，比同期略有扩张。10 月 15 日和 1 月 15 日的模拟结果显示，热棒群的冷却效果相对第 1 年同期继续增加，左洞和右洞周围土体温度分布差异性明显。

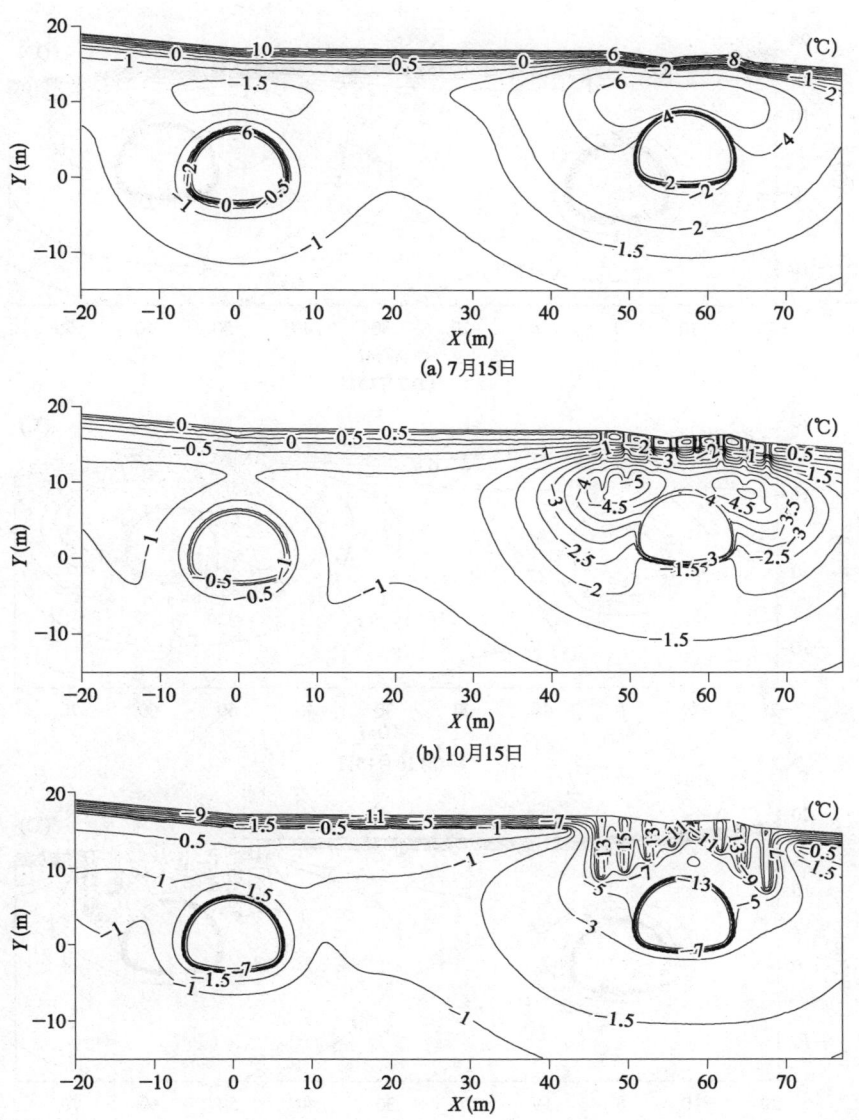

图 7-37 隧道右洞 K329+739 断面热棒群埋设 5 年后温度分布

图 7-38 为姜路岭隧道热棒群埋设 10 年后，右洞 K329+739 断面热棒群效应降温效果的模拟结果。7 月 15 日，隧道右洞洞顶土体的融深基本保持为天然地表以下 1.2 m，与第 1 年和第 5 年的融深基本一致，此时，左洞洞顶土体的融深则下移至天然地表下 1.59 m，综合第 1 年和第 5 年的融深变化，气温变暖使得左洞上部土体融深持续增大。右洞冻结圈仍然保持为二次衬砌以外 0.5 m，相对第 5 年同期保持稳定；左洞的冻结圈则扩张至二次衬砌以外 0.79 m。10 月 15 日和 1 月 15 日的模拟结果显示，热棒群的冷却效果相对第 5 年同期继续增加，右洞周围土体温度明显降低，而左洞周围土体温度则有上升趋势，受右洞热棒群的降温影响，左洞两侧土体温度分布不对称。

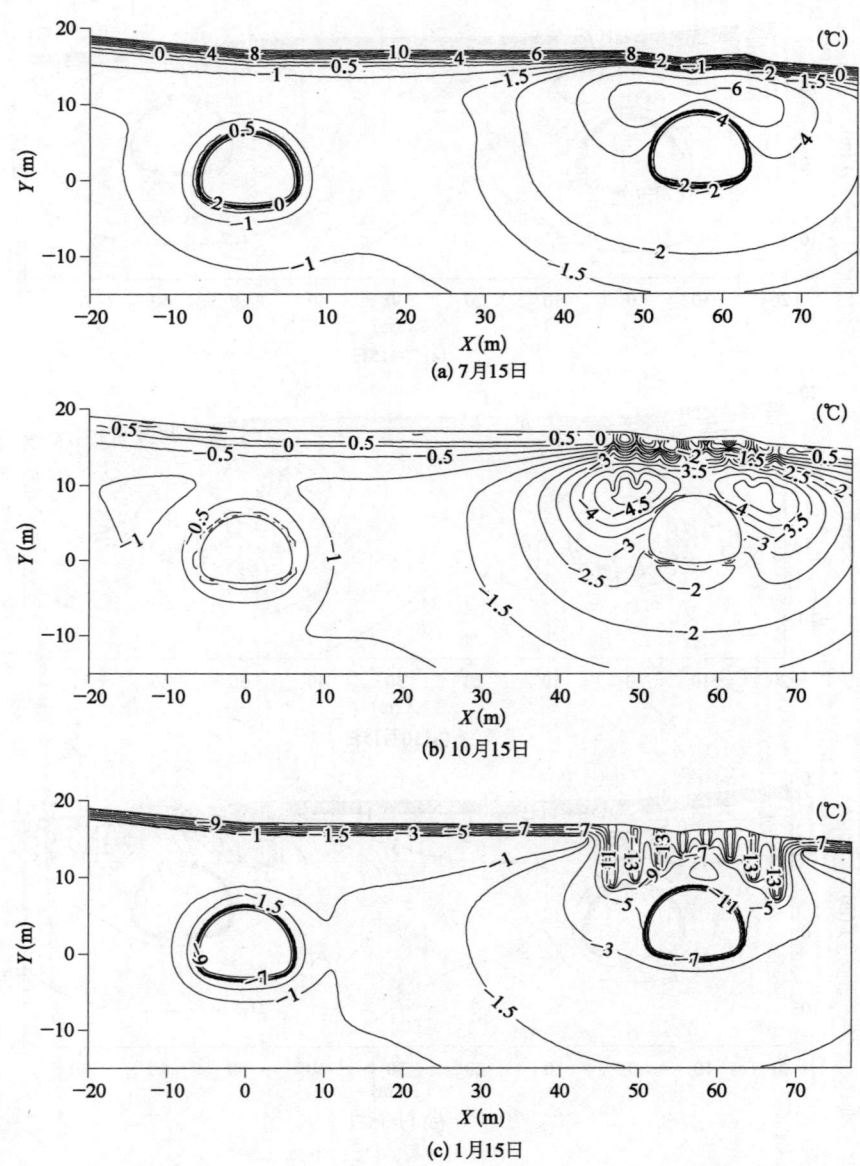

图 7-38 隧道右洞 K329+739 断面热棒群埋设 10 年后温度分布

第 8 章

多年冻土区公路隧道长期服役性能

8.1 多年冻土区隧道冻害特征、机理及防治

冻害是寒冷地区隧道的一种特殊病害，随着西部交通基础设施的建设发展，我国的隧道工程已日益向严寒地区延伸，由于多年冻土区气候以及其他特殊条件的影响，隧道极易出现各种冻害问题，这些冻害问题不仅会使隧道结构遭受不同程度的破坏，而且诸如隧道挂冰、路面积冰等问题还将危及行车安全，如不加处理将造成巨大的资源浪费和经济损失，因此，如何整治多年冻土区隧道的冻害问题成为目前工程界亟待解决的一个重要问题。冻害主要是由渗漏水和气候因素共同作用造成的，作用机理复杂，表现形式多样。

8.1.1 冻害的类型、表现特征和成因

多年冻土区隧道的冻害指寒冷环境的冻融作用而引起的隧道病害，多年冻土区隧道主要冻害现象可分为以下五类：衬砌变形和开裂、衬砌混凝土的冻融劣化、隧道衬砌漏水结冰、隧道底部冒水积冰冻胀、洞门墙开裂。这些隧道冻害主要是由于隧道渗漏水与气候共同作用造成的。

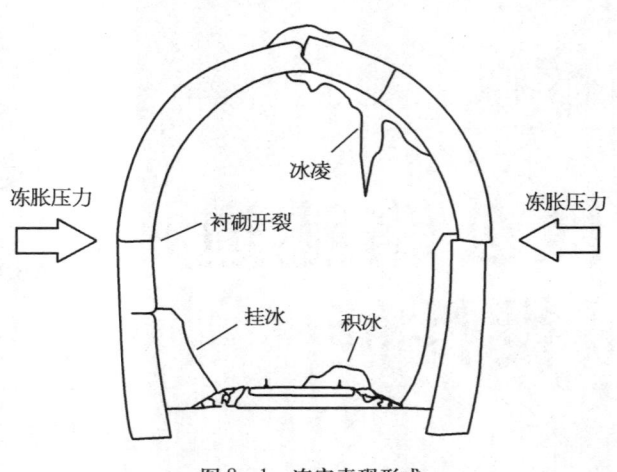

图 8-1 冻害表现形式

1) 隧道衬砌变形和开裂

多年冻土区隧道普遍存在衬砌变形和开裂的问题。隧道衬砌变形的过程大多显示出非常明显的季节性，且变化幅度非常大，净空变位达 10~40 mm，因冬季围岩冻结所引起的变形，即使在夏季也并不能完全恢复原位，故出现残余变形累积而成大变形。隧道衬砌开裂分为环向、纵向及斜向三种形式。

(1) 衬砌环向开裂

环向开裂是垂直于隧道轴向的衬砌开裂(图 8-2a)，是冻土隧道比较突出的一个弱点并且非常普遍。由于冻土区相对温差较大，一般可达 70~80℃，在如此大的温差下，隧道衬砌不可避免地产生大的变形，但衬砌和围岩之间又有强大的粘结力，故衬砌不能自由伸缩；因此，在冷缩时衬砌内部将产生拉应力，由于施工缝处混凝土强度较小，故首先在此处拉断。冻土隧道无论地质情况好坏都有环向裂缝发生，绝大部分环向裂缝产生在衬砌混凝土的施工缝上，虽然对拱形结构的受力影响不大，但环向裂缝一多就增加了地下水渗漏的通道，同

时也使衬砌的风化剥蚀作用加剧。根据调查统计,在东北林区铁路隧道中,沿着隧道轴向环向裂缝平均 4 m 就有一条,裂缝宽 1.5~3.0 mm,冬季扩展,夏季闭合,裂缝的大小一直随气温的变化而变化。

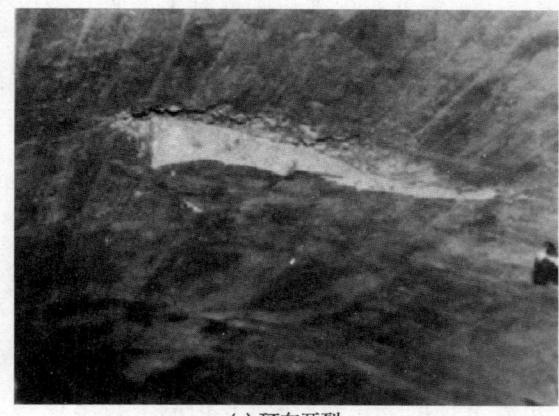 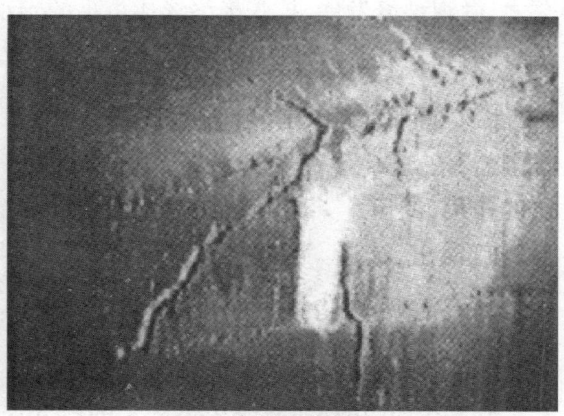

(a) 环向开裂　　　　　　　　　　　(b) 水平及斜向开裂

图 8-2　隧道衬砌开裂

(2) 衬砌水平及斜向开裂

这类开裂绝大部分产生在隧道边墙上(图 8-2b),其危害性很大,严重时可使边墙凸出、错牙。这种开裂大多发生在地下水涌出的地段,而且是衬砌背后无排水系统的边墙上,入冬时开裂开始鼓起,春融时又逐渐收缩,但一般收缩量要小于凸出量,有残余变形。此外,开裂与隧道衬砌的结构形式关系密切,当隧道采用直墙式衬砌时比曲墙式衬砌要严重得多。嫩林线西罗奇二号隧道虽然修了泄水洞,但衬砌背后的竖向、横向排水沟及与泄水洞的联结系统均没有修,致使衬砌背后积水冻胀,造成衬砌严重开裂、酥碎。隧道曾因衬砌塌顶而中断行车,在交付运营后不满 10 年就不得不进行大修。

除了由相对温差引起的衬砌环向开裂外,隧道衬砌开裂以及变形的成因主要还有:

① 含水围岩冻结产生的冻胀力与地压的共同作用超过了混凝土衬砌强度,且随着冻结深度的加深,冻胀力增大,裂缝增大,当暖季围岩融化后,水将从衬砌的裂隙渗出;

② 由于防水施工没有做好,衬砌层许多破坏裂缝是在施工缝、伸缩缝的基础扩展而形成的;

③ 由于长期受到冻融循环作用,衬砌混凝土产生劣化,表面酥碎剥落,内部孔结构产生劣化,混凝土强度降低,导致衬砌开裂;

④ 施工质量没有达到设计要求,主要表现在隧道开挖时超挖围岩段特别是坍塌严重围岩段没有回填密实,人为留存积水孔、裂隙与空洞,在寒季时产生较大冻胀力,衬砌混凝土达不到设计标号,保护、养护不到位。

2) 衬砌混凝土冻融劣化

多年冻土区隧道衬砌暴露在温度正负交替的空气中,长期受到冻融循环的侵害,使得衬砌混凝土的孔结构劣化。孔结构是混凝土微观结构中的重要部分,对混凝土的强度与耐久性等都有重要影响,孔存在于硬化胶凝材料、骨料及硬化胶凝材料与骨料的界面上,分原生孔隙和次生孔隙两类。对于混凝土而言,冻融循环作用会使其内部产生微观裂缝,久而久之,微观裂缝发展、扩张最终形成可见的宏观裂缝。宏观上表现为衬砌混凝土冻胀开裂以及表面酥碎剥落,从而导致混凝土的弹性模量、抗压强度、抗拉强度等力学性能严重下降,降低衬砌结构承载力以及使用寿命,危害衬砌结构的承载安全。

3) 隧道衬砌漏水结冰

对年降雨量大,山体岩层破碎的寒冷地区,若山体内贮水丰富,当隧道通过时往往有地下水涌出。在排水系统不通畅、防水措施不严密的情况下,地下水将不可避免的通过衬砌的缝隙向隧道内部渗漏。一般来说,降雨量大时出水点就多,施工时对衬砌防漏水措施做的细的地段出水点就少些。

到冬季时,由衬砌缝隙渗漏出来的地下水在负温下逐渐冻结,在拱顶及边墙上将出现一串串的冰柱,其形状很像钟乳石,随着地下水的不断补给,冰柱也逐渐延长并加粗,有的冰柱直径可超过 1 m,严重的侵入隧道的建筑限界,如图 8-3 所示。挂冰现象一般发生在入冬及春融季节,这是因为在深冬时期出水点均被冻死,挂冰现象就不会再发生;在挂冰季节为维持通车不得不派人看守并随时凿冰。总之,寒冷地区隧道的漏水挂冰是一大害,给养护维修工作带来极大困难。

(a) 表面挂冰

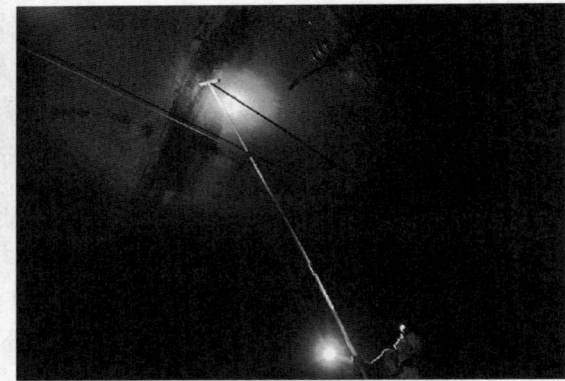
(b) 表面结冰

图 8-3 隧道表面结冰挂冰

隧道衬砌漏水结冰的主要成因有:
① 衬砌层破裂,富水围岩地下水沿破裂缝渗入洞内;
② 混凝土衬砌施工接头缝、伸缩缝由于防水措施(止水带、导水板等)失效,成为地下水渗入洞内的主要通道;
③ 防排水工程设计没有真正做到将含水围岩地下水集、汇于排水沟及泄水洞之中,或者

是施工问题,使本应全年畅通的排水系统遭受堵塞梗阻。

4) 隧道底部冒水积冰冻胀

隧道底部在排水不畅的情况下容易产生冒水的现象,在入冬后会形成冰锥,如不及时刨冰会影响行车安全;此外,冻胀力还可能造成道路的冻胀隆起,处理困难,只能等待春融时回落。

如图 8-4 所示,隧道围岩中的地下水往往带有承压性,在排水系统不通畅的情况下隧道底部常常会出现冒水现象,在入冬及春融季节形成冰锥。冰锥长度最长沿线路方向可达 300 m,如果不及时刨冰,靠近衬砌边墙位置积冰厚度可达 0.3~1.3 m。此外,冻胀力还可能造成道路的冻胀隆起,其冻胀隆起高度最大可达 170 mm,比积冰更难处理,而且必须随时监测侵入隧道建筑限界的情况,必要时应要求车辆慢行。

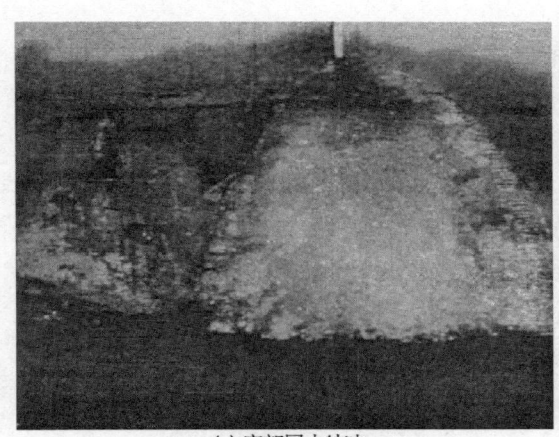 

(a) 底部冒水结冰　　　　　　　　　(b) 底部积冰冻胀

图 8-4　隧道底部冒水积冰冻胀

5) 洞门墙开裂

洞门墙的开裂,不论是在多年冻土区还是在严寒地区都普遍存在,但多年冻土区尤为严重。据嫩林线、牙林线调查统计,在 30 个洞门中,就有 17 个隧道的洞门墙开裂;大部分隧道洞门墙的开裂均产生在洞门墙的中部,从帽石顶部向下开裂,有的已经开裂至拱圈内缘;裂缝的形状是上宽下窄、外宽里窄,最宽处达到 10~20 mm。

洞门墙开裂主要是受温度应力的影响,由于冻土区昼夜温差大,混凝土冷却收缩时洞门墙中部受拉,此处又是洞门墙最薄弱的部位,故容易被拉断;其次是洞门墙后积水或含水围岩的冻胀加剧了开裂;虽然这种开裂对运营行车影响不大,但也会增加一定的维修工作量。

东北林区铁路牙林线岭顶隧道是我国第一座冻土隧道,设计时由于缺乏经验,对排除地下水没有特殊措施,隧道动工后不久就遇上了地下水涌出的问题,而且边流边冻,施工中只好不断刨冰,待隧道凿通后地下水越涌越多,在隧道内不断冻结,如果不昼夜连续刨冰是无法维持运营通车的。因此,修建冻土隧道一度曾引起人们的恐惧。新疆 217 国道天山段的玉希莫勒盖隧道,长 1 007 m,1988 年 8 月底完工时发生了严重的渗漏现象,进入 9 月后由于路面结冰、洞顶挂冰,车辆无法通行;多年来,隧道衬砌由于受到反复冻融破坏导致渗漏水结冰,目前该隧道内已经形成冰塞而报废。1989 年建成的甘肃七道梁公路隧道,每到冬季,排水沟冻结引起隧道排水不畅,隧道衬砌背后的水及含水围岩产生冻胀导致衬砌混凝土开裂,造成隧道渗漏、路面结冰,严重影响运营行车安全,为了确保隧道运营行车,不得不组织大量养护人员清除路面与人行道的结冰,工作条件极艰苦、劳动强度极高、工作效率极低,而且无法根治冻害。

8.1.2 结构冻害的发展规律

1) 渗漏水冻害

隧道冻害分类中衬砌表面结冰挂冰、隧道底部积冰都是以衬砌渗漏水为前提条件。衬砌发生渗漏水是以混凝土中的孔隙及裂隙为通道,衬砌产生连通的空隙及裂隙主要有以下几种因素:

① 多年冻土区由于温差较大,夏季和冬季相对温差可达 70~80 ℃,在冬季混凝土冷缩时,衬砌内部将产生拉应力,使衬砌表面往往出现环向裂纹;

② 衬砌背后的冻胀力作用在衬砌上,引起衬砌开裂,产生贯通的裂缝。这本身也是隧道冻害的一种,说明不同的冻害之间互有促进,形成恶性循环;

③ 衬砌混凝土由于受到冻融循环作用,强度降低,同时其内部的孔结构劣化,使内部孔隙连通,裂隙进一步扩大;

④ 隧道衬砌中设置的施工缝、变形缝、沉降缝等,它们和温度裂缝往往成为隧道地下水渗漏的通道。

2) 冻胀引起的冻害

根据冻胀的作用机理和冻胀尺度的不同,隧道衬砌的冻胀现象可分为三类:微观冻胀、细观冻胀和宏观冻胀。

微观冻胀是指水分在毛细水压力的作用下渗入衬砌混凝土内部而发生的冻胀现象;细观冻胀指地下水在衬砌裂隙和孔隙的渗漏通道上结冰而发生的冻胀现象,这些渗漏通道的产生可能是衬砌的各种裂缝或振捣不密实造成的,当衬砌防水层破损时,衬砌外的地下水就会走捷径从裂缝渗出;宏观冻胀指围岩含水在寒季冰冻而引发的冻胀现象,其特点是冻胀范围大,造成作用在衬砌上的冻胀力。

(1) 衬砌背后冻胀力产生机理

冻胀力是多年冻土区隧道冻害发生的主要原因之一,冻胀力的产生需要有三个条件:有充足的水源,有能使水结成冰的足够低的温度,衬砌有阻止水体结冰膨胀变形的一定的刚度,即:水、温度和约束条件。三个条件中,环境因素为水与温度,隧道衬砌与周围围岩对含水围岩的冻结膨胀是一个约束,它们的变形对冻胀力有释放作用,在其他条件近似的情况下,冻胀力随冻结圈外围岩与隧道衬砌刚度的变化而变化。

冻胀力产生的机理和理论模型见本书3.1节。

(2) 混凝土冻融劣化

混凝土是隧道衬砌中采用最普遍的材料,混凝土冻害主要是由冻融循环造成的,混凝土冻害主要与以下因素有关。

① 温度因素。

温度是体现冻融循环的直接指标。当温度持续较高或较低时,冻融循环次数较少,混凝土冻害轻微;当年平均温度在零度上下波动时,混凝土处于强季节冻融循环状态,冻融循环频繁,冻害严重。

② 含水情况。

混凝土冻害主要由毛细水和裂隙孔隙等渗水通道中的水冻结膨胀所致,因此,混凝土的含水情况对其冻害起着至关重要的作用。

③ 冰冻对水泥石的作用。

导致混凝土中水泥石冰冻破坏的压力源有两种:第一种,由于水结冰时体积膨胀,所以大的孔隙中的水结冰时会产生膨胀压力;第二种,水的扩散产生的渗透压力。

④ 冰冻对骨料的作用。

冰冻对骨料的作用会产生混凝土的冻害,其冻害产生原因有两种:一种是由于水泥石受冻破坏而导致混凝土开裂;另一种是冰冻对粗骨料可能造成损坏。由于后者破坏产生需要的条件较多,在这些条件不满足时不会对混凝土造成损坏。因此,混凝土的冻害产生原因以水泥石受冻破坏为主。

(3) 围岩的冻胀性和冻胀劣化

环境外因中温度与水是冻害发生的必要条件,但是仅有以上两个因素还不足以造成冻害,围岩性质必须能允许冻胀发生,例如粗粒土一般是不会冻胀的,基础资料的不准确也会引起冻害,例如施工中对防冻问题没有考虑或考虑不周全,治水措施不当,施工不规范,防排水材料及混凝土施工质量存在缺陷等。

隧道开挖后,冻土区原有稳定热力状态被破坏,代之以开放、通风、对流的新热力系统,受气候季节性变化的主导,衬砌背后围岩将形成季节冻融圈。

季节冻融圈的地下水反复冻胀对衬砌产生反复冻胀压力,引起衬砌结构破坏;同时冻融作用加剧了围岩的风化,围岩破碎程度的增加又为冻胀力的发育提供了更有利的条件,从而加剧了冻胀力的破坏作用。

围岩冻胀特性表现在两方面:一是围岩冻结时体积膨胀率,二是围岩冻结时物理力学参数相对于未冻结时改变。隧道围岩冻胀特性显著、响应强烈,就可能发生冻害。

冻胀的产生与围岩性质相关的有以下三点。

① 未冻土转化为冻土时的体积膨胀。

由于土体中水的作用,当温度降低到土体冻结温度以下时,水分向正在冻结的土体中迁移并发生相态变化,体积增大,当此温度持续或继续降低时,土体的液态水大部分转变为固态水,相态变化逐渐缓慢直至消失,在这个过程中,土体中的液态水凝固并以冰的形式填充到土颗粒间隙中,当土体中水相态变化的体积膨胀足以引起土颗粒之间的相对位移时,围岩冻胀便发生了。

② 冻土相对于未冻土体的物理力学性质的改变。

冻土的强度和变形特性与未冻土的最大差别在于冻土中冰的存在,冻土的力学特性一定程度上取决于冻土中冰的力学特性,使得冻土相对于未冻土表现出较大的物理力学性质上的差异。

③ 冻胀力对隧道衬砌的作用。

多年冻土区隧道衬砌背后围岩产生冻结一般有两种情况:一种情况是隧道从未冻围岩中穿过,在隧道施工完成后隧道周围形成新的冻结圈;另一种情况是隧道从冻结围岩中穿过,隧道周围部分冻结围岩在施工过程中融化,在施工完成后回冻。如果围岩含水,发生冻结时就会产生体积膨胀,当体积膨胀受到隧道衬砌与周围围岩的约束时就会产生冻胀力,冻胀力是多年冻土区冻害产生最根本的原因之一。

修建在冻土中的隧道易产生病害,但是并非所有的土都具有冻胀性,修建在非冻胀性围岩中的隧道的冻胀力主要是由局部积水空间的冻胀引起的。由于隧道衬砌背后的局部存水冻胀而引起的隧道衬砌上的局部冻胀附加应力是很大的,它足以使衬砌遭到破坏。在冻胀性围岩中修建的多年冻土区隧道更容易发生冻害现象,隧道周围冻融圈的围岩冻胀会造成隧道衬砌开裂。

8.1.3 冻害的防治措施

合适的防排水措施是防治多年冻土隧道冻害的根本,具体防排水措施详见第 5 章。除防排水措施外,其他防治多年冻土隧道冻害的措施如下。

1) 隧道断面选型及提高衬砌强度

(1) 断面选型

多年冻土区隧道断面选型十分重要,实践证明,选用曲墙式要比直墙式好,对多年冻土区公路隧道,应尽可能采用近似圆形的断面型式,以减少应力集中。对于节理裂隙发育、破碎的含水强冻胀性围岩且遭受严重冻融作用的地段,应尽可能采用全断面整体衬砌结构。

(2) 衬砌材料及厚度

衬砌材料目前主要采用混凝土和钢筋,而混凝土冻害是多年冻土区最具代表性的材料劣化现象,应选用抗冻性能较好的混凝土,减少低温反复冻融情况下混凝土强度的损失。提高衬砌厚度与强度,加强隧道衬砌对地应力、冻胀力的承受力十分重要,当冻胀力较大时,可以相应地加厚衬砌厚度,加大配筋率,或提高混凝土的标号,采用自密实混凝土。

(3) 施工工艺

要根据多年冻土区隧道的特点,严格按规范要求施工,保证施工质量。注意控制超挖,对超挖部分要回填密实,对于隧道衬砌后面的空洞应注浆回填,防止空洞内积水冻胀而产生冻胀力,保证隧道衬砌的设计厚度,防止衬砌因局部应力集中而开裂,以避免为围岩中的地下水向隧道内渗漏埋下隐患。

(4) 衬砌表面铺设保温板

衬砌直接暴露在空气中时,外界气温的变化直接作用在混凝土上,反复冻融作用严重,在表面铺设保温板后,较大程度上降低了衬砌表面温度变化幅度,改善了衬砌服役环境,减缓了衬砌的劣化进程。

2) 防寒保温门

防寒保温门是一种多年冻土区隧道隔热保温措施,就是在冬令期阻挡大部分的寒冷空气侵入隧道,提高隧道内气流的平均温度,限制隧洞围岩季节冻结圈的深度,达到保温防冻的目的。其最大优点是方便,在我国东北地区使用已近40年。青海省大坂山公路隧道地处严寒地区,年平均气温$-3.1℃$。无论隧道衬砌层是否敷设隔热保温层,其围岩都要形成多年冻结圈。为解决这个问题,在隧道进出口设置保温门,可使围岩不形成多年冻结圈。但是,防寒保温门一个明显的缺点是受季节性年经车流量的影响较大,一般它只适用于偏远地区,冬季车辆远远少于夏季,而且须使调节车流时间集中在白天。由于防寒保温门受到以上一些因素的限制,因此其推广价值还不是很高。

3) 隧道供暖气

隧道供暖气是利用锅炉蒸汽加热,向隧道内通暖气,可以作为一种备用设施。当隧道严重结冰时,可以配合临时性打冰,在进出口洞临时设保温棉帘作应急处理。围岩含水量大的隧道设计时应考虑到这种情况,在隧道两侧预留必要空间,以安设暖气管道。在日本把地热输送到隧道漏水处,以防止冻结。其原理是由于地热使蒸发部中工作液沸腾,因压力差流到凝缩部,与衬砌表面发生热交换,使沸腾工作液又变回液体。这是一种利用吸油绳的毛细管现象向蒸发部还流的方法;此法在寒冷程度很高的地点应用很有价值,但造价太高,目前还只是个试验性的应用。

4) 衬砌加热

夏才初等提出了以隧道中部一定埋深的温度相对恒定的围岩作为热源,将地源热泵的热交换管(PE管)布置于初衬与多层式防水板之间,利用管内的传热循环介质与围岩之间的温差,通过初衬吸收围岩中的地温能,经热泵提升后,通过位于二衬和保温层之间,以及保温水沟内的供热管,实现对隧道洞口段衬砌和保温水沟的加热。

该系统由取热段、加热段、热泵和分、集水管路组成，见图8-5。取热段位于隧道中部，由埋设于隧道初衬和多层式防水板之间的热交换管路组成；加热段位于隧道洞口处，由安装于二衬与保温层之间的供热管路组成。目前这一系统已经在内蒙古的扎敦河（林场）隧道投资建设。

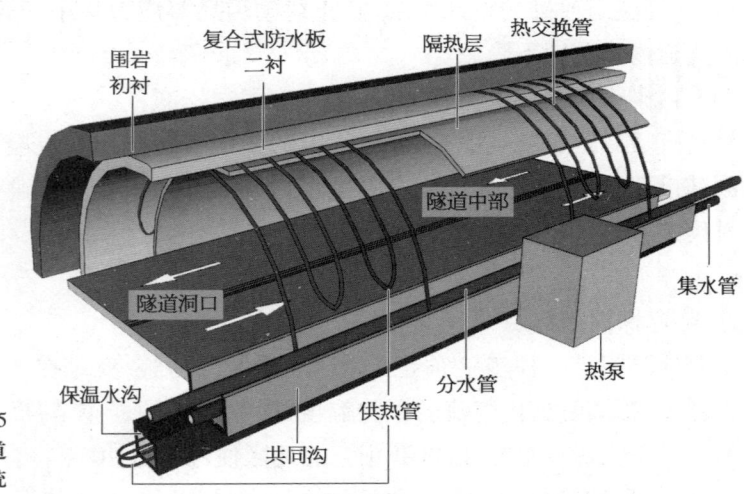

图8-5 用地温能的多年冻土区隧道地源热泵型防冻保暖系统

5）主动加热型保温水沟

主动加热型保温水沟目前有如下两种方式。

① 地源热泵型防冻保暖系统，该系统通过位于保温水沟内的供热管，实现对隧道保温水沟的加热。

② 电加热保温水沟，在有电源的地方，可在水沟内预埋加热电缆或在衬砌表面设置电发热体，在急需时可通电加热使衬砌表面变热；适用于局部严重冻结地点的冻害。该方法是防治多年冻土区隧道冻害的有效方法，且是救急措施，已为发达国家特别是北欧各国普遍采用；在我国只有南疆线奎先隧道运营多年以后的后期治理中，在防寒水沟里采用了加电热器的方式进行治理。

8.2 高寒冻融环境下结构服役性能

隧道结构服役性能指隧道结构在设计规定服役期限内，在内外因共同作用下，隧道结构的安全性和耐久性状态及其完成既定服役功能要求的能力。隧道结构的服役性能包括结构的安全性和耐久性两个方面。内部因素指隧道结构本身性能随时间逐渐衰减，外部因素包括环境作用和荷载作用。环境作用指能引起结构材料性能劣化的因素施加于结构上的作用;荷载作用指在隧道结构服役期内引起隧道结构安全性和耐久性降低的恒定荷载、疲劳荷载、瞬时荷载等。

安全性是指结构在规定的条件下应能承受可能出现的各种荷载作用,作为结构物使用的基本条件,要保证结构物在整个服役过程中结构物自身的安全性,一般都是通过描述结构物的承载性能来表述整个结构物的安全性。耐久性是指在特定的使用环境条件下,正常使用和正常维护情况下,材料性能随着时间推移发生变化,但是仍然能够满足预定功能的要求。

多年冻土区隧道衬砌在服役期间,冻融循环作用作为一种环境作用引起衬砌混凝土力学性能的劣化,降低了混凝土的耐久性寿命,而混凝土力学性能的劣化降低了衬砌结构的承载能力,影响衬砌承载的安全性。同时,冻融循环作用使混凝土孔结构劣化,为二氧化碳在其内部的扩散提供有利条件,从而加快混凝土碳化。

本节介绍了室内混凝土试件的快速冻融循环试验,研究了衬砌混凝土在冻融循环作用下的劣化规律,并对冻融循环作用下衬砌混凝土的碳化深度进行计算;同时,利用荷载结构法计算混凝土劣化后衬砌结构的承载安全性,分析冻融循环作用对衬砌结构承载性的影响,以及二衬表面铺设保温板的作用。

8.2.1 冻融循环作用下隧道衬砌混凝土的劣化规律

隧道贯通运营后,通风使得洞内外空气流通,洞内气温在一年四季中的波动使得衬砌混凝土长期经历冻融循环作用,各项力学性能指标随时间而降低。通过对姜路岭隧道和鄂拉山隧道二次模筑混凝土试件进行室内快速冻融试验,以期得到在室内快速冻融环境下其力学性能的劣化规律,并通过分析隧道现场冻融环境与室内快速冻融环境的区别与联系,得到在现场冻融环境下,隧道二次模筑混凝土力学性能指标随时间的劣化规律。

8.2.1.1 混凝土室内快速冻融试验

姜路岭隧道及鄂拉山隧道在Ⅵ级多年冻土段及Ⅴ级多年冻土段衬砌结构设计见表8-1,二衬混凝土标号均为C45,其配合比见表8-1,对该配比混凝土试件进行室内快冻试验,测试不同冻融循环次数下混凝土的重量损失、动弹性模量、抗压强度、抗拉强度,对试验数据进行处理,分析混凝土的力学性能指标与冻融循环次数的关系,得到冻融循环作用下混凝土的劣化规律。

表8-1 二衬混凝土配合比

衬 砌	水泥	砂	石子	钢纤维	水	防冻剂	速凝剂	减水剂
二次模筑(kg)	491	699	1 048	—	172	—	—	14.7
配 比	1.0	1.42	2.13		0.35			0.03

1）试验过程

（1）试件

① 试验原材料及混凝土配合比。

姜路岭隧道及鄂拉山隧道衬砌混凝土使用的原材料如下。

水泥：采用青海祁连山 P·O42.5 普通硅酸盐水泥，主要技术指标如表 8-2 所示，各项指标均符达到标准要求。

表 8-2　水泥主要技术指标

凝结时间(min)		抗压强度(MPa)		抗折强度(MPa)	
初凝	终凝	3 d	28 d	3 d	28 d
231	361	26.2	53.6	4.9	7.8

细集料：采用产地河砂，表观密度约 2 689 kg/m³，堆积密度 1 390 kg/m³，含泥量 1.7%，两次筛分试验后计算所得细度模数为 2.86；所用砂为中砂，级配良好。

粗集料：采用产地碎石，颗粒级配如表 8-3 所示。碎石最大粒径为 31.5 mm，粒径为 4.75~31.5 mm（4.75~16 mm、16~31.5 mm 各 50%），针片状颗粒含量 3.6%，表观密度约 2 717 kg/m³，含泥量为 0.6%。

表 8-3　碎石颗粒级配

筛孔(mm)	19.00	9.50	4.75	2.36
分计(%)	42.2	30.3	25.1	2.3
累计(%)	42.2	72.5	97.6	99.9

外加剂：山西凯迪建材有限公司 KDSP-1 型高效减水剂，掺量 1.2%，减水率 25.2%，引气率 2.6%。

② 试件尺寸及制作。

采用快冻法测试混凝土抗冻能力，即棱柱体试件相对动弹性模量不低于 60% 时的水中快速冻融最大循环次数。动弹模试件采用 100 mm×100 mm×400 mm 的棱柱体，抗压强度试件、劈拉强度试件采用 100 mm×100 mm×100 mm 的立方体，各取 3 块试件。

试件浇筑 24 小时后拆模、编号（如表 8-4 所示），拆模后试件立即在温度为 20℃、湿度 90% 以上标准养护室中养护。龄期 24 天时将试件从养护地点取出，放在(20±2)℃水中浸泡 4 天，浸泡时水面应高出试件顶面(20~30 mm)。龄期达到 28 天时及时取出试件，用湿布擦除表面水分。

（2）试验设备和试验方法

试验设备有：TDRF-I 型混凝土快速冻融试验机、DT-16 型动弹性模量测试仪、电子秤、劈裂抗拉强度试验机、抗压强度试验机。

表 8-4 试验试件安排

冻融循环次数	0	25	50	75	100	150	200	300
劈拉强度试件编号	Y_4	Y_{10}	Y_{16}	Y_{19}	Y_{25}	Y_{31}	Y_{37}	Y_{43}
	Y_5	Y_{11}	Y_{17}	Y_{20}	Y_{26}	Y_{32}	Y_{38}	Y_{44}
	Y_6	Y_{12}	Y_{18}	Y_{21}	Y_{27}	Y_{33}	Y_{39}	Y_{45}
抗压强度试件编号	Y_1	Y_7	Y_{13}	Y_{22}	Y_{28}	Y_{34}	Y_{40}	Y_{46}
	Y_2	Y_8	Y_{14}	Y_{23}	Y_{29}	Y_{35}	Y_{41}	Y_{47}
	Y_3	Y_9	Y_{15}	Y_{24}	Y_{30}	Y_{36}	Y_{42}	Y_{48}
动弹模、质量损失试件编号	D_1、D_2、D_3							

试件制作完成后,取 3 块抗拉强试件(Y_4、Y_5、Y_6)测试试件初始劈拉强度,取 3 块抗压强试件(Y_1、Y_2、Y_3)测试试件初始抗压强度;对动弹模、质量损失试件(D_1、D_2、D_3)分别用动弹性模量测定仪和电子天平测试初始动弹性模量和质量;将剩余试件及动弹模试件放入冻融试验机进行冻融试验,设置冻融循环过程满足以下要求:

① 每次冻融循环应在 2~4 h 内完成,且用于融化的时间不得少于整个冻融循环时间的 1/4;

② 在冷冻和融化过程中,试件中心最低和最高温度应分别控制在(-18 ± 2)℃和(5 ± 2)℃内,在任意时刻,试件中心温度不得高于 7℃,不得低于 -20℃;

③ 每块试件从 3℃降至 -16℃所用时间不得少于冷冻时间的 1/2;每块试件从 -16℃升至 3℃所用时间不得少于整个融化时间的 1/2,试件内外温差不宜超过 28℃;

④ 冷冻和融化之间的转换时间不宜超过 10 min。

试验中,出现下列情况之一时,即可停止试验:

① 达到规定的冻融循环次数 300 次;

② 试件的相对动弹性模量下降到 60%;

③ 试件的质量损失率达到 5%。

每冻融循环 25 次时,测试动弹模试件(D_1、D_2、D_3)的动弹性模量及质量损失;当劈拉强度试件、抗压强度试件达到相应的冻融循环次数时,将其取出分别测试劈裂抗拉强度和抗压强度。

各项力学性能指标测试方法如下:

① 质量损失。

试件制作完成后,测量动弹模试件(D_1、D_2、D_3)的质量初始值 G_0,在设定冻融循环结束后,从冻融试验机内取出动弹模试件(D_1、D_2、D_3),用抹布擦干试件表面的水分后称重,得到 N 次冻融循环后试件质量 G_N,计算试件的平均质量损失率 Δw_N,按式(8-1)计算:

$$\Delta w_N = \frac{G_0 - G_N}{G_0} \times 100\% \tag{8-1}$$

式中 Δw_N——N 次冻融循环后试件的质量损失率,取三个试件的平均值(%);
G_0——冻融循环前的试件质量(kg);
G_N——N 次冻融循环后的试件质量(kg)。

② 相对动弹性模量。

试验中采用横向共振法测定试件的动弹性模量,应用混凝土动弹仪激发机械振动,当机械振动频率与混凝土的固有振动频率相同时,即发生共振。试件的动弹性模量与测得的横向振动时的基频振动频率有如下关系:

$$E_d = 13.244 \times 10^{-4} \times GL^3 f^2 / a^4 \qquad (8-2)$$

式中 E_d——混凝土的动弹性模量(MPa);
a——正方形截面试件的边长(mm);
L——试件的长度(mm);
G——试件的质量(kg);
f——试件横向振动时的基频振动频率(Hz)。

冻融循环后试件的相对动弹性模量按下式计算:

$$P_i = \frac{E_{di}}{E_{d0}} \times 100 \qquad (8-3)$$

式中 P_i——经 N 次冻融循环后第 i 个混凝土试件的相对动弹性模量(%);
E_{di}——经 N 次冻融循环后第 i 个混凝土试件的动弹性模量(MPa);
E_{0i}——第 i 个混凝土试件的初始动弹性模量(MPa)。

按下式计算经 N 次冻融循环后混凝土试件的相对动弹性模量 P:

$$P = \frac{1}{3} \sum_{i=1}^{3} P_i \qquad (8-4)$$

最大值或最小值与中间值之差超过中间值的 15% 时,将此值剔除,取其余两值的算术平均值计算相对动弹性模量 P,最大值和最小值与中间值之差均超过中间值的 15% 时,则取中间值为相对动弹性模量 P。

③ 劈裂抗拉强度。

试件从冻融试验机取出后,将试件擦干净,放在试验机上(如 8-6 所示),均匀连续加荷至试件破坏,记录破坏荷载 F_1。

混凝土劈裂抗拉强度按下式计算:

$$f_t = 0.85 \times \frac{2F_1}{\pi A} = 0.514 \frac{F_1}{A} \qquad (8-5)$$

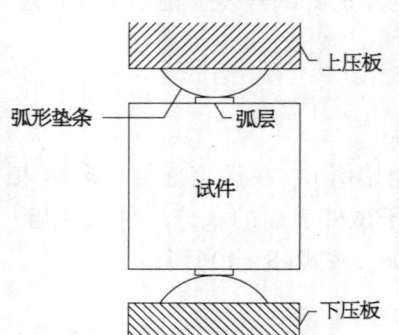

图 8-6 劈裂抗拉试验示意图

式中 f_t——混凝土试件的劈裂抗拉强度(MPa);

0.85——考虑劈拉强度试件尺寸 100 mm×100 mm×100 mm 的换算系数;

F_1——试件破坏荷载(N);

A——试件劈裂面面积(mm^2)。

④ 抗压强度。

试件从冻融试验机取出后,将试件擦干净,放在压力试验机上,均匀连续加荷至试件破坏,记录破坏荷载 F_2,按下式计算混凝土抗压强度:

$$f_c = 0.95 \times \frac{F_2}{A} \tag{8-6}$$

式中 f_c——混凝土试件的劈裂抗拉强度(MPa);

0.95——考虑抗压强度试件尺寸 100 mm×100 mm×100 mm 的换算系数;

F_2——试件破坏荷载(N);

A——试件劈裂面面积(mm^2)。

对于劈拉强度和抗压强度试验,每组三个试件的最大值或最小值与中间值之差超过中间值的 15%时,将此值剔除,取其余两值的算术平均值;最大值和最小值与中间值之差均超过中间值的 15%时,则该组试验无效。

⑤ 试验数据。

a. 动弹模、质量损失试件。

每隔 25 次冻融循环,取出动弹模、质量损失试件,测试试件的质量和横向基频频率,试验数据见表 8-5。

表 8-5 动弹模及质量损失数据

	冻融循环次数(次)	0	25	50	75	100
试块 D_1	横向基频 f(Hz)	2 256	2 100	2 008	1 956	1 701
	质量 G(kg)	10.010	9.927	9.880	9.891	9.885
试块 D_2	横向基频 f(Hz)	2 267	2 053	1 981	1 904	1 846
	质量 G(kg)	9.860	9.809	9.750	9.766	9.766
试块 D_3	横向基频 f(Hz)	2 269	1 968	1 792	2 272	1 819
	质量 G(kg)	9.751	9.680	9.643	9.651	9.654

b. 劈拉强度试件。

劈拉强度试件经过设计的冻融循环次数后取出,进行劈拉强度试验,记录破坏荷载见表 8-6。

表 8-6 劈拉强度数据

冻融 0 次	试件编号	Y_4	Y_5	Y_6
	F_1(kN)	50.63	53.68	50.02
冻融 25 次	试件编号	Y_{10}	Y_{11}	Y_{12}
	F_1(kN)	34.22	38.42	33.95
冻融 50 次	试件编号	Y_{16}	Y_{17}	Y_{18}
	F_1(kN)	20.16	22.85	25.17
冻融 75 次	试件编号	Y_{22}	Y_{23}	Y_{24}
	F_1(kN)	20.47	20.60	21.97
冻融 100 次	试件编号	Y_{28}	Y_{29}	Y_{30}
	F_1(kN)	11.47	11.56	11.58

c. 抗压强度试件。

抗压强度试件经过设计的冻融循环次数后取出,进行抗压强度试验,记录破坏荷载见表 8-7。

表 8-7 抗压强度数据

冻融 0 次	试件编号	Y_1	Y_2	Y_3
	F_2(kN)	433.73	463.59	490.17
冻融 25 次	试件编号	Y_7	Y_8	Y_9
	F_2(kN)	429.72	449.60	405.24
冻融 50 次	试件编号	Y_{13}	Y_{14}	Y_{15}
	F_2(kN)	354.89	410.09	356.26
冻融 75 次	试件编号	Y_{19}	Y_{20}	Y_{21}
	F_2(kN)	232.40	257.66	288.64
冻融 100 次	试件编号	Y_{25}	Y_{26}	Y_{37}
	F_2(kN)	202.11	292.08	227.184

2) 混凝土力学性能的劣化规律

(1) 混凝土质量损失规律

将表 8-5 中质量损失数据按式(8-1)计算混凝土试件随冻融循环次数变化的试件质量损失率见表 8-8。

表 8-8 混凝土试件冻融后质量损失

冻融循环次数(次)		0	25	50	75	100
试件质量损失率(%)	试件 1	0	0.83	1.30	1.19	1.25
	试件 2	0	0.52	1.12	0.95	0.95
	试件 3	0	0.73	1.11	1.03	0.99
	平均值	0	0.69	1.18	1.06	1.07

据表8-8中数据得到混凝土试件冻融后质量损失率与冻融循环次数关系曲线如图8-7所示。

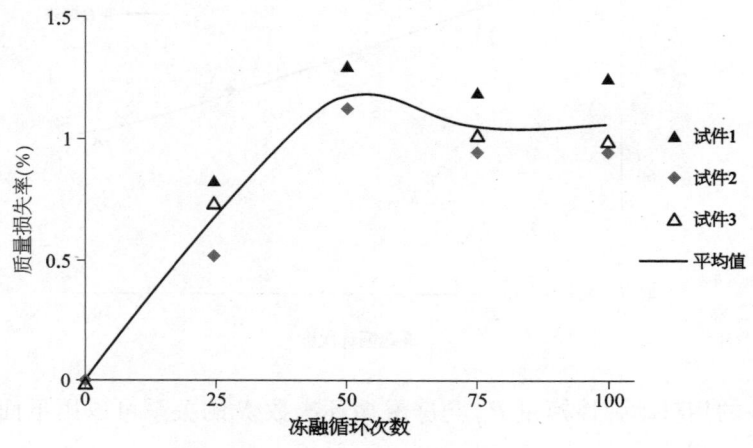

图8-7 混凝土试件冻融后质量损失率与冻融循环次数关系曲线

（2）混凝土动弹性模量变化规律

将表8-5中横向基频频率数据按式(8-2)计算混凝土试件的动弹性模量见表8-9，按式(8-3)、式(8-4)计算混凝土试件的相对动弹性模量见表8-10，相对动弹性模量与冻融循环次数关系曲线如图8-8所示。

表8-9　混凝土试件冻融后动弹性模量　　　　　　　　　　　　　（GPa）

冻融循环次数（次）	0	25	50	75	100
E_{d1}	43.2	37.4	34.2	32.5	24.5
E_{d2}	43.0	35.2	32.8	30.3	28.5
E_{d3}	42.5	32.0	26.5*	42.7*	27.3
E_d	42.9	34.9	33.5	31.4	26.8

注：*表示计算平均值时将该值剔除。

表8-10　混凝土试件冻融后相对动弹性模量　　　　　　　　　　　（%）

冻融循环次数（次）	0	25	50	75	100
P_1	100	86.0	79.2	75.2	56.8
P_2	100	82.8	76.4	70.5	66.3
P_3	100	75.2	62.4*	100.3*	64.3
P	100	81.5	77.8	72.8	62.4

注：*表示计算平均值时将该值剔除。

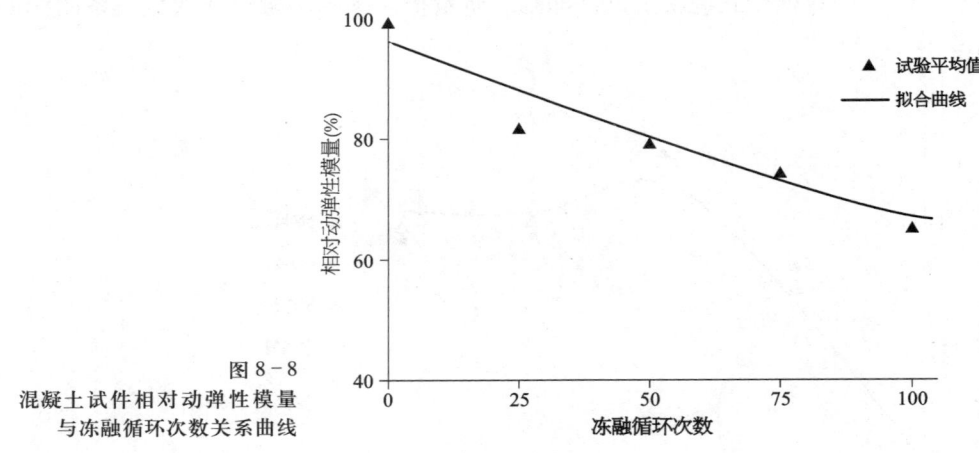

图 8-8 混凝土试件相对动弹性模量与冻融循环次数关系曲线

经拟合得到混凝土试件的相对动弹性模量 P_N 与冻融循环次数 N 的关系可以用下面的方程表示:

$$P_N = 96.299 e^{-0.004N} \quad R^2 = 0.9435 \quad (8-7)$$

耐久性指数 DF 为 300 次快速冻融循环后的动弹性模量与初始值的比值,若在 300 次冻融循环以前,试件的动弹性模量已降到初始值的 60%以下或质量损失已超过 5%,则以此时的循环次数 N 计算 DF 值,并取 $DF = (N/300) \times 0.6$。

姜路岭隧道及鄂拉山隧道二衬混凝土试件在 100 次快速冻融循环后,动弹性模量降到初始值的 62.4%(表 8-10),接近 60%,得到二衬混凝土的抗冻耐久性指数 DF 为 20.8%。

（3）混凝土抗拉强度损失规律

将表 8-6 中劈裂抗拉强度试验得到的破坏荷载数据按式(8-5)计算混凝土试件的劈拉强度见表 8-11,冻融后劈裂抗拉强度与冻融循环次数关系曲线如图 8-9 所示。

表 8-11　混凝土试件冻融后劈裂抗拉强度　　　　　　　　（MPa）

冻融循环次数（次）	0	25	50	75	100
f_{t1}	2.75	1.85	1.09	1.10	0.62
f_{t2}	2.91	2.08	1.24	1.11	0.63
f_{t3}	2.71	1.83	1.34	1.19	0.63
f_t	2.79	1.92	1.23	1.13	0.63

经拟合得到混凝土试件的抗拉强度 f_{tN} 与冻融循环次数 N 的关系可以用下面的方程表示:

$$f_{tN} = 2.7466 e^{-0.014N} \quad R^2 = 0.9666 \quad (8-8)$$

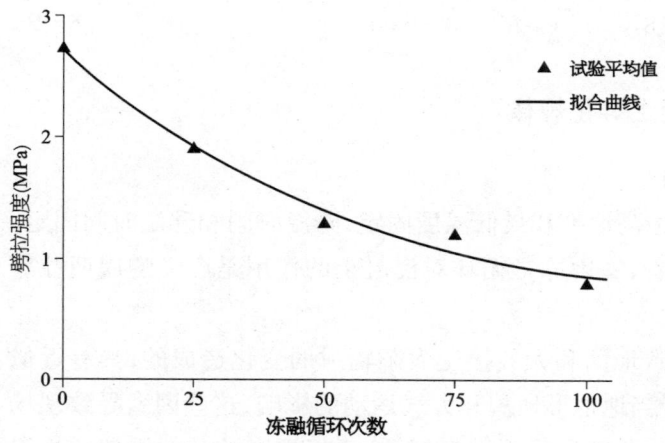

图 8-9 混凝土试件劈拉强度与冻融循环次数关系曲线

(4) 混凝土抗压强度损失规律

将表 8-7 中劈裂抗拉强度试验得到的破坏荷载数据按式(8-6)计算混凝土试件的抗压强度见表 8-12,冻融后抗压强度与冻融循环次数关系曲线如图 8-10 所示。

表 8-12　混凝土试件抗压强度　　　　　　　　　　（MPa）

冻融循环次数（次）	0	25	50	75	100
f_{c1}	41.2	40.9	33.7	22.0	19.2
f_{c2}	44.1	42.8	39.0*	24.5	27.7*
f_{c3}	46.6	38.5	33.8	27.5	21.6
f_c	44.0	40.7	33.8	24.7	20.4

注：* 表示计算平均值时将该值剔除。

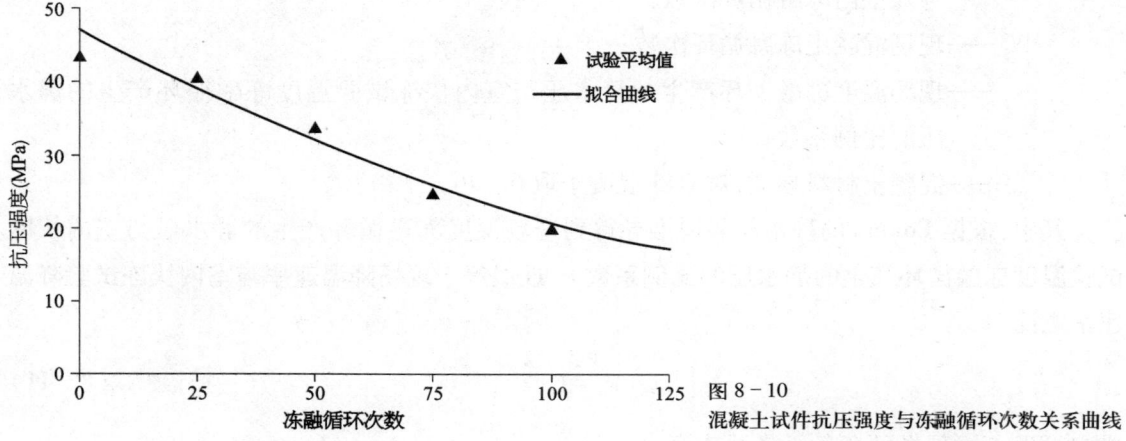

图 8-10 混凝土试件抗压强度与冻融循环次数关系曲线

经拟合得到混凝土试件的抗压强度 f_{cN} 与冻融循环次数 N 的关系可以用下面的方程表示：

$$f_{cN} = 47.181e^{-0.008N} \quad R^2 = 0.9644 \tag{8-9}$$

8.2.1.2 现场环境下衬砌混凝土劣化规律

1) 室内外冻融环境的区别与联系

室内快冻试验时冻融温度循环的最高温度和最低温度固定,降温时间和升温时间固定,且具有周期性的规律。从疲劳的角度看,室内冻融循环对混凝土的作用是广义的周期性等幅疲劳温度荷载。

现场温度的波动是由地球自转导致地面和大气接受太阳辐射的变化造成的,具有近似的周期性规律;同时现场温度波动还受当地地形地貌和大气运动的影响,这些因素导致现场温度波动具有非周期性的规律。从总体趋势和大多数情况看,现场温度波动的周期性规律占主要地位。从疲劳的角度看,现场温度波动对混凝土的作用是一种广义变幅随机疲劳温度荷载。

由静水压假说室内恒幅周期性的冻融温度循环在混凝土内部产生近似恒幅周期性的静水压脉冲荷载,现场变幅随机的温度循环在混凝土内部产生变幅的静水压脉冲荷载。现场温度波动主要趋势具有周期性,则混凝土内部产生的静水压幅值应分布在一定的范围内。因此,室内外冻融环境的区别本质上是在混凝土内部进行恒幅周期性静水压加载和随机多级静水压加载之间的区别。

刘西拉(2007)基于 Miner 法则推导得到与现场冻融循环次数相对应的等效试验室内的冻融循环次数,即:

$$N_{eq} = \sum_i \kappa_i^{\xi} N_i \tag{8-10}$$

式中　N_{eq}——等效室内冻融循环次数;

　　　N_i——现场混凝土冻融循环次数;

　　　κ_i——现场温度冻融循环产生的静水压与室内快冻试验温度冻融循环产生的静水压的比例系数;

　　　ξ——混凝土材料参数,对 C45 混凝土取 0.946。

其中,根据 Powers 的静水压假说推导得到现场温度冻融循环产生的静水压与室内快冻试验温度冻融循环产生的静水压的比例系数 κ_i 近似等于现场降温速率与室内快冻试验降温速率之比:

$$\kappa_i = \dot{T}_i / \dot{T} \tag{8-11}$$

式中　$\dot{T}_i$——现场环境各级降温速率;

　　　$\dot{T}$——室内快冻试验降温速率,《普通混凝土长期性能和耐久性能试验方法标准》规定约为 12.5℃/h。

2) 姜路岭隧道现场冻融循环次数统计

对姜路岭隧道出口气象站监测得到的温度数据进行整理,一年中洞口气温随时间的变化曲线如图 8-11 所示,春夏之交的 3 月中旬至 6 月中旬冻融循环较为频繁,另外从图 8-11 的趋势可知,秋冬之交的 8 月中下旬至 11 月中下旬冻融循环应该较为频繁,但由于洞口气象站在该时间段出现问题,后半年温度数据不全,然而大气温度在 1 年中是以正弦函数变化,近似认为上述两个时间段气温变化趋势基本相同。3 月中旬至 6 月中旬洞口气温变化曲线见图 8-12,对这一时间段内的冻融循环进行具体的统计,包括日最高正温、日最低负温及从最高正温降到最低负温的时间,具体见表 8-13,如表中第一行数据表示 3 月 20 日的最高气温为 3.51℃,最低气温为 -8.34℃,从 3.51℃ 降至 -8.34℃ 经历了 12 h,降温速率为 0.99℃/h,于是由式(8-11)得 $\kappa_i = 0.99/12.5 = 0.08$。

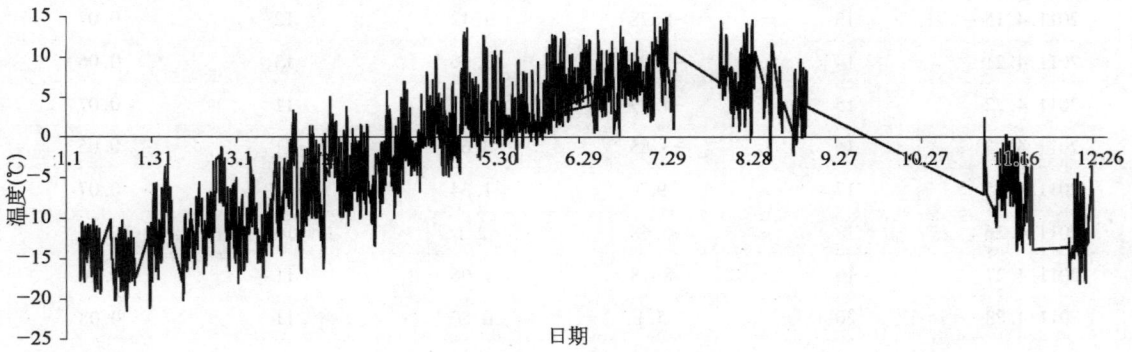

图 8-11　姜路岭隧道洞口气温变化曲线(全年)

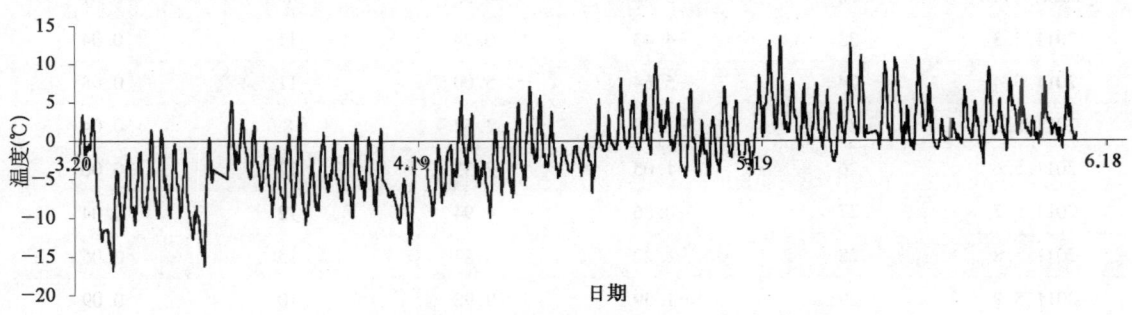

图 8-12　姜路岭隧道洞口气温变化曲线(3 月 20 日—6 月 15 日)

表 8-13　冻融循环温度统计

日　期	冻融循环次数编号	最低温(℃)	最高温(℃)	时间间隔(h)	κ_i
2011.3.20	1	-8.34	3.51	12	0.08
2011.3.21	2	-7.88	3.10	10	0.09
2011.3.26	3	-9.19	0.89	11	0.07
2011.3.27	4	-9.7	1.48	9	0.10

（续表）

日　期	冻融循环次数编号	最低温（℃）	最高温（℃）	时间间隔（h）	κ_i
2011.4.2	5	−4.85	4.98	10	0.08
2011.4.3	6	−3.72	3.37	15	0.04
2011.4.4	7	−5.19	2.04	9	0.06
2011.4.7	8	−9.52	0.50	9	0.09
2011.4.8	9	−8.64	3.16	9	0.10
2011.4.10	10	−9.25	0.75	11	0.07
2011.4.13	11	−9.96	1.55	8	0.12
2011.4.14	12	−7.66	0.23	9	0.07
2011.4.15	13	−8.78	1.12	12	0.07
2011.4.21	14	−7.03	3.06	13	0.06
2011.4.22	15	−4.79	5.41	11	0.07
2011.4.23	16	−3.85	3.61	11	0.05
2011.4.25	17	−9.5	1.34	13	0.07
2011.4.26	18	−6.68	2.1	10	0.07
2011.4.27	19	−8.18	5.06	11	0.10
2011.4.28	20	−5.1	6.50	11	0.08
2011.4.29	21	−3.04	5.74	8	0.09
2011.4.30	22	−3.46	3.35	8	0.07
2011.5.3	23	−4.43	0.74	11	0.04
2011.5.4	24	−5.64	5.00	11	0.08
2011.5.5	25	−1.37	2.57	8	0.04
2011.5.6	26	−1.05	7.33	12	0.06
2011.5.7	27	−0.86	4.94	12	0.04
2011.5.8	28	−1.22	6.84	13	0.05
2011.5.9	29	−1.59	9.98	10	0.09
2011.5.11	30	−1.58	4.39	11	0.04
2011.5.12	31	−4.79	6.51	9	0.10
2011.5.13	32	−4.73	1.96	9	0.06
2011.5.14	33	−4.84	3.05	9	0.07
2011.5.15	34	−3.88	6.46	11	0.08
2011.5.16	35	−2.09	5.26	10	0.06
2011.5.17	36	−3.01	0.20	7	0.04
2011.5.18	37	−4.35	7.20	15	0.06

（续表）

日　期	冻融循环次数编号	最低温（℃）	最高温（℃）	时间间隔（h）	κ_i
2011.5.22	38	−0.91	6.71	9	0.07
2011.5.23	39	−0.28	7.49	11	0.06
2011.5.24	40	−0.82	6.32	10	0.06
2011.5.25	41	−2.85	5.1	12	0.05
2011.5.29	42	−0.80	9.60	14	0.06
2011.5.30	43	−0.29	10.84	9	0.10
2011.5.31	44	−0.66	4.07	8	0.05
2011.6.1	45	−0.99	10.46	11	0.08
2011.6.3	46	−1.06	2.65	9	0.03
2011.6.5	47	−0.47	6.39	7	0.08
2011.6.7	48	−2.42	9.30	11	0.09
2011.6.9	49	−1.02	7.95	7	0.10
2011.6.14	50	−0.92	7.52	10	0.07

由表 8-13 可知，3 月中旬至 6 月中旬现场冻融循环为 50 次，由上述分析可知，8 月中下旬至 11 月中下旬温度变化情况大致与 3 月中旬至 6 月中旬相同，于是，近似认为 8 月中下旬至 11 月中下旬冻融循环的情况 3 月中旬至 6 月中旬相同，1 年现场冻融循环约为 100 次。根据式（8-10）计算现场 1 年冻融循环次数相对应的等效试验室内的冻融循环次数：

$$N_{eq} = 2\sum_{i=1}^{50} \kappa_i^\xi N_i = 2\sum_{i=1}^{50} \kappa_i^\xi \times 1 \approx 8.0 \text{ 次} \tag{8-12}$$

即，当二衬表面不铺设保温板时，姜路岭隧道、鄂拉山隧道二衬混凝土 1 年约经历 100 次冻融循环，约为 8 次等效室内冻融循环。

3）现场环境下衬砌混凝土的劣化规律

（1）二衬表面无保温板

姜路岭隧道二衬表面不铺设保温板时，空气温度的正负温变化直接作用在二衬混凝土上。由上述分析可知，1 年时间内二衬混凝土经历约 8 次等效室内冻融循环。t 年后，二衬混凝土经历 $8t$ 次等效室内冻融循环，由式（8-7）、式（8-8）及式（8-9）得到混凝土相对动弹性模量 P_t、劈裂抗拉强度 f_{tt}、抗压强度 f_{ct} 随时间 t 的劣化规律：

$$P_t = 96.299e^{-0.004 \times 8t} = 96.299e^{-0.032t} \tag{8-13}$$

$$f_{tt} = 2.7466e^{-0.014 \times 8t} = 2.7466e^{-0.112t} \tag{8-14}$$

$$f_{ct} = 47.181e^{-0.08 \times 8t} = 47.181e^{-0.064t} \quad (8-15)$$

式中 t——时间(年);

P_t——t 年后混凝土的相对动弹性模量(%);

f_{tt}——t 年后混凝土的抗拉强度(MPa);

f_{ct}——t 年后混凝土的抗压强度(MPa)。

(2) 二衬表面铺设保温板

姜路岭隧道衬砌结构设计在二衬表面铺设 5 cm 厚的保温板[导热系数为 0.03 W/(m·℃)],混凝土的温度并不会随着空气温度的骤降急升而急剧变化,利用有限元计算软件,建立计算模型如图 8-13 所示,在铺设于二衬表面的保温板表面施加热对流边界,空气温度为 T。

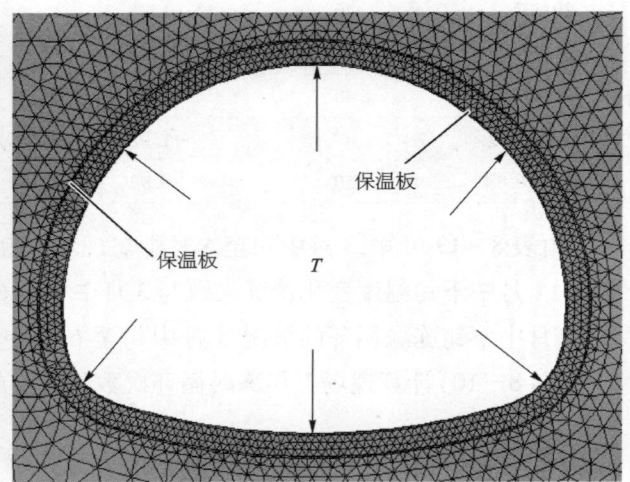

图 8-13 铺设保温板时二衬表面温度计算模型

由表 8-13 知,姜路岭隧道现场冻融循环最高正温约为 11℃,相对应的负温为 -2~0℃,最低负温约为 -9℃,相对应的正温为 1~2℃,计算时取较利的情况:最低负温为 -9℃,12 h 后升至最高正温 6℃,12 h 后又降至 -9℃,降温速率 $\kappa_i = 0.10$,现场冻融循环温度多数在此范围内,设定升温及降温过程为线性变化,则空气温度函数 T 如下式:

$$T = \begin{cases} \dfrac{5}{4}t - 9 & 0 \leqslant t \leqslant 12h \\ -\dfrac{5}{4}t + 21 & 12h \leqslant t \leqslant 24h \end{cases} \quad (8-16)$$

二衬表面温度变化如图 8-14 所示,由此可知洞内空气在 12 h 内由 -9℃升至 6℃,又在 12 h 后降至 -9℃,整个冻融循环过程后,保温板表面温度变化几乎与空气温度相同,而二衬混凝土表面温度变化幅度远小于空气温度的变化幅度,从而大幅度减小降温速率,减弱了空气温度冻融循环对二衬混凝土的侵害;因此,在二衬表面铺设 5 cm 厚的保温板可以很好地保护混凝土衬砌。

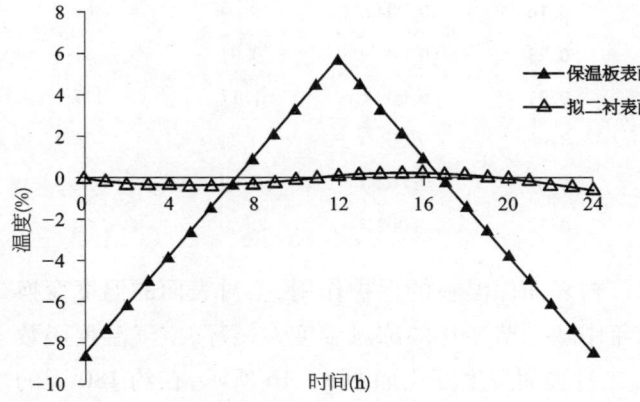

图 8-14
铺设保温板后二衬和保温板表面温度单日变化的比较[保温板:5 cm,$k=0.03$ W/(m·℃)]

不同保温材料导热系数取值见表 8-14,由表可知,大致可将不同保温材料的导热系数分为 3 种:0.02 W/(m·K)、0.03 W/(m·K)、0.04 W/(m·K),据此改变铺设在二衬表面的保温板导热系数以及其厚度,计算得到二衬表面温度变化如图 8-15 所示,其最低温、最高温、降温速率与室内快冻条件下降温速率比 κ_i 以及隧道工程二衬混凝土年平均等效室内冻融次数 N_{eq} 见表 8-15。

表 8-14 各种保温材料导热系数取值

项 目	硬质聚氨酯材料	福利凯保温板	酚醛泡沫塑料	硬质聚氯乙烯泡沫塑料	膨胀性聚苯乙烯泡沫塑料
导热系数[W/(m·K)]	0.018~0.024	0.026~0.033	0.03	0.04	0.041

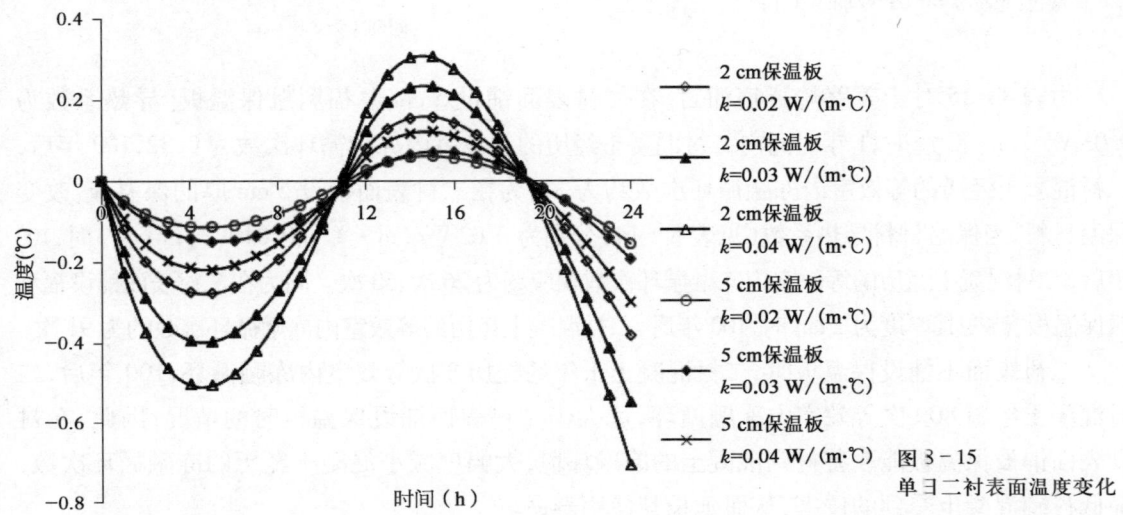

图 8-15
单日二衬表面温度变化

表 8-15　铺设保温板时二衬混凝土等效冻融循环次数

保温板厚度及导热系数		最低温(℃)	最高温(℃)	κ_i	N_{eq}(1 年)	N_{eq}(100 年)
2 cm 厚	$k = 0.02$ W/(m·℃)	−0.38	0.16	0.004 8	0.64	64
	$k = 0.03$ W/(m·℃)	−0.55	0.23	0.006 9	0.91	91
	$k = 0.04$ W/(m·℃)	−0.71	0.31	0.009 1	1.17	117
5 cm 厚	$k = 0.02$ W/(m·℃)	−0.15	0.06	0.001 9	0.26	26
	$k = 0.03$ W/(m·℃)	−0.19	0.07	0.002 3	0.32	32
	$k = 0.04$ W/(m·℃)	−0.30	0.12	0.003 7	0.50	50

单日空气温度存在冻融循环时,由于二衬表面保温板的保护作用,二衬表面的温度变换幅值大大小于空气温度的变化;而对于1年中随季节变化的冻融温度大循环,空气温度函数 T 如式(4-5)所示,计算模型如图 8-13,二衬表面温度变化如图 8-16 所示,在约 180 天的时间内,二衬表面温度由约−2℃升至 0.8℃,降温速率 $\kappa_i = 6.5 \times 10^{-5}$ ℃/h,远小于表 8-15 中单日温度降幅,因此可忽略不计。

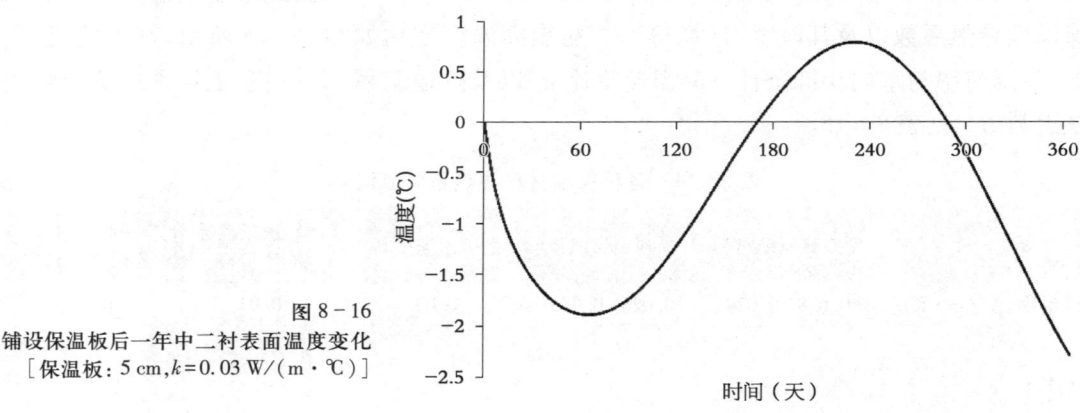

图 8-16　铺设保温板后一年中二衬表面温度变化
[保温板:5 cm, $k=0.03$ W/(m·℃)]

由表 8-15 对于姜路岭隧道而言,在二衬表面铺设 5 cm 厚福利凯保温板[导热系数为 0.03 W/(m·℃)]时,1 年时间内二衬混凝土经历的等效室内冻融循环次数为 0.32,100 年后,二衬混凝土经历的等效室内冻融循环次数约为 32;为在二衬表面铺设 5 cm 厚的保温板,改变保温材料,当保温材料导热系数(见表 8-14)分别为 0.02 W/(m·℃)、0.04 W/(m·℃)时,100 年后,二衬混凝土经历的等效室内冻融循环次数相应约为 26 次、50 次。同为在二衬表面铺设福利凯保温板,改变其厚度为 2 cm 时,100 年后,二衬混凝土经历的等效室内冻融循环次数约为 91 次。

二衬表面不铺设保温板时,二衬混凝土 1 年约经历 8 次等效室内冻融循环,100 年后,二衬混凝土经历 800 次等效室内冻融循环,远大于二衬表面铺设保温板时的情况;因此,在衬砌表面铺设保温板能改善衬砌混凝土的冻融环境,大幅度减小混凝土经历的冻融循环次数,降低衬砌混凝土受到的侵害,从而延长其使用寿命。

姜路岭隧道及鄂拉山隧道设计在一次模筑与二衬之间铺设 5 cm 厚的保温板,无论二衬表面铺设保温板与否,一次模筑混凝土都有一层保温板及 50 cm 后的二衬混凝土保护;因此,一次模筑混凝土将基本不会受到冻融循环的侵害。

4) 隧道衬砌混凝土的抗冻耐久性评价

混凝土结构所处的环境类别可分为一般环境(无冻融、盐、酸、碱等作用)、一般冻融环境(无盐、酸、碱等作用)、近海或海洋环境、盐结晶环境、大气污染环境、化学侵蚀环境。

当二衬表面不铺设保温板时,姜路岭隧道及鄂拉山隧道二衬所处环境为一般冻融环境,根据表 8-16,该环境作用等级为 D(严寒和寒冷地区,混凝土中度水饱和),其中中度水饱和指冰冻前偶受雨水或潮湿,混凝土内水饱和程度不高。

表 8-16 一般冻融环境(无盐、酸、碱等作用)

环境作用等级		环境条件特征
一般冻融环境	C	微冻地区,混凝土中度水饱和
	D	微冻地区,混凝土高度水饱和
		严寒和寒冷地区,混凝土中度水饱和
	E	严寒和寒冷地区,混凝土高度水饱和

注:1. 冻融环境下,对于引起混凝土可按表中的作用等级降低一个等级采用。
2. 冻融环境按当地最冷月平均气温划分为严寒地区、寒冷地区和微冻地区,其最冷月平均气温分别为 $t \leqslant -8$℃、-8℃ $\leqslant t \leqslant -3$℃ 和 -3℃ $\leqslant t \leqslant -2.5$℃。
3. 高度水饱和指冰冻前长期或频繁接触水或潮湿土体,混凝土内高度水饱和;中度水饱和指冰冻前偶受雨水或潮湿,混凝土内水饱和程度不高。
4. 当设有防寒保暖层时,应根据设计的混凝土构件表面温度,取用对应的冻融环境。
5. 本表按无防排水系统之情形列出,如有完善的防排水系统时,作用等级可按表中规定降低一个等级取用。

对应混凝土所处环境的作用等级,混凝土的抗冻耐久性指数 DF 应不低于表 8-17 的规定。表面不铺设保温层时,姜路岭隧道及鄂拉山隧道二衬混凝土抗冻耐久性指数 DF 应不小于 70%,而由混凝土快速冻融试验得到的二衬混凝土的抗冻耐久性指数 DF 仅为 20.8%。因此,表面不铺设保温层时,姜路岭隧道及鄂拉山隧道二衬混凝土的抗冻耐久性远不能达到设计的使用要求。

表 8-17 混凝土抗冻性的耐久性指数 DF (%)

设计使用年限	100 年			50 年		
环境条件	高度水饱和	中度水饱和	盐冻	高度水饱和	中度水饱和	盐冻
严寒地区	80	70	85	70	60	80
寒冷地区	70	60	80	60	50	70
微冻地区	60	60	70	50	45	60

当在二衬表面铺设保温板后,由图 8-16 知,二衬表面最低温度大于 -2.5℃,因而最冷月平均温度大于 -2.5℃,按表 8-16 规定,二衬混凝土所处环境已不属于一般冻融环境,为

一般环境,可不考虑冻融循环作用对二衬混凝土的侵害。

8.2.2 冻融循环作用下隧道衬砌服役性能的演化规律

隧道结构的服役性能包括结构的耐久性和安全性两个方面。在多年冻土区修建隧道,冻融循环作用是不可忽视的一种环境作用。孔结构是混凝土微观结构中的重要部分,对混凝土的强度与耐久性等都有重要影响,在长期冻融循环作用下,混凝土的孔结构劣化,内部产生微观裂缝,久而久之,微观裂缝发展、扩张最终形成可见的宏观裂缝。孔结构的劣化会加速混凝土碳化速度,当碳化深度超过钢筋保护层厚度时,钢筋产生锈蚀,与混凝土的粘结力降低,从而降低衬砌结构的耐久性。在混凝土力学性能方面,弹性模量、抗压强度、抗拉强度等力学性能严重下降,影响衬砌的耐久性和结构的承载力,从而降低衬砌的耐久性和安全性。

冻融循环作用从混凝土力学性能的劣化、混凝土的碳化和衬砌的承载安全性方面影响隧道衬砌的服役性能。本节将从混凝土碳化和衬砌的承载安全性两方面论述冻融循环作用对隧道衬砌服役性能的影响。

8.2.2.1 隧道衬砌混凝土的碳化

1) 混凝土碳化过程

混凝土碳化是指水泥水化产物与环境中的二氧化碳作用,生成碳酸钙或其他物质的现象,是一个及其复杂的物理化学过程(牛荻涛,2003)。混凝土在硬化过程中生成氢氧化钙 $Ca(OH)_2$ 和水化硅酸钙 $3CaO \cdot 2SiO_2 \cdot 3H_2O$,空气中的 CO_2 向混凝土内部扩散,与氢氧化钙 $Ca(OH)_2$ 和水化硅酸钙 $3CaO \cdot 2SiO_2 \cdot 3H_2O$ 发生化学反应,生成碳酸盐和水,其化学反应为:

$$CO_2 + H_2O \longrightarrow H_2CO_3 \qquad (8-17)$$

$$Ca(OH)_2 + H_2CO_3 \longrightarrow CaCO_3 + 2H_2O \qquad (8-18)$$

$$3CaO \cdot 2SiO_2 \cdot 3H_2O + 3H_2CO_3 \longrightarrow 3CaCO_3 + 2SiO_2 + 6H_2O \qquad (8-19)$$

水泥在水化过程中生成大量的氢氧化钙,使混凝土空隙中充满了饱和氢氧化钙溶液,其碱性介质对钢筋有良好的保护作用,使钢筋表面生成难溶的 Fe_2O_3 和 Fe_3O_4,称为钝化膜。碳化后使混凝土的碱度降低,当碳化超过混凝土的保护层时,在水与空气存在的条件下,就会使混凝土失去对钢筋的保护作用,钢筋开始生锈。可见,混凝土碳化作用会使混凝土对钢筋的保护作用减弱。

2) 影响混凝土碳化的因素

(1) 水泥品种及水泥用量

水泥品种不同意味着水泥熟料矿物成分不同,这直接影响着水泥水化后可碳化物质的含量,对碳化速度有重要影响。普通硅酸盐水泥配制的混凝土比混合料含量较高的矿渣水泥和火山灰质水泥混凝土有较好的抗碳化性能,对于同一配合比的混凝土,采用矿渣水泥时,在快速试验条件下比普通硅酸盐水泥混凝土快 30% 左右。水泥用量直接影响混凝土中可碳化物质的含量。增加水泥用量一方面可以改善混凝土的和易性,提高混凝土的密实性,另一方面还可以增加混凝土的碱性储备。因此,一般情况下,随着水泥用量的增加,混凝土碳化速度逐渐降低,即其抗碳化性能逐渐提高。

(2) 水灰比

水灰比对混凝土的孔隙结构有明显影响,在水泥用量不变的条件下,水灰比越大,混凝土的密实性越差,其碳化速度也越快。试验结果说明,随着水灰比的增长,混凝土的碳化加剧,碳化速度系数明显增大,且具有明显的线性关系。

(3) 掺粉煤灰

由于粉煤灰的掺加,水泥用量减少,水化反应生成的可碳化物质减少,碱储备降低,抗碳化能力降低。同时,粉煤灰是一种火山灰质材料,它会与水泥水化后的氢氧化钙相结合,使混凝土的碱性降低,从而减弱了混凝土的抗碳化性能。

(4) 骨料品种

由于骨料形成的条件不同,其内部结构差别很大,从而对混凝土的碳化性能产生影响。

(5) 施工质量

混凝土施工质量对混凝土的品质有很大影响。混凝土浇筑、振捣情况不仅影响混凝土的强度,而且直接影响混凝土的密实性。在其他条件相同时,施工质量好,混凝土密实性好,抗碳化能力强,施工质量差,混凝土内部裂缝、蜂窝、孔洞等增加了二氧化碳在混凝土中的扩散路径,碳化速度加快。养护方法与龄期的不同会导致混凝土的密实性不同,因此会对混凝土碳化速度产生不同影响。

(6) 环境条件

环境相对湿度的变化决定着混凝土孔隙水饱和度的大小,湿度较低时,混凝土较为干燥,含水率较低,二氧化碳的扩散速度较快,但由于碳化反应所需水分不足,碳化反应速度较慢;湿度较高时,混凝土的含水率较高,阻碍了二氧化碳向混凝土内部扩散,碳化反应速度也较慢。环境中二氧化碳的浓度越大,混凝土内部与外界环境之间的二氧化碳浓度差就越大,二氧化碳越趋向于向混凝土内部扩散,是混凝土内部二氧化碳浓度升高,从而加快碳化反应速度。混凝土长期遭受冻融循环作用后,内部孔结构劣化。劣化后的孔结构加快了二氧化碳在其中的扩散速度,从而加快混凝土碳化反应速度。

3) 混凝土碳化深度的预测模型

混凝土碳化深度的计算公式较多,选取便于工程应用的混凝土快速碳化的多系数进行计算:

$$x_k(t_k) = \eta_1\eta_2\eta_3\eta_4\eta_5\eta_6\alpha\sqrt{t_k} \tag{8-20}$$

式中 $x_k(t_k)$ ——混凝土的快速碳化深度(mm)；
α ——碳化速度系数，对普通混凝土取 2.32；
t_k ——快速碳化龄期(天)；
η_1 ——水泥用量影响系数；
η_2 ——水灰比影响系数；
η_3 ——粉煤灰掺量影响系数；
η_4 ——水泥品种影响系数，采用普通硅酸盐 425 号水泥时取 1.0；
η_5 ——骨料品种影响系数，采用于普通骨料时取 1.0；
η_6 ——养护方法影响系数，标准养护时取 1.0，蒸汽养护时取 1.85。

影响系数 η_1、η_2 由试验结果的回归分析得到：

$$\eta_1 = 253C^{-0.954} \tag{8-21}$$

式中 C ——混凝土的水泥用量(kg/m^3)。

$$\eta_2 = 4.15\left(\frac{W}{C}\right) - 1.02 \tag{8-22}$$

式中 $\frac{W}{C}$ ——混凝土水灰比。

粉煤灰掺量的影响系数取值见表 8-18。

表 8-18 不同粉煤灰掺量影响系数 η_3

项 目	0	10%	20%	30%
η_3 建议值	1	1.30	1.50	2.00

混凝土快速碳化与自然碳化的区别在于周围介质中的二氧化碳浓度不同，由基于 Fick 第一定律的碳化理论模型可知，混凝土碳化深度与二氧化碳浓度的平方根成正比。因此，对同一配合比的混凝土来说，可用快速碳化方法预测长期自然碳化深度：

$$x_z(t_z) = x_k(t_k)\sqrt{\frac{t_z \cdot C_z}{t_k \cdot C_k}} \tag{8-23}$$

式中 $x_k(t_k)$ ——快速碳化试验时混凝土的碳化深度(mm)，按式(8-20)计算；
t_k ——混凝土快速碳化龄期(天)；
C_k ——快速碳化时二氧化碳的浓度；
$x_z(t_z)$ ——混凝土自然碳化深度(mm)；
t_z ——混凝土自然碳化龄期(天)；

C_z——自然碳化时环境中二氧化碳的浓度。

用此快速碳化方程预测多年冻土区隧道衬砌混凝土碳化深度时,还需考虑如下两个因素。

(1) 环境相对湿度

定义环境相对湿度对混凝土碳化深度的影响系数 η_{RH}(蒋清野,1997):

$$\eta_{RH} = \frac{RH_1(1-RH_1)}{RH_0(1-RH_0)} \quad (8-24)$$

式中 η_{RH}——环境相对湿度影响系数;
   RH_0——碳化试验标准环境相对湿度(%),取 70%;
   RH_1——实际环境的相对湿度(%)。

(2) 冻融循环作用

冻融循环作用后,混凝土强度下降,孔结构劣化。受冻融循环作用破坏越严重,混凝土强度降低越多,孔隙率也越大,二氧化碳在混凝土内部的扩散越快,碳化速度加快。考虑混凝土强度对碳化的影响,通过对相关工程调查数据的回归分析,得到混凝土强度对碳化的影响系数为 $57.94/f_{cuk} - 0.76$,其中 f_{cuk} 为混凝土抗压强度标准值。

考虑冻融循环作用对混凝土碳化深度的影响时,可将时间分段计算混凝土碳化深度,如假设 Δt 的时间里混凝土共经历 Δn 次的冻融循环作用,则 0、Δt、$2\Delta t$、$\cdots$、$k\Delta t$ 时间后,混凝土经历了 0 次、Δn 次、$2\Delta n$ 次、$\cdots$、$k\Delta n$ 次冻融循环,混凝土的抗压强度分别为 f_{c0}、f_{c1}、f_{c2}、$\cdots$、f_{ck},于是,在计算 $k\Delta t$ 时间后混凝土的碳化深度时,冻融循环作用对混凝土碳化深度的影响系数 η_{FT} 可按下式计算:

$$\eta_{FT} = \sum_{i=1}^{k} \eta_{FTi} = \sum_{i=1}^{k} \frac{57.94/f_{ci} - 0.76}{57.94/f_{c(i-1)} - 0.76} \quad (8-25)$$

式中 η_{FT}——$0 \sim k\Delta t$ 时间内冻融循环作用对混凝土碳化深度的影响系数;
   η_{FTi}——$(i-1)\Delta t \sim i\Delta t$ 时间内冻融循环作用对混凝土碳化深度的影响系数;
   f_{ci}——$i\Delta t$ 时间后混凝土的抗压强度。

综上所述,考虑二氧化碳浓度、空气相对湿度和冻融循环作用对碳化的影响时,混凝土的自然碳化深度可按下式计算:

$$x_z(k\Delta t) = x_k(t_k)\sqrt{\frac{\Delta t C_z}{t_k C_k}} \cdot \eta_{RH} \cdot \eta_{FT} \quad (8-26)$$

4) 衬砌混凝土碳化深度计算实例

姜路岭隧道二次模筑混凝土配合比见 8-19,可知水泥用量 $C = 491$ kg/m³,水灰比

$W/C = 0.35$,粉煤灰掺量 $F = 0$,由式(8-21)、式(8-22)及表8-18可得 $\eta_1 = 0.685$, $\eta_2 = 0.433$, $\eta_3 = 1.0$, η_4、η_5、η_6、α 的取值根据式(8-20)中的说明,分别为 $\eta_4 = 1.0$、$\eta_5 = 1.0$、$\eta_6 = 1.0$、$\alpha = 2.32$。

表8-19 混凝土配合比 (kg/m³)

衬砌	水泥	砂	石子	钢纤维	水	防冻剂	速凝剂	减水剂
二衬	491	699	1 048	—	172	—	—	14.7

快速碳化试验时,二氧化碳浓度为20%,即 $C_1 = 20\%$。隧道中由于汽车尾气聚集,二氧化碳浓度比大气中高,可近似为接近建筑物室内二氧化碳浓度,而《混凝土结构耐久性评定标准》建议在人群密集的室内环境中二氧化碳浓度取 0.3%左右;美国在20世纪50年代提出二氧化碳极限允许浓度为0.5%,据此在计算时取二氧化碳浓度为 $C_2 = 0.1\%$、0.3%、0.5%。

姜路岭隧道洞口气象站实测大气的相对湿度 $RH_1 = 77.2\%$,由式(8-24)计算得到相对湿度对混凝土碳化深度的影响系数 $\eta_{RH} = 0.84$。

二衬表面是否铺设保温板对混凝土经历的冻融循环作用有很大影响,而冻融循环作用又会增大混凝土的碳化深度,因此分两种情况进行计算。

(1)二衬表面不铺设保温板

二衬表面不铺设保温板时,二衬混凝土抗压强度劣化规律如式(8-15)所示,根据该式计算得到不同服役年限时二衬混凝土试件的抗压强度,在式(8-25)中取 $\Delta t = 5$ 年,$k = 1、2、3、4$ 时可计算得到冻融循环作用对混凝土碳化的影响系数 η_{FT},再代入式(8-26)计算得到二衬混凝土的碳化深度,如表8-20所示。

表8-20 混凝土碳化深度(表面无保温板)

时间(年)		0	5	10	15	20
冻融循环次数(次)		0	40	80	120	160
f_c(MPa)		44.0	36.7	23.7	15.0	4.9
η_{FT}		0	1.47	3.53	5.37	8.94
碳化深度(mm)	$C_1 = 0.1\%$	0	2.6	6.2	9.4	15.6
	$C_1 = 0.3\%$	0	4.4	10.7	16.2	27.0
	$C_1 = 0.5\%$	0	5.7	13.8	21.0	34.9

注:按式(8-15)计算二衬混凝土抗压强度在22年后已接近0,因此碳化深度计算到20年。

(2)二衬表面铺设5 cm厚福利凯保温板

姜路岭隧道、鄂拉山隧道设计在二衬表面铺设5 cm厚的福利凯保温板,1年时间内二衬混凝土经历的等效室内冻融循环次数为0.32,20年、40年、60年、80年、100年后,二衬混凝土经历的等效室内冻融循环次数分别为6.4次、12.8次、19.2次、25.6次、32次,根据式(8-

9) 计算得到不同服役年限时二衬混凝土试件的抗压强度,在式(8-25)中取 $\Delta t = 20$ 年,$k = 1$、2、3、4、5 时可计算得到冻融循环作用对混凝土碳化的影响系数 η_{FT},再代入式(8-26)计算得到二衬混凝土的碳化深度,如表 8-21 所示。

表 8-21 混凝土碳化深度(表面铺设保温板)

时间(年)		0	20	40	60	80	100
冻融循环次数(次)		0	6.4	12.8	19.2	25.6	32
f_c(MPa)		44.0	43.8	43.3	42.3	40.9	39.2
η_{FT}		0	1.01	2.04	3.09	4.17	5.26
碳化深度(mm)	$C_1 = 0.1\%$	0	3.5	7.1	10.8	14.6	18.4
	$C_1 = 0.3\%$	0	6.1	12.3	18.7	25.2	31.8
	$C_1 = 0.5\%$	0	7.9	15.9	24.1	32.6	41.1

8.2.2.2 隧道衬砌的承载安全性

在高原多年冻土区修建的姜路岭隧道和鄂拉山隧道,冻融循环作用将是隧道衬砌劣化的一个重要因素,针对公路隧道特征及工程实际背景,按照隧道衬砌在冻融循环作用下的劣化规律,对隧道衬砌力学性能指标按冻融劣化规律进行折减,建立考虑围岩等级和隧道埋深的隧道稳定性荷载结构法计算模型,分析衬砌劣化对其承载性能的影响,建立深埋隧道地层结构法计算模型,与荷载结构法计算结果进行对比分析,同时,计算围岩融化圈深度对衬砌承载性能的影响。

1) 计算模型的建立
（1）材料物理力学参数

姜路岭隧道围岩及二次衬砌的物理力学参数如表 8-22 所示。

表 8-22 围岩物理力学参数

围岩及结构	重度 γ (kN·m³)	弹性抗力系数 k(MPa/m)	泊松比 μ	内摩擦角 Φ(°)	惯性矩 I(m⁴)
V级深埋	19.0	200	0.35	25	—
V级浅埋	19.0	150	0.35	25	—
VI级浅埋	17.0	100	0.40	15	—
二衬(V级)	25.0	—	0.20		0.010 425
二衬(VI级)	25.0	—	0.20		0.010 428

动弹模一般高于静弹模,且两者大致呈比例关系,姜路岭隧道二衬表面不铺设保温板时,二衬混凝土的相对动弹模在 5 年、10 年、15 年、20 年后分别为 78.1%、69.9%、55.4%、42.0%,C45 的混凝土初始弹性模量为 33.5 GPa,于是可以得到二衬混凝土的静弹性模量在

5年、10年、15年、20年后分别为26.2 GPa、24.2 GPa、18.6 GPa、14.1 GPa。二衬表面铺设保温板时,二衬混凝土的相对动弹模在20年、100年分别为93.6%、79.9%,静弹性模量在20年、100年后则分别为31.4 GPa、26.8 GPa,见表8-23、表8-24。

表8-23 二衬混凝土力学性能取值(二衬表面不铺设保温板)

时间(年)	0	5	10	15	20
相对动弹模(%)	100	78.1	69.9	55.4	42.0
弹性模量 E(GPa)	33.5	26.2	24.2	18.6	14.1
轴心抗压强度 f_{cd}(MPa)	28.8	24.1	15.5	9.8	3.2

表8-24 二衬混凝土力学性能取值(二衬表面铺设保温板)

时间(年)	0	20	100
相对动弹模(%)	100	93.6	79.9
弹性模量 E(GPa)	33.5	31.4	26.8
轴心抗压强度 f_{cd}(MPa)	28.8	28.7	25.8

混凝土室内快速冻融试验测得的混凝土抗压强度为立方体抗压强度,根据《混凝土结构设计规范》,轴心抗压强度 f_{cd} 与立方体抗压强度 f_c 的关系为:

$$f_{cd} = 0.88\alpha_1\alpha_2 f_c \tag{8-27}$$

式中 α_1——棱柱体强度与立方体强度之比,对强度等级为C45的混凝土,取0.76;

α_2——高强度混凝土的脆性折减系数,对强度等级为C45的混凝土,取0.98。

根据表8-20、表8-21中不同服役时间时二衬混凝土的立方体抗压强度,按照式(8-27)换算得到轴心抗压强度 f_{cd} 见表8-23、表8-24。

(2)荷载计算

荷载结构法认为作用在隧道衬砌结构上的荷载为松散荷载,全部由衬砌结构承担,围岩约束衬砌的单向变形,计算时设置单向弹簧模拟围岩的作用。选取姜路岭隧道和鄂拉山隧道冻土段位于Ⅴ级围岩浅埋段和深埋段、Ⅵ级围岩浅埋段的3个断面,根据《公路隧道设计规范》(JTG D70/2—2014)规定的荷载计算方法,计算得到3种情况下的荷载,见表8-25所示。二衬分担的荷载比例参照表8-26,对Ⅴ级围岩取0.6,Ⅵ级围岩取0.8。有限元计算模型如图8-17所示。

表8-25 荷载计算表

围岩级别	埋深(m)	竖向荷载(kN/m²)	横向荷载(kN/m²)
Ⅴ级	10	190.000	32.748
Ⅴ级	45	255.816	102.326
Ⅵ级	5	85.000	50.502

表 8-26 荷载分担比例表

围 岩 级 别	分担比例(%)	
	围岩+初期支护	二次衬砌
Ⅳ	60~80	40~20
Ⅴ	20~40	80~60

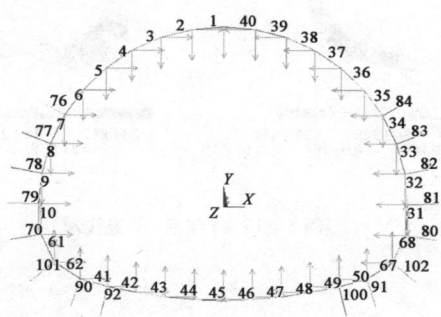

图 8-17 有限元计算模型

2) 衬砌劣化对其承载力的影响分析

（1）Ⅴ级浅埋（荷载结构法）

① 二衬表面不铺设保温板。

a. 二衬内力。

二衬浇筑完、5年后、10年后、15年后、20年后二衬的轴力图及弯矩图如图 8-18~图 8-22 所示。由图可见，二次衬砌轴力均为压力，拱脚处最大，边墙次之，拱顶处最小。弯矩以仰拱和拱脚处较大，拱顶次之，其中仰拱和拱顶处弯矩为负，衬砌内侧受拉；拱脚处弯矩为正，衬砌外侧受拉。二衬表面不铺设保温板时，衬砌不同的劣化程度下各位置处轴力、弯矩值如表 8-27 所示。

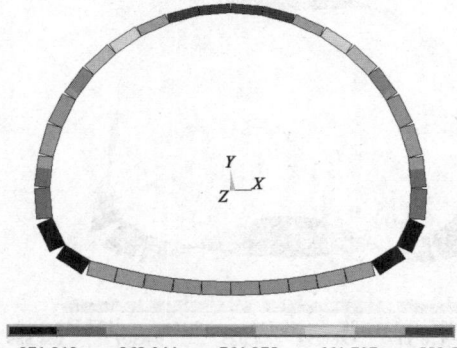

(a) 轴力图

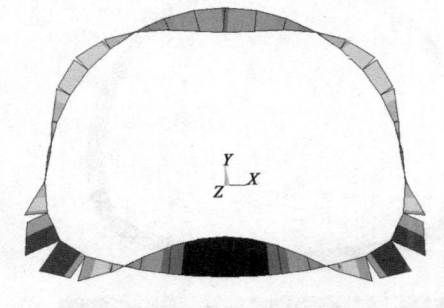

(b) 弯矩图

图 8-18 二衬浇筑完（Ⅴ级浅埋）

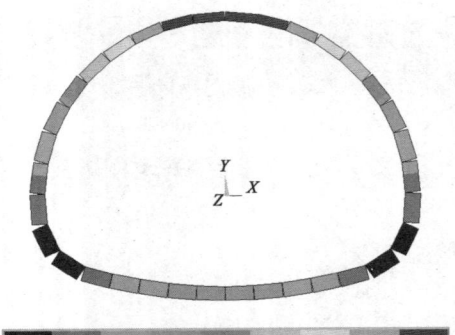 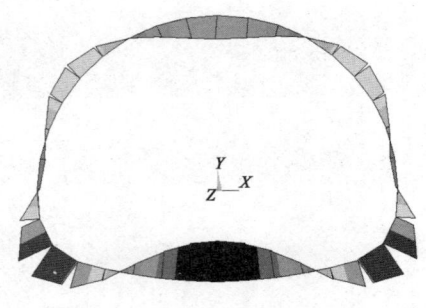

(a) 轴力图　　　　　　　　　　　(b) 弯矩图

图 8-19　5 年后（Ⅴ级浅埋）

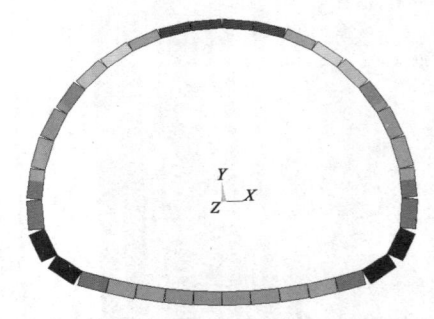 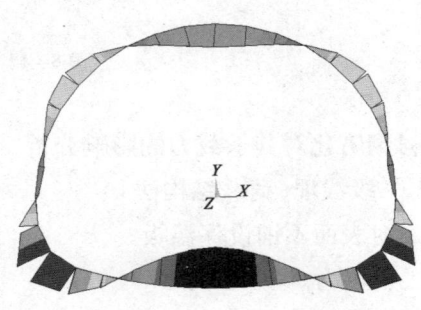

(a) 轴力图　　　　　　　　　　　(b) 弯矩图

图 8-20　10 年后（Ⅴ级浅埋）

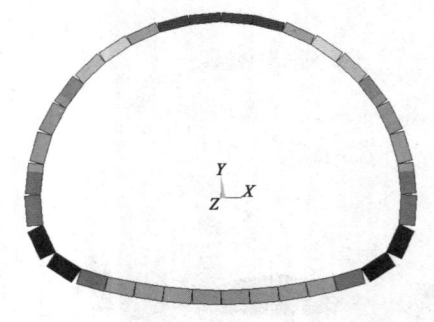 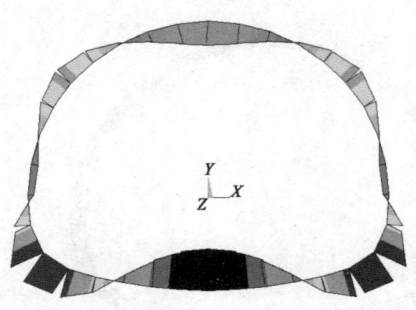

(a) 轴力图　　　　　　　　　　　(b) 弯矩图

图 8-21　15 年后（Ⅴ级浅埋）

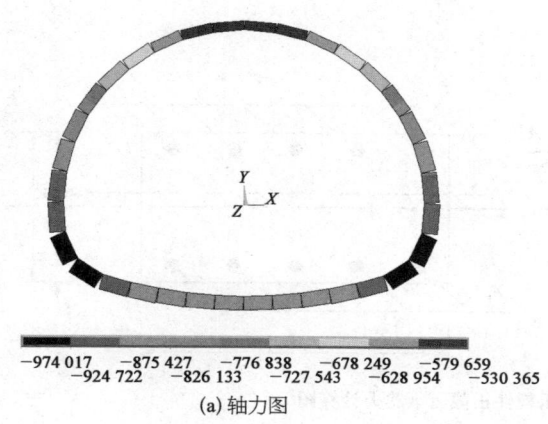
(a) 轴力图

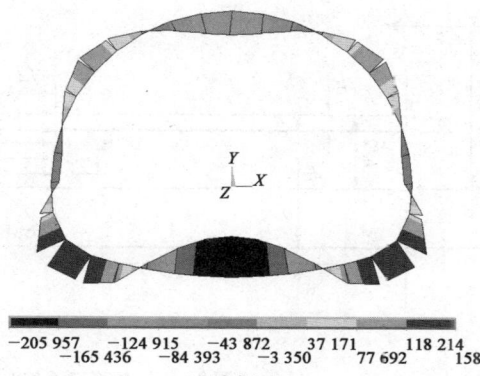
(b) 弯矩图

图 8-22　20 年后（Ⅴ级浅埋）

表 8-27　二衬各位置轴力、弯矩值（Ⅴ级浅埋）

	时间（年）	0	5	10	15	20
拱顶	轴力（kN）	-507.564	-515.335	-517.607	-524.507	-530.975
	弯矩（kN·m）	-145.712	-133.275	-129.740	-119.408	-110.398
拱腰	轴力（kN）	-703.385	-708.941	-710.566	-715.500	-720.125
	弯矩（kN·m）	87.172	86.973	86.812	85.923	84.415
边墙	轴力（kN）	-870.102	-873.128	-874.141	-877.696	-881.810
	弯矩（kN·m）	-5.651	-20.574	-24.285	-33.145	-37.576
拱脚	轴力（kN）	-938.266	-945.824	-947.732	-952.424	-955.008
	弯矩（kN·m）	201.156	187.539	182.948	167.157	149.776
仰拱	轴力（kN）	-791.706	-805.519	-809.360	-820.143	-828.605
	弯矩（kN·m）	-255.276	-235.818	-230.086	-212.820	-197.205

b. 衬砌强度安全系数。

为分析衬砌劣化对其承载安全性的影响，根据表 8-27 二衬各位置内力结果计算衬砌结构的安全系数，分析衬砌劣化后的承载安全性。

姜路岭隧道和鄂拉山隧道Ⅴ级浅埋及深埋冻土段隧道二衬均为 50 cm 厚 C45 钢筋混凝土，环向配筋如图 8-23 所示。二衬各截面为对称配筋的矩形偏心受压构件，取纵向方向上单位长度进行分析，矩形截面偏心受压构件的安全系数计算示意图如图 8-24 所示。

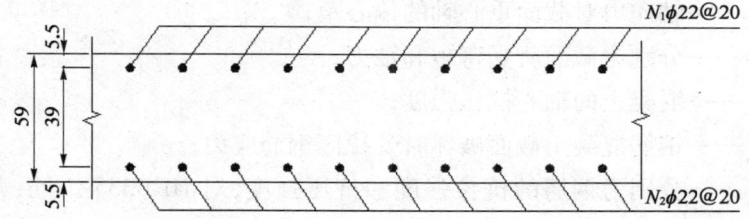

图 8-23　二衬环向配筋图（Ⅴ级冻土段）

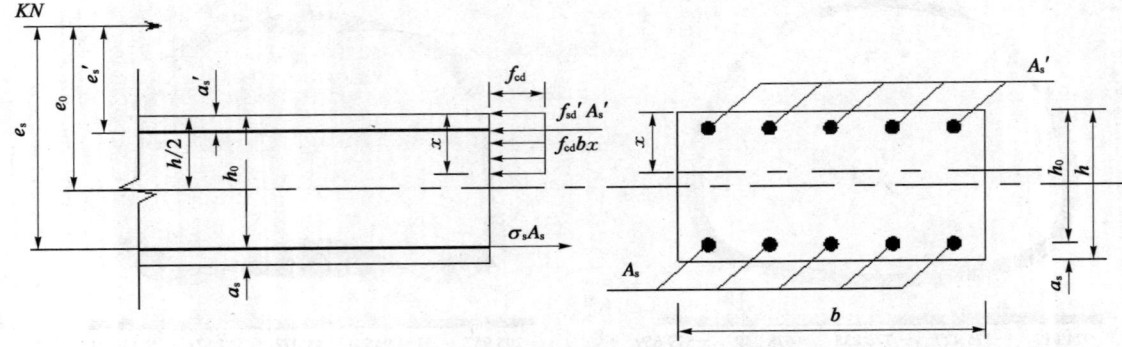

图 8-24 矩形截面偏心受压构件正截面承载力计算图

构件纵轴方向的内外力之和为零,有:

$$KN \leqslant N_u = f_{cd}bx + f'_{sd}A'_s - \sigma_s A_s \quad (8-28)$$

截面上所有对钢筋 A_s 合力点的力矩之和等于零,有:

$$KNe_s \leqslant M_u = f_{cd}bx\left(h_0 - \frac{x}{2}\right) + f'_{sd}A'_s(h_0 - a'_s) \quad (8-29)$$

截面上所有对钢筋 A'_s 合力点的力矩之和等于零,有:

$$KNe'_s \leqslant M_u = -f_{cd}bx\left(\frac{x}{2} - a'_s\right) + \sigma_s A_s(h_0 - a'_s) \quad (8-30)$$

截面上所有力对 KN 作用点力矩之和为零,有:

$$f_{cd}bx\left(e_s - h_0 + \frac{x}{2}\right) = \sigma_s A_s e_s - f'_{sd}A'_s e'_s \quad (8-31)$$

$$\left.\begin{array}{l} e_0 = M/N \\ e_s = e_0 + h/2 - a_s \\ e'_s = e_0 - h/2 + a'_s \end{array}\right\} \quad (8-32)$$

式(8-28)~式(8-32)中　　x——受压区高度;

　　　　　　　　e_s、e'_s——分别为偏心压力 KN 作用点至钢筋 A_s 合力作用点和钢筋 A'_s 合力作用点的距离;

　　　　　　　　e_0——轴向力对截面重心轴的偏心距;

　　　　　　　　M、N——分别为截面所受弯矩和轴力;

　　　　　　　　f_{cd}——混凝土的轴心抗压强度;

　　　　　　　　σ_s——钢筋混凝土截面破坏时受拉区钢筋应力;

　　　　　　　　f_{sd}、f'_{sd}——分别为钢筋的抗拉强度和抗压强度,对 HRB335 钢筋,两者均为 280 MPa；

h、h_0——分别为截面的高度和有效高度；

A_s、A'_s——分别为离偏心压力较远一侧和较近一侧的钢筋面积；

a_s、a'_s——分别为钢筋 A_s、A'_s 形心距截面相应边缘的距离。

对称配筋的矩形截面偏心受压构件，$A_s = A'_s$，计算安全系数时，先假设为大偏心受压，此时 $\sigma_s = f_{sd}$，由式(8-31)得到：

$$f_{cd}bx\left(e_s - h_0 + \frac{x}{2}\right) = f_s A_s e_s - f'_{sd} A'_s e'_s \tag{8-33}$$

由式(8-33)解得受压区高度 x，

$$\xi = \frac{x}{h_0} \begin{cases} \leq \xi_b & \text{大偏心受压} \\ > \xi_b & \text{小偏心受压} \end{cases} \tag{8-34}$$

式中 ξ——相对受压区高度；

ξ_b——相对界限受压区高度，对 HRB335 钢筋取 0.56。

● 当 $\xi \leq \xi_b$ 时，构件为大偏心受压构件。

构件破坏时，受拉区钢筋达到屈服强度，$\sigma_s = f_{sd}$。

若 $2a'_s \leq x \leq \xi_b h_0$，由式(8-33)计算得到的 x 即为大偏心受压构件截面受压区高度，按式(8-28)可求得截面安全系数 K。

若 $x < 2a'_s$，受压钢筋 A'_s 的应力可能达不到 f'_{sd}，此时近似取 $x = 2a'_s$，受压区混凝土承担的压力作用位置与受压区钢筋承担的压力 $f'_{sd}A'_s$ 作用位置重合，按式(8-30)可得：

$$KNe'_s \leq M_u = f_{sd} A_s (h_0 - a'_s) \tag{8-35}$$

按式(8-35)可求得安全系数 K。

● 当 $\xi > \xi_b$ 时，构件属于为小偏心受压构件。

构件破坏时，受拉区钢筋未屈服，受压区高度 x 需重新计算。

构件破坏时，受拉区钢筋应力 σ_s 按下式计算：

$$\sigma_s = \varepsilon_{cu} E_s \left(\frac{\beta h_0}{x} - 1\right) \tag{8-36}$$

式中 ε_{cu}——混凝土的极限压应变，对 C45 混凝土取 0.003 3；

β——与 ε_{cu} 相对应的系数，对 C45 混凝土取 0.8；

E_s——受拉钢筋的弹性模量。

联合式(8-31)和式(8-36)，得到：

$$\left.\begin{aligned} Ax^3 + Bx^2 + Cx + D &= 0 \\ A &= 0.5f_{cd}b \\ B &= f_{cd}b(e_s - h_0) \\ C &= \varepsilon_{cu}E_sA_se_s + f'_{sd}A'_se'_s \\ D &= -\beta\varepsilon_{cu}E_sA_se h_0 \end{aligned}\right\} \quad (8-37)$$

由式(8-37)解得小偏心受压构件截面受压区高度 x。

当 $x < h$ 时,截面部分受压,部分受拉,将 x 代入式(8-36)可得受拉区钢筋应力 σ_s,按式(8-28)可求得截面安全系数 K。

当 $x > h$ 时,截面全部受压,取 $x = h$ 代入式(8-36)可得受拉区钢筋应力 σ_s,按式(8-28)可求得截面安全系数 K。

由于衬砌发生劣化,f_{cd} 随时间而改变,根据试验结果取值如表8-23,由上述方法计算得到二衬表面不铺设保温板时,各位置处的安全系数如表8-28所示,其随服役时间的变化曲线如图8-25所示。

表8-28 安全系数统计(Ⅴ级浅埋)

时间(年)	拱顶	拱腰	边墙	拱脚	仰拱
0	5.83	12.10	17.27	4.94	2.71
5	5.75	10.25	13.58	4.91	2.64
10	4.88	7.03	8.94	3.77	2.55
15	4.29	4.89	5.76	2.91	2.35
20	2.28	2.27	2.50	1.49	1.34

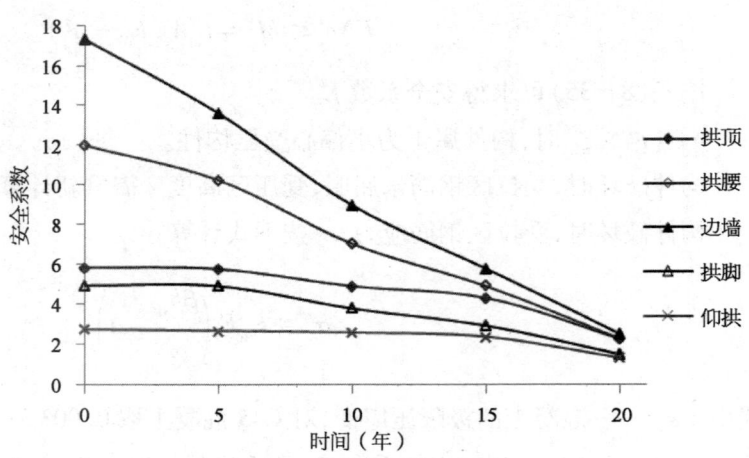

图8-25 二衬各位置安全系数(Ⅴ级浅埋)

由计算结果可知,衬砌劣化程度越大,衬砌各位置的安全系数越小,在衬砌结构饱和条件下,经历5年、10年、15年、20年后,拱脚处截面安全系数相对于衬砌刚服役时分别降低了

0.6%、23.7%、41.1%、69.8%，说明二衬的强度储备越来越低。仰拱及拱脚处的安全系数最小，在二衬服役20年后，其安全系数已小于《公路隧道设计规范》(JTG D70/2—2014)规定的钢筋混凝土结构的安全系数值2.0，此时二衬已不能满足隧道衬砌结构承载的需要；因此，饱和衬砌表面不铺设保温板时，二衬的服役年限为20年。

② 二衬表面铺设保温板。

a. 二衬内力。

隧道贯通20年后、100年后二衬的轴力图及弯矩图如图8-26与图8-27所示，衬砌不同的劣化程度下各位置处轴力、弯矩值如表8-29所示。

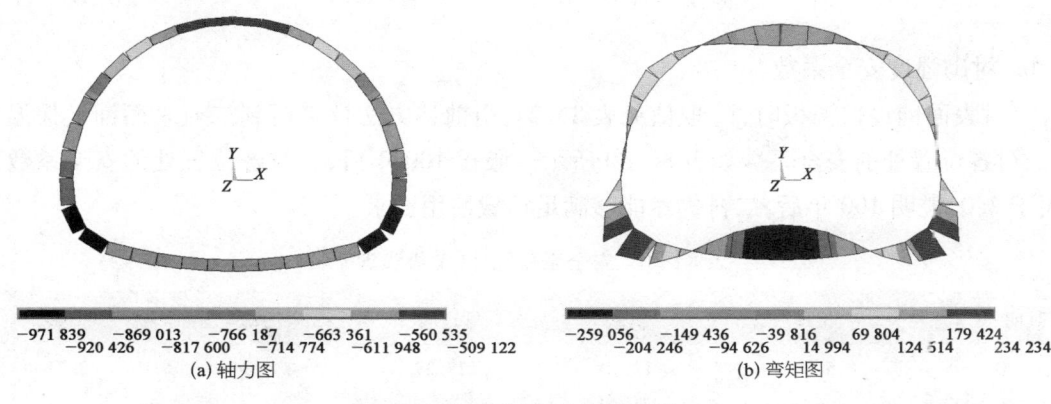

图8-26　20年后（Ⅴ级浅埋）

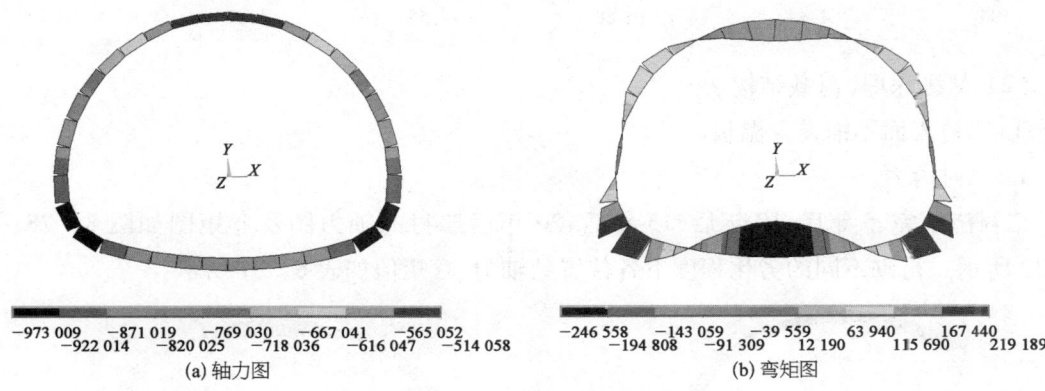

图8-27　100年后（Ⅴ级浅埋）

表8-29　二衬各位置轴力、弯矩值（Ⅴ级浅埋）

时间（年）		20	100
拱顶	轴力（kN）	-509.732	-514.668
	弯矩（kN·m）	-142.198	-134.323
拱腰	轴力（kN）	-704.935	-708.464
	弯矩（kN·m）	87.161	87.010

(续表)

时间(年)		20	100
边墙	轴力(kN)	−870.889	−872.843
	弯矩(kN·m)	−10.110	−19.421
拱脚	轴力(kN)	−940.513	−945.235
	弯矩(kN·m)	197.661	188.831
仰拱	轴力(kN)	−795.641	−804.371
	弯矩(kN·m)	−249.887	−237.500

b. 衬砌强度安全系数。

二衬表面铺设保温板时,f_{cd} 取值见表 8-24,由前述方法计算得到二衬表面铺设保温板时,二衬各位置处的安全系数如表 8-30 所示。服役 100 年后,二衬各位置处的安全系数依然大于 2.0,说明 100 年后,二衬仍然能够满足承载使用要求。

表 8-30 安全系数统计(Ⅴ级浅埋)

时间(年)	拱顶	拱腰	边墙	拱脚	仰拱
0	5.83	12.10	17.27	4.94	2.71
20	4.85	12.00	16.84	5.08	2.19
100	4.44	10.88	14.55	4.81	2.05

(2) Ⅴ级深埋(荷载结构法)

① 二衬表面不铺设保温板。

a. 二衬内力。

二衬浇筑完、5 年后、10 年后、15 年后、20 年后二衬的轴力图及弯矩图如图 8-28~图 8-32 所示。衬砌不同的劣化程度下各位置处轴力、弯矩值如表 8-31 所示。

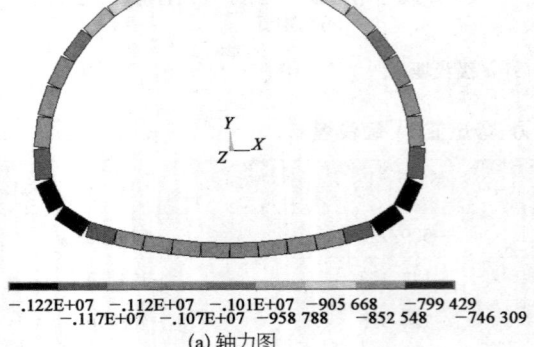

(a) 轴力图

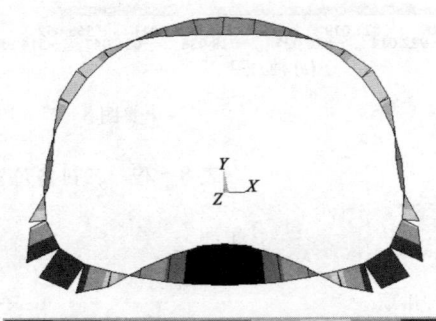

(b) 弯矩图

图 8-28 二衬浇筑完(Ⅴ级深埋)

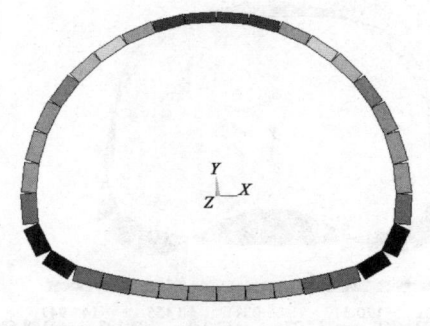 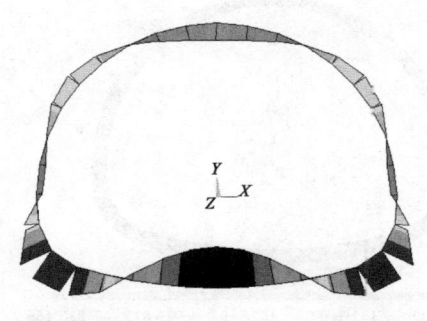

图 8-29　5 年后（V 级深埋）

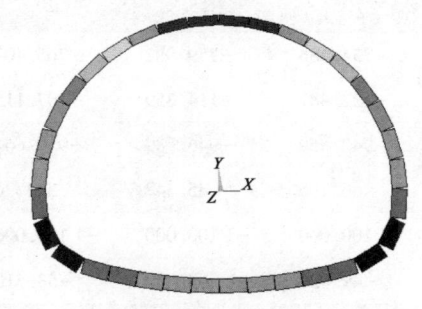 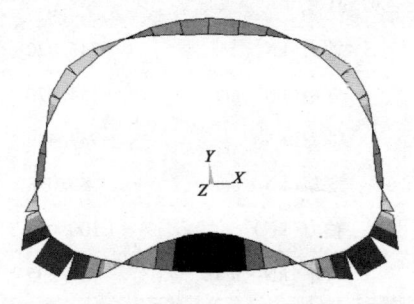

图 8-30　10 年后（V 级深埋）

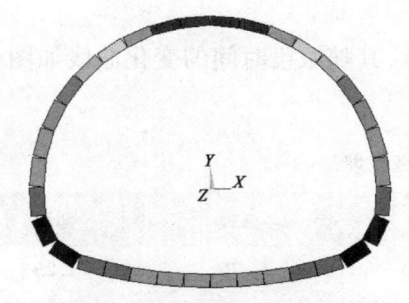 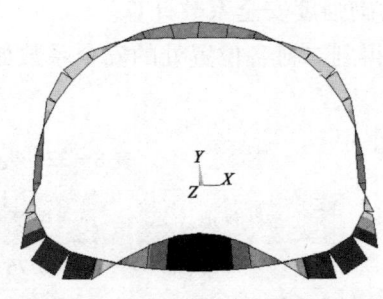

图 8-31　15 年后（V 级深埋）

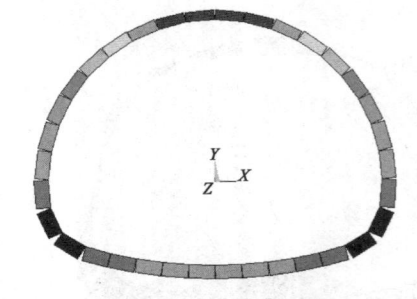 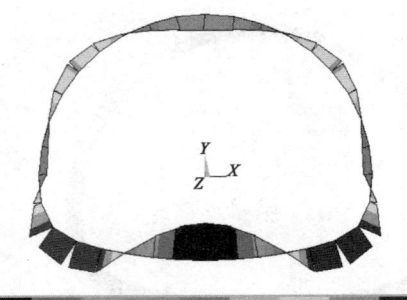

(a) 轴力图　　　　　　　　　　　　　　(b) 弯矩图

图 8-32　20 年后（Ⅴ级深埋）

表 8-31　二衬各位置轴力、弯矩值（Ⅴ级深埋）

时间（年）		0	5	10	15	20
拱顶	轴力（kN）	-746.920	-752.736	-754.486	-759.982	-765.402
	弯矩（kN·m）	-134.870	-125.238	-122.487	-114.359	-107.115
拱腰	轴力（kN）	-937.449	-941.608	-942.859	-946.789	-950.664
	弯矩（kN·m）	86.078	86.250	86.156	85.347	83.776
边墙	轴力（kN）	-1 100.000	-1 100.000	-1 100.000	-1 100.000	-1 110.000
	弯矩（kN·m）	-37.595	-47.355	-49.420	-53.399	-53.510
拱脚	轴力（kN）	-1 220.000	-1 220.000	-1 220.000	-1 220.000	-1 220.000
	弯矩（kN·m）	264.475	244.113	237.287	213.793	187.055
仰拱	轴力（kN）	-1 060.000	-1 070.000	-1 080.000	-1 090.000	-1 090.000
	弯矩（kN·m）	-324.695	-304.237	-298.175	-279.814	-263.086

b. 衬砌强度安全系数计算。

计算得到二衬各位置处的安全系数如表 8-32 所示，其随服役时间的变化曲线如图 8-33 所示。

表 8-32　安全系数统计（Ⅴ级深埋）

时间（年）	拱顶	拱腰	边墙	拱脚	仰拱
0	8.03	10.76	12.13	3.76	2.25
5	7.66	9.09	9.88	3.73	2.17
10	5.50	6.15	6.58	2.90	2.00
15	4.03	4.21	4.38	2.27	1.79
20	1.97	1.92	1.94	1.18	1.01

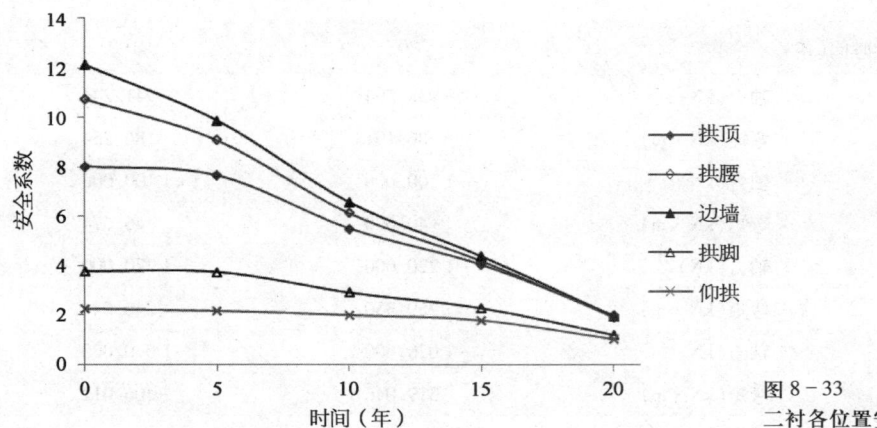

图 8-33 二衬各位置安全系数（V级深埋）

5年、10年、15年、20年后，拱脚处截面安全系数相对于衬砌刚服役时分别降低了 0.8%、22.9%、39.6%、68.6%；其中仰拱处的安全系数在15年后已小于2.0，拱脚处的安全系数为2.27，略大于2.0；20年后，其他位置处的安全系数也都小于2.0，因此，V级深埋冻土段二衬表面不铺设保温板时，二衬的服役年限约为15年。

② 二衬表面铺设保温板。

a. 二衬内力。

隧道贯通20年后、100年后二衬的轴力图及弯矩图如图8-34、图8-35所示。衬砌不同的劣化程度下各位置处轴力、弯矩值如表8-33所示。

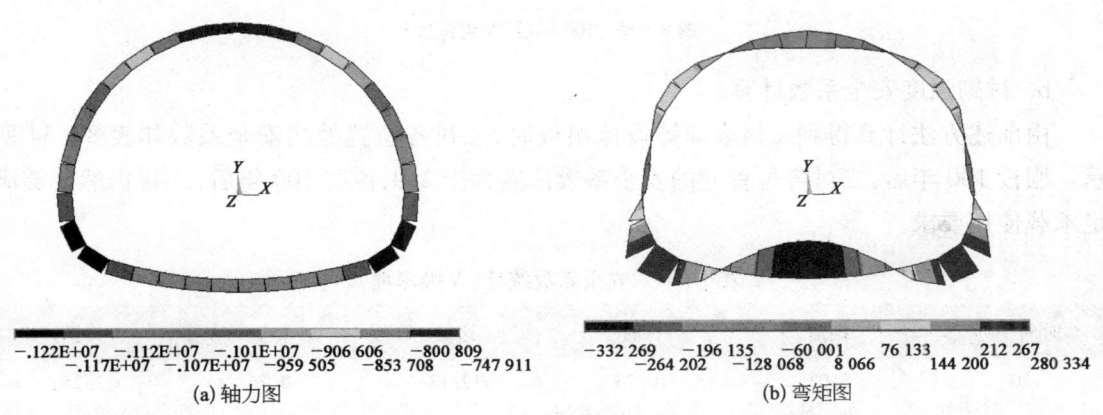

(a) 轴力图　　　　　　　　　　　　(b) 弯矩图

图 8-34　20年后（V级深埋）

表 8-33　二衬各位置轴力、弯矩值（V级深埋）

时间(年)		20	100
拱顶	轴力(kN)	-748.522	-752.228
	弯矩(kN·m)	-132.152	-126.052

(续表)

时间(年)		20	100
拱腰	轴力(kN)	-938.594	-941.244
	弯矩(kN·m)	86.191	86.264
边墙	轴力(kN)	-1 100.000	-1 100.000
	弯矩(kN·m)	-40.690	-46.674
拱脚	轴力(kN)	-1 220.000	-1 220.000
	弯矩(kN·m)	259.350	246.044
仰拱	轴力(kN)	-1 070.000	-1 070.000
	弯矩(kN·m)	-319.046	-306.012

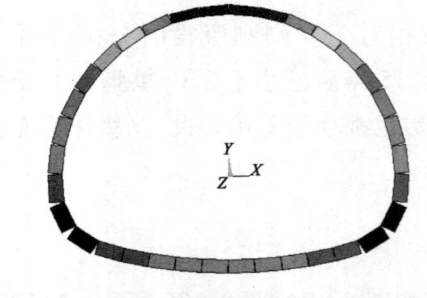 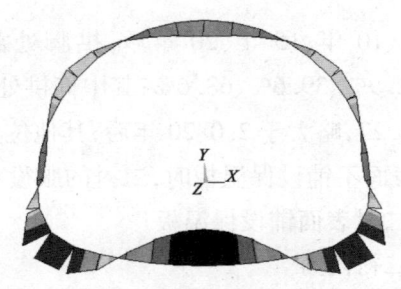

(a) 轴力图　　　　　　　　(b) 弯矩图

图 8-35　100 年后(Ⅴ级深埋)

b. 衬砌强度安全系数计算。

由前述方法计算得到二衬表面铺设保温板时,二衬各位置处的安全系数如表 8-34 所示。服役 100 年后,二衬各位置处的安全系数依然大于 2.0,说明 100 年后,二衬仍然能够满足承载使用要求。

表 8-34　安全系数统计(Ⅴ级深埋)

时间(年)	拱顶	拱腰	边墙	拱脚	仰拱
0	8.03	10.76	12.13	3.76	2.25
20	8.22	10.66	11.94	3.72	2.20
100	8.02	9.66	10.55	3.69	2.13

(3) Ⅴ级深埋(地层结构法计算)

① 二衬表面不铺设保温板。

a. 二衬内力。

二衬浇筑完、5 年后、10 年后、15 年后、20 年后二衬的轴力图及弯矩图如图 8-36~图

8-40所示。衬砌在不同的劣化程度下各位置轴力、弯矩如表8-35所示。

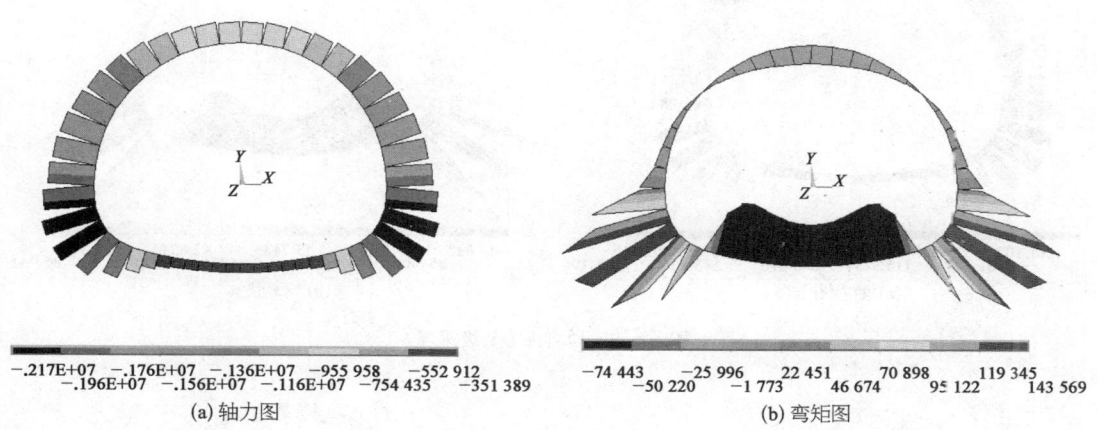

图 8-36 二衬浇筑完（Ⅴ级深埋）

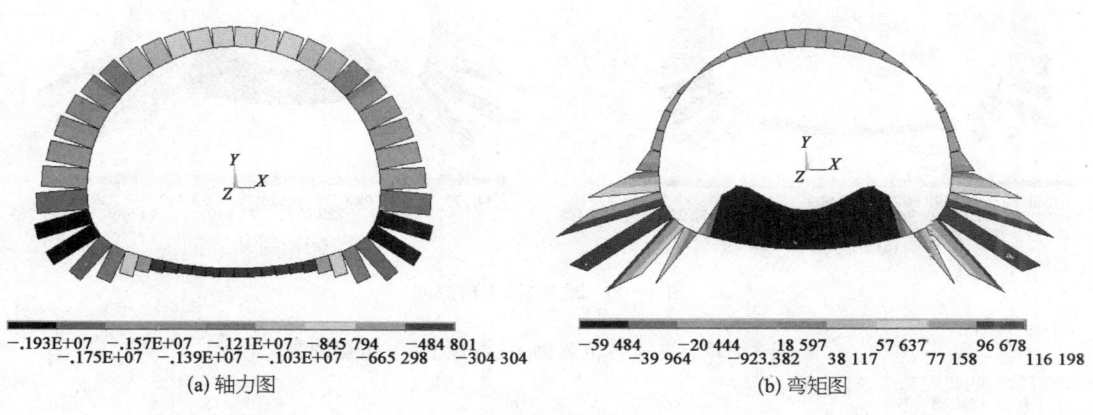

图 8-37 5年后（Ⅴ级深埋）

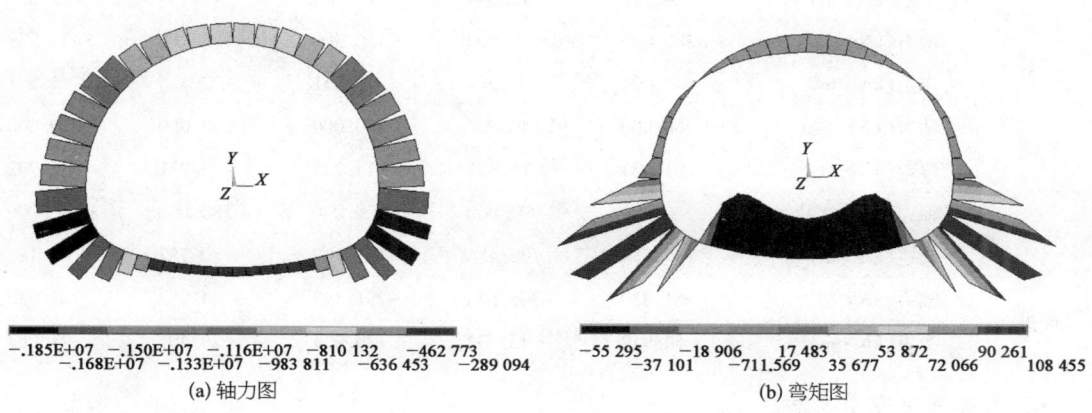

图 8-38 10年后（Ⅴ级深埋）

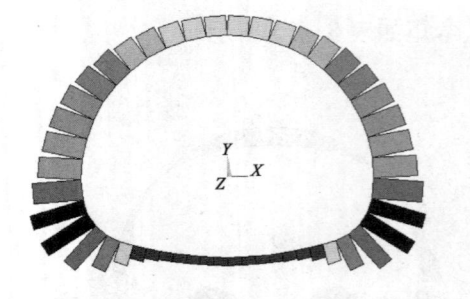 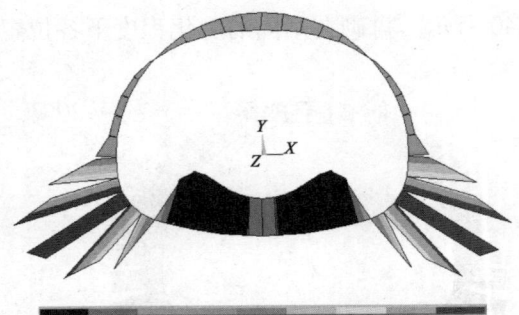

(a) 轴力图　　　　　　　　　　　　(b) 弯矩图

图 8-39　15 年后（Ⅴ级深埋）

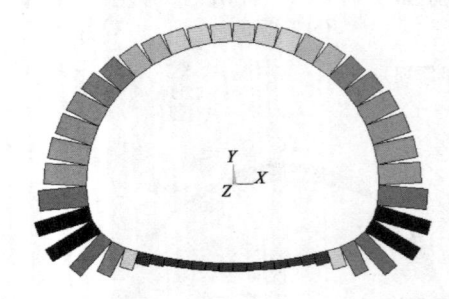 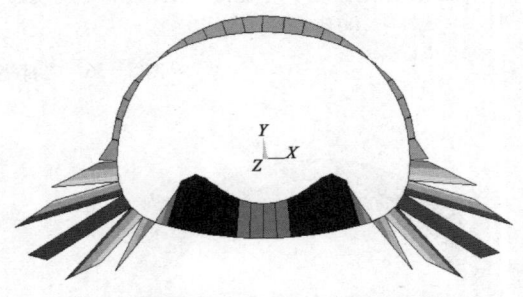

(a) 轴力图　　　　　　　　　　　　(b) 弯矩图

图 8-40　20 年后（Ⅴ级深埋）

表 8-35　二衬各位置轴力、弯矩值（Ⅴ级深埋）

	时间（年）	0	5	10	15	20
拱顶	轴力（kN）	-810.521	-702.549	-668.596	-560.597	-459.661
	弯矩（kN·m）	-24.198	-18.844	-17.369	-13.190	9.860
拱腰	轴力（kN）	-1 380.000	-1 210.000	-1 150.000	-978.184	-810.729
	弯矩（kN·m）	3.004	2.641	2.531	2.195	1.891
边墙	轴力（kN）	-1 760.000	-1 540.000	-1 470.000	-1 240.000	-1 020.000
	弯矩（kN·m）	21.924	15.821	14.225	9.931	6.792
拱脚	轴力（kN）	-2 120.000	-1 900.000	-1 820.000	-1 580.000	-1 340.000
	弯矩（kN·m）	135.534	109.486	102.127	80.782	63.185
仰拱	轴力（kN）	-351.820	-305.678	-291.173	-244.952	-201.580
	弯矩（kN·m）	-54.912	-42.532	-39.054	-29.401	-21.963

b. 衬砌强度安全系数。

5 年、10 年、15 年、20 年后，拱脚处截面安全系数（见表 8-36）相对于衬砌刚服役时分别降低了 5.5%、33.1%、46.5%、71.3%;其中拱脚处的安全系数在 20 年后已小于 2.0,边墙处的安全系数为 2.44,略大于 2.0,因此,按照地层结构的计算结果,Ⅴ级深埋冻土段二衬表面不铺设保温板时,二衬的服役年限约为 20 年。

表 8-36　安全系数统计(Ⅴ级深埋)

时间(年)	拱顶	拱腰	边墙	拱脚	仰拱
0	17.46	11.38	8.62	5.65	22.65
5	16.64	10.70	8.15	5.34	21.82
10	11.79	7.52	5.74	3.78	16.21
15	9.60	5.92	4.63	3.02	14.22
20	5.25	3.08	2.44	1.62	8.36

② 二衬表面铺设保温板。

a. 二衬内力。

隧道贯通 20 年后、100 年后二衬的轴力图及弯矩图如图 8-41、图 8-42 所示。衬砌不同劣化程度下各位置轴力、弯矩值如表 8-37 所示。

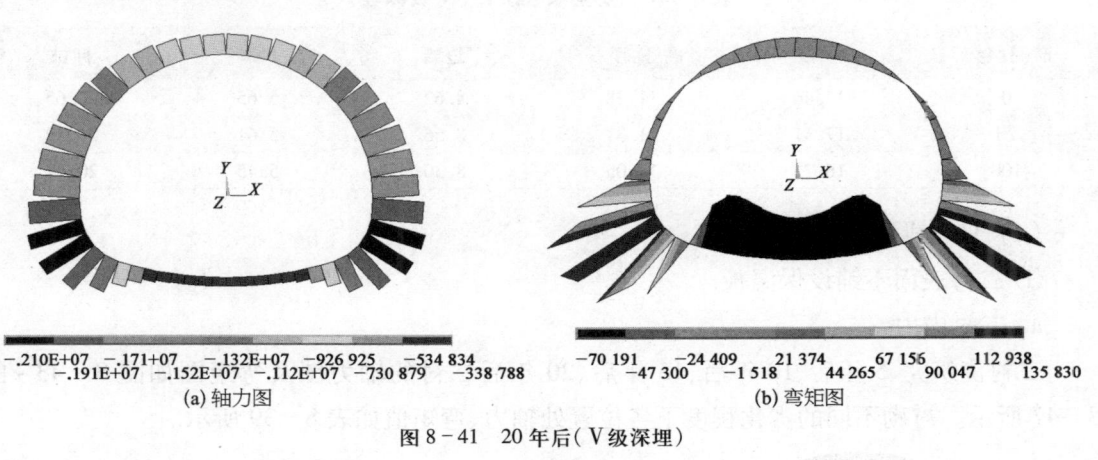

(a) 轴力图　　　　　　　　　　(b) 弯矩图

图 8-41　20 年后(Ⅴ级深埋)

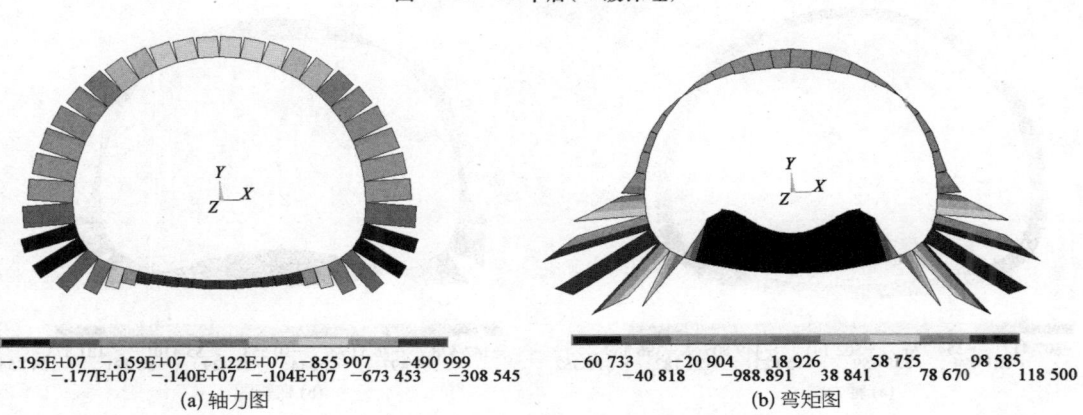

(a) 轴力图　　　　　　　　　　(b) 弯矩图

图 8-42　100 年后(Ⅴ级深埋)

表 8-37　二衬各位置轴力、弯矩值（Ⅴ级深埋）

	时间（年）	20	100
拱顶	轴力（kN）	−782.031	−712.344
	弯矩（kN·m）	−22.662	−19.285
拱腰	轴力（kN）	−1 340.000	−1 220.000
	弯矩（kN·m）	2.905	2.673
边墙	轴力（kN）	−1 700.000	−1 560.000
	弯矩（kN·m）	20.126	16.307
拱脚	轴力（kN）	−2 060.000	−1 920.000
	弯矩（kN·m）	128.164	111.674
仰拱	轴力（kN）	−339.609	−309.861
	弯矩（kN·m）	−51.687	−43.581

b. 衬砌强度安全系数。

服役 100 年后，二衬各位置处的安全系数（见表 8-38）依然大于 2.0，说明 100 年后，二衬仍然能够满足承载使用要求。

表 8-38　安全系数统计（Ⅴ级深埋）

时间（年）	拱顶	拱腰	边墙	拱脚	仰拱
0	17.46	11.38	8.62	5.65	22.65
20	17.41	11.31	8.56	5.61	21.32
100	16.73	11.05	8.30	5.45	20.17

（4）Ⅵ级浅埋

① 二衬表面不铺设保温板。

a. 二衬内力。

二衬浇筑完、5 年后、10 年后、15 年后、20 年后二衬的轴力图及弯矩图如图 8-43~图 8-47 所示。衬砌不同的劣化程度下各位置处轴力、弯矩值如表 8-39 所示。

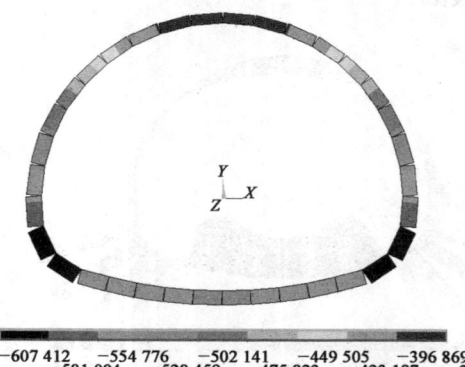
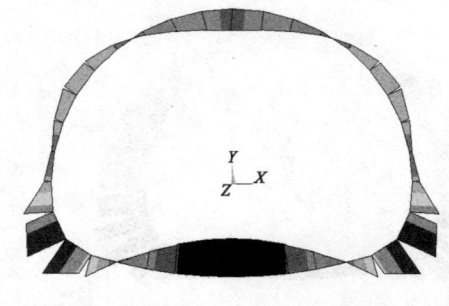

−607 412　−554 776　−502 141　−449 505　−396 869
　−581 094　−528 459　−475 823　−423 187　−370 552
(a) 轴力图

−142 478　−76 516　−10 553　55 410　121 373
　−109 497　−43 534　22 429　88 391　154 354
(b) 弯矩图

图 8-43　二衬浇筑完（Ⅵ级浅埋）

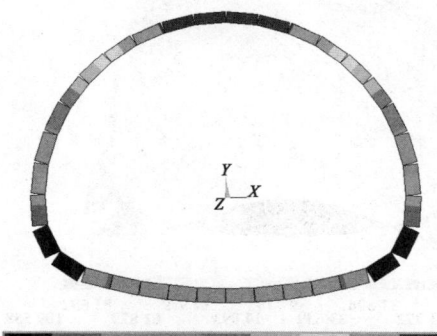 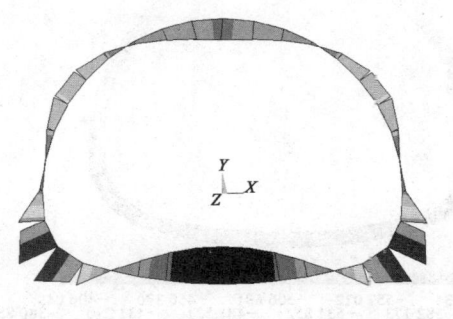

(a) 轴力图   (b) 弯矩图

图 8-44　5 年后（Ⅵ级浅埋）

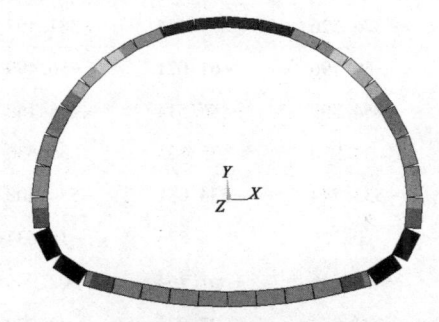 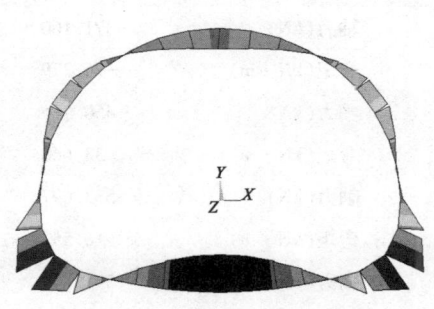

(a) 轴力图   (b) 弯矩图

图 8-45　10 年后（Ⅵ级浅埋）

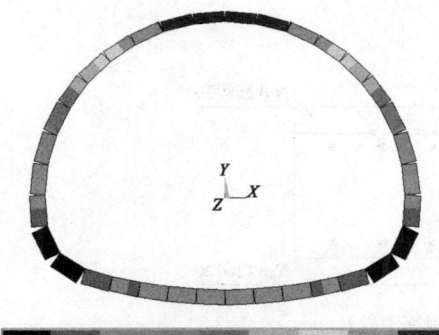 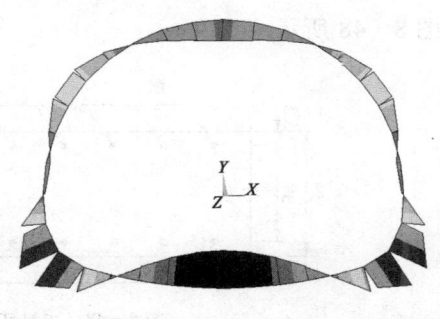

(a) 轴力图   (b) 弯矩图

图 8-46　15 年后（Ⅵ级浅埋）

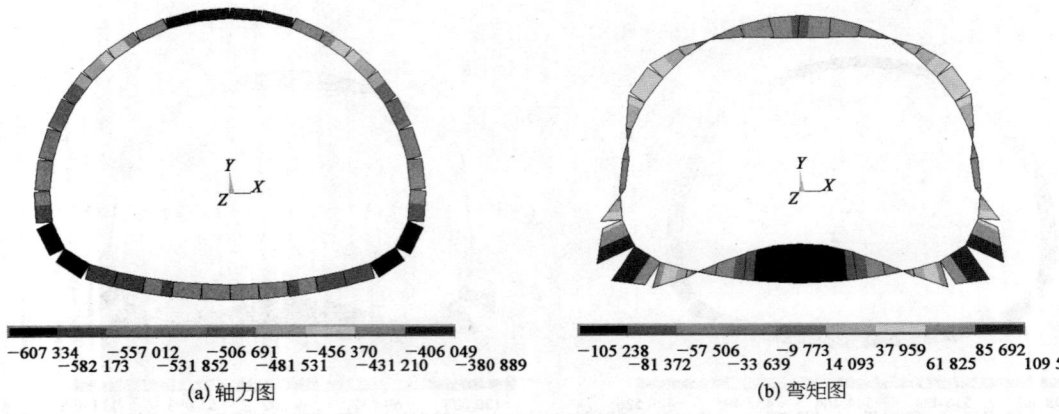

(a) 轴力图　　　　　　　　　　　　(b) 弯矩图

图 8-47　20 年后（Ⅵ级浅埋）

表 8-39　二衬各位置轴力、弯矩值（Ⅵ级浅埋）

	时间（年）	0	5	10	15	20
拱顶	轴力（kN）	-371.160	-375.149	-376.226	-379.184	-381.497
	弯矩（kN·m）	-76.279	-68.843	-66.796	-61.071	-56.499
拱腰	轴力（kN）	-450.776	-453.629	-454.399	-456.514	-458.168
	弯矩（kN·m）	33.666	34.614	34.910	35.825	36.636
边墙	轴力（kN）	-533.097	-533.618	-533.744	-534.081	-534.408
	弯矩（kN·m）	16.552	3.960	0.526	-8.826	-15.634
拱脚	轴力（kN）	-591.241	-596.503	-597.846	-601.164	-602.986
	弯矩（kN·m）	113.751	107.113	104.858	97.039	88.320
仰拱	轴力（kN）	-527.146	-536.179	-538.697	-545.756	-551.246
	弯矩（kN·m）	-138.626	-126.294	-122.647	-111.641	-101.690

b. 衬砌强度安全系数计算。

姜路岭隧道和鄂拉山隧道Ⅵ级浅埋冻土段隧道二衬为 50 cm 厚 C45 钢筋混凝土，环向配筋如图 8-48 所示。

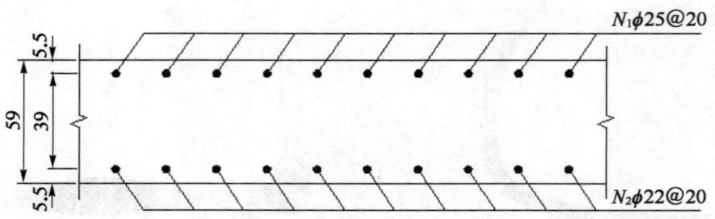

图 8-48　二衬环向配筋图（Ⅵ级冻土段）

5 年、10 年、15 年、20 年后，拱脚处截面安全系数（见表 8-40）相对于衬砌刚服役时分别降低了 4.6%、29.3%、47.6%、73.7%。不同位置安全系数变化如图 8-49 所示，其中拱脚、仰拱处的安全系数在 20 年后约为 2.4，由变化趋势可知，拱脚和仰拱处的安全系数很快将小于 2.0；因此，Ⅵ级浅埋冻土段二衬表面不铺设保温板时，二衬的服役年限约为 20 年。

表 8-40　安全系数统计（Ⅵ级浅埋）

时间（年）	拱顶	拱腰	边墙	拱脚	仰拱
0	13.72	24.27	25.30	9.29	6.58
5	13.39	20.38	23.78	8.86	5.79
10	10.34	13.71	16.19	6.57	5.40
15	7.73	9.21	10.38	4.87	4.57
20	3.83	4.12	4.37	2.44	2.36

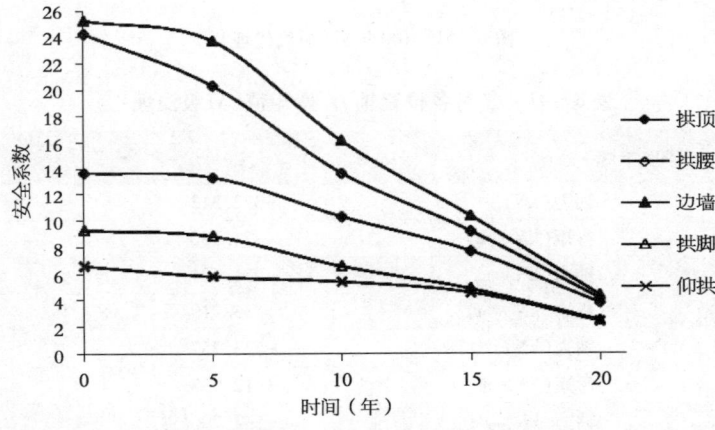

图 8-49　二衬各位置安全系数（Ⅵ级浅埋）

② 二衬表面铺设保温板。

a. 二衬内力。

隧道贯通 20 年后、100 年后二衬的轴力图及弯矩图如图 8-50、图 8-51 所示。衬砌不同的劣化程度下各位置处轴力、弯矩值如表 8-41 所示。

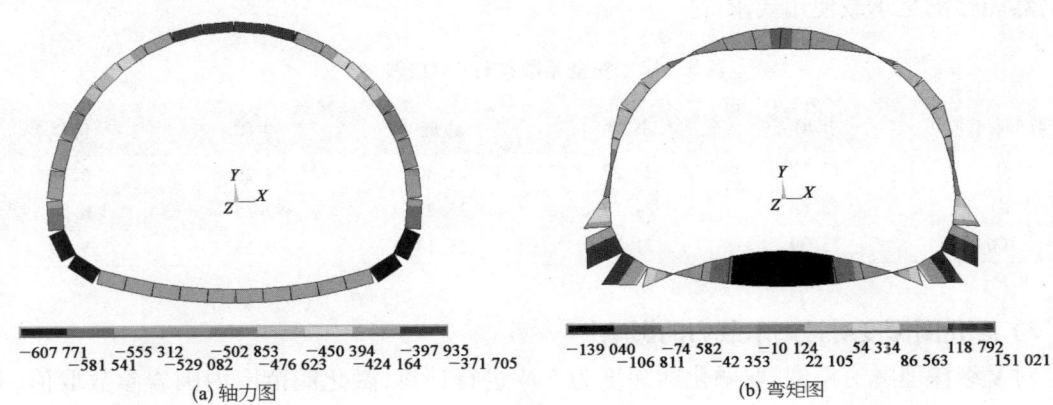

(a) 轴力图　　　　　　　　　　　(b) 弯矩图

图 8-50　20 年后（Ⅵ级浅埋）

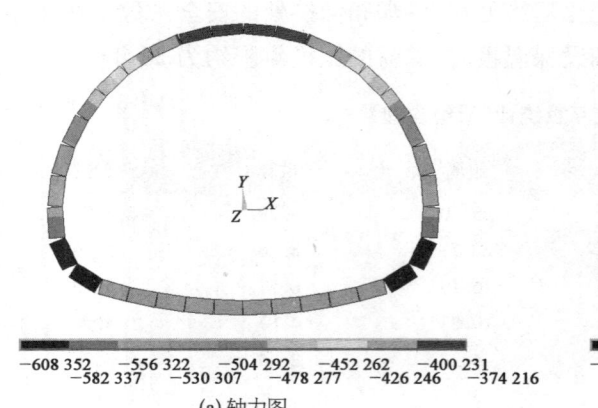 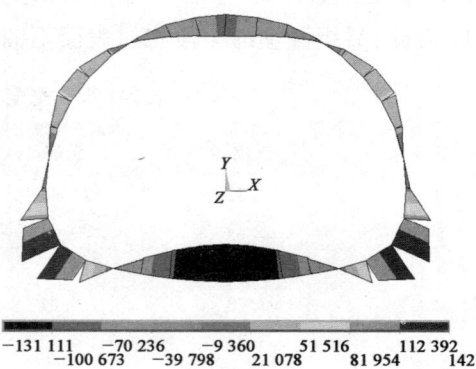

(a) 轴力图　　　　　　　　　　　　　　(b) 弯矩图

图 8-51　100 年后（Ⅵ级浅埋）

表 8-41　二衬各位置轴力、弯矩值（Ⅵ级浅埋）

时间（年）		20	100
拱顶	轴力（kN）	-372.313	-374.824
	弯矩（kN·m）	-74.150	-69.457
拱腰	轴力（kN）	-451.601	-453.397
	弯矩（kN·m）	33.919	34.529
边墙	轴力（kN）	-533.257	-533.579
	弯矩（kN·m）	12.938	4.994
拱脚	轴力（kN）	-592.796	-596.090
	弯矩（kN·m）	112.055	107.746
仰拱	轴力（kN）	-529.713	-535.426
	弯矩（kN·m）	-135.220	-127.363

b. 衬砌强度安全系数计算。

服役 100 年后，二衬各位置处的安全系数（见表 8-42）依然大于 2.0，说明 100 年后，二衬仍然能够满足承载使用要求。

表 8-42　安全系数统计（Ⅵ级浅埋）

时间（年）	拱顶	拱腰	边墙	拱脚	仰拱
0	13.72	24.27	25.30	9.29	6.58
20	13.68	24.17	25.21	9.25	6.24
100	13.39	21.72	25.13	9.13	5.79

3）融化圈深度对衬砌承载力的影响

对Ⅴ级深埋隧道模型，取融化圈深度为 5 m 进行计算，融化圈范围内围岩参数取值（徐光苗，2006）见表 8-43。

表 8-43　隧道围岩物理力学参数

围岩级别	重度 γ (kN/m³)	弹性模量 E (GPa)	泊松比 μ	内摩擦角 Φ (°)	凝聚力 C (MPa)
Ⅴ级冻结	19.0	1.3	0.35	25	0.50
Ⅴ级融化	19.0	0.9	0.40	45	0.06

图 8-52～图 8-55 为二衬浇筑完、5 年后、10 年后二衬的轴力图及弯矩图，与图 8-36～图 8-39（Ⅴ级深埋无融化圈的情况）对比可知，融化圈深度为 5.0 m 的情况下，二次衬砌的轴力及弯矩均有所增大。表 8-44 为两种情况下二衬的内力最大值比较，施作完二衬 0 年、5 年、10 年、15 年、20 年，围岩融化圈为 5.0 m 相对于没有融化圈时，二衬轴力最大值（在拱脚处）分别增大 2.3%、3.0%、2.6%、3.2%、4.1%，最大正弯矩（在拱脚处）分别增大 17.0%、17.3%、17.4%、17.5%、17.7%，最大负弯矩（在仰拱靠近拱脚处）分别增大 20.8%、21.7%、21.9%、22.2%、21.8%，表明围岩的融化圈深度越大，衬砌受力越大。

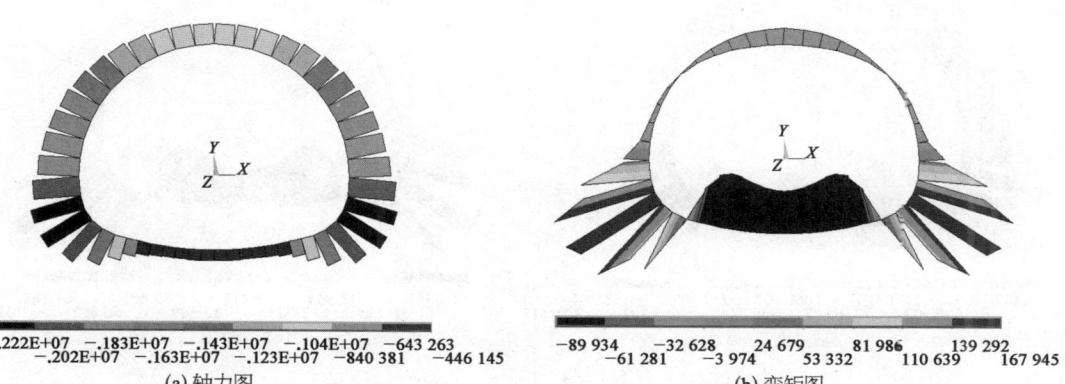

图 8-52　二衬浇筑完（Ⅴ级深埋、融化圈深度 5.0 m）

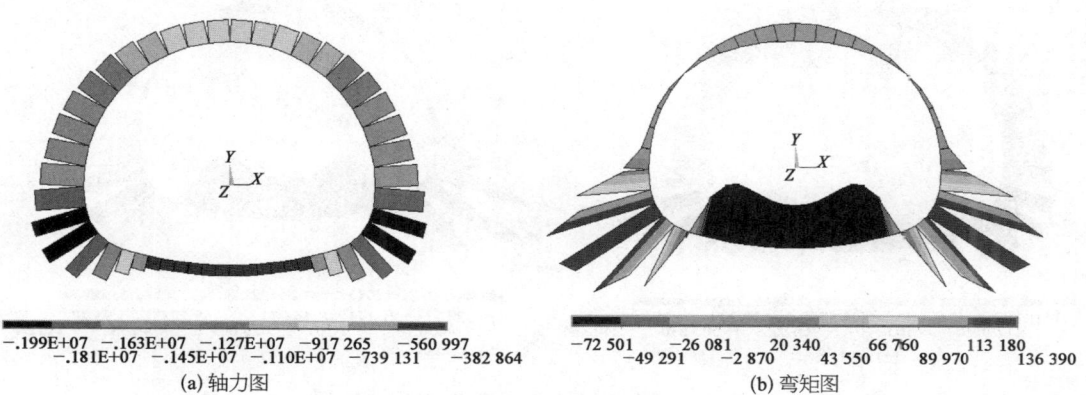

图 8-53　5 年后（Ⅴ级深埋、融化圈深度 5.0 m）

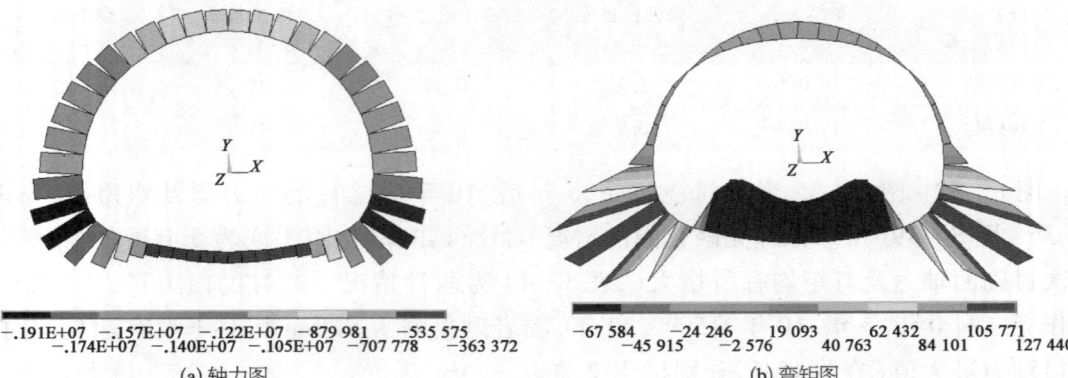

图 8-54　10 年后（Ⅴ级深埋、融化圈深度 5.0 m）

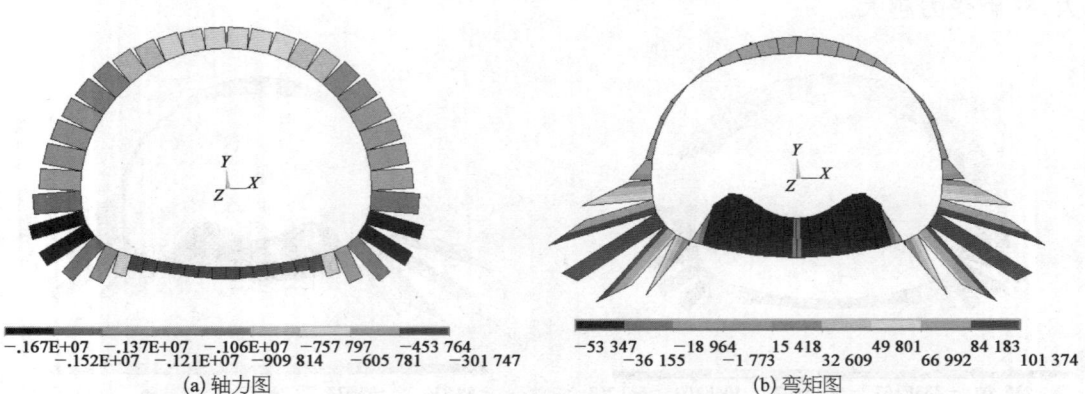

图 8-55　15 年后（Ⅴ级深埋、融化圈深度 5.0 m）

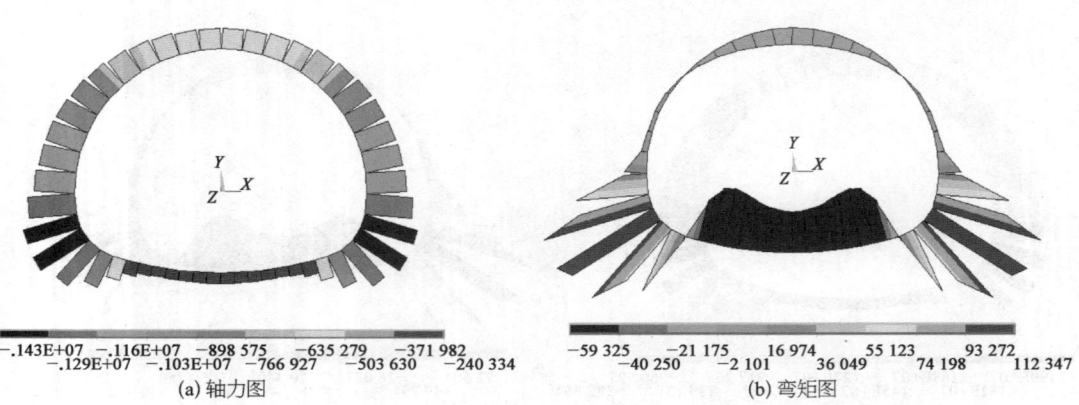

图 8-56　20 年后（Ⅴ级深埋、融化圈深度 5.0 m）

表 8-44 融化圈深度为 0、5.0 m 时二衬的内力最大值

内力	融化圈深度(m)	时间(年)				
		0	5	10	15	20
最大正弯矩 (kN·m)	0	143.569	116.198	108.455	85.962	67.369
	5.0	167.945	136.390	127.440	101.374	79.737
最大负弯矩 (kN·m)	0	−74.443	−59.484	−55.295	−44.032	−34.779
	5.0	−89.934	−72.501	−67.584	−53.347	−41.634
最大轴力值 (kN)	0	−2 170.000	−1 930.000	−1 850.000	−1 600.000	−1 350.000
	5.0	−2 220.000	−1 990.000	−1 910.000	−1 670.000	−1 430.000

二衬各个位置处的内力值如表 8-45 所示,计算得到各截面的安全系数如表 8-46 所示,相比融化圈深度为 0 时各个截面的安全系数均有所减小,说明围岩融化后二衬的强度安全储备减小,对隧道结构的稳定性产生不利影响。

表 8-45 二衬各位置轴力、弯矩值(V级深埋、融化圈深度 5.0 m)

	时间(年)	0	5	10	15	20
拱顶	轴力(kN)	−895.225	−782.172	−746.263	−630.855	−521.320
	弯矩(kN·m)	−27.497	−21.031	−19.389	−14.737	−11.035
拱腰	轴力(kN)	−1 400.000	−1 230.000	−1 180.000	−1 010.000	−838.172
	弯矩(kN·m)	4.109	3.582	3.431	2.981	2.581
边墙	轴力(kN)	−1 750.000	−1 530.000	−1 460.000	−1 230.000	−1 020.000
	弯矩(kN·m)	26.780	19.092	17.083	11.691	7.779
拱脚	轴力(kN)	−2 210.000	−1 980.000	−1 910.000	−1 670.000	−1 420.000
	弯矩(kN·m)	160.817	130.489	121.892	96.871	76.130
仰拱	轴力(kN)	−463.124	−408.546	−391.161	−334.773	−280.341
	弯矩(kN·m)	−70.489	−53.829	−49.335	−36.874	−27.307

表 8-46 安全系数统计(V级深埋、融化圈深度 5.0 m)

时间(年)	拱顶	拱腰	边墙	拱脚	仰拱
0	15.09	10.86	8.25	5.00	15.62
5	14.94	10.51	8.12	4.92	16.96
10	10.56	7.32	5.73	3.47	12.53
15	8.54	5.74	4.63	2.77	10.87
20	4.63	2.97	2.44	1.48	6.29

8.2.3 改善多年冻土隧道衬砌长期服役性能的控制措施

姜路岭隧道所处地区的 κ_i 多为 0.05~0.10,由式(8-10)得到一次室内快速冻融条件下

的冻融循环相当于现场 8.8~17.0 次冻融循环。取一次快速冻融循环相当于 13 次自然条件下的冻融循环,得到几个典型地区在 100 年内衬砌混凝土冻融循环次数见表 8-47、表 8-48 所示。

表 8-47 我国典型地区冻融循环统计

地 区	年平均负温天数(天)	年平均冻融循环次数(次)
华北	120	84
东北	172	120
西北	169	118
中南	18	18

表 8-48 100 年内隧道衬砌混凝土冻融循环次数

地 区	100 年冻融循环次数(次)	100 年等效室内冻融循环次数(次)	衬砌混凝土所需抗冻等级
华北	8 400	646	F700
东北	12 000	923	F1000
西北	11 800	908	F1000
中南	1 800	138	F150

为了保证多年冻土区隧道结构的长期稳定,确保衬砌能够在使用年限内满足耐久性要求,相比于一般地区,需要采取一定的措施。

(1) 提高混凝土的抗冻等级,增强衬砌混凝土的抗冻耐久性

提高混凝土的抗冻性,主要从配合比方面入手:一是掺用优质引气剂或引气减水剂,从而提高混凝土的含气量;二是降低混凝土水灰比。不同抗冻等级混凝土配合比的技术要求见表 8-49。

表 8-49 不同抗冻等级混凝土配合比的技术要求

抗冻等级	水灰比 W/C	含气量(%)
F800~F1000	≤0.35	5.5~6
F500~F600	≤0.45	5.0±0.5
F200~F300	≤0.55	5.0±0.5
F100~F150	≤0.60	4.5±0.5
F50	≤0.65	4.0±0.5

二衬表面不铺设保温板时,100 年后,姜路岭隧道及鄂拉山隧道二衬混凝土经历约 800 次等效室内冻融循环;因此,若不在二衬表面铺设保温板,则需要将混凝土抗冻等级提高到 F800。

(2) 采取一定的措施减弱衬砌受到的冻融循环作用

① 提高进入多年冻土区隧道内空气的温度,减少衬砌混凝土经历的冻融循环次数,从根

本上改善衬砌混凝土的工作环境。

实现这一目的方法有(赖远明,2003;刘国玉,2006):在隧道进、出口安装防寒保温门并合理的关闭,这样一来,不仅衬砌混凝土经历的冻融循环次数减少了,冻结时的最低温度得以提高,冻融正负温度差减小,从而降低冻融速率,减弱一次冻融循环对混凝土产生的损伤;在隧道进、出口安装防雪棚,可以阻止降雪时路面积雪,能够提高或保持洞内气温。

② 在二衬表面铺设一定厚度的保温板,大幅度降低混凝土的降温速率,减弱混凝土受到的冻融循环作用。

姜路岭隧道二衬表面不铺设保温板时,100年后,二衬混凝土经历的等效室内冻融循环约为800次,而二衬混凝土的抗冻等级仅为F100,远远不能满足工程实际的使用要求;而在二衬表面铺设5 cm厚福利凯保温板时,100年后,二衬混凝土经历的等效室内冻融循环仅为32次,此时,混凝土的抗冻等级能够满足要求。

附 录

多年冻土区隧道洞内空气及围岩温度场解析解

第2章多年冻土区隧道衬砌及围岩温度场解析解[式(2-16)]求解过程如下。

利用叠加原理(Ozisik,1980)可以将圆形多层介质的瞬态非齐次边界条件下的热传导 $T_i(r,t)$ 分解瞬态非齐次边界条件下的热传导 $T_{1i}(r,t)$ 和稳态非齐次边界条件下的热传导 $T_{2i}(r)$：

$$T_i(r,t) = T_{1i}(r,t) + T_{2i}(r) \tag{F-1}$$

1. 函数 $T_{1i}(r,t)$ 的求解过程如下：

$$\frac{\partial^2 T_{1i}}{\partial r^2}(r,t) + \frac{1}{r}\frac{\partial T_{1i}}{\partial r}(r,t) = \frac{1}{\alpha_i}\frac{\partial T_{1i}}{\partial t}(r,t) \tag{F-2}$$

边界条件：

$$-k_1 \frac{\partial T_{11}}{\partial r}(r_0,t) = -h(T_{11}(r_0,t) - T_v(z,t)) \tag{F-3}$$

$$T_{1i}(r_i,t) = T_{1(i+1)}(r_i,t) \quad i=1,2,3 \tag{F-4}$$

$$k_i \frac{\partial T_{1i}(r_i,t)}{\partial r} = k_{i+1}\frac{\partial T_{1(i+1)}(r_i,t)}{\partial r} \quad i=1,2,3 \tag{F-5}$$

$$T_{14}(r_4,t) = 0 \tag{F-6}$$

初始条件：

$$T_{1i}(r,0) = 0 \quad i=1,2,3,4 \tag{F-7}$$

其中：

$$T_v(t) = T_{A,\text{in}}(z)\cos(\omega t + \varphi) \tag{F-8}$$

为便于计算,将式(F-8)表示成复数的形式,以便在复坐标系下进行方程求解。

$$T_v(t) = T_{A,\text{in}}(z)\text{Re}(e^{i(\omega t+\varphi)}) \tag{F-9}$$

对方程式(F-2)至式(F-7)进行 Laplace 变换可得：

$$\frac{\partial^2 R_i}{\partial r^2}(r,s) + \frac{1}{r}\frac{\partial R_i}{\partial r}(r,s) = \frac{s}{\alpha_i}R_i(r,s) \tag{F-10}$$

边界条件：

$$-k_1\frac{\partial R_1}{\partial r}(r_0,s) = -h(R_1(r_0,s) - R_V(s)) \tag{F-11}$$

$$R_i(r_i,s) = R_{i+1}(r_i,s) \quad i=1,2,3 \tag{F-12}$$

$$k_i\frac{\partial R_i(r_i,s)}{\partial r} = k_{i+1}\frac{\partial R_{i+1}(r_i,s)}{\partial r} \quad i=1,2,3 \tag{F-13}$$

$$R_4(r_4, s) = 0 \tag{F-14}$$

方程(F-10)的通解为：

$$R_i(r, s) = A_i I_0\left(\sqrt{\frac{s}{k_i}}r\right) + B_i K_0\left(\sqrt{\frac{s}{k_i}}r\right) \tag{F-15}$$

其中：$I_0(r)$ 为第一类修正贝赛尔函数；$K_0(r)$ 为第二类修正贝赛尔函数；A_i 和 B_i 由边界条件确定的系数。

将式(F-15)代入边界条件式(F-11)~式(F-14)，得：

$$\begin{bmatrix} I_1(\eta_1) - h_0 I_0(\eta_1) & -K_1(\eta_1) - h_0 K_0(\eta_1) & 0 & 0 & 0 & 0 \\ I_0(\varepsilon_1) & K_0(\varepsilon_1) & -I_0(\eta_2) & -K_0(\eta_2) & 0 & 0 \\ I_1(\varepsilon_1) & -K_1(\varepsilon_1) & -h_1 I_1(\eta_2) & h_1 K_1(\eta_2) & 0 & 0 \\ 0 & 0 & I_0(\varepsilon_2) & K_0(\varepsilon_2) & -I_0(\eta_3) & -K_0(\eta_3) \\ 0 & 0 & I_1(\varepsilon_2) & -K_1(\varepsilon_2) & -h_1 I_1(\eta_3) & h_1 K_1(\eta_3) \\ 0 & 0 & 0 & 0 & I_0(\varepsilon_3) & K_0(\varepsilon_3) \end{bmatrix} \begin{bmatrix} A_{1m} \\ B_{1m} \\ A_{2m} \\ B_{2m} \\ A_{3m} \\ B_{3m} \end{bmatrix}$$

$$= \begin{bmatrix} -\alpha_1 R_V(r_0) \\ 0 \\ 0 \\ 0 \\ 0 \\ 0 \end{bmatrix}$$

$$\tag{F-16}$$

其中：$q_i = \sqrt{\dfrac{s}{k_i}}$，$h_0 = \dfrac{a_1}{\lambda_1 q_1}$，$\eta_i = q_i r_{i-1}$，$\varepsilon_i = q_i r_i$，$h_i = \dfrac{\lambda_{i+1}}{\lambda_i}\sqrt{\dfrac{k_i}{k_{i+1}}}$。

令

$$\Delta S = \begin{vmatrix} I_1(\eta_1) - h_0 I_0(\eta_1) & -K_1(\eta_1) - h_0 K_0(\eta_1) & 0 & 0 & 0 & 0 \\ I_0(\varepsilon_1) & K_0(\varepsilon_1) & -I_0(\eta_2) & -K_0(\eta_2) & 0 & 0 \\ I_1(\varepsilon_1) & -K_1(\varepsilon_1) & -h_1 I_1(\eta_2) & h_1 K_1(\eta_2) & 0 & 0 \\ 0 & 0 & I_0(\varepsilon_2) & K_0(\varepsilon_2) & -I_0(\eta_3) & -K_0(\eta_3) \\ 0 & 0 & I_1(\varepsilon_2) & -K_1(\varepsilon_2) & -h_1 I_1(\eta_3) & h_1 K_1(\eta_3) \\ 0 & 0 & 0 & 0 & I_0(\varepsilon_3) & K_0(\varepsilon_3) \end{vmatrix}$$

$$\tag{F-17}$$

$$\Delta_1(s) = -\alpha_0 \frac{\left|\begin{array}{cc} \Delta S & \text{删除}2i-1\text{列} \\ \text{删除第}1\text{行} & \end{array}\right|}{\Delta S} \quad (\text{F}-18)$$

$$\Delta_2(s) = -\alpha_0 \frac{\left|\begin{array}{cc} \Delta S & \text{删除第}2i\text{列} \\ \text{删除第}1\text{行} & \end{array}\right|}{\Delta S} \quad (\text{F}-19)$$

$$F(s, r) = [\Delta_1 I_0(q_i r) + \Delta_2 K_0(q_i r)] \quad (\text{F}-20)$$

考虑衬砌及保温层的隧道瞬态温度场为：

$$T_{1i} = \text{Re}[F(\omega i, r) \times T_v(z, t)] \quad (\text{F}-21)$$

2. 函数 $T_{2i}(r)$ 求解过程如下：

$$\frac{\partial^2 T_{2i}}{\partial r^2}(r) + \frac{1}{r}\frac{\partial T_{2i}}{\partial r}(r) = 0 \quad (\text{F}-22)$$

边界条件：

$$-k_1 \frac{\partial T_{21}}{\partial r}(r_0) = -h(T_{21}(r_0) - T_{\text{M, in}}(r_0, z)) \quad (\text{F}-23)$$

$$T_{2i}(r_i) = T_{2(i+1)}(r_i) \quad i = 1, 2, 3 \quad (\text{F}-24)$$

$$k_i \frac{\partial T_{2i}}{\partial r}(r_i) = k_{i+1} \frac{\partial T_{2(i+1)}}{\partial r}(r_i) \quad i = 1, 2, 3 \quad (\text{F}-25)$$

$$T_{24}(r_4) = T_0 \quad (\text{F}-26)$$

方程(F-22)的通解为：

$$T_{2i} = A_{2i}\ln(r) + B_{2i} \quad (\text{F}-27)$$

将式(F-27)代入边界条件式(F-23)~式(F-26)可得：

$$\left(\frac{k_1}{r_0} - h\ln(r_0)\right)A_{21} - hB_{21} = -hT_{\text{M, in}} \quad (\text{F}-28)$$

$$A_{2i}\ln(r_i) + B_{2i} = A_{2(i+1)}\ln(r_i) + B_{2(i+1)} \quad (\text{F}-29)$$

$$\frac{\lambda_i}{r_i}A_{2i} = -\frac{\lambda_{i+1}}{r_i}A_{2(i+1)} \quad (\text{F}-30)$$

$$A_{23}\ln(r_3) + B_{23} = T_0 \quad (\text{F}-31)$$

令

$$\Delta S' = \begin{vmatrix} \dfrac{k_1}{r_0} - h\ln(r_0) & -h & 0 & 0 & 0 & 0 \\ \ln(r_1) & 1 & -\ln(r_1) & -1 & 0 & 0 \\ \dfrac{k_1}{r_1} & 0 & -\dfrac{k_2}{r_1} & 0 & 0 & 0 \\ 0 & 0 & \ln(r_2) & 1 & -\ln(r_2) & -1 \\ 0 & 0 & \dfrac{k_2}{r_2} & 0 & -\dfrac{k_3}{r_2} & 0 \\ 0 & 0 & 0 & 0 & \ln(r_3) & 1 \end{vmatrix} \quad (F-32)$$

$$\Delta_{1'} = -h\,\dfrac{\begin{vmatrix} \Delta S' & \text{删除第 } 2j-1 \text{ 列} \\ \text{删除第 } 1 \text{ 行} & \end{vmatrix}}{\Delta S'} \quad (F-33)$$

$$\Delta_{2'} = -\,\dfrac{\begin{vmatrix} \Delta S' & \text{删除第 } 2j-1 \text{ 列} \\ \text{删除第 } 2n \text{ 行} & \end{vmatrix}}{\Delta S'} \quad (F-34)$$

$$\Delta_{3'} = h\,\dfrac{\begin{vmatrix} \Delta S' & \text{删除第 } 2j \text{ 列} \\ \text{删除第 } 1 \text{ 行} & \end{vmatrix}}{\Delta S'} \quad (F-35)$$

$$\Delta_{4'} = \dfrac{\begin{vmatrix} \Delta S' & \text{删除第 } 2j \text{ 列} \\ \text{删除第 } 2n \text{ 行} & \end{vmatrix}}{\Delta S'} \quad (F-36)$$

$$\overline{F}(r) = [\Delta_{1'}\ln(r) + \Delta_{3'}] \quad (F-37)$$

$$\overline{G}(r) = [\Delta_{2'}\ln(r) + \Delta_{4'}] \quad (F-38)$$

考虑衬砌和保温层的隧道稳态温度场为：

$$T_{2i}(r) = \overline{F}(r)T_{M,\,in}(z) + \overline{G}(r)T_0 \quad (F-39)$$

考虑衬砌及保温层的隧道温度场 $T_i(r,t) = T_{1i}(r,t) + T_{2i}(r)$ 为：

$$T_i = \mathrm{Re}[F(\omega i, r)T_{A,\,in}(z)\mathrm{e}^{i(\omega t+\varphi)}] + \overline{F}(r)T_{M,\,in}(z) + \overline{G}(r)[T_C + (H - R_0 - R_1)K]$$

$$(F-40)$$

为获得完整的隧道温度场解析解，还需要确定洞内空气的年平均温度 $T_{M,\,in}(z)$ 和年温

度振幅 $T_{A,in}(z)$。

隧道洞内空气受洞内行车、隧道通风等影响,隧道洞内空气的传热包括自身的自由对流换热和与洞壁发生的强迫对流换热,其传热过程非常复杂。为获得洞内空气温度场的解析解,需做如下几点假设：

① 洞内空气的风速为恒定值,不考虑洞内行车和隧道通风对洞内空气风速的影响；

② 隧道横截面内各点的空气温度相等,不考虑洞内空气自身的自由对流换热,只考虑与洞壁发生的强迫对流换热；

③ 隧道洞内空气沿隧道纵轴方向的温度增长缓慢,忽略洞内空气沿隧道纵轴方向的热传导传递的热量。

由以上假设条件可得,隧道洞内空气的传热计算模型如图 F-1 所示。

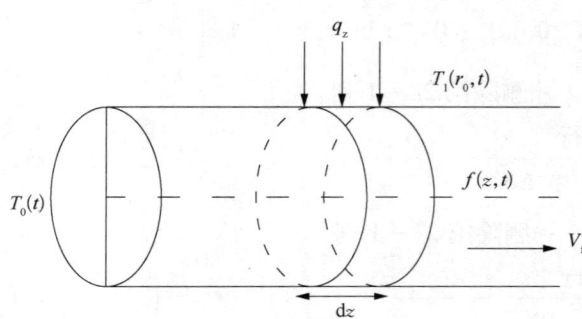

图 F-1 隧道洞内空气的传热计算模型

取隧道洞内空气的一个微小区间 dz 为研究对象,根据能量守恒原理建立隧道洞内空气的传热方程。由图 F-1 可得,在微小区间 dz 内,洞内空气在时间 dt 内的内能增量等于洞内空气与洞壁的对流换热量与洞内空气动能增量之和。图 F-1 中 $T_0(t)$ 代表洞口温度,$T_1(r_0,t)$ 代表洞壁处的温度,$f(z,t)$ 代表洞内气温,而 q_z 代表围岩与洞内空气传递的热量。隧道洞内 dz 微元体的能量守恒方程如下：

$$\frac{\partial f(z,t)}{\partial t} + V_f \frac{\partial f(z,t)}{\partial z} = -\frac{ph_f}{\rho A c_p}(f(z,t) - T_1(r_0,t)) \quad (\text{F}-41)$$

式中,c_p 代表隧道内空气的比热容；V_f 代表洞内空气风速；A 代表隧道断面的截面积；p 代表隧道环向弧长；h 代表围岩与洞内空气的对流换热系数。

洞内空气的温度场 $f(z,t)$ 由年平均温度 $T_{M,in}(z)$ 和年温度振幅 $T_{A,in}(z)$ 确定,如果获得了年平均温度和年温度振幅的解析解,即求得了隧道洞内空气温度场的解析解。为获得年平均温度和年温度振幅的解析解,需要建立有关年平均温度 $T_{M,in}(z)$ 和年温度振幅 $T_{A,in}(z)$ 的数学微分方程。将式(2-6)代入方程(F-41)可得：

$$\omega i T_{A,in} e^{(\omega t + \varphi)i} + V_f\left(\frac{dT_{M,in}}{dz} + \frac{dT_{A,in}}{dz}e^{(\omega t + \varphi)i}\right)$$

$$= -\frac{ph_f}{\rho A c_p}\left[T_{M,in} + T_{A,in}e^{(\omega t + \varphi)i} - F(\omega i, r)T_{A,in}(z)e^{(\omega t + \varphi)i} - \overline{F}(r)T_{M,in}(z) - \overline{G}(r)T_0\right]$$

$$(\text{F}-42)$$

满足方程(F-42)的年平均温度 $T_{\mathrm{M,in}}(z)$ 和年温度振幅 $T_{\mathrm{A,in}}(z)$ 的微分方程如下。

年平均温度的微分方程：

$$V_{\mathrm{f}} \frac{\mathrm{d} T_{\mathrm{M,in}}(z)}{\mathrm{d}z} = -\frac{p h_{\mathrm{f}}}{\rho A c_{\mathrm{p}}}(T_{\mathrm{M,in}}(z) - \bar{F}(r) T_{\mathrm{M,in}}(z) - \bar{G}(r) T_0) \tag{F-43}$$

年温度振幅的微分方程：

$$V_{\mathrm{f}} \frac{\mathrm{d} T_{\mathrm{A,in}}(z)}{\mathrm{d}z} = \left[\frac{p h_{\mathrm{f}}}{\rho A c_{\mathrm{p}}}(F(\omega i, r_0) - 1) - \omega i\right] T_{\mathrm{A,in}}(z) \tag{F-44}$$

(1) 定解条件。

由于年温度振幅和年平均温度均不随时间发生改变，年平均温度和年温度振幅的微分方程定解条件只有边界条件。

年平均温度 $T_{\mathrm{M,in}}(z)$ 和年温度振幅 $T_{\mathrm{A,in}}(z)$ 均是距洞口距离 z 的函数，如果洞口处($z=0$)气温已知，年平均温度微分方程(F-43)和年温度振幅方程(F-44)即有唯一解。

年平均温度 $T_{\mathrm{M,in}}(z)$ 微分方程(F-43)的定解条件：

$$T_{\mathrm{M,in}}(0) = T_{\mathrm{M,0}} \tag{F-45}$$

年温度振幅 $T_{\mathrm{A,in}}(z)$ 微分方程(F-42)的定解条件：

$$T_{\mathrm{A,in}}(0) = T_{\mathrm{A,0}} \tag{F-46}$$

式中，$T_{\mathrm{M,0}}$ 为隧道洞口处大气的年平均温度；$T_{\mathrm{A,0}}$ 为隧道洞口处大气的年温度振幅。

隧道洞口处大气的年平均温度和年温度振幅可以通过当地气象统计资料获得，也可以通过现场监测的方法获得。

(2) 方程求解。

有了年平均温度和年温度振幅的传热方程和定解条件，即可通过数学手段求解微分方程，获得洞内空气的年平均温度和年温度振幅的解析解。

年平均温度微分方程(F-43)和年温度振幅微分方程(F-44)均属于典型的一元一次微分方程，由边界条件即可直接获得其显式解。

年平均温度 $T_{\mathrm{M,in}}(z)$ 的理论解为：

$$T_{\mathrm{M,in}} = \left(T_{\mathrm{m,0}} + \frac{D}{C}\right) \mathrm{e}^{c_z} - \frac{D}{C} \tag{F-47}$$

其中：

$$C = \frac{2 h_{\mathrm{f}}}{\rho r_0 c_p V_{\mathrm{f}}}(\bar{F}(r_0) - 1) \tag{F-48}$$

$$D = \frac{2 h_{\mathrm{f}}}{\rho r_0 c_p V_{\mathrm{f}}} \bar{G}(r_0) T_0 \tag{F-49}$$

年温度振幅 $T_{A,in}(z)$ 的理论解为：

$$T_{A,in} = \text{Re}\left[T_{A,0} e^{-\left[\frac{2h_f'/\rho r_0 c_p + \omega i - F(\omega i, r_0) 2h_f'/\rho r_0 c_p}{V_f}\right]z}\right] \quad (\text{F}-50)$$

在求得了隧道洞内空气的年平均温度和年温度振幅后，将年平均温度和年温度振幅的显式解析解式(F-47)和式(F-50)，代入隧道温度场解析解式(F-40)中，即可获得距离洞口任意距离 z 处、距洞壁任意深度 r 处和任意时刻 t 时的隧道内空气、隔热层、衬砌和围岩的温度场。

$$\begin{aligned} T_i(r, z, t) = &\, T_{A,0} \text{Re}\left[F(\omega i, r) e^{i(\omega t + \varphi)}\right] \text{Re}\left[e^{-\left[\frac{2h_f'/\rho r_0 c_p + \omega i - F(\omega i, r_0) 2h_f'/\rho r_0 c_p}{V_f}\right]z}\right] \\ &+ \bar{F}(r)\left[\left(T_{m,0} + \frac{D}{C}\right)e^{C_z} - \frac{D}{C}\right] + \bar{G}(r)\left[T_C + (H - R_0 - R_1)K\right] \end{aligned}$$

$$(\text{F}-51)$$

参考文献

[1] COMINI G, GUIDICE S D, LEWIS R W, et al. Finite element solution of nonlinear heat conduction problems with special reference to phase change[J]. International Journal for Numerical Methods in Engineering, 1974, 8(3): 613-624.

[2] GUIAICE S, COMINI G, LEWIS R W. Finite element simulation of freezing processes in soils[J]. Numer Anal Methods Geomech, 1978(2): 223-235.

[3] OKADA K. Prevention by adiabatic treatment of tunnel lining[J]. Japanese Railway Engineering, 1985, 26(3): 75-80.

[4] BRONFENBRENER L. The modeling of the freezing process in fine-grained porous media: Application to the frost heave estimation[J]. Cold Regions Science and Technology, 2009, 56(2): 130-134.

[5] 赖远明,吴紫汪.寒区隧道冻胀力的粘弹性解析解[J].铁道学报,1999,21(6):70-74.

[6] 赖远明,吴紫汪,张淑娟,等.寒区隧道保温效果的现场观察研究[J].铁道学报,2003,25(1):81-86.

[7] 赖远明,吴紫汪,朱元林,等.寒区隧道温度场、渗流场和应力场耦合问题的非线性分析[J].岩土工程学报,1999,21(5):529-533.

[8] 赖远明,喻文兵,吴紫汪,等.寒区圆形截面隧道温度场的解析解[J].冰川冻土,2001,23(2):126-130.

[9] 北川修山,川上辉.寒冷地区的隧道变形与围岩冻胀性[J].隧道译丛,1987(03).

[10] 陈建勋,昝勇杰.高寒地区公路隧道防冻隔温层效果现场测试与分析[J].中国公路学报,2001,14(4):75-79.

[11] 王建宇,胡元芳.隧道衬砌冻胀压力问题研究[J].冰川冻土,2004,26(1):112-119.

[12] 谢红强,何川,李永林.寒区公路隧道保温层厚度的相变温度场研究[J].岩石力学与工程学报,2007,26(2):4397-4440.

[13] 张俊儒,仇文革.昆仑山隧道冻胀力现场测试及其数据分析[J].岩土力学,2006,27:564-568.

[14] 康永水,刘泉声,赵军,等.岩石冻胀变形特征及寒区隧道冻胀变形模拟[J].岩石力学与工程学报,2012,31(12):2518-2526.

[15] 陈建勋,罗彦斌.寒冷地区隧道温度场的变化规律[J].交通运输工程学报,2008,8(2):44-48.
[16] 覃丽坤,宋玉普,等.冻融循环对混凝土力学性能的影响[J].岩石力学与工程学报.2005,24(1):5048-5052.
[17] 汪在芹,李家正,周世华,等.冻融循环过程中混凝土内部微观结构的演变[J].混凝土,2012(1):13-14.
[18] 刘西拉,唐光普.现场环境下混凝土冻融耐久性预测方法研究.岩石力学与工程学报,2007,26(12):2412-2419.
[19] 梁文灏,黄双林.多年冻土隧道设计难点探讨[J].现代隧道技术,2004(S2):146-150.
[20] 吕康成,崔凌秋,解赴东.寒区隧道春融期渗漏水原因分析及预防方法[J].现代隧道技术,2001,38(4):59-61.
[21] 孙兵,仇文革,顾鑫杰.寒区裂隙围岩隧道冻胀力有限元分析[J].路基工程,2009(3):26-28.
[22] 徐光苗,刘泉声,彭万巍,等.低温作用下岩石基本力学性质试验研究[J].岩石力学与工程学报,2006,25(12):2.
[23] 张学富,王成,喻文兵,等.风火山隧道空气与围岩对流换热和围岩热传导耦合问题的三维非线性分析[J].岩土工程学报,2005,27(12):1414-1420.
[24] 严涛,王明年,郭春,等.高海拔特长公路隧道弥散式供氧关键技术研究[J].现代隧道技术,2015,52(2):180-185.
[25] 严涛,王明年,郭春,等.高海拔隧道中考虑CO和烟雾的海拔高度系数[J].中南大学学报(自然科学版),2014(11):4012-4017.